河合塾講師
石川晶康

日本史B
講義の実況中継①

原始～古代

語学春秋社

講義を始めるにあたって

──「はしがき」にかえて

本書『日本史B講義の実況中継』は，(1)**わかりやすく**，(2)**ていねいに**，(3)**必要なことは繰り返し触れる**ことを心がけて行ってきた，河合塾およびサテライト講座での私の日本史講義を再現したものですが，新課程への移行に合わせて，内容を一新することにしました。また，なによりも(1)**楽しく**，(2)**厳しく**，(3)**手抜きせずに**進めてきた講義ですが，本づくりにあたっては，講義を再現するだけでなく，次のような工夫と指導方針を徹底しました。

① 講義ノート(別冊)・CD日本史年表講義

まず，この2つを教材として付けることで，実際の講義と同じ環境を整えることにしました。これも，新課程に合わせて全く新しいものとしました。講義ノートの赤字部分は，いわゆる「サブノート」で言えば空欄に該当する重要語句です。年表もより入試に密着するものに進化させました。

CD講義は，この新年表に沿って時代の流れを整理するため，講義の要所で繰り返し指摘する重要な出来事・事項を私の音声でムダなくまとめ，収録したものです。

② 史料は全訳・ルビつき

史料は，講義で話す全訳，意訳をそのまま示してあります。史料がイヤだと思う前に，自然に**史料の読解力**そのものがついてくるようになっています。また，ルビもついています。

③ 定期テスト・模擬試験対策

そこで，定期テスト・模試などの前には，必ず，(1)**講義ノートを見直し**，(2)**CDを聴きながら年表を確認し**，(3)**史料部分の要点を復習**してください。もちろん，本書の最終目標は大学合格に必要な学力をつけてもらうことです。

④ すべてのテストの前提となる基本的な講座

中間，期末，センター，私大，二次論述といったタイプ別のテストを意識する前に，まずは**しっかり基本を学ぶ**ことを重視してください。センターだから，二次論述だから，難関私大だからといった区別は，基本的な勉強が終わってから考えるものです。

⑤ 入試に密着した講義 —— 本書が扱う範囲

しかし，この講義はあくまで予備校の講義ですから，**入試に密着したもの**となっています。その場で暗記してしまうことは，実際に暗記の方法を示し，いっしょにその場で覚えてもらいます。読み飛ばさないで，指示を守って着実にやっていってください。**イラストつきのゴロ合わせ**や**暗唱コーナー**などで，楽しく読み進められるはずです。

受験生はどうしても実際の入試問題が気になるものです。また，まだまだ難関私大では難問が見受けられます。そこで，本書のイメージを示しておきます。

本書が扱う範囲を 100 とします。入試で確実に高得点を確保するためには 80 ぐらいが必要でしょう。それでどんな入試もクリアーできます。実際には 60 ～ 70 の範囲を確実に得点できれば合格ラインです。

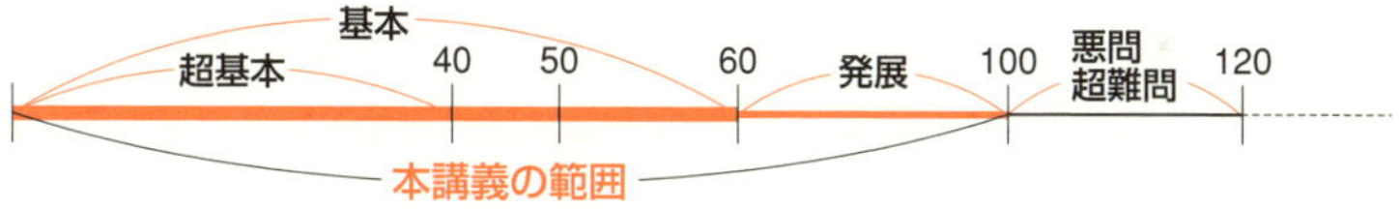

難関大の難問にも対応するためには，120 程度の知識が要求されます。しかし，これではあまりにも負担が重すぎます。英語の勉強時間を奪ってしまいます。そこで，この講義は **0 ～ 100 を目指している**のです。それでセンターは満点，超難関大でも 8 割は確実に得点できます。

100 学んで，80 を得点に結びつければどんな大学でも合格する

ことを忘れないでください。そこで，

忘れることを前提に，100 学んで，20 は忘れても合格

というのが本書の基本的な目標です。ここは始めにしっかり意識してください。

●本書第①巻の学習目標

第①巻はもちろん「古代史」ですが，この巻は先述の本書の目標を実現し，特に，**勉強方法を確立**してもらうために，ていねいに進めていきます。日本史が得意な人にとっては進度がやや遅いという感じがするかも知れませんが，単に，古代史を勉強するだけでなく，勉強方法をここで身につけるために熟読してください。

史料の解説などが少々ていねいすぎると思っても，がまんしてください。第②巻以降の勉強が楽になります。

本書の学習のしかた

(1) 本編の講義を読む

寝転んだままでも，電車の中でも，ともかく本編を読んでいってください。できれば１～３回分まとめて読んでください。例えば，

〈第１日〉……第１～２回を読む

〈第２日〉……第１～３回を読む

〈第３日〉……第２～４回を読む

こんなふうに，かならず前回の部分を通読してから次の回へ進むこと。

（集中すれば，**約１週間で古代史をひととおり勉強することが可能**です）

(2) 講義ノートを参考に熟読する

最低２回，通読したら，今度はちゃんと講義ノートを開いて本編を熟読してください。

赤字の用語を赤シートで隠し，できれば鉛筆で書いてみましょう。くれぐれも思い込みで誤字を書き込むことがないように，１字１字確認してください。

(3) 講義ノートを自分のノートにしよう

講義ノートに情報を書き加えて，自分自身のノートにしていく。講義のなかでの注意事項や，自分の使っている教科書，学校での勉強などのすべての情報を書き込んでいってください。

《講義ノートへの書き込みの例》

●応神王朝から継体王朝へ　大連　男大迹王

●武烈《ぶれつ》天皇没，後継者なし ➡大伴金村《おおとものかなむら》ら**継体《けいたい》**天皇擁立。

●東アジア情勢の変化　600・607・608……614　小野妹子　犬上御田鍬

① **中国**…南北朝 ➡隋《ずい》による統一(589)

聖明王→欽明　(公伝)　538　552

② **朝鮮**

●高句麗《こうくり》…勢力拡大 ➡百済《くだら》圧迫

●新羅《しらぎ》…勢力拡大 ➡百済圧迫，**加羅《から》(任那《みまな》)**を併合(562)

●百済《くだら》…日本との関係強化。大伴金村，任那四県を割譲《かつじょう》(512)

③ **日本**…朝鮮半島における勢力の後退。百済から五経博士《ごきょうはかせ》，仏教。

儒教

(4) CDを聴く

ある程度，学習が進んだなと思ったら，別冊の年表を見ながらCDを聴いてください。

（少しでも時間があったら，**繰り返し聞く**ようにしてください）

(5) 総仕上げ！

(1)〜(4)までが一応終わったら，そこで，個別の復習を試みてください。例えば，

Ⓐ **史料**だけをチェックする。

（**赤字の語句の穴埋めができるかどうか**試す。**出典・著者**などを確認する）

Ⓑ 年表で**主要年号**をチェックする。

（**年号を見て事項が暗記できているか，事項から年号が出てくるか**）

本書が，単なる講義の再現ではなく，まさに**『New 実況中継』**にふさわしいものとなったのは，語学春秋社社長の井村敦氏の陣頭指揮，藤原和則氏以下の編集スタッフの皆さんの熱意によるものです。本書が広く，日本史を学ぶ多くの受験生の力になることを信じています。

2015年4月

石川晶康

講義内容

原始～古代(1)

第1回 旧石器時代・縄文時代・弥生時代

こんにちは，石川です。さっそく授業を始めましょう……と言っても，人類の誕生から弥生《やよい》時代。おもに，考古学（遺跡《いせき》や遺物《いぶつ》の研究）の分野から。

旧石器時代・縄文時代・弥生時代

地質学：	新第三紀	第四紀			
	中新世 鮮新世	更新世		完新世→	
	猿人 →	原人 → 旧人 → 新人………		現代人 ……………→	
道具の素材：		旧石器	新石器	金属器（青銅器・鉄器）→	
			（北海道）	続縄文文化 →	
日本史時代区分：		旧石器文化	縄文文化	弥生文化	古墳文化 →
			（沖縄，南西諸島）	貝塚文化 →	

各時期のイメージは次のとおりです。

旧石器《きゅうせっき》時代……寒冷《かんれい》な時期＝氷河《ひょうが》時代。**打製《だせい》石器**（旧石器）を使った狩猟《しゅりょう》。ナウマンゾウなどの大型動物を食料とする。

⬇

縄文《じょうもん》時代………温暖化《おんだんか》で日本列島が形成される。**磨製《ませい》石器**（新石器）が登場。弓矢などを使った狩猟が発達。**土器《どき》**の使用も始まる。

⬇

弥生《やよい》時代………**水稲農耕《すいとうのうこう》**と**金属器**（青銅《せいどう》器・鉄器）の使用が始まる。集落《しゅうらく》が発達し，小国が誕生。

1 旧石器時代

講義ノート p.1 参照

更新世と人類の進化

まず，大きな時期区分を見ておきましょう。

旧石器時代（文化）➡ 縄文時代（文化）➡ 弥生時代（文化）

これが第１回の範囲《はんい》。最初の旧石器時代は人類の誕生から，その進化が進んで我々の直接のご先祖様《せんぞさま》が現れる，何百万年というナガーイ時代です。

猿人《えんじん》 ➡ 原人《げんじん》 ➡ 旧人《きゅうじん》 ➡ 新人《しんじん》 ➡ 現代人《げんだいじん》

猿人が現れたのは？ なんと，650 万年前！ 地質学でいう新第三紀の中新世後期だそうです。道具は石を簡単に加工した**打製石器**のみ。金属はまだ知らない。もちろん「火」は使ってますよ。

そして，何より「**寒冷**」。要するに寒い。**日本列島もまだ形成されていない**。**更新世《こうしんせい》**と呼ばれる寒冷な時代で，「**氷河時代**」とも言います。

そこで，氷河が発達すると，海の水が凍《こお》って，海面が下がっていく（海退《かいたい》）。陸地が今より広くなり，**日本列島がアジア大陸とつながったりする**。

もっとも，ちょっと気候がゆるむと，氷が溶《と》け出して海面が上昇する（海進《かいしん》）時期がくる。寒冷になるとまた陸地が広がる。こうして**氷期《ひょうき》**とやや温度が上がる**間氷期《かんぴょうき》**を繰《く》り返した。教科書によって違《ちが》うんですが，海面は，だいたい今より 100 メートルぐらいは下がっていたんだろうということです。日本列島はまだ形成されていません。

更新世のころの地形

ナウマン象

動植物も今とは全然違う。アジア大陸から分離《ぶんり》していないから，大型動物が北から南からやってきた。象《ぞう》などもウヨウヨ。代表的なものとしてはトウヨウゾウ（**東洋象**）・**ナウマンゾウ**。今の北海道辺りには**マンモス**もいた。大型の鹿《しか》，**オオツノジカ**（大角鹿）・**ヘラジカ**。他にも試験では出ないけど，トナカイもいたことがわかっています。

化石人骨の発見

港川人の復元図
製作：2010年5月（NHK BShiの番組で使用のため）
画：山本耀也
所蔵（この復元画）：国立科学博物館
所蔵（実物化石）：東京大学総合研究博物館
監修：海部陽介，坂上和弘，馬場悠男

しかし，象がいくらいたって歴史にはならない。**更新世**に人類が，この今の日本列島にあたる場所に生息《せいそく》していたことがわからなければ日本史の対象にはならない。そこで問題は，化石《かせき》で残っている人骨《じんこつ》，化石人骨が出てくるかどうかです。

まず，兵庫県の**明石《あかし》人骨**。これは戦前（1931年）に発見されたもので，現物は第二次世界大戦の空襲《くうしゅう》で焼失し，石膏《せっこう》の型しか残っていません。おそらく，**新人**段階だろうと言われています。

そこで，現在の教科書で紹介されているのは，浜名湖《はまなこ》周辺の石灰岩《せっかいがん》層から発見された静岡県の**浜《はま》北《きた》人**。そして沖縄県の**港川《みなとがわ》人**・**山下町洞人《やましたちょうどうじん》**あたりです。港川人は「ほぼ完全な形で」発見されたことで有名です。

進化の段階でいうと，みんな**新人**です。

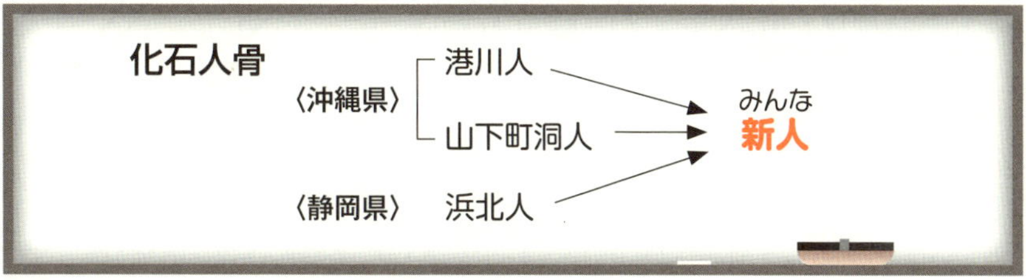

旧石器文化──ヒトは道具を使う

さて，**更新世**の人々が使っていた道具が発見された遺跡は知ってるよね。石器が確認されたのは，実は第二次世界大戦後のことです。

Q 1946年，相沢忠洋《あいざわただひろ》によって発見された**群馬県**の遺跡は？

──**岩宿《いわじゅく》遺跡**

熱心な考古学青年だった，素人《しろうと》の考古学者相沢忠洋が発見した。1949年に，専門家が同一地点を調査して**旧石器の存在**を確認しています。

この岩宿遺跡の地層は更新世の地層でもかなり新しいほうで，とくにこの地域の名で**関東ローム層と呼ばれる赤土の地層**です。その後，次々と全国各地から**打製《だせい》石器**が発見されていきます。世界史的にいうと，旧石器時代の後期にあたるものだそうです。

打製石器

さて，そこで，打製石器について。「打製」というのは石を打ち欠《か》くなどして形を整えた，簡単に作れる石器という意味です。縄文時代の，表面を磨《みが》き上げた「**磨製《ませい》石器**」を「新石器」というのに対して，打製石器を「旧石器」と呼ぶわけです。種類はそんなに多くはありません。

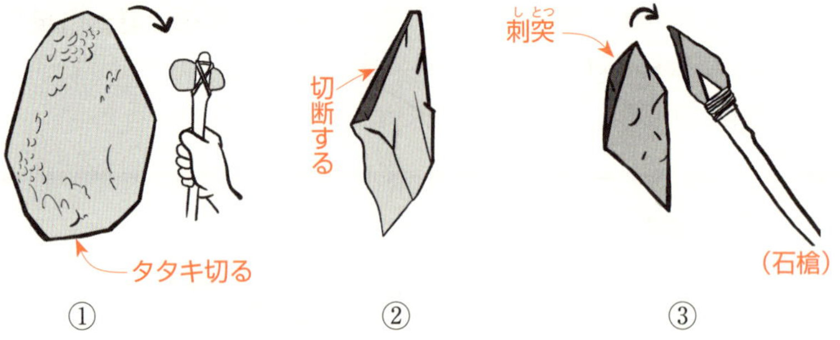

打製石器

①楕円形《だえんけい》石器，これは一番簡単に作れるやつ。多くが楕円形をしている。それから②ナイフ形石器，これは要するに物を切る。そして③尖頭《せんとう》器《き》。突《つ》き刺《さ》す。ここも大事なところです。

① **楕円形**石器　➡　「叩き切る」
② **ナイフ形**石器　➡　「スッと切る，切断する」
③ **尖頭器**　➡　「刺す，突き刺す」

細石器文化

そして，**細石器**《さいせっき》が最後の段階に出てきます。

細石器というのは「**組合せ式**」**の石器**です。長さ3～4cm・幅5mmほどのカミソリの刃のような「**細石刃**《さいせきじん》」を，骨や牙《きば》，角《つの》などで造った軸《じく》に溝《みぞ》を刻《きざ》み込んでおいて，そこに埋《う》め込み，樹脂《じゅし》などで固定するものです。後期旧石器時代の終末に出現します。旧石器時代と新石器時代の中間にあたるので，細石器文化の時代を「中石器時代」と呼ぶこともあります。

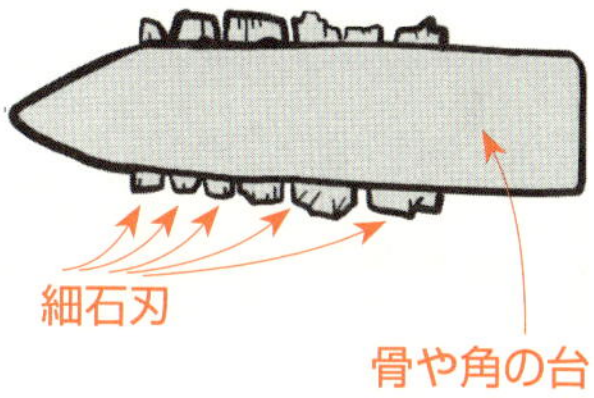

⌃細石器

ちょっと細かい知識ですが，北海道の**白滝**《しらたき》**遺跡**は代表的な石器の素材である**黒曜石**《こくようせき》の産出地であるとともに，大量の**細石器**が出土したことで有名な遺跡です。

そして，この細石器文化の時期には**世界でも最古級の土器**が出現しています。

生　活

人びとは，打製石器，**ナイフ形石器**や**尖頭器**を棒の先につけた**石槍**《いしやり》《せきそう》などを使った**狩猟**《しゅりょう》で大型動物を捕《とら》えたり，植物性の食料を**採取**《さいしゅ》したりしながら，10人前後の小集団で一定範囲内を移動しました。住居は**テント式の小屋**や**洞穴**《どうけつ》などに寝泊まりしていたようです。

2 縄文時代

講義ノート p.1 参照

日本列島の誕生

寒かった**更新世《こうしんせい》**が終わると**完新世《かんしんせい》**となり，地球は**温暖化**，暖《あたた》かくなってきます。すると，海面が上がってきて，大陸と切り離され，**日本列島**が形成されます。そして，ここから1万年以上に及《およ》ぶ，長い長い縄文《じょうもん》時代が始まります。今から，約1万3000年前に成立し，約1万年余り続いた文化，時代です。

旧石器文化との大きな違いを確認しておきましょう。

更新世	完新世	
旧石器文化	縄文文化	弥生文化 → 古墳文化
×	日本列島の誕生	
×	土器の使用	
打製石器 （細石器）	磨製石器	
狩猟（大型動物）・採取経済 →	狩猟（中・小型動物）・採取経済	

温暖化にともなって自然環境も大きく変わり，日本列島が形成される。**土器の使用**も始まります。経済的には，**旧石器時代と同じで狩猟・採取による食料獲得《かくとく》という段階**ですが，狩猟の対象は変わっています。

気候の変化と日本列島の形成は，動植物相《そう》を変化させます。人間はシブトク生き続けたわけですが，ナウマン君などの大型動物は絶滅《ぜつめつ》。**イノシシ**とか**ニホンシカ**のような**中小型動物が栄える時代**になりました。

そして針葉樹林《しんようじゅりん》は北の方へ移っていき，東日本の大部分はナラとかブナといった**落葉広葉樹林《らくようこうようじゅりん》**，西の方ではシイなどの**照葉樹林《しょうようじゅりん》**が繁茂《はんも》し，現在の一般的な日本の森林になる。そうすると**木の実**が落ちる，木の実が食べられる。

海面がどんどん上昇し，現在よりももっともっと陸地に海が進出してくる(縄文海進《じょうもんかいしん》)。入江《いりえ》が発達する。魚や貝がいっぱい取れる。そこで，食料や生活環境が大きく変化するわけです。

また，**丸木舟《まるきぶね》**などが各地で発見されているので，遠洋航海《えんようこうかい》の技術が発達していたことも確実です。

磨製石器(新石器)の登場

さあ次に道具，石器ですが，旧石器の**打製《だせい》石器に加えて磨製《ませい》石器**，新石器が現れます。石を打ち欠いて作っただけの打製石器に対して，表面を磨《みが》いてなめらかにしたのが磨製石器です。ここでちょっと注意してくださいよ。石斧《せきふ》も，打製石斧と磨製石斧があります。ということは，

「打製石器に代わって磨製石器が使用された」(×)

じゃないよ。まだ，打製石器も使ってる。だから，

「打製石器に加えて磨製石器が使用されるようになった」(○)

ということ。では，

Q 縄文時代，中小型動物をつかまえるために発達した道具は？

——**弓矢《ゆみや》**

そこで，矢の先端に着ける**石鏃《せきぞく》**が発達します。ただし，**石鏃は打製石器**ですよ。また，魚をとるために発達したのが，動物の骨なんかを加工した**釣針《つりばり》**とか，突き刺す**銛《もり》**などの**骨角器《こっかくき》**。これは骨や角《つの》，牙《きば》などから作った道具です。

また，入江などで網《あみ》を使って魚をとりますが，その**網を海底に沈《しず》めるための錘《おもり》**も発達します。石で作った錘を「**石錘《せきすい》**」，土で作ったものを「土《ど》錘《すい》」と呼びます。

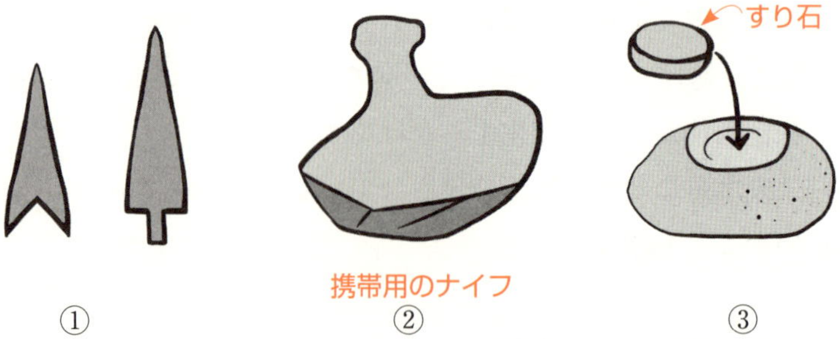

縄文時代の道具

① 石鏃《せきぞく》 ➡ 矢の先端《せんたん》につける。
② 石匙《せきひ》 ➡ スプーン型の小型のナイフ。動物の皮剝《は》ぎなど。
③ 石皿《いしざら》 ➡ 文字通り石の皿で，「すり石」で木の実などをすりつぶした。
④ 石錘《せきすい》 ➡ 石のオモリ。網《あみ》などを沈めるためのオモリ。

縄文土器

さらに，「縄文」時代のネーミングのもととなっている縄文土器の使用が始まる。

Q 近代の考古学研究の発端《ほったん》となった，アメリカ人生物学者モースが1877(明治10)年に発見した東京都の遺跡は？ ――大森貝塚《おおもりかいづか》

ハイ，東京都の大森貝塚。そして，土器の模様《もよう》，縄目《なわめ》模様から「縄文土器」という名称が生まれてきたわけですね。土器の発明によって**貯蔵《ちょぞう》や煮炊《にた》き**ができるようになった。

土器の使用の始まりはいつか？ このところ，どんどん古い土器が発見されています。わかってきたことは，古い段階，「草創期《そうそうき》」のものには縄文(縄目《なわめ》の文様《もんよう》)はないということです。

縄文土器は，現在では，**６期に区分**しています。縄文土器の「６期区分」

の「６期」を答えさせる問題も出題されています。一番古いのが，草創期。「無文《むもん》土器」「隆起線文《りゅうきせんもん》土器」「爪形文《つめがたもん》土器」などは世界最古級の土器です。早期以降になると縄目模様のものが出てきます。そして，**中期には装《そう》飾性《しょくせい》に富《と》んだ下図の④のようなものが登場**してくる。中期に，もっとも装飾性に富むものが現れる。後期・晩期じゃないよ。中期。

①草創期　②早期　③前期　④中期　⑤後期　⑥晩期

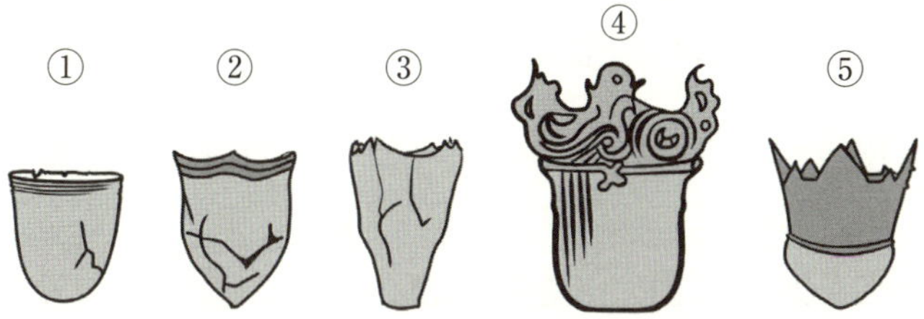

縄文土器の移り変わり

竪穴住居の形態

次に住居。縄文時代の住居は**竪穴住居**《たてあなじゅうきょ》と呼ばれます。地表から少し掘《ほ》りこんである**半地下式**の円形の住居に住んでいました。円形の真ん中あたりには，**炉**《ろ》という煮炊《にた》きをするための場所が設《もう》けられています。

「タテアナ」ってちょっと書いてみて。まさか，「堅穴」なんて書いてないだろうな。

○竪　×堅　カタイじゃないよ

竪穴住居が一カ所に集中していることから集落《しゅうらく》が発達していったことがわかります。また，何でも不要なものを捨てた**貝塚**《かいづか》が広場を囲んでサークル状に出てくる，「**環状**《かんじょう》**貝塚**」・「**馬蹄形**《ばていけい》**貝塚**」なども，当然，集落のあり方を反映していると考えられます。千葉県の加曽利《かそり》貝塚などが有名です。ついでに，環状貝塚をともなう集落を「**環状集落**」と呼びます。

三内丸山遺跡

竪穴住居

今日では縄文文化の従来のイメージをくつがえす新しい研究が目立ってきました。全国各地で巨大集落が確認されています。中でも青森県の**亀《かめ》ヶ《が》岡《おか》遺跡**。**装飾《そうしょく》性《せい》に富《と》んだ土器や土偶**で有名ですが，

Q 近年，同じ青森県で発見されて話題となった，縄文時代前期から中期の巨大な木造建築物で有名な遺跡は？
——**三内丸山《さんないまるやま》遺跡**

竪穴住居の大型のもの，集合住宅か集会場と考えられるものも確認されています。

縄文時代の巨大な集落「三内丸山遺跡」は現在の入試では絶対に外せない遺跡で，縄文の**前期から中期にかけての巨大な集落**です。縄文時代は素朴《そぼく》で，貧富の差のない人々がつつましく，ショボショボと生きていた時代というんじゃない。**すぐれた技術をもつ，発達した社会**というイメージが定着しつつあるんです。

ここに人が立っているのが見えますか？

三内丸山遺跡（青森県）
復元された巨大な建物。他にも大型の建物がある。また管理された栗の林，高度な工芸・技術も注目されている。ただし，後期・晩期ではないことに注意。前期から中期だ。

縄文農耕 ── 採集経済が主だった

縄文時代はまだ**本格的な生産経済が発達していません**。いわゆる**採集経済**。自然界にあるものをそのまま食料にしていた段階です。

しかし，ある程度の管理された栽培《さいばい》はやっていたらしい。豆《まめ》とかヒョウタンなんかの栽培です。そして，**縄文時代の最後の段階では，ついに米作りも始まります**。そこで，

> **Q** 縄文文化（晩期）の段階で，米を作っていたことがわかる遺跡をあげなさい。

というのが，最近の入試の焦点《しょうてん》になっています。一番よく出るのが佐賀県の**菜畑《なばたけ》遺跡**，福岡県の**板付《いたづけ》遺跡**などで，縄文晩期の水田が確認されています。26ページの地図でしっかり確認しておくこと！

墓　制

縄文時代，墓《はか》はどうなっていたか。墓地《ぼち》は**共同墓地**です。人々の間に，お墓で差がつくようなことはない。支配者と被《ひ》支配者，王様と奴隷《どれい》みたいな身分の差があったとは考えられないということです。

Q 縄文時代の特徴的な葬法《そうほう》は何と呼ばれるか？　──**屈葬《くっそう》**です。

これはワザワザ，**死者を折りたたんだ形で埋葬《まいそう》**する風習です。いろんな解釈がありますが，死者の霊《れい》に対する恐《おそ》れによるものではないかと説明されることが多いようです。

交易はどこまで及んでいたか

縄文時代の人々が，かなり広い範囲《はんい》で，交易《こうえき》，物のやりとりをしていたことははっきりしています。物々交換みたいな行為《こうい》は広い範囲に及《およ》ん

でいた。

Q 縄文時代の広い交易を示す代表的なものを２つあげなさい。

——**黒曜石《こくようせき》，ひすい**（硬玉《こうぎょく》）

黒曜石は採取できる場所が限られていて，組成《そせい》の違いから，どこの黒曜石か，採取地がわかります。透明度《とうめいど》とか，組成の分析《ぶんせき》なんかで，「これは北海道の十勝岳《とかちだけ》の周辺のものだ」，「これは長野県の和田峠《わだとうげ》のものだ」と判定できるそうです。

黒曜石はガラスの固まりみたいな石で，うまく剝《は》がすと，鋭利《えいり》なナイフのようなものが簡単に作れる。そこで，さっき弓矢のところで言った**石鏃《せきぞく》の素材**にピッタリなんです。

ある特定の場所で採取された黒曜石で作った石鏃が，かなり離《はな》れた遺跡からも出てくる。それが広い範囲に分布していることから，縄文時代にはかなり**広い範囲で交易が行われていた**ことがわかるわけです。

そこで，黒曜石は文字通り頻出ということなんですが，最近ではひすい（硬玉《こうぎょく》）のほうを問われることも多くなってきました。理由は簡単で，ひすいのほうが**もっと広い範囲で出土《しゅつど》**するからです。

新潟県の**姫川《ひめかわ》**流域で採取される「ひすい」だとハッキリわかるものが，半径500キロの範囲から出てくる。直径でいけば1000キロの範囲に及《およ》ぶ分布が確認されているわけです。

ひすいは今でも高級な緑色の宝石ですが，当時も石鏃のような実用品ではなく，アクセサリー用でした。

黒曜石とひすいの違い。ついでにプラスアルファとして，広い地域に分布する石器の素材として**サヌカイト**（**讃岐《さぬき》石**）も覚えておきましょう。

あと，「男」と「女」の区別，**石棒《せきぼう》**と**土偶《どぐう》**，さらに，役割分担。**男が狩猟・石器造り，女性が木の実などの採取や土器造り**。教科書にはそこまで書かれていますので，念のためチェックしておきます。

交　易

- **黒曜石**…………北海道白滝《しらたき》・十勝（岳）・長野県和田峠など，全国各地
- **ひすい**（硬玉）…新潟県姫川流域のみ
- **サヌカイト（讃岐石）**…二上山《にじょうさん》（大阪府と奈良県の境目あたり）など

男　女

- 男 ➡ **石棒**／**狩猟**・**石器**造り
- 女 ➡ **土偶**／**採取**・**土器**造り

信仰――アニミズム

この時代の人々の信仰《しんこう》を**アニミズム**と呼びます。さまざまな生物に宗教的な意味を求める素朴《そぼく》な信仰です。「アニマル」＋「イズム」でアニミズム。

このアニミズムは**呪術《じゅじゅつ》的要素が大きい**。呪術というのは，要するにオマジナイのたぐいです。それから，土製の人形，**土偶《どぐう》**。

○土**偶**　「土で造った人形」という意味だからニンベン

×土隈《くま》　×土隅《すみ》

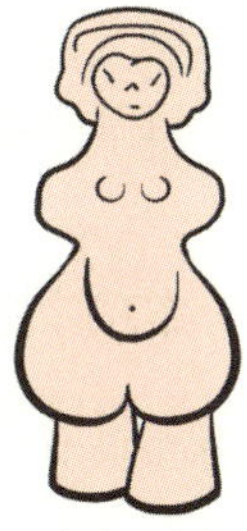

土　偶

これはたぶん**出産や豊かな生活を祈《いの》った**んだろう。おっぱいがありますから，女性で，出産，生産などに関わるものと考えられていますが，様々な形のものがあり，はっきりした目的はわかりません。

また，**石棒《せきぼう》**と呼ばれる男性の生殖器《せいしょくき》を模《も》した石の棒も，同じような呪術に関わるものと考えられています。

ほかに，呪術に関わるものとして**抜歯《ばっし》**があります。強制的に歯を抜《ぬ》いたことがわかる人骨，頭蓋骨《ずがいこつ》が共同墓地などからいっぱい出てきます。

今だって若者がピアスで穴を開ける。どうやら，一定の年齢に達すると人間というのは，自分の体に痛みを加えて，「オレはもうガキじゃねえぜ」と主張するものらしい。人間が一生の間に，成長の節目《ふしめ》節目で行う儀式を**通過儀礼《つうかぎれい》**(イニシエーション)と言いますが，抜歯もそのような行為で，今の**成人式のようなもの**だろうと考えられています。

環状列石

これまで，有名な遺跡をいくつか挙げてきましたが，**環状列石《かんじょうれっせき》**といって，巨大な石を組み立てた遺跡があります。その代表が秋田県の**大湯《おおゆ》**の環状列石。

また，ほかに関東地方の土器研究の基準となった神奈川県の夏島《なつしま》遺跡など，このあたりはやりだすと限りがありませんが，遺跡地図で何度も確認してください。

：先生，遺跡は全部覚えるの？

本文中の太字のところはゼッタイ覚えましょう。その際は，太字の語句を読みながら手で書くこと。あと，地図を見ながら覚えていく。実戦的には，遺跡は**都道府県名が一番大事**！「青森県の……」ときたら？

：「亀ヶ岡」「三内丸山」。

弥生時代で青森県なら，砂沢《すなざわ》遺跡・垂柳《たれやなぎ》遺跡。このあとすぐ出てきます(p.17)。ともかく，遺跡は絶対，**都道府県名とセットで**覚えていくこと。秋田県だったら，「大湯」の環状列石しかない。

化石人骨と旧石器・縄文文化遺跡

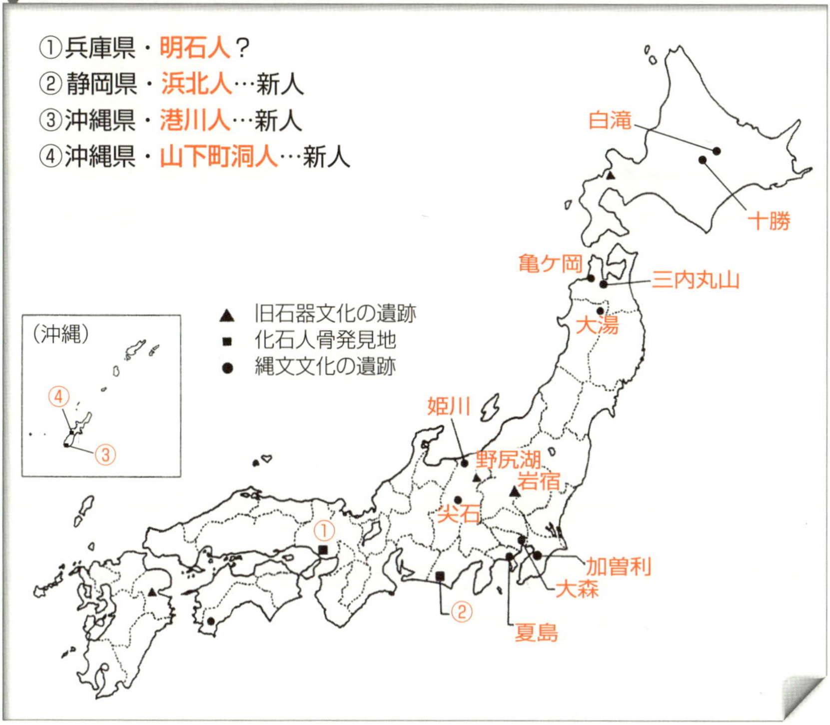

3 弥生時代

講義ノート p.4 参照

さて，旧石器文化(時代)，縄文時代ときて，いよいよ**弥生《やよい》文化**，**弥生時代**です。大枠を最初に見ておきましょう。

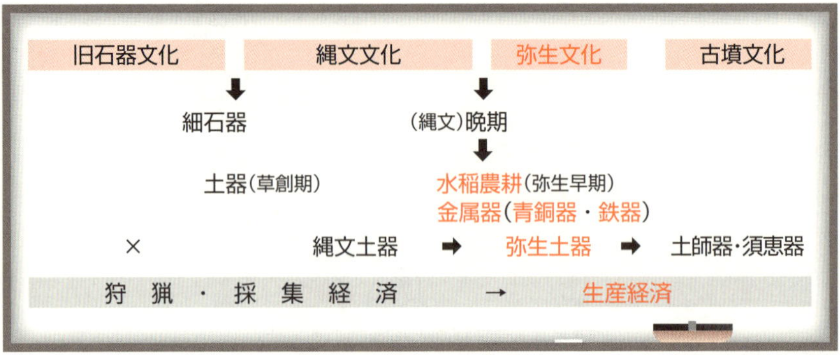

細石器と土器の出現，縄文晩期と**水稲農耕《すいとうのうこう》**(菜畑・板付遺跡)の始まる**時期が各々《おのおの》重なり合うことに注意**しておいてください。

ここで質問。

Q 弥生文化(時代)という名称は「弥生土器」から生まれたものだが，この弥生土器研究の発端《ほったん》となった遺跡は？

：「**弥生町遺跡**」でしょ。

正確には「向《むこう》ヶ《が》岡《おか》貝塚」。1884(明治 17)年，東京の本郷弥生町(現在の東京都文京区弥生)の向ヶ岡貝塚から**採取**された，**赤焼**の土器が「**弥生土器**」と呼ばれるようになったんです。

では，弥生文化の特徴《とくちょう》を見ていきましょう。

水稲農耕と金属器の使用

紀元前 4 世紀ごろ，それまで 1 万年以上続いていた**縄文文化**に，「**水**

稲農耕」と「**金属《きんぞく》器《き》**」(青銅《せいどう》器《き》と鉄《てっ》器《き》)の使用が始まり，**弥生文化**が成立します。中国の秦《しん》・漢《かん》という強力な王朝の影響が朝鮮半島から日本列島にも及《およ》んできた。

先進地域である中国，そして朝鮮半島から，九州北部に新しい文化が伝わってきた。人間もやって来ます。それまでの「東南アジア人」に，新たに「北東アジア人」が入ってきます。彼らは狩猟《しゅりょう》・漁撈《ぎょろう》だけではなく，計画的な**生産経済**を営む。米を作る，**水稲農耕**が始まった。

九州の北部からずっと東へ，どんどんどんどん米作りの技術が伝わっていくんです。**弥生時代前期の終わりごろには，青森県にまで米作り**が広がっていたことが**砂沢《すなざわ》遺跡**などによって確認されています。中期の水田跡が発見されたのが，同じく青森県の**垂柳《たれやなぎ》遺跡**。ただし，**北海道や沖縄を含む南西諸島**にはこの新要素は及びません。

北海道には続《ぞく》縄文文化という独特の文化が展開していき，南西諸島，**沖縄などでは貝塚《かいづか》文化という独自の文化**が発達します。現在の日本国の領域が，**単一の文化・社会ではなく**，複数の文化で構成されていることをしっかり認識しておくことが大切です。

水稲農耕の伝来

稲作《いなさく》，水稲農耕は，雲南《うんなん》・アッサムあたりで成立し，それが中国の長江《ちょうこう》下流域へ，さらに山東半島から朝鮮半島西岸をへて日本列島の九州北部あたりに伝わったとされます。

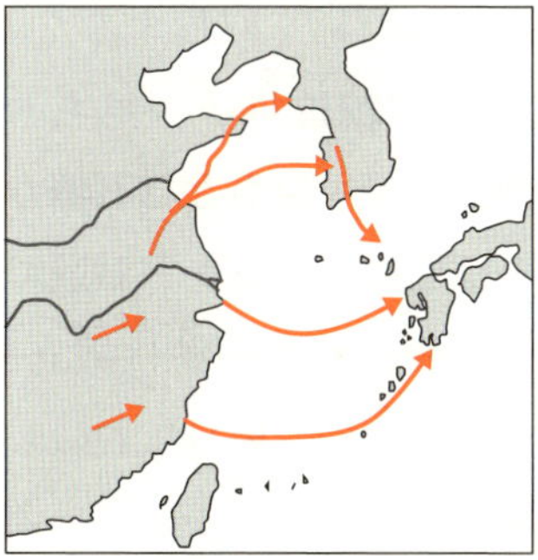

稲作の伝来ルート

他にもいくつかのルートが考えられていますが，いちいち覚えておく必要はないでしょう。ただ，**伝来の時期が縄文晩期**だというところはしっかり覚えておいてください。縄文時代の終わりは「およそ2500年前」，新しい説では「約2800年前」と教科書などに紹介されていますので，だいたいのところを覚えておけばいいでしょう。

大事なのは，「縄文時代の終わり頃」に九州北部で**水稲農耕**が始まったということは，水稲農耕の開始を「**弥生時代**」の特徴とするなら，この時期は弥生時代の「早期」と位置づけることもできるという点です。そして，紀元前4世紀の「西日本」には「水稲農耕」を基礎とする**弥生文化**が成立したとされるのです。

水稲農耕

さて，弥生時代の水稲農耕の内容です。前期には低湿地《ていしっち》に排水路を設《もう》けた**湿田《しつでん》**が基本だったのですが，中・後期には生産性の高い**乾田《かんでん》**が増えていきます。乾田は毎年，**灌漑《かんがい》・排水《はいすい》を繰り返す生産性の高い水田**で，**田植え**も始まっています。また，乾田や田植えは前期から行われていた可能性も指摘されています。

農具は**木製農具**が基本でしたが，やがて鉄製の農具が現れます。ちょっとややこしいのは，木製農具の製作には**磨製石器**や**鉄製の工具**が使われたことです。工具ではなくて**鉄製農具**というのは，鍬《くわ》や鋤《すき》の**刃の部分に鉄を使用**したものです。もちろん，鉄製のほうが作業能率がいいわけです。

実った稲《いね》を収穫するための道具は，**石包丁《いしぼうちょう》**で，稲の穂先をカットしていく(**穂首刈《ほくびが》り**)。もちろん石器ですが，やがて**鉄鎌《てつかま》**に代わります。収穫具や鍬《くわ》・鋤《すき》などは**石器から鉄器に**代わっていくのです。ここは，入試では頻出，センター試験でも問われるポイントです。

収穫された稲穂《いなほ》は掘立柱《ほったてばしら》の**高床倉庫《たかゆかそうこ》**などに蓄《たくわ》え，食べるときには，木製の**木臼《きうす》**と**竪杵《たてぎね》**で脱穀《だっこく》しました。その様子は，後で出てくる「**銅鐸《どうたく》**」の表面に線画で描《えが》かれているので(p.20)，教科書の写真や史料集などで確認しておいてください。

水稲農耕

湿田 ➡ **乾田**

石包丁 ➡ **鉄鎌**

木製農具 ➡ 鉄製工具／**鉄製農具**(鍬先《くわさき》・鋤先《すきさき》)

脱穀《だっこく》……………**木臼《きうす》**・**竪杵《たてぎね》**

収納……………**高床倉庫**・貯蔵穴

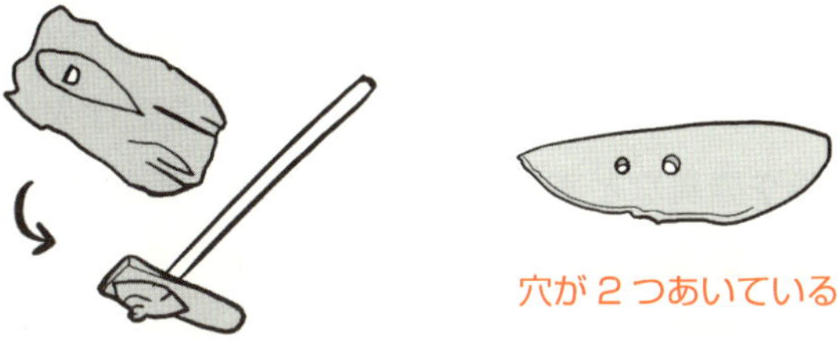

① **鍬**　　② **石包丁**

木製農具と石包丁

Q 第二次世界大戦後，1947年からの発掘で水稲農耕の存在が確認された静岡県の遺跡は知ってるね？

：登呂《とろ》遺跡。

はい，写真は復元された**登呂遺跡**の**高床倉庫**です。

収穫した米はこのような高床倉庫に貯蔵されました。ネズミなどが入れないように工夫してあるほか，「はしご」は取り外せるようになっています。

金属器の使用

さて，次は青銅器・鉄器の使用について。

大陸では，青銅器時代→鉄器時代と発展するんですが，日本列島にはこれがほぼ同時にもたらされます。そこで，両方を合わせて「**金属器**《きんぞくき》」の使用と表現するわけです。もちろん朝鮮半島南部から九州北部へと伝えられたものです。

青銅器・鉄器は何に使われたか

青銅器と鉄器を比べると，青銅というのは銅と錫《すず》の合金《ごうきん》で，鉄に比べてウンと柔《やわ》らかい。そこで，ほぼ同時にこの２つを受け入れた日本では，硬《かた》い**鉄器は武器や農具など実用的な道具**に使い，**青銅器は祭祀**《さいし》などお祭りのための飾《かざ》り，**祭器**《さいき》**として利用**するようになっていきます。

そこで，**銅矛**《どうほこ》・**銅戈**《どうか》・**銅剣**《どうけん》などの青銅器の武器は，今風に言うと輸入品は細くて小型のものですが，国内で生産されるようになると，すぐに，どんどん**大型化**していき，実用性は無視されていきます。**銅鐸**《どうたく》，**銅鏡**《どうきょう》も大型化します。銅鐸は朝鮮半島から小型の鈴《すず》が伝わって，日本で独自に巨大なものも造られるようになります。

銅鐸の表面には色々な文様がありますが，その中に，線画と呼ばれる簡単な絵があって，木臼《きうす》と竪杵《たてぎね》で脱穀《だっこく》しているところが描かれています。

さて，このような青銅製祭器の分布については，従来から，次ページの図のような各地域を中心に分布することが注目されています。

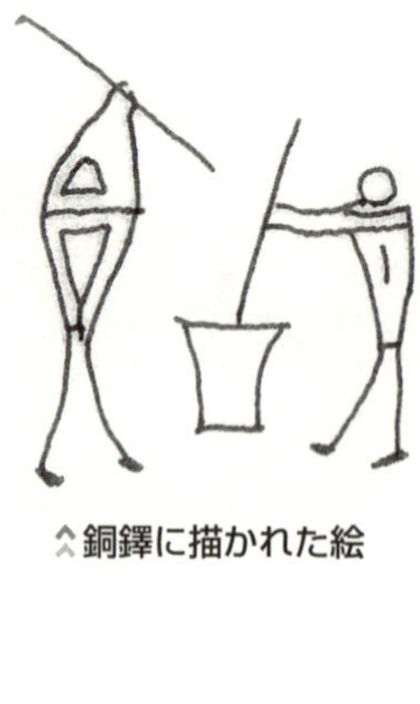

^銅鐸に描かれた絵

もっとも，この分布の範囲は変動することがわかっています。

近年，**島根県**の（**神庭**《かんば》）**荒神谷**《こうじんだに》**遺跡**から**大量の銅剣**と**銅鐸・銅矛**が発見され，その後，同県の**加茂岩倉**《かもいわくら》**遺跡**から**大量の銅鐸**が発見されて，大きな話題になりました。

青銅製祭器の分布

銅鐸	➡	**近畿地方**中心に広く分布
平形銅剣	➡	**瀬戸内海中部**
銅矛・銅戈	➡	**九州北部**が中心

島根県
- **(簸《ひ》川《かわ》郡《ぐん》)荒神谷遺跡** ……**銅剣358本・銅鐸 6 点・銅矛16本**
- **(雲《うん》南《なん》市《し》)加茂岩倉遺跡** …**銅鐸39点**

次の地図もチェックしておいてください。

青銅製祭器の分布(弥生中期ごろ)

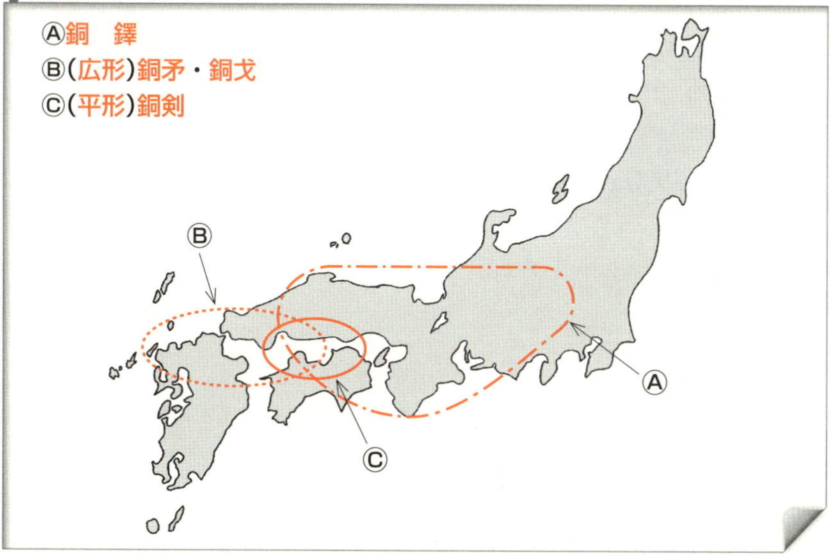

弥生土器の特徴

土器は，**厚手で黒褐色《かっしょく》の縄文土器**に比べて，もっと高い温度で焼いた，**赤褐色の薄手で硬い弥生土器**が発達します。また縄文土器の形は基本的には単純な形の器《うつわ》ですが，弥生土器は，**使用の目的によって形がはっきり違ってきます**。機能ごとに形に差がある。

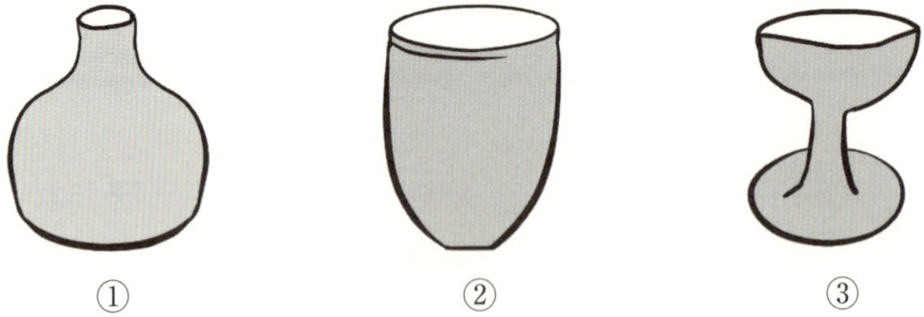

弥生土器

① **壺《つぼ》** ➡ 貯蔵用，物を保存しておく。
② **甕《かめ》** ➡ 煮炊《にた》き，水を入れて火で暖めて煮たり炊いたりする。
③ **高杯《たかつき》** ➡ 盛り付け用，食物などを盛りつける。

この3つの区分が基本ですが，他に，**甑《こしき》**という底にいくつかの小さな穴が空いているものもあります。米などの穀物を蒸すための土器です。

甑

住居・生活

弥生時代の人々は**水稲農耕**に適した低地に住むのが一般的で，住居はまだ**竪穴住居《たてあなじゅうきょ》**ですが，形には変化が現れます。

あと生活関係で重要なのは**機織《はたおり》**，布を作る道具が現れることです。関連する遺物が**紡錘車《ぼうすいしゃ》**で，糸を紡《つむ》ぐためのコマのような道具も発見されています。

生産経済と集落戦争の始まり？

さて，本格的な**生産経済**が開始されると，人間の社会にどのような変化が起こるか。もちろん，豊かになる。生活が安定する。そりゃそうですが，世界史的にも注目されているのが**戦争が本格的に始まった**という点です。

豊かになってくると，人が蓄《たくわ》えたものを狙《ねら》う，テリトリーを守る，あるいは奪《うば》うといったことから，戦争が起こる時代になる。そこで，

Q 弥生時代に，敵の攻撃から財産を守るために，周囲に深い溝《みぞ》を巡《めぐ》らせた集落を何というか？ ——**環濠集落**《かんごう》

Q 同じ時代，同じ目的で，防御《ぼうぎょ》しやすい小高い山の上などに営《いとな》まれた集落を何と呼ぶか？ ——**高地性集落**《こうちせい》

代表的な環濠集落としては，現在確認されている**最大規模の佐賀県の吉野ケ里遺跡**《よしのがり》をはじめとして，福岡県**板付**《いたづけ》，奈良県**唐古**《からこ》・**鍵**《かぎ》，神奈川県**大塚**など。それから，弥生時代の集落が全て環濠集落というわけではないことにも注意すること。地域の拠点となるような集落に環濠がめぐらされるということです。

もう１つ，軍事的な集落として瀬戸内海沿岸地域の小高い山の上などに営まれた**高地性集落**と呼ばれるものもあります。ずっと住んでいるのではなく，戦争のときに避難《ひなん》するための，「逃げ城」的な集落です。

入試で問われる高地性集落は，ほぼ，香川県の**紫雲出山**《しうでやま》**遺跡**だけです。

軍事的・防御的な集落

環濠集落…前期：(福岡)**板付**遺跡

中期：(奈良)**唐古・鍵**遺跡

前期～後期に発達：(佐賀)**吉野ヶ里**遺跡

高地性集落…(香川)**紫雲出山**が代表的な遺跡

戦争のときの避難用

吉野ヶ里遺跡

佐賀県にある，現在，最大規模の環濠集落。右側にあるのが竪穴住居，左にあるのは敵の襲来を見張ったりするための望楼。

地域差が明瞭な墓制

次に，墓制《ぼせい》。墓《はか》の作り方ですが，縄文時代と同じで，**基本的には共同墓地**です。ただし，**屈葬《くっそう》ではなく，伸展葬《しんてんそう》が一般化**します。死体をそのままの姿で葬《ほうむ》るようになり，土壙墓《どこうぼ》・木棺墓《もっかんぼ》・箱式石棺墓《はこしきせきかんぼ》などが営《いとな》まれます。

ただし，共同墓地とはいえ，その中に，豊富な副葬品《ふくそうひん》をともなうものなどが目立つようになります。みんながほぼ平等じゃない。**支配者が現れた，貧富《ひんぷ》の差が明確になった**，と考えられるわけです。地域に強力な指導者が現れたことが反映されていると考えるわけです。

また，墓の作り方に地域の差が出てくる。とくにマウンド，土を盛った「**墳丘墓《ふんきゅうぼ》**」が発達し，その形にも差異が出てきます。

九州北部には大きな甕《かめ》に遺体を納《おさ》める**甕棺墓《かめかんぼ》**。これは，他地域にはありません。また，九州北部には**中国東北部や朝鮮半島と同じ支石墓《しせきぼ》**もあります。

そして，中期以降の**甕棺墓**のなかには豊富な副葬品をともなうものが出てくるんです。銅鏡《どうきょう》や剣・玉製品などを遺体に副《そ》えて葬《ほうむ》る(副葬《ふくそう》)。

近畿地方を中心に広い地域で営まれたのが方形周溝墓《ほうけいしゅうこうぼ》です。方形(直線で囲まれた形)の**墳丘**の回りを溝《みぞ》で囲んだ形です。

瀬戸内海沿岸などでは後期になると大形の墳丘墓も現れます。入試にもよく出てくる岡山県の**楯築墳丘墓《たてつきふんきゅうぼ》**の円形の墳丘は直径40m。方形のテラスのような突出部が両側についています。これは第3回で学習する**前方後円墳**との関係で注目されているもので，文字通り難関大などでよく問われる遺跡です。

さらに，**山陰地方から北陸地方にかけて，中期以降，四隅突出型墳丘墓《よすみとっしゅつがたふんきゅうぼ》**という，なかなかデザイン的にも面白い墳墓が現れます。方形の墳丘の四隅が外側に突出し，斜面を石で覆《おお》うものです。

墓の分布も青銅製祭器の分布と同じ。**弥生文化**の地域性，その違いに注目しておくこと。

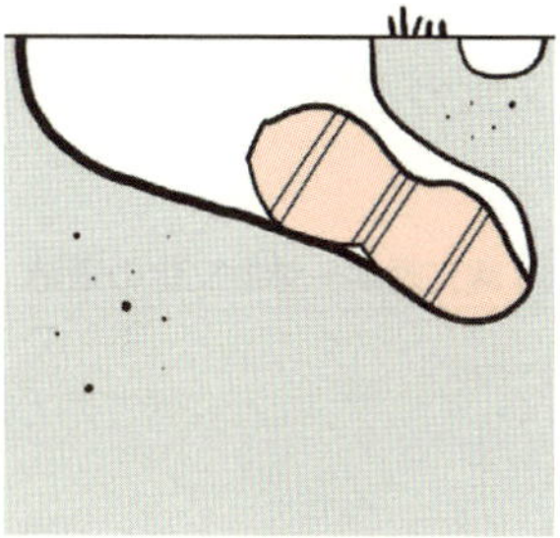

甕棺墓

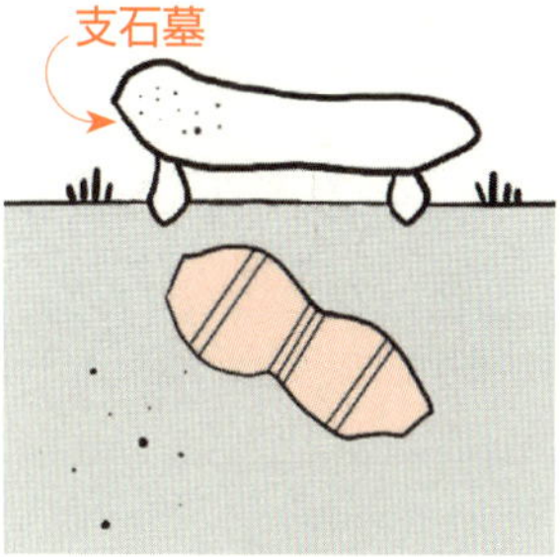

支石墓

方形周溝墓

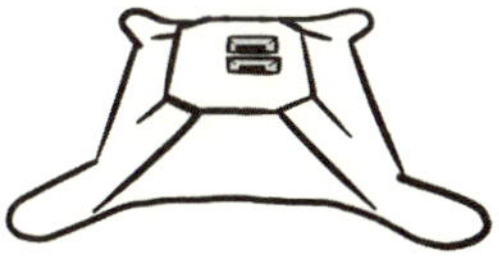

四隅突出型墳丘墓

以上，一挙《いっきょ》に旧石器・縄文・弥生までやりました。講義ノートですぐに確認しながら，復習してください。その際，県名とともに遺跡の名を覚えること。県名が決め手となる問題が多いからです。縄文晩期～弥生文化の遺跡を地図で確認しておいてください。

縄文晩期～弥生文化の遺跡

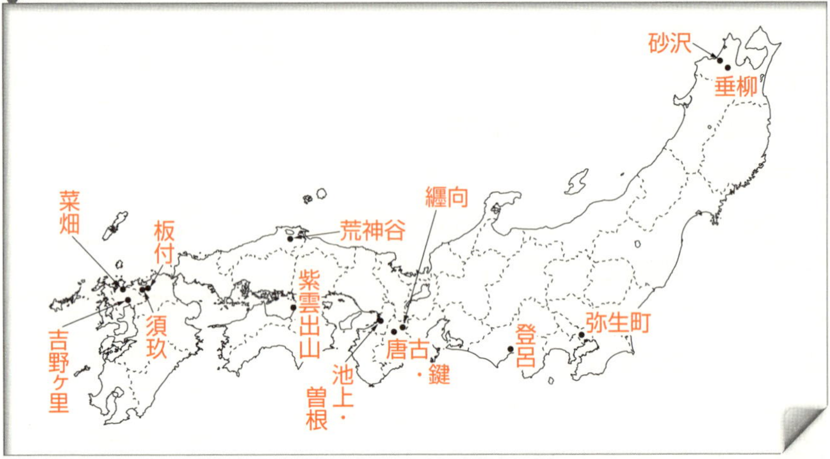

最初からハードな内容でしたが，がんばって復習してね。今回はここまでにします。

古代(2)

第2回 小国の誕生と邪馬台国

弥生時代になって生産経済が本格的になると，「戦争」の時代がやってくる。**「生産経済とともに戦争」**というのは，日本に限らず，多くの社会に共通するらしい。

小国の誕生と邪馬台国

	1世紀	2世紀	3世紀	4世紀
	弥生文化			古墳文化
	前期	中期	後期	（出現期） 前期
農耕社会の成立	「クニ」(小国分立)	➡ 小国連合	邪馬台国	➡ ヤマト政権
戦争・鉄製武器	環濠集落・高地性集落			
	『漢書』地理志 →	『後漢書』東夷伝 →	「魏志」倭人伝	

戦争ということは，勝者と敗者が現れてくる。生き残るために集落が集まって「クニ」，小国が誕生する。さらに小国が結合して小国の連合が現れてきます。有名な邪馬台国《やまたいこく》の卑弥呼《ひみこ》を盟主《めいしゅ》とする小国連合が登場します。

なぜそれがわかるのか？ まだ日本列島で文字を使う以前の話です。ところが，中国の歴史書によって日本列島のようすがわかるんです。

1 小国の分立

講義ノート p.7 参照

中国史書でわかる倭国の情況

いよいよ，日本史で避《さ》けることのできない史料が出てきます。その最初が『漢書《かんじょ》』，中国の「漢」の歴史が書かれた本です。まず，読んでみましょう。

史料 1　紀元前後の倭国／『漢書』地理志

夫《そ》れ楽浪《らくろう》海中《かいちゅう》に倭人《わじん》有《あ》り，分《わか》れて百余国《ひゃくよこく》と為《な》る。
楽浪郡のさらに南の海には倭人という人々がいて，百余りの小国を形成しており，

歳時《さいじ》を以《もっ》て来《きた》り献見《けんけん》す……
彼らは定期的に朝貢してくる……

史料に強くなるには，ともかく慣《な》れること。目だけじゃなくて，声を出す。自分の声を自分の耳で聞くこと。よし，いっしょに声を出していくよ。ハイ，

「それ，らくろうかいちゅうにわじんあり，わかれて
　ひゃくよこくとなる。さいじをもってきたり，けんけんす」
「それ，らくろうかいちゅうにわじんあり，わかれて
　ひゃくよこくとなる。さいじをもってきたり，けんけんす」
「それ，らくろうかいちゅうにわじんあり，わかれて
　ひゃくよこくとなる。さいじをもってきたり，けんけんす」

ちょっと計ってみました。1回5秒，3回続けて読んでも15秒。50回も繰り返すとわかってくる。

小国の分立

さて，内容です。漢の歴史書に，周辺情報として**紀元前後の日本（＝倭）の状況**が書いてある。そこでこの史料を『**漢書**』**地理志**《ちりし》と通称します。

編者，この本をまとめたのは班固《はんこ》。教科書の注などに「後漢の班固の撰《せん》」と書いてあります。**後漢の時代に書かれた**ものです。

中国では，国家の事業として前の王朝の歴史をまとめるという伝統があります。国家としての公的な歴史書なので，「正史《せいし》」と呼びます。

ついでに「正史」に対して，民間の一般的な歴史書は「野史《やし》」と呼びます。

さて，史料の内容にいきますよ。

「夫《そ》れ楽浪海中」の「**楽浪**」は今の**平壌（ピョンヤン），朝鮮民主主義人民共和国の首都**のあたり（p.35，地図）。

漢（前漢）の武帝が支配地を拡大して朝鮮半島の中部から西北部に置いた「朝鮮四郡《ぐん》」の１つ。BC108年のことです。朝鮮四郡とは「楽浪」「真《しん》番《ばん》」「臨屯《りんとん》」「玄菟《げんと》」の４郡ですが，**楽浪郡**だけ覚えておけばいい。

ついでに，この楽浪郡の南部を中心に後漢《ごかん》の時代に「**帯方郡**《たいほうぐん》」が置かれていることも覚えておきましょう。すぐあとに出てきます（p.34）。

さて，その楽浪郡の先の「海中」，海の中に浮かぶ島には「倭人」という連中がいて，彼らは「分れて百余国《ひゃくよこく》と為《な》る」――まだ統一国家といったレベルではなく，**小さな100余りの国に分かれている**。「小国分立《しょうこくぶんりつ》」の状態だということです。

そして，「歳時《さいじ》を以《もっ》て」――定期的に，「献見《けんけん》す」――土産物《みやげもの》をもってあいさつにやってくる。このような行為を**朝貢**《ちょうこう》といいます。朝貢の「貢」は貢《みつ》ぎ物。貢ぎ物を持ってごあいさつにやってきた。これで終わり。

日本史で出てくる最初の年号：57年

さて，この漢王朝は一時断絶《だんぜつ》してしまいます（AD 8年）。しかし，**光**《こう》**武帝**《ぶてい》によって漢王朝が復活。復活した後半の漢を「**後漢**《ごかん》」と呼びます。

さあ，今度はその『後漢書《ごかんじょ》』。日本史に関係がある部分を**『後漢書』東夷《とうい》伝《でん》**と呼んだりします。編者は宋《そう》の范曄《はんよう》。

さて，『後漢書』は3つのブロックに分けて読んでいきます。1～2世紀，**弥生時代の中期から後期にかけて**の倭国の状況だよ。

史料　2-(1)　1世紀の倭国／『後漢書』東夷伝

建武《けんむ》中《ちゅう》元《げん》二年，倭《わ》の**奴国《なこく》**，奉貢《ほうこう》朝《ちょう》賀《が》す。使人《しじん》自《みずか》ら**大夫《たいふ》**と称《しょう》す。

AD57年，倭の奴国が朝貢して来た。
その使者は自分の身分を大夫と称した。

倭国《わこく》の極《きわみ》南界《なんかい》なり。**光武《こうぶ》**，賜《たま》ふに印綬《いんじゅ》を以《もっ》てす。

この倭国は南の果ての方にある。光武帝はこの朝貢に対してひも付きの印を与えた。

「建武《けんむ》中《ちゅう》元《げん》二年」は西暦で57年。出たヨ！　年号。イヤダイヤダ，小学校以来これが苦手……でしょうが，いっしょに頑張っていけばだいじょうぶです。それから，史料はここでも声に出して読むことを忘れないように。

さて57年に，「倭《わ》の奴国《なこく》」――倭人の中の小さな国のうちの奴国が，「奉貢《ほうこう》朝《ちょう》賀《が》」――「貢《みつ》ぎ物」を「奉《たてまつ》」ってあいさつにきた，朝貢してきた。「使人《しじん》自《みずか》ら大夫《たいふ》と称《しょう》す」――その使者は自分の身分を「大夫」と称した。

「倭国《わこく》の極《きわみ》南界《なんかい》なり」――朝鮮半島の植民地から見れば，倭＝日本列島は南の方の外《はず》れにあるということです。「光武《こうぶ》賜《たま》ふに印綬《いんじゅ》を以《もっ》てす」――光武帝はこの使者に託《たく》して「印綬」――ハンコ，綬はひも，要するにハンコにひもをつけてくれた。武帝じゃない，**光武帝**だよ。

武帝と光武帝

┌漢(前漢)…武帝 ➡ (朝鮮四郡)**楽浪郡**などの設置
└後漢………光武帝 ➡ 倭の奴国王に**金印**(**漢委奴国王**)

＊「金」印は「光」っているから → **光**武帝

金印(「漢委奴国王」印)の発見

さて，ここで有名な話。この光武帝が57年の**奴国**の遣使に対して奴国の王に与えた印が，江戸時代になって，福岡県の志《し》賀島《かのしま》から偶然発見された。いわゆる**金印**《きんいん》。

金印

すごい偶然ですよ。これは。中国の後漢の歴史書の中に書かれていた，金のハンコの現物が出てきた。

Q 金印に彫られている文字(印文《いんもん》)を正しく記しなさい。

――**漢委奴国王**《かんのわのなのこくおう》

印文には「漢委奴国王」とあった。いいですか，「倭」の国王ですが，印文は「倭」ではなくて「委」になっています。日本史のすべての教師が強調する定番。「ニンベンをつけるなよ！」と大声をあげる。

ニンベンを
つけないように！

漢 **委**(○) (倭)(×)奴国王

さあここで，年号も暗記してしまいましょう。どうしても暗記が必要な年号ですから，ゴロ合わせでも何でもあり。

「『後(**ご**)漢書』に奴(**な**)国の遣使」(ご=5，な=7)

➡ **57年，奴国王，後漢に遣使**

さて，次のパートにいきますよ。

2-(2)　帥升らの遣使／『後漢書』東夷伝

安帝《あんてい》の永初元年《えいしょがんねん》，倭国王《わこくおう》帥升《すいしょう》等《ら》，生口《せいこう》百六十人を献《けん》じ，請見《せいけん》を
AD107年，倭の国王帥升らが，　**生きた人間(奴隷)160人を貢ぎ物として**

願《ねが》ふ。
朝貢して来た。

皇帝は代わって「安帝《あんてい》」。「永初元年《えいしょがんねん》」は，57年から**ちょうど半世紀たって107年**。「倭国王帥升等《わこくおうすいしょうら》」だから，**帥升**1人じゃなくて，他の小国の王もいっしょに使いを送ったんでしょう。

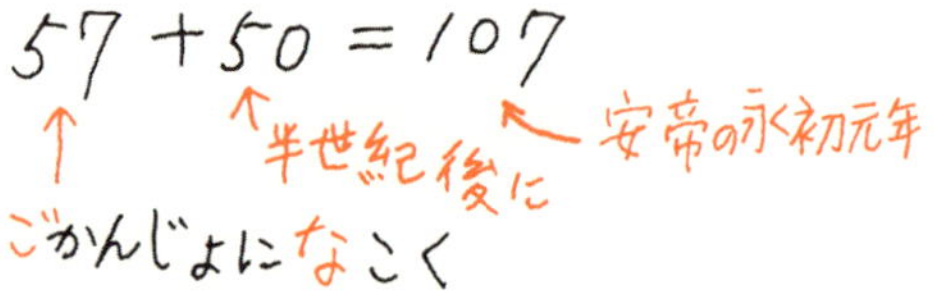

「生口《せいこう》」——奴隷《どれい》，生きた人間というスゴイ貢《みつ》ぎ物です。戦争で捕まえといた奴隷かもしれませんが，「生口百六十人」，160人をおみやげにしてあいさつにきた。帥升の帥は「師匠」の「師」じゃないよ。これも倭の小国の王による朝貢ですネ。

○　ヨコボウは不要！
帥 (師)升

次にいきますよ。

2-(3)　倭国大乱／『後漢書』東夷伝

桓《かん》・霊《れい》の間《あいだ》，倭《わ》国《こく》大《おお》いに乱《みだ》れ，更々《こもごも》相《あい》攻伐《こうばつ》し，　歴年《れきねん》主《あるじ》無《な》し。
桓帝・霊帝の頃，倭国では平和が乱れ，　互いに攻撃を繰り返し，長い間これを統制する
……
者がいなかった。

「桓・霊」――これは桓帝・霊帝という2人の皇帝，**2世紀後半**の後漢の皇帝です。150年代のことですよ。たいした皇帝じゃない。後漢はこのころからガタガタになっていきますが，「倭国」――倭人の社会も「大いに乱れ」――**倭国大乱《たいらん》**，要するに大戦争が起こっていた。まさに，戦争の時代ダ。

「更々《こもごも》相《あい》攻伐《こうばつ》し，歴年《れきねん》主《あるじ》無《な》し」――戦争でもう泥沼状態，長い間，主導権をにぎる人がいないということです。

2 邪馬台国(地域連合国家)

講義ノート p.7 参照

大陸の情勢はどうなっていたか

さて，220年，後漢が滅亡し，中国は三国時代です。魏《ぎ》・呉《ご》・蜀《しょく》の3つの国に分かれてしまう。

魏・呉・蜀の位置を確認しておくこと。九州北岸から朝鮮半島を通って中国大陸に行くとすると，一番近いのは魏。この三国時代の正史が『三国志』。そのうち魏の歴史について書いてある「魏書」の中に，当時の日本のことが記されている。それが俗称で**「魏志《ぎし》」倭人伝《わじんでん》**と呼ばれる史料です。編者は**陳寿《ちんじゅ》**，3世紀ですが，晋《しん》の時代です。陳寿は覚えておこう。

3世紀の東アジア

「魏志」倭人伝

魏の都は**洛陽《らくよう》**。すなわち，**邪馬台国《やまたいこく》**の女王**卑弥呼《ひみこ》**はここに向かって使いを送った。

後漢の時代に，**楽浪郡**の南側に，新しい中国の植民地ができています。これを**帯方郡《たいほうぐん》**といいます。 もちろん魏の支配が及《およ》んでいる地域。**帯方郡の中心は，現在のソウル(漢城)**。今の韓国の首都。

朝鮮半島もだいたい3つの地域に分かれていますね。朝鮮半島南部の西半分が**馬韓《ばかん》**，これは小国の連合した地域。そして，**弁韓《べんかん》**，**辰韓《しんかん》**と呼ばれる地域も同じです。そして，北の方でギューッと中国に抑え込まれているのが**高句麗《こうくり》**です。

〈朝鮮民主主義人民共和国〉

ピョンヤン(平壌)

➡ **楽浪郡 『漢書』**

〈大韓民国〉

ソウル(漢城)

➡ **帯方郡 「魏志」倭人伝**

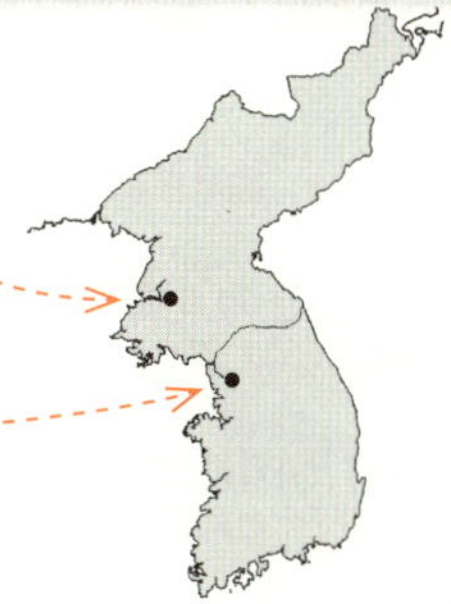

では，「**魏志**《ぎし》」**倭人伝**《わじんでん》の主要部分をチェックしていきます。

史料 3-(1) 小国家連合 / 「魏志」倭人伝

倭人《わじん》は**帯方**《たいほう》の東南大海《とうなんだいかい》の中《なか》に在《あ》り，山島《さんとう》に依《よ》りて国邑《こくゆう》を為《な》す。

倭人は帯方郡の東南の海の中の山ばかりの島に住み，小国を形成している。

旧百《もとひゃく》余《よ》国《こく》，漢《かん》の時《とき》朝見《ちょうけん》する者《もの》有《あ》り。

漢の時代には百余りの小国があり朝貢して来た。

今《いま》使訳《しやく》通《つう》ずる所《ところ》**三十**国《こく》。

現在，魏と通交関係にあるのは 30 か国である。

倭人は「**帯方**」の東南の海の中に住んでいる。ここを楽浪(×)にしちゃだめよ。山や島によって「国邑《こくゆう》を為《な》す」。ほとんど平野がない。中国へ行って日本へ帰ってくると，確かに日本には平野なんかない。人間は山と海との間の狭《せま》いところにへばりついているというのが印象で，これは非常に正確な表現です。

「旧百《もとひゃく》余《よ》国《こく》，漢の時朝見《ちょうけん》する者有り」――これはさっきの**『漢書』地理志**のことを言ってるわけよ。いま魏《ぎ》の国と「使訳《しやく》通ずる所」――要するに国交があるのは「**三十国**」。この三十の国が連帯を組んでいる。

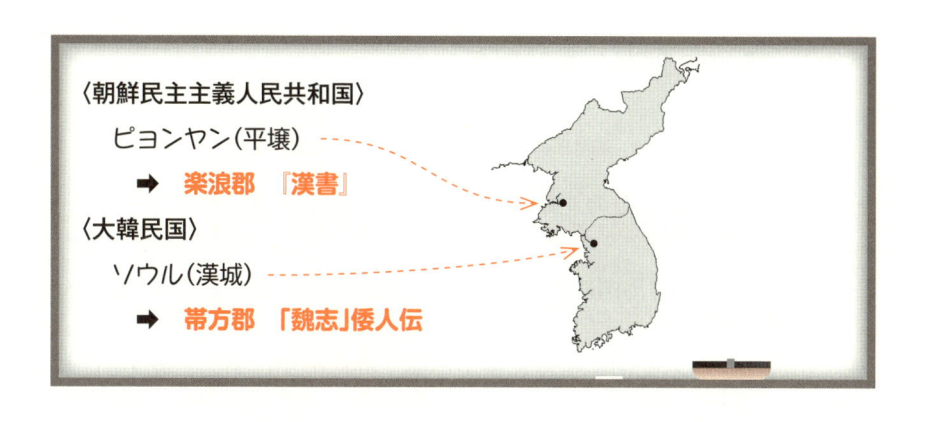

3-(2)　邪馬台国への道程 / 「魏志」倭人伝

郡《ぐん》より倭《わ》に至《いた》るには，海岸《かいがん》に循《したが》って水行《すいこう》し，韓国《からくに》をへて，
帯方郡から倭へ行くには，朝鮮半島に沿って船で，　韓国を経て，

乍《あるい》は南《みなみ》し乍《あるい》は東《ひがし》しその北岸《ほくがん》狗邪韓国《くやかんこく》に到《いた》る七千余里《より》。始《はじ》めて一海《いっかい》
南へ東へと進み，狗邪韓国に着く。ここまで 7000 余里である。　そして，始めて

を度《わた》る千余里《より》，対馬国《つしまこく》に至《いた》る。……一大《いき》(支)国……末盧《まつら》国……伊都《いと》国
海を渡り，1000 余里行くと対馬国に着く。……一大(支)国……末盧国……伊都国……

……奴《な》国……不弥《ふみ》国……投馬《つま》国……南《みなみ》，**邪馬台国《やまたいこく》**に至《いた》る。女王《じょおう》の
奴国……不弥国……投馬国……　南へ進むと，邪馬台国に着く。ここが

都《みやこ》する所《ところ》なり。　……郡《ぐん》より女王国《じょおうこく》に至《いた》る万二千余里《より》。……
女王(卑弥呼)の都のある国である。帯方郡からこの女王国まで 1 万 2000 余里である。

邪馬台国の**卑弥呼**はみんな知ってるよね。ちょっと書いてみて。念のため，「やまたいこく」「ひみこ」。

□□□□の女王□□□

邪馬台国　卑弥呼

邪馬台国論争

ここからがいよいよやっかいなところです。「郡《ぐん》より倭《わ》に至る」――「この郡は何ですか」と聞かれて，楽浪郡(×)を選んだらブー。**帯方《たいほう》郡**(○)。

帯方郡から倭への道筋，邪馬台国への道程が書いてある。

朝鮮半島の西側の海岸をずっと南下して，狗邪韓国《くやかんこく》に至る七千余里。狗邪韓国は朝鮮半島の南端。さっきの地図(p.34)の「**弁韓《べんかん》**(弁辰《べんしん》)」と呼ばれる地域にあった小国。4 世紀以後の「**加耶《かや》**(加羅《から》)」などと呼ばれる地域です。

邪馬台国への道程

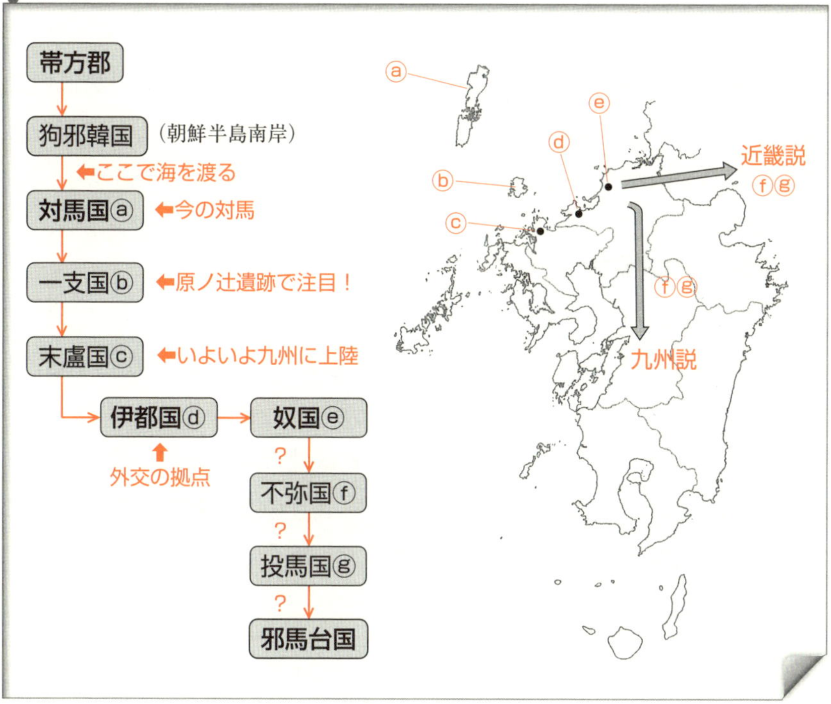

そして海を渡って**対馬《つしま》国**。次は「一大(支)国」，今の壱岐《いき》(長崎県)です。「大」は「支」の誤りだろうとされています。そこで「一支国《いきこく》」が正しい。ここの「原《はる》ノ辻《つじ》遺跡」はその「一支国」の中心部ではないかというので注目されています。

次に九州に上陸して「末盧国《まつらこく》」（佐賀県唐津《からつ》市あたり），そして，「**伊都《いと》国《こく》**」（福岡県糸島《いとしま》市）。ここは重要な拠点です。

次に，「奴国《なこく》」（福岡市），『漢書』の「奴国」，「**金印**」の「奴国」です。

さらに，「奴国」の次が「不弥国《ふみこく》」。そして「投馬国《つまこく》」があって，やっと「**邪馬台国**」に着きます。

ところが，この「不弥国」・「投馬国」がどのあたりにあったのかがわからない。当然，「邪馬台国」の位置もわからない。様々な説があって，江戸時代以来，論争が続いている。

狗邪韓国から邪馬台国までで9か国。そのあとに，21か国が続いて出てくる。しかし，国名をザーッと並べただけです。もちろん，どのあたりにどんな国があったかはわからない。

近畿説・九州説

「邪馬台国は～にあった」という説は文字通り多種多様ですが，若干《じゃっかん》のニュアンスの違いはあっても，主要な説は，九州にあったとする「**九州説**」と，大和《やまと》などの近畿《きんき》地方にあったとする「**近畿説**」に分かれます。

九州北部沿岸の「伊都国」・「奴国」から近畿地方までの広い地域に分布するのか，それとも九州の中に納《おさ》まってしまうのか。**どちらの見方をとるかで，小国家連合の分布が大きく違ってしまう**わけです。

Q 邪馬台国はどこにあったか？ 主要な説は？

九州説 ➡ ヤマト政権の範囲よりずっと狭《せま》い。
近畿説 ➡ ヤマト政権の範囲に近い（あと少しで全国制覇《せいは》）。

すなわち，この時期の**小国家連合のレベルが，このあとのヤマト政権の支配地域よりズーッと狭いものか（九州説），かなり近いか（近畿説）**，という大きな違いが出てしまうわけです。

近畿説・九州説

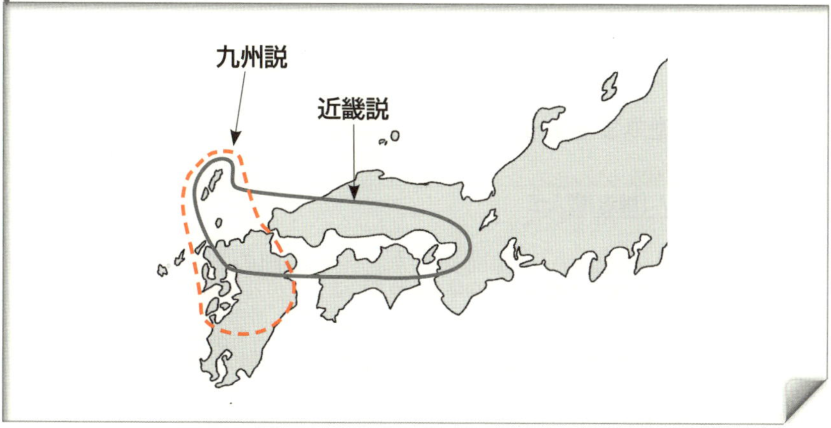

九州説なら，**ヤマト政権**の成立は 4 世紀前後。近畿説ならもう少し早く，ひょっとしたら 3 世紀後半の早い段階に成立したとしても無理はなかろう，ということになるわけです。

ヤマト政権の成立の時期を推定するに際して，約半世紀ぐらいのズレが出る。これが邪馬台国論争が重要な意味をもつ理由です。

：もし，九州説だとすると，その後，邪馬台国連合はどうなったんですか？

近畿地方に起こった勢力に征服されてしまったのかもしれないし，そうじゃなければ，九州にあった**邪馬台国**が東に勢力をのばして，本拠地を近畿地方に移した(「邪馬台国東遷《とうせん》説」)と考えることもできますが……。

：要するに謎？

そう，わからない。みんなが納得するような説はまだない。

それと，近畿説については，最近，注目されてる奈良県の纒向《まきむく》遺跡があります。ここは次回に出てきます（p.53）。

習　俗

では，次に進みましょう。

3-(3)　習　俗／「魏志」倭人伝

男子《だんし》は大小《だいしょう》となく，皆黥面文身《みなげいめんぶんしん》す。……諸国《しょこく》の文身各《ぶんしんおの》
男子は，さまざまな入れ墨などで身体を飾っている。その入れ墨は国によって
各異《おのことな》り，……尊卑差有《そんぴさあ》り。……男子《だんし》は皆露紒《みなろかい》し，木緜《ゆう》を
さまざまである。身分の差がある。男子は髪をみづらに結い，頭に綿布をかけ，
もって頭《あたま》に招《か》け，其《そ》の衣《ころも》は横幅《よこはば》，ただ結束《けっそく》して相連《あいつら》ね，略々《ほぼ》
袈裟衣のような服を着ている。
縫《ぬ》ふこと無《な》し。婦人《ふじん》は被髪屈紒《ひはつくっかい》し，衣《ころも》を作《つく》ること単被《たんぴ》の如《ごと》く，
女性は髪をまとめ，着ている服は１枚の布に穴をあけ，
其《そ》の中央《ちゅうおう》を穿《うが》ち，頭《あたま》を貫《つらぬ》きて之《これ》を衣《き》る。
その穴から頭を通している。

ここは難関私大向き。いろんなことがわかる。男子，男は「大小となく」――大きい，小さい，いろいろの「黥面文身《げいめんぶんしん》」――これは入れ墨《ずみ》（刺青《いれずみ》），男は皆タトゥーをしている。「諸国の文身各各《ぶんしんおのおの》異り」――地域ごとにデザインが違い，「尊卑差有り」――身分によっても違っている。

男子は髪の毛を結《ゆ》い，木綿《もめん》を頭にかけ，袈裟衣《けさい》のような服を着ている。このあたりはザーッと見ておけばOK。女性は「単被」――1枚の布の「中央を穿《うが》つ」――穴を開けて「頭」を「貫」く。１枚の布に穴を開けて被《かぶ》っている。いわゆる「貫頭衣《かんとうい》」です。

3-(4) 占 い／「魏志」倭人伝

その俗《ぞく》，挙事行来《きょじこうらい》に，云為《うんい》する所《ところ》あれば，すなわち骨《ほね》を灼《や》きて
その習俗は，何か判断に迷うことがあると，　骨を火で焼いて占いをして，

卜《ぼく》し，もって吉凶《きっきょう》を占《うらな》い，先《ま》ず卜《ぼく》する所《ところ》を告《つ》ぐ。……
吉凶を判断し，その結果で行動を決めるのである。

「その俗《ぞく》，挙事行来《きょじこうらい》に，云為《うんい》する所《ところ》あれば，すなわち骨《ほね》を灼《や》きて卜《ぼく》し」――何かをしようとして迷ったときには，占いで決める。「骨を灼《や》く」というのは，**鹿の肩甲骨《けんこうこつ》など，動物の骨に筋を入れておいて，これを火で焼く。**その**ひび割れの状態から占う。**

Q 鹿の骨を焼き，そのヒビ割れの具合で占う方法は何と呼ばれたか？

――**太占《ふとまに》の法**

読み方はいいですか。

「ふとまに，ふとまに，ふとまに，ふとまに
ふとまに，ふとまに，ふとまに，ふとまに……」

刑罰と税制は？

3-(5) 制 度／「魏志」倭人伝

其《そ》の法《ほう》を犯《おか》すや軽《かる》き者《もの》はその妻子《さいし》を没《ぼっ》し，重《おも》き者《もの》はその門戸《もんこ》
犯罪者は，軽い罪の場合は妻子までを殺し，　重罪の場合は犯人の一族を

及《およ》び宗族《そうぞく》を滅《めっ》す。尊卑《そんぴ》各々《おのおの》差序《さじょ》あり。……租賦《そふ》を収《おさ》むるに
処刑する。　身分の差は明確に区別されている。租税を徴収し，これを納め

邸閣《ていかく》あり。国々《くにぐに》に市《いち》有《あ》り，有無《うむ》を交易《こうえき》し，
ておく倉もある。国々には市場が存在し，欲しい物を手に入れることができる。

大倭《だいわ》をして之《これ》を監《かん》せしむ。
この市場は大倭と呼ばれる役人によって監理されている。

その次。「其の法を犯すや軽き者はその妻子を没し」――私が泥棒《どろぼう》したら，妻も子供も死刑。重い場合は違う。「重き者はその門戸《もんこ》及び宗族《そうぞく》を滅《めっ》す」――石川一族皆殺し。これはかなり乱暴ですが，今でいう**刑法**。窃盗《せっとう》だったら罰金いくらとか，そういうやつだね。刑法のようなものもあった。そして，さっき出てきたように，尊卑，**身分の差**がある。

次，「租賦《そふ》を収むるに邸閣《ていかく》あり」――租税を徴収し，それを納めておく建物もあった。要するに**税制**もあったらしい。

さらに，「国々」には「**市**《いち》」，マーケットがあり，「**大倭**《だいわ》」と呼ばれる監督官もいた。これはしっかり，書いて覚えておく。次，

支配と身分

3-⑹　統　治 / 「魏志」倭人伝

女王国《じょおうこく》より以北《いほく》には，特《とく》に**一大率**《いちだいそつ》を置《お》き，諸国《しょこく》を検察《けんさつ》せしむ。
女王国より北側の同盟国には一大率という役人が派遣され，その国を監視している。

諸国之《しょこくこれ》を畏憚《いたん》す。　常に伊都国《いとこく》に治《ち》す。
諸国はこの一大率を非常に恐れている。（その一大率は）伊都国に常駐している。

……**下戸**《げこ》，**大人**《たいじん》と道路《みち》に相逢《あいあ》へば，逡巡《しゅんじゅん》して草《くさ》に入《い》り，
下戸と呼ばれる一般の人々が，支配者階級の大人と道で出会うと，道の横の草の中に入って道を空け，

辞《じ》を伝《つた》え事《こと》を説《と》くには，あるいは蹲《うずくま》りあるいは跪《ひざまず》き，
言葉をかける場合は地面にひざまずき，

両《りょう》 手《て》地《ち》に拠《よ》り之《これ》が恭敬《きょうけい》をなす。
両手を地につけて大人を敬う姿勢をとらなければならない。

さあ，次は入試で頻出のところ。「女王国」より「北」側の連合国には，監視のために，「**一大率**《いちだいそつ》」という役人が派遣され，「諸国を検察せしむ」――連合を乱さないように監視していた。「諸国之《これ》を畏憚《いたん》す」――諸国はこの一大率を非常に怖がった。一大率は伊都国に常駐していた。

また，その社会には「**下戸《げこ》**」**と**「**大人《たいじん》**」**という厳しい身分の差**があった。今だと，下戸というのは酒の飲めない人をいいますが，ここでは「身分の低い人」。大人はその反対で「支配者階級」でしょう。下戸を「一般の人」，あるいは「奴隷」などいろいろ解釈しますが，ハッキリはしません。大人も，「支配者」，「裕福な貴族階級」などいろいろに解釈しています。

下戸が大人と道で出会うと，そのまますれ違ってはいけないんです。下戸のほうは「逡巡《しゅんじゅん》して草に入り」――遠慮《えんりょ》がちな態度《たいど》で道を開《あ》け，横の草むらに入って通してあげなきゃいけない。

下戸が大人に「辞《じ》を伝え事《こと》を説《と》く」――ものを言う場合には，立ったままでしゃべっちゃいけない。うずくまり，ひざまずいて，低い姿勢で両手を地について，土下座《どげざ》のような形でものを言う。

要するに，単に裕福な者と一般の人が分かれていただけでなく，厳しい身分差があったということです。

- 支配者階級……**大人**
- 非支配者階級…**下戸**

- 同盟国に派遣《はけん》された監督官…**一大率**
- 市場の監督官…………………**大倭**

卑弥呼の支配

次は**邪馬台国**の歴史，**卑弥呼《ひみこ》**の登場。

3-(7) 卑弥呼／「魏志」倭人伝

其《そ》の国《くに》，本亦男子《もとまただんし》を以《もっ》て王《おう》と為《な》し，住《とど》まること七，八十年。
邪馬台国連合の盟主は，かつては男の王であったが7,80年経って国が乱れ，

倭国乱《わこくみだ》れ，相攻伐《あいこうばつ》して年《とし》を歴《へ》たり。乃《すなわ》ち共《とも》に一女子《いちじょし》を立《た》てて
戦争状態が長く続いた。 **そこで，女性の盟主を立てた。**

王《おう》と為《な》す。名《な》を**卑弥呼《ひみこ》**と曰《い》ふ。**鬼道《きどう》**を事《こと》とし，能《よ》く衆《しゅう》を惑《まど》はす。
その女王が卑弥呼である。呪術にすぐれ，人々をよく統率した。

年已《としすで》に長大《ちょうだい》なるも，夫壻無《ふせいな》く，男弟有《だんていあ》り，佐《たす》けて国《くに》を治《おさ》む。……
年をとっており，夫などもいなかったが，弟がいて，その弟が卑弥呼の統治を補佐していた。

邪馬台国はもと男の「王」様で，70～80年の間過ごしたが，国が乱れ，抗争が絶《た》えなかった。男の王では抗争がおさまらないので，この際，女性を代表に立てようということになった。その結果，擁立《ようりつ》されたのが卑弥呼だというんです。

卑弥呼は「鬼道《きどう》」——宗教的な能力，呪術《じゅじゅつ》にすぐれており，人々を統《とう》率《そつ》することにすぐれ，よく連合国を統制した。世俗的な支配者ではなくて，宗教的な権威《けんい》で統治した。ここも入試でよく問われるところです。

「年已《としすで》に長大《ちょうだい》」だから，要するにもうお婆さんで，「夫壻《ふせい》」——夫や婿《むこ》さんもいないが，「男弟《だんてい》」——弟がおり，**実際の政治は，この弟が卑弥呼を補佐する形で行った**といった意味でしょう。名目的には卑弥呼というお婆さんの霊能《れいのう》者，要するに宗教的権威者を立てて，弟が補佐して実際の統治を行っていたんだと書いてある。いいですね。

3-(8)　卑弥呼の遣使 / 「魏志」倭人伝

景初《けいしょ》二年六月，倭《わ》の女王《じょおう》，大夫《たいふ》**難升米等**《なしめら》を遣《つか》はし郡《ぐん》に詣《いた》り，
AD239 年，倭の女王(卑弥呼)は大夫の難升米を使者とし，帯方郡に派遣してきた。

天子《てんし》に詣《まい》りて朝献《ちょうけん》せんことを求《もと》む。……其《そ》の年《とし》十二月，詔書《しょうしょ》して
使者は魏の皇帝に朝貢したいと望んだ。　(この朝貢に対して，)その年，

倭《わ》の女王《じょおう》に報《ほう》じて曰《いわ》く，……今汝《いまなんじ》を以《もっ》て**親魏倭王**《しんぎわおう》と為《な》し，
魏の皇帝は卑弥呼に対して，親魏倭王の称号を与え，

金印紫綬《きんいんしじゅ》を仮《ゆる》し，装封《そうふう》して**帯方**《たいほう》の太守《たいしゅ》に付《ふ》し仮授《かじゅ》せしむ。……
金印に紫のヒモをつけ，帯方郡の役人を通してこれを与えた。

卑弥呼，魏に遣使(239 年)

さあ，久しぶりに年号が出てきました。「景初《けいしょ》二年」——これがやっかいです。「**魏志**」**倭人伝**が何人もの手で書写《しょしゃ》され，今日に伝えられてくる過程で，「三」だったのが「二」になっちゃったらしい。他の史料などから，これは**景初三年**とわかっているので，それだと西暦 **239 年**にあたります。

さて，この使者も自分の身分を「大夫《たいふ》」と名乗っています。名前はいろいろな読み方がありますが，「難升米《なしめ》」でいいです。

Q 大夫難升米が遣わされた「郡《ぐん》」とは何郡？　——**帯方郡**

もちろん帯方郡。そして洛陽《らくよう》にいる魏《ぎ》の皇帝に貢《みつ》ぎ物をすることを申し出てきたんだと。「其の年」は，もちろん 239 年。「詔書《しょうしよ》」——魏の皇帝の手紙が倭の女王に対して送られます。

Q このとき(239 年)，魏の皇帝が卑弥呼に与えた称号は？ ハイ，書いてみよう。

□□□□　　親魏倭王

その手紙には，**卑弥呼**を「**親魏倭王**」に任命するとあった。この「親魏倭王」の「倭」はちゃんとニンベンがありますよ。「漢委奴国王」の「委」にはニンベンがなかったんだね。このときも，**金印**《きんいん》。卑弥呼に送られたのも金の印なので，混乱しないこと。

ニンベンがつくよ！

親魏 **倭** (委)王

「金印紫綬《しじゅ》を仮《ゆる》し」——紫のひもつきの金のハンコをくれた。帯方郡の係官がこれを伝達したんだと。

「卑弥呼に**ふみく**《239》る」

➡ **239年，卑弥呼，魏に遣使**

卑弥呼に手紙が来たんだね。手紙は「文《ふみ》」とも言いますから，「卑弥呼に文《ふみ》(が)来る」で，239年です。

さあ，あと一息。

3-(9)　狗奴国との戦争／「魏志」倭人伝

その八年，……倭《わ》の女王《じょおう》卑弥呼《ひみこ》，**狗奴国**《くなこく》の男王《だんおう》卑弥弓呼《ひみここ》と素《もと》より
247年，　倭の女王卑弥呼は，もともと狗奴国の男王卑弥弓呼と仲が悪かった。

和《わ》せず。倭《わ》の載斯《さいし》烏越《うえつ》等《ら》を遣《つか》はして郡《ぐん》に詣《いた》り，相攻撃《あいこうげき》する
倭の……らを帯方郡に派遣して来て，　狗奴国との戦争について

状《じょう》を説《と》く。塞曹掾史《さいそうえんし》張政《ちょうせい》等《ら》を遣《つか》はし，因《よ》って詔書《しょうしょ》・黄幢《こうどう》を
報告してきた。(魏の皇帝は)……らを派遣し，　詔書などを

齎《もたら》し，難升米《なしめ》に拝仮《はいか》せしめ，檄《げき》を為《つく》りてこれを告喩《こくゆ》す。
難升米に託し，　檄文を与えて卑弥呼を励ました。

強国・「狗奴国」との戦い

「その八年」は247年。**卑弥呼**の使者は，**邪馬台国**が戦争状態になっていることを帯方郡に報告しに行きます。

邪馬台国連合の南側には**狗奴国《くなこく》**という強国があり，対立していた。邪馬台国の位置がわからないので，この狗奴国のあった場所もわかりません。

また，この国の支配者が，ややこしいことに卑弥弓呼《ひみここ》というオジサン(「ヒコミコ」の誤りだろうという説が多い)。

卑弥呼は狗奴国との戦争で苦しいと報告した。使者はさっきの難升米《なしめ》です。そこで魏の皇帝は，激励《げきれい》の手紙や軍旗《ぐんき》などをくれたんです。

しかし，卑弥呼はその年，247年かその直後に死んでしまったらしい。

3-⑽ 壱与の擁立／「魏志」倭人伝

卑弥呼《ひみこ》死《し》するを以《も》って大《おお》いに冢《つか》を作る。径《けい》百《ひゃく》余《よ》歩《ほ》，徇葬《じゅんそう》する
卑弥呼が死ぬと大きな墓が築造された。長さは百余歩もあり，徇葬され

者《もの》，奴《ぬ》婢《ひ》百《ひゃく》余《よ》人《にん》。更《さら》に男王《だんおう》を立《た》てしも，国中《くにじゅう》服《ふく》せず。更《こもごも》に
た奴婢は100人余りであった。その後，男の王が立ったが，これに従う者がなく，戦争

相《あい》誅《ちゅう》殺《さつ》し，当《とう》時《じ》千《せん》余《よ》人《にん》を殺《ころ》す。復《ま》た**卑弥呼《ひみこ》**の宗女《そうじょ》**壹《い》(臺《と》)与《よ》**年十三
状態となり，死者が1000人余り出た。そこで卑弥呼一族の中から壱与という13歳の

なるを立《た》てて王《おう》と為《な》す。国中《くにじゅう》遂《つい》に定《さだ》まる。
娘を選んで王とした。すると，また連合が回復した。

卑弥呼の死

狗奴国との戦争がどうなったのかはわかりません。卑弥呼が死に，「大いに冢《つか》を作る」――大きな墓が造られた。

これが，出現期の**前方後円墳《ぜんぽうこうえんふん》**の中で最大級の規模をもつ奈良県の**箸墓古墳《はしはか》**だったら，一挙に邪馬台国は「**近畿説**」で決定ということになるんで

すが，ここは次回でもう一度やります。

とにかく「径百《けいひゃく》余《よ》歩《ほ》」——大きな墓が造られた。あの世で仕《つか》えるためでしょう，生きたままで「奴婢《ぬひ》百余人」が「徇葬《じゅんそう》（殉葬）」——いっしょに葬《ほうむ》られた。

さて，**卑弥呼**が死んだので，今度は男の王が立ったら，またしてもイザコザが起こり，戦争状態に戻っちゃって，千余人の死者が出た。そこで，やっぱり女性のほうがいいということになった。

Q 卑弥呼の死後，王となり，争乱を収めた女王の名は？　——**壱与《いよ》**（台与《とよ》）

「卑弥呼の宗女《そうじょ》」——これは卑弥呼の娘じゃなくて，卑弥呼一族の娘で壱与（台与），13歳の娘を盟主《めいしゅ》に立てることになった。そしてようやく対立が収まったというんです。

：「壱与」なのか「台与」なのか，どちらを覚えればイイのですか？

教科書では「**壱与《いよ》**（台与か）」などとしています。両方とも覚えておきましょう。「壹」を略すと「壱」，「一」。「いよ」。「臺」だとすると，略字は「台」。そうすると「とよ」というわけです。どちらとも決められないので，どっちでもイーヨ（最低のダジャレですが）。

4世紀，「謎の時代」へ

さて，壱与（台与）の擁立《ようりつ》までで「**魏志**」**倭人伝**の倭に関する記事は終わり。

中国では3世紀後半に**晋**（西晋）という王朝が現れ，蜀《しょく》，魏《ぎ》，さらに呉《ご》を滅ぼして中国を統一します。この晋に対して，**266年，「倭が使いを送ってきた」**という記事が『**晋書**』に出てきます。266年ですから，これは倭の女王壱与（台与）の遣使と考えられています。『**日本書紀**』の引用では「倭の女王」が朝貢したとされています。しかし，簡単な記事で，それ以上のことは書いてありません。

その晋も長続きせず４世紀初めには滅亡。代わって中国南部（華南《かなん》）に東晋が起こりますが，北の方，華北《かほく》は「五胡《ごこ》十《じゅう》六国《ろっこく》」と呼ばれる混乱の時代となってしまいます。そこで，「倭の女王」の遣使以後，約 150 年間，**中国の歴史書から倭国の情報は姿を消してしまう**のです。

こうして，４世紀は「**謎の４世紀**」「空白の４世紀」と呼ばれる，文字情報が欠けた時代となる。そして，その文字情報の「空白」の時期に**ヤマト政権**が姿を現します。

では，今回はここまで。史料がたくさん出てきましたが，徐々に慣《な》れていってください。赤字になっている語句は私大なんかの史料問題で空欄で問われるところ，穴埋め用の重要語句だから，注意すること。できれば，メモ用紙にその語句を書いてみる。試験の前には，赤シートで重要語句をチェックしてください。

次回はヤマト政権の成立と古墳文化です。「魏志」倭人伝ほど長い史料は，今後はほとんどありませんから，がまんして，なんとかがんばってください。

古代(3)

第3回 ヤマト政権の成立と古墳

4世紀を「謎《なぞ》の4世紀」，「空白《くうはく》の4世紀」などと呼ぶことがあります。ところが，3世紀後半から4世紀にかけて前方後円墳《ぜんぽうこうえんふん》が出現し，広くこれが分布します。そしてこれが，ヤマト政権《せいけん》の成立を示すのです。

ヤマト政権の成立と古墳

	3世紀	4世紀	5世紀	6世紀	7世紀
		ヤマト政権成立 →	倭の五王 →	継体・欽明朝 →	飛鳥時代
	(出現期)	前期 →	中期 →	後期	(終末期)
墳　形：		前方後円墳	(大型化)前方後円墳	前方後円墳	方墳→八角墳
		円墳・方墳・前方後方墳		円墳　群集墳	
埋葬施設：		竪穴式石室	竪穴式石室	横穴式石室	横穴(墓)

大仙陵古墳
おなじみ大仙陵古墳は，平面積で世界第1位。墳丘の全長は486m。周囲は三重の濠(周濠)で囲まれている。
第2位以下，全長200mを超えるものは，ほぼ奈良県・大阪府に集中している。例外は，第4位の岡山県・造山古墳などわずか。箸墓古墳は11位。

1 ヤマト政権の成立

講義ノート p.9 参照

謎の４世紀

３世紀後半から４世紀にかけて，**ヤマト政権**が成立します。ただし，文字の史料がほとんどない。**卑弥呼《ひみこ》**の死(247年ごろ)，**壱与《いよ》**(台与《とよ》)の遣《けん》使《し》(266年)のあと，４世紀にかけて，参考となる中国の正史がナイので，「謎《なぞ》」，「空白」。

前方後円墳の出現

ところが，３世紀後半，**前方後円墳**が出現し，広い地域に広がっていく。その**分布の範囲をヤマト政権の支配の範囲，ヤマト政権の成立と考える**わけです。そして，その中心が現在の奈良県＝ヤマト(大和)にあるので「ヤマト政権」というわけです。

ハイ，復習！

弥生時代の特徴のある墓や大型の墳《ふん》丘《きゅう》墓《ぼ》を思い出しましょう。

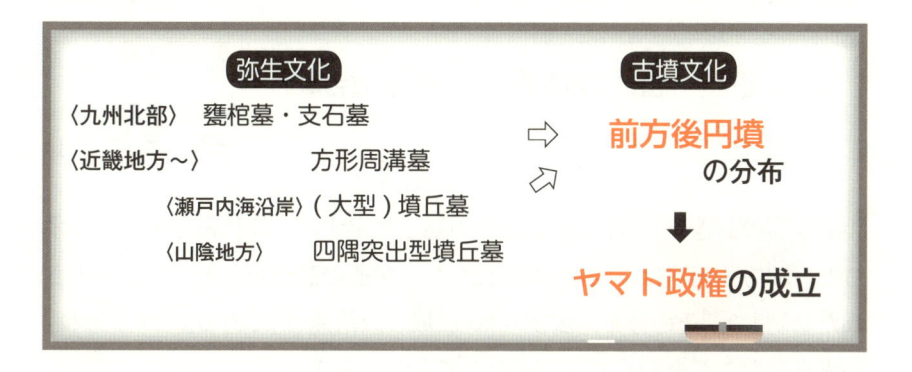

弥生文化

〈九州北部〉　甕棺墓・支石墓

〈近畿地方～〉　方形周溝墓

〈瀬戸内海沿岸〉(大型)墳丘墓

〈山陰地方〉　四隅突出型墳丘墓

⇨

古墳文化

前方後円墳の分布

↓

ヤマト政権の成立

地域によって違った形をもつ弥生時代の墓に対して，３世紀後半から４世紀にかけて，ヤマトから西日本に前方後円墳が一挙《いっきょ》に広がる。同じ形の，大型の墓が，４世紀の中ごろには東北地方中部まで広がっていく。

円部に遺体《いたい》(被葬者《ひそうしゃ》)を埋葬《まいそう》する。「前方」部で「祭祀《さいし》」，今で言うと葬式

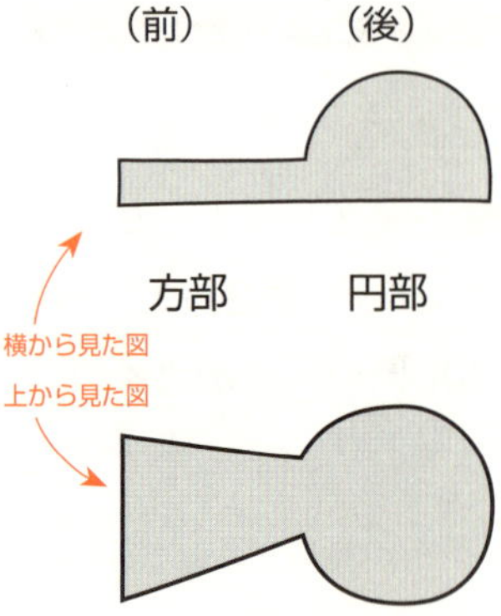

^前方後円墳

が行われたらしい。前期には全長200m，中期には400mを超えるものまで現れます。

大王《だいおう》《(おおきみ)》にならって，各地の豪族《ごうぞく》も同様の**前方後円墳**を造り出した。ただし，大王よりは**小さ目の前方後円墳**を造る……ということは，そのような豪族連合をヤマトの大王が統率《とうそつ》する広域《こういき》の政治体制(**ヤマト政権**)が成立していたに違いないと推定されるわけです。

箸墓古墳

このような前方後円墳が出現したのが３世紀の後半。古墳文化(時代)の前期，その最初の時期なので「出現期」と呼ぶこともあります。その出現期で最大級の古墳が奈良県(律令制《りつりょうせい》のもとでの「大和国」)の**箸墓**《はしはか》**古墳**です。

これは頻出！「**出現期最大級**」**ときたら箸墓古墳！**

ハイ，１回書こう。

出現期最大級！

箸墓 古墳

そこで，これをヤマト政権のトップ，「大王」=「だいおう」「おおきみ」と呼ばれる人物の墓と推定する。教科書をチェックすると，前方後円墳は，「各地の首長たちの**共通の意識**のもとにつくり出された墓制」で，その分布，広がりは「広域の政治連合」である「ヤマト政権」が成立したことを示している，なんて書いてあります。

たぶん，ヤマト政権に参加した地方のボスたちは，同じプランの墓を，ただし，大王よりも小さ目の前方後円墳を造ったということです。

ただ問題は，箸墓古墳が築造《ちくぞう》されたのは「３世紀の後半」ですが，５年単位，10年単位で何年ごろとは確定できない。だから，早ければ，**卑弥呼**・

壱与（台与）の時代とダブる。

（国土地理院ホームページより）

<< **箸墓古墳**

近くに行くと，ただの森だ。古墳はほとんど，現在ではそうなっているが，始めから木が植えられていたわけではない。
箸墓古墳は全長 280m あまり，出現期最大級の前方後円墳である。現在，確認されている古墳全体の中でも 11 位。

纒向遺跡

これと関連して，最近，注目されている３世紀後半，**弥生文化**の終末期の遺跡があります。それは奈良県桜井市の**纒向《まきむく》遺跡**ですが，**箸墓古墳**もこの遺跡に含まれています。出現期の**前方後円墳**もいくつかある。そして，王宮を思わせるような大型建物跡。幅約５ｍの水路。関東から九州にまで及《およ》ぶ**他の地域から運び込まれた大量の土器**などが次々に出てきた。都市的性格をもった場所です。

そこで，このあたりを，**邪馬台国《やまたいこく》**の中心と考えれば，箸墓古墳は**卑弥呼**，あるいは壱与の墓か……？ ということにもなる。要するに，完全に**近畿説**ということですが，もちろんそれを認めない学者もいます(p.38)。

2 古　墳

講義ノート p.9 参照

さて，３世紀後半に出現した**前方後円墳**《ぜんぽうこうえんふん》は５世紀になると巨大化します。そして，６世紀になると多数の**円墳**が現れ，終末期，７世紀になると**八角墳**《はっかくふん》という**大王**(天皇)の墓も登場します。

そこで，３世紀後半から７世紀までの古墳の変化を詳しく見ていきましょう。

	３世紀 (出現期)	４世紀 前期	５世紀 中期	６世紀 後期	７世紀 (終末期)
墳　形：		前方後円墳	(大型化)前方後円墳	前方後円墳	方墳→八角墳
		円墳・方墳・前方後方墳		円墳　群集墳	
埋葬施設：		竪穴式石室	竪穴式石室	横穴式石室	
副葬品：		銅鏡・剣・玉	馬具・鉄製武器	↓	↓
被葬者：		司祭者的性格	武人的性格	家族墓	大王(天皇)?
埴　輪：		円筒埴輪			
		形象埴輪(家形・器財)	形象埴輪(人物・動物)		
その他：			葺石・濠	石人・石馬	装飾古墳

時期区分と形態

まず，時期区分。

(出現期) ➡ 前期 ➡ 中期 ➡ 後期 ➡ (終末期)

前期の最初，**箸墓古墳**など３世紀後半の段階を「出現期」。さらに，後期の次の７世紀を「終末期」と呼ぶこともあります。

形，デザインは前方後円墳が中心ですが，前期だと東日本には**前方後**《こう》**方墳**《ほうふん》も多い。数からいけば６世紀に爆発的に増加する**円墳**が一番多い。他に，方墳，**八角墳**など。

埋葬部分

次に，古墳の埋葬部分の構造。ここは，入試では頻出！

竪穴式石室

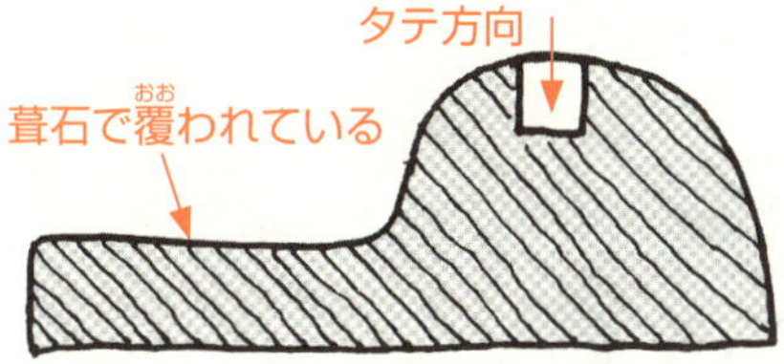

前方後円墳

横穴式石室（大陸系）

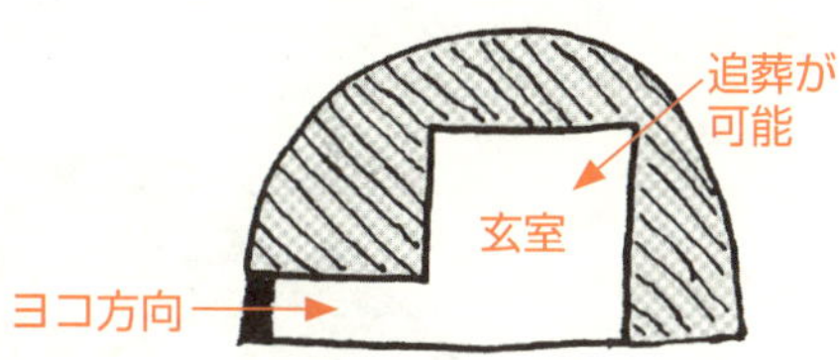

円　墳

特に，遺体《いたい》を安置《あんち》する石室の構造は完全に理解しておいてください。

前期・中期の**竪穴式石室《たてあなしきせきしつ》**は「個人」を埋葬《まいそう》するためのものですが，これに対して6世紀にメインとなる**横穴式石室**はワンルームマンションのようなものです。

例えば，お父さんが死んで息子たちが**円墳**を築き，遺体を石棺《せきかん》に納《おさ》めて「玄室《げんしつ》」に安置したとする。その何年後かに，その妻，お母さんが死ぬと，息子たちは，閉塞《へいそく》石と呼ばれる，玄室を封鎖《ふうさ》してあった石を外したりして，玄室のお父さんの石棺の横にお母さんの石棺を安置する。よく，「**追葬《ついそう》が可能**」と表現します。

要するに，原則として**1回きりの，個人のための竪穴式石室**と違って，**追加して葬る**ことができるということです。

石舞台《いしぶたい》古墳（奈良県）
巨大な石を用いた横穴式石室が露出している。蘇我馬子の墓と伝えられる。実際，その可能性も高いとされている。

そこで**横穴式石室**を伴うこのような**円墳**などを「家族墓《かぞくぼ》」などと呼ぶ場合もあります。**蘇我馬子**《そがのうまこ》の墓だという伝承のある石舞台《いしぶたい》古墳は，巨大な横穴式石室が露出《ろしゅつ》したものとして有名です。遺体を安置するところを「玄室」，通路にあたる部分を「羨道《せんどう》」と言います。

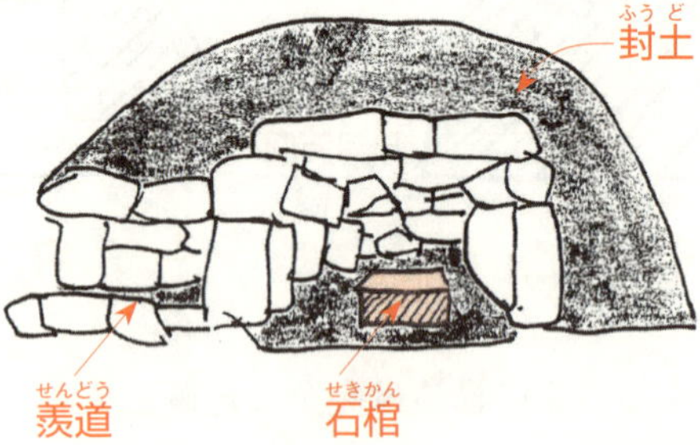

<< 横穴式石室

前方後円墳	⟺	円　墳
竪穴式石室		横穴式石室
（個人墓）		（家族墓）

副葬品

副葬品《ふくそうひん》というのは，遺体に「副《そ》えて葬《ほうむ》る品物」。死者が生前《せいぜん》大事にしていたものを一緒に葬るといったことは，別に古墳時代に限ったことではないでしょう。

この副葬品については，前期は，鏡《かがみ》・剣《けん》・玉《たま》といった宗教色の濃《こ》いもの。被葬者《ひそうしゃ》の宗教的な権威《けんい》，祭祀《さいし》に関わるものと言われています。

銅鏡では**三角縁神獣鏡**《さんかくぶちしんじゅうきょう》が近畿《きんき》を中心に広く分布しています。**卑弥呼**の遣使に対して，魏《ぎ》の皇帝が「銅鏡」を与えたという記事が「**魏志**《ぎし》」**倭人伝**《わじんでん》にあり，三角縁神獣鏡がこれにあたるという説があって，注目されています。もちろん異論もあるんですが。卑弥呼に与えられたものではないにしても，その分布はヤマト政権の成立を示していることは間違いない

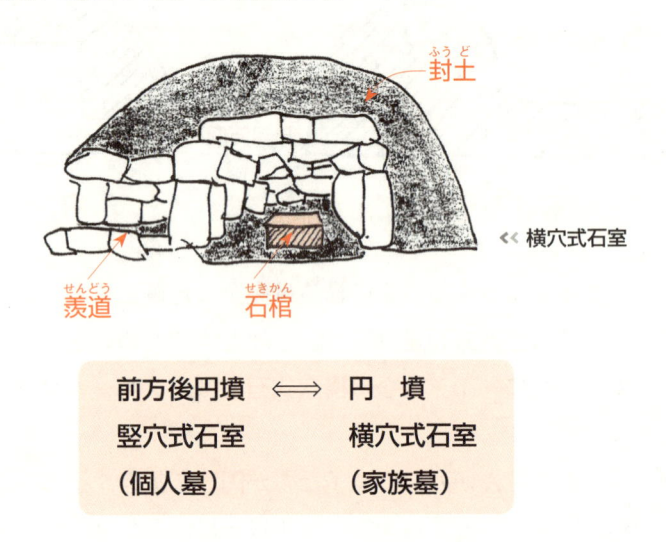

でしょう。

次に，中期は巨大前方後円墳が象徴《しょうちょう》する強大な権力者にふさわしい**馬具**《ばぐ》や鉄製武器，金銀の豪華《ごうか》な装飾品《そうしょくひん》の相違《そうい》にまず注目しておくこと。世俗《せぞく》的・軍事的な印象の強いものに代わっていきます。**高句麗**《こうくり》の「**好太**《こうたい》**王**《おう》**碑文**」によれば，**ヤマト政権**の軍隊が朝鮮半島で戦っているのですが(p.66)，その戦闘を通して**騎馬**《きば》**の習慣**が取り入れられたらしい。そこで，副葬品に「**馬具**」が現れるんです。騎馬の習慣が大陸・朝鮮半島から伝わった。いいですね。

そして，後期になると，小型の円墳が中心となり，**横穴式石室**が発達しますが，副葬品は死後の生活に関わるような日常的なもの，大量の土器などが中心になります。

葺石・埴輪

今では小さな森のようになっている古墳がほとんどですが，造られたときは，表面を小さな石で覆《おお》ってあります。この石を「葺石《ふきいし》」と呼びます。

五色塚《ごしきづか》**古墳(兵庫県)**
神戸市垂水区にある復原された前方後円墳(中期)。写真はその方部から円部を見たところ。全長194m。円筒埴輪が並び，葺石でおおわれているのがよくわかる。

円部の頂上に並んでいるのは土製の焼き物ですが，何と言いますか？漢字で書いてみましょう。

：「はにわ」でしょ。　~~植輪~~　(×)

「はにわ」ですね。ただし，漢字がブー。

「植」，キヘンじゃなくてツチヘン，「埴」。「輸」ではなく「輪」ですよ。

埴輪（○）

埴輪の種類

〈弥生時代・吉備地方〉

特殊器台形土器　➡　円筒埴輪

形象埴輪…家形埴輪・器財埴輪

動物埴輪・人物埴輪

円筒埴輪《えんとうはにわ》は**弥生時代**の終末期に「吉備《きび》地方」（岡山県から広島県東部）に現れた特殊器台形土器から生まれたもので，単純な円筒形のものと口縁《こうえん》部《ぶ》が大きく広がる朝顔形埴輪があります。まあ，ここまで暗記する必要はありませんが。大事なのは，**円筒埴輪と形象《けいしょう》埴輪の区別**です。

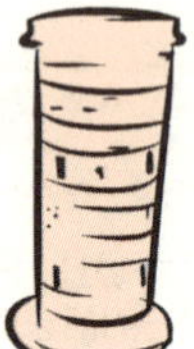

特殊器台

円筒埴輪

家形埴輪

人物埴輪

形象埴輪には，住居や倉庫をかたどった**家形**《いえがた》**埴輪**，盾《たて》，甲冑《かっちゅう》などの武器・武具などの道具をかたどった**器財**《きざい》**埴輪**，そして，馬，犬，猪《いのしし》，鶏《にわとり》，水鳥などの**動物埴輪**，巫女《みこ》（女性の宗教者），武人《ぶじん》などを表した**人物埴輪**などの区別があります。

4世紀には，家形・器財埴輪が主体ですが，5～6世紀には動物・人物埴輪が発達します。

ついでに，「周濠《しゅうごう》」。50ページの**大仙陵《だいせんりょう》古墳**の航空写真などで確認しておきましょう。古墳の周囲にめぐらされた濠《ごう》(**周濠《しゅうごう》**)があるね。

主要な古墳

さて，次が悩みの種だ。具体的に個々の古墳をどこまで覚えるか？

まず，**前期**で絶対に落とせないのが，

◎ **箸墓《はしはか》古墳**(奈良県) …出現期最大(級)の**前方後円墳**

これはまさに焦点。ついでに，**三角縁神獣鏡《さんかくぶちしんじゅうきょう》**がまとまって副葬されている奈良県の**黒塚古墳**や京都府の**椿井大塚山《つばいおおつかやま》古墳**。

次に**中期**の巨大前方後円墳。これは有名だから，細かいところまでしっかり覚えておくこと。

Q 5世紀に築かれた世界最大の平面積を持つ古墳は？

：大仙陵《だいせんりょう》古墳。

OK ！ **大阪府堺市**の**大仙陵古墳**(伝 **仁徳天皇陵《にんとくてんのうりょう》**古墳)です。墳丘《ふんきゅう》の長さはなんと“486 m”。箸墓古墳は“280 m”。それを遥《はる》かに上回る。

墳墓《ふんぼ》の規模《きぼ》からいくと，1～46位までが前方後円墳ですが，そのほとんどは大阪府と奈良県に集中しています。古墳が集中している古墳群で覚えておかなければならないのは，大阪府**堺《さかい》市**の**百舌鳥《もず》古墳群**と**羽曳野《はびきの》市**の**古市《ふるいち》古墳群**。

百舌鳥古墳群の「盟主《めいしゅ》」，要するにその中心が，平面積ではNo. 1の大仙陵古墳(伝 仁徳天皇陵)。

古市古墳群のメイン，盟主が，No. 2の**誉田御廟山《こんだごびょうやま》古墳**(伝 **応神天皇陵**古墳)です。

以上２つは奈良県じゃないよ。大阪府,「河内《かわち》」です。同じ大阪府でも，

◎「**堺市**」ときたら，

➡「**百舌鳥古墳群**」の中の「**大仙陵古墳**」!!

◎「**羽曳野市**」ときたら，

➡「**古市古墳群**」の中の「**誉田御廟山古墳**」!!

と明確に区別できるようにしておく。そして難関大で問われるのが第４位の造山《つくりやま》古墳です。

◎**造山古墳**（岡山県）…全国**第４位**の規模をもつ。

大阪府	堺市……百舌鳥古墳群	大仙陵古墳 （伝 仁徳天皇陵）	全国第１位
	羽曳野市…古市古墳群	誉田御廟山古墳 （伝 応神天皇陵）	全国第２位
岡山県	…………………………………	造山古墳	全国第４位

あと，福岡県の**岩戸山《いわどやま》古墳**（p.92）。それから，第４回に出てくる埼玉県の**稲荷山《いなりやま》古墳**と熊本県の**江田船山《えだふなやま》古墳**は，金石文《きんせきぶん》が有名ですが，古墳そのものとして覚えることはありません。

近畿，岡山の他にも，大型の**前方後円墳**が集中する地域としては，群馬県（上毛野《かみつけの》）・京都府北部（丹後《たんご》）・宮崎県（日向《ひゅうが》）などがあります。これらの地域の支配者，豪族は**ヤマト政権**という豪族連合政権の有力者だったと推定されます。

後　期

さて次，６世紀になると「**後期**」。**竪穴《たてあな》式石室**に代わって，朝鮮半島と

共通の**横穴式石室**が一般化し，**副葬品**《ふくそうひん》も葬送《そうそう》儀礼《ぎれい》に伴《ともな》う多量の土器が中心となり，**埴輪**《はにわ》も人物・動物埴輪が多くなる。そして何よりも小型の**円墳**・横穴などが爆発的に増加します。支配者たちだけではなく，**有力農民が古墳を営**《いとな》**むようになった**。

群集墳《ぐんしゅうふん》とくれば，

群集墳 ➡ 有力農民の墓

ですよ。

具体例として入試で問われるのは，**奈良県**橿原《かしはら》市の**新沢千塚**《にいざわせんづか》**古墳群**。約 500 基も集中している。それと，**和歌山県**の**岩橋千塚**《いわせせんづか》**古墳群**。また，横穴が蜂《はち》の巣《す》のように山の斜面に広がっている，**埼玉県**の**吉見**《よしみ》**百穴**《ひゃくあな》も有名です。

前方後円墳も造られていますが，大型のものは近畿中央部だけ，地方では造られなくなっていきます。

吉見百穴（埼玉県）
山腹に穴を掘って造った横穴墓。ハチの巣のように穴だらけ。

石人・石馬

さらに，後期には**地域ごとの差違**がはっきり出てきます。

九州北部の古墳には土製の埴輪ではなく，**石人**《せきじん》**・石馬**《せきば》が並べられます。第５回で学習する筑紫《つくし》の**国造**《くにのみやつこ》磐井《いわい》の墓とされる**岩戸山**《いわとやま》**古墳**にも石人・石馬が置かれている。

石人

石馬

装飾古墳

また，九州各地や茨城県，福島県では**装飾《そうしょく》古墳**が営《いとな》まれます。石室内部に**線刻《せんこく》や彩色《さいしき》の壁画《へきが》**が描かれる。福岡県の**竹原《たけはら》古墳石室壁画**などが教科書にも紹介されています。

終末期と八角墳

次に7世紀。「**終末期**」。7世紀は**ヤマト政権**が律令《りつりょう》国家に転換していく時期です。

終末期の古墳の特徴。ここは，過去問がほとんどない部分です。これから出題例が増えてきそうなところだから注意してください。

まず，7世紀初頭には地方有力豪族は**前方後円墳**を造営しなくなります。そして，**東国の首長層**（「**国造**」など）は大型の方墳《ほうふん》・**円墳《えんぷん》**を造営するようになります。難関私大受験者なら，終末期最大級の**千葉県**の**龍角《りゅうかく》寺《じ》岩屋《いわや》古墳**（**方墳**）や**栃木県**の**壬《み》生《ぶ》車塚《くるまづか》古墳**（**円墳**）を覚えておきましょう。

そして，7世紀中ごろには**大王《だいおう》**の墓として**八角墳《はっかくふん》**が登場します。

墳丘の平面が八角形を積み重ねた，独特の形態の墳墓《ふんぼ》です。大王（天皇）だけに許された墓です。八角墳を造営することによって「大王が一般豪族層を超越《ちょうえつ》した存在であることを墳墓の上でも示そうとしたものであろう」

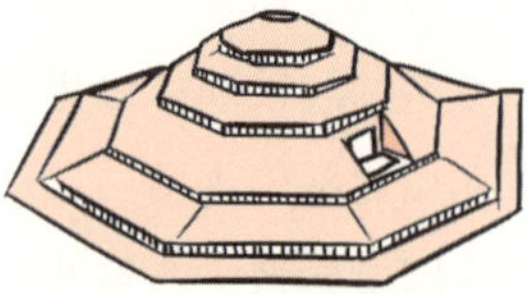

八角墳

と教科書などは位置づけています。

豪族による連合政権として出発した**ヤマト政権**は，５世紀には**大王**の地位，支配力が強化され，巨大な**前方後円墳**がそれを示した。そして，６世紀以降，地方豪族による前方後円墳の造営を制限，あるいは禁止し，やがて７世紀になり，大王（天皇）の支配者の地位が確立したのでしょう。

最後に，主要な古墳の位置を地図で見ておきましょう。

覚えておく主な古墳

はい，お疲れさまでした。

古代(4)

第4回 ヤマト政権と古墳文化

ヤマト政権の政治・経済，そしてこの時代の社会について学習します。第３回と同じ時代です。今回は文字史料中心に見ていきます。

ヤマト政権と古墳文化

古墳文化：	４世紀(前期)	５世紀(中期)	６世紀(後期)	７世紀(終末期)
	ヤマト政権の成立	応神朝・倭の五王	継体・欽明天皇	推古天皇
史　料：	(謎の４世紀) →	宋書倭国伝 →	磐井の乱	
	(高句麗)好太王碑文	稲荷山鉄剣銘	仏教公伝	

東アジアの中でのヤマト政権の歴史です。

略地図で東アジアの情況を確認しておきます。高句麗《こうくり》に注目！

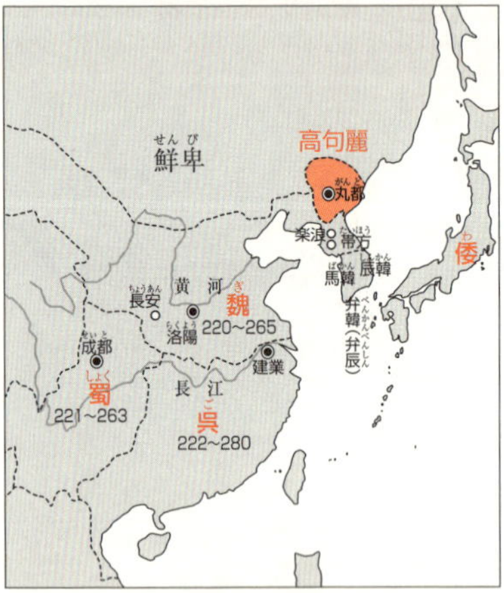

３世紀の東アジア

４～５世紀の東アジア

1 ヤマト政権

講義ノート p.12 参照

4世紀の東アジア

地図をよく見てください。左は3世紀，**卑弥呼《ひみこ》**の時代。右は**ヤマト政権**の成立した4世紀。どこが，どう変わってますか？

：中国も朝鮮半島も，国の名前がぜんぶ変わってる！ ナニ，これ？

そうだね。3世紀の中国は魏《ぎ》・呉《ご》・蜀《しょく》の三国時代。晋《しん》が統一に成功しますが，4世紀の初めには北方の匈奴《きょうど》の侵入《しんにゅう》を防《ふせ》げず，南に逃げ出す。中国北部（華北《かほく》）は「五胡十六国」と呼ばれる混乱期です。ここは覚えてるね。

周辺地域も弱肉強食の激動《げきどう》期。そのような情況のなかで国家形成が進む。

そして，4世紀後半から5世紀になると，南北朝時代になります。北に**北魏**，南に**宋**（**南宋**）ですね。

日本列島ではヤマト政権が成立し，朝鮮半島では**百済《くだら》**・**新羅《しらぎ》**が登場します。

東アジアの変化

① 高句麗の強大化
② 馬韓 ➡ 百済　　ばかん → くだら
③ 辰韓 ➡ 新羅　　しんかん → しらぎ
④ 弁韓 ➡ 加耶（加羅）「任那」（日本書紀）　＊鉄資源の供給地

ただし,4世紀になっても変わっていないところもありますね。どこ？

：……高句麗《こうくり》が同じ？ というか，高句麗は領土が広くなってる。

そう。そこがポイントです。

高句麗が強大化。領土を拡大してる。高句麗は313年に**楽浪郡**《らくろうぐん》を滅ぼし，領土を朝鮮半島北部に拡大していますね。

そして，朝鮮半島の南部に百済・新羅が登場してくる。緩《ゆる》い小国連合が形成されていた「**馬韓**《ばかん》」地域から**百済**。**辰韓**《しんかん》では**新羅**という国家が成立。まず，百済・新羅から覚えてしまう。

「ばかんからくだら」「しんかんからしらぎ」
「ばかんからくだら」「しんかんからしらぎ」
「ばかんからくだら」「しんかんからしらぎ」

と，繰り返し，声を出して覚えていく。

そして，焦点《しょうてん》は「**弁韓**《べんかん》」です。弁韓では国家形成が進まない。4世紀には，この地域は**加耶**《かや》(**加羅**《から》)などと呼ばれるようになっています。8世紀に書かれた『**日本書紀**《にほんしょき》』ではこのあたりを「任那《みまな》」と呼んでいます。**ヤマト政権**の支配が及《およ》んでいる地域です。しかし，この地域でははっきりした国家が成立していない。

大事なのは，この地域(加耶・任那)は**鉄資源の供給地**であったことです。ヤマト政権はこのあたりを抑《おさ》えて鉄を導入したんでしょう。**大王**《おおきみ》《(だいおう)》はその鉄の力を背景に全国政権をまとめあげたのでしょう。

好太王碑の碑文

ところが，4世紀後半以降，高句麗が南下してくる。百済や新羅は圧迫され，加耶に領土を広げようとする。そのような情況のなかでヤマト政権が軍隊を朝鮮半島に送り，高句麗と戦ったらしい。それを示すのが**好太王碑**《こうたいおうひ》(広開土王碑《こうかいどおうひ》)の碑文で，文字史料がほとんどない4世紀を知る上での貴重な史料です。

この石碑は高句麗のかつての首都，丸都《がんと》の近郊（現在の中国の吉林省《きつりんしょう》）の広開土王《こうかいどおう》の墓地に，その子の長寿王《ちょうじゅおう》によって建てられたものです。

その高句麗最盛期の王である好太王（広開土王）の墓の入口に建っている，石で作った大きな碑に文章が刻《きざ》まれているんです。

史料 **4-(1) 朝鮮半島への出兵／高句麗好太王碑文**

百残《ひゃくざん》，新羅《しんら》は，旧《もと》これ属民《ぞくみん》にして，由来《ゆらい》朝貢《ちょうこう》す。而《しか》るに倭《わ》，
百済や新羅は，もとは高句麗の支配下にあって，朝貢してきていた。ところが

辛卯《しんぼう》の年《とし》を以《もっ》て，来《きた》りて海《うみ》を渡《わた》り，百残《ひゃくざん》□□□羅《ら》を破《やぶ》り以《もっ》て
391 年，倭が海を渡って半島に攻め込み，百済などを支配下においてしまった。

臣民《しんみん》と為《な》す。……

「百残《ひゃくざん》，新羅《しんら》は，旧《もと》これ属民《ぞくみん》にして，由来朝貢《ゆらいちょうこう》す」――「百残」は百済《くだら》のことでしょう。百済や新羅《しらぎ》は高句麗の支配下にあり，朝貢して来ていた。ところが，「倭《わ》，辛卯《しんぼう》の年を以《もっ》て」――この辛卯の年は，西暦ではたぶん **391 年**，ヤマト政権の軍が海を渡って攻めてきて，百済あたりを軍事的に制圧して子分にした。つづいて，

4-(2) ヤマト政権軍の敗北／高句麗好太王碑文

九年己亥《きがい》，百残《ひゃくざん》誓《ちかい》に違《たが》ひ，倭《わ》と和通《わつう》す。……十四年甲辰《こうしん》，
己亥の年には百済は倭と手を結び，14 年には倭の軍隊は

倭不軌《わふき》にして帯方《たいほう》界《かい》に侵入《しんにゅう》す。……倭寇潰敗《わこうかいはい》，斬殺《ざんさつ》無数《むすう》なり。
帯方まで侵入してきた。（しかし，好太王に）倭の侵略軍は敗北し，多くの死者を出したのだ。

そして，百済は倭と結び，ついに「**帯方**」のあたりまで攻め込んで来た。しかし，高句麗の好太王という大英雄は，侵入してきた日本軍，ヤマト政権軍をやっつけて，高句麗の独立を守った。「倭寇潰敗《わこうかいはい》」――倭

寇というのは日本の侵略という意味ですから，これを打破《だは》した好太王は偉《えら》かったということです。

考えてみれば変な話だね。日本国内では何が起こったかは文字史料ではわからないんだけれど，いまの中国に碑が立っていて，**ヤマト政権**の軍が攻めてきたことが記録されているわけですからね。

この碑文は，以前，「ひょっとしたら，日本の陸軍などによって語句が変えられているんじゃないか？」という意見がありましたが，現在ではそのような作為《さくい》はなかったということになっています。そこで，

「作為(**さくい**《3 9 1》)はなかった好太王碑文」

➡ **391 年，好太王碑文**

ところで，このように金属とか石に文字を書き込む —— 一番わかりやすいのでいうと，お墓。「～家の墓」なんて書いてある，あの墓石の文字のように，石に刻《きざ》んだり，金属に埋《う》め込んだりした文字史料を**金石文**《きんせきぶん》といいます。

ヤマト政権の発展（5世紀）

5世紀に入ると，ふたたび中国に安定した王朝が生まれます。ただ，統一国家にはならない。南北に分かれて，南には宋《そう》という王朝が現れます。その宋の歴史書『**宋書**《そうじょ》』が手がかりになります。正史である『宋書』にヤマト政権の**大王**が朝貢《ちょうこう》したという記事が出てくるんです。**南朝**の宋(南宋)に遣使《けんし》した。北朝じゃないですよ。だから，5世紀になると，中国の正史から**ふたたび文字で日本の歴史がわかる**。『宋書』を編さんしたのは沈約《しんやく》という人物です。

その『宋書』に登場するのが，いわゆる「**倭**《わ》**の五王**《ごおう》」。倭の5人の王様で

す。ここは，単純に丸暗記からいこう。5，6回，口に出して唱《とな》えてみよう。

◎倭の五王……讃《さん》・珍《ちん》・済《せい》・興《こう》・武《ぶ》

「さん・ちん・せい・こう・ぶ」
「さん・ちん・せい・こう・ぶ」
「さん・ちん・せい・こう・ぶ」

全部1文字です。讃と珍と済がだれかとか，興はだれかとか，いろいろ説がありますが，有名なのは5番目の武です。倭王武。中国風の「諡《し》号《ごう》」で雄略《ゆうりゃく》天皇と呼ばれるのが，この「武」にあたると考えられています。「雄略天皇」というのは死後，8世紀になってからおくられた名で，実名は大泊瀬幼武《おおはつせのわかたけ》といいます。

それでは，倭の五王のほかの大王たちはどうか。『日本書紀《にほんしょき》』あるいは『古事記《こじき》』に記されたどの天皇に該当《がいとう》するか，いろいろと推定されていますが，**済**と**興**については，それぞれ，**允恭《いんぎょう》**・**安康《あんこう》**という2人の天皇だろうということはほぼ確実だとされています。

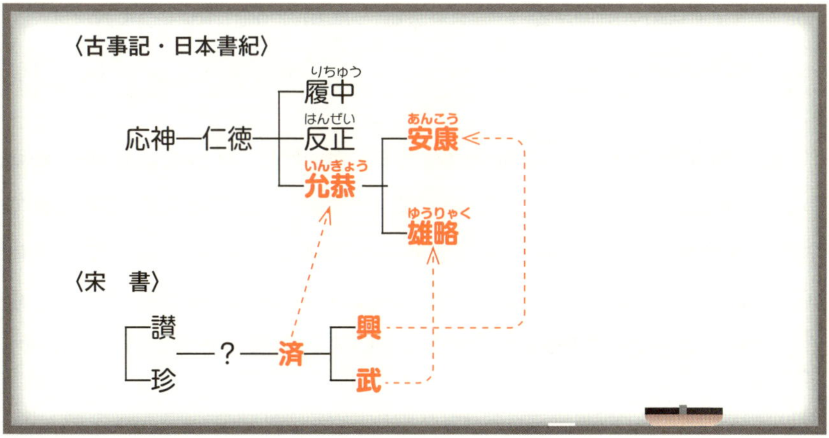

それでは，その『宋書《そうじょ》』倭国伝《わこくでん》を見てみましょう。

史料　5-(1)　倭王武(雄略天皇)/『宋書』倭国伝

興死《こうし》して弟《おとうと》武《ぶ》立《た》ち，自《みずか》ら使持節都督倭《しじせつととくわ》・百済《くだら》・新羅《しらぎ》・任那《みまな》・
安康天皇が死んで，弟の雄略天皇が位についた。雄略は自分を……………と名乗った。
加羅《から》・秦韓《しんかん》・慕韓七国諸軍事《ぼかんしちこくしょぐんじ》・安東大将軍《あんとんだいしょうぐん》・倭国王《わこくおう》と称す。

倭王武(雄略天皇)の事跡

興《こう》が死んで弟の武が立った。**興**＝**安康《あんこう》天皇**が死んで，「弟」の**武**＝**雄《ゆう》略《りゃく》天皇**が大王となった。そして武は自ら，自称だね，自分のことをこう呼んだ。「使持節都督倭《しじせつととくわ》・百済《くだら》・新羅《しらぎ》・任那《みまな》・加羅《から》・秦韓《しんかん》・慕韓七国《ぼかんしちこく》諸軍事《しょぐんじ》・安東大将軍《あんとんだいしょうぐん》・倭国王《わこくおう》」。これはこれから１週間，毎日，朝起きたら，口に出して唱《とな》える。

使持節都督倭《しじせつととくわ》・百済《くだら》・新羅《しらぎ》・任那《みまな》・加羅《から》・秦韓《しんかん》・慕韓七国諸軍《ぼかんしちこくしょぐん》事《じ》・安東大将軍《あんとんだいしょうぐん》・倭国王《わこくおう》

「しじせつととく・わ・くだら・しらぎ・みまな・から・しんかん・ぼかん・しちこくしょぐんじ・あんとんだいしょうぐん・わこくおう」

「使持節都督《しじせつととく》」，「安東大将軍《あんとんだいしょうぐん》」などは，地域的，軍事的な権限にかかわるものと考えておいてください。また，「倭《わ》」はもちろん地域的名称ですが，他は朝鮮半島の南の方の地名を全部あげていると考えておけばOK。細かいことはわかりませんから気にしない。雄略天皇は，ともかく**この地域は全部，自分の支配が及んでいると主張した**ということです。

5-(2)　武の遣使 / 『宋書』倭国伝

順帝《じゅんてい》の昇明《しょうめい》二年，使《つかい》を遣《つか》はして表《ひょう》を上《たてまつ》る。曰《いわ》く「封国《ほうこく》は偏遠《へんえん》
順帝の478年，（武は）使者を送ってきて上表した。　その上表文にはこう

にして，藩《はん》を外《げ》に作《な》す。　昔《むかし》より祖禰《そでい》躬《みずか》ら甲冑《かっちゅう》を
書いてあった。私の支配する国は遠いところにあります。かつて，私の先祖は自ら武装

擐《つらぬ》き山川《さんせん》を跋渉《ばつしょう》し，寧処《ねいしょ》に遑《いとま》あらず。　東《ひがし》は**毛人**《もうじん》を征《せい》すること
して，山や川を越え，　ゆっくり休むこともなく，東の方の毛人の国，55か国を，

五十五国《こく》，西《にし》は**衆夷**《しゅうい》を服《ふく》すること**六十六**国《こく》，渡《わた》りて海北《かいほく》を平《たいら》ぐること
西では衆夷たちの66か国を，　さらに海を渡って，北の方，

九十五国《こく》。……」。
朝鮮半島の95か国（を平定しました）。

倭王武の上表文――ヤマト政権確立！

倭王武《わおうぶ》は，宋《そう》の順帝《じゅんてい》の昇明《しょうめい》二年(478年)，朝貢《ちょうこう》の使を遣わしてきた。そのときに宋の皇帝順帝に対する倭王武，雄略天皇の手紙が，この「上《じょう》表文《ひょうぶん》」です。下から上にものを言うときに「上表する」といいます。

「曰く」――そこにはこう書いてあった。

私の国は中国から遠い辺鄙《へんぴ》な田舎《いなか》にあって，国を作っております。私の先祖《せんぞ》は，自ら武装《ぶそう》し，山や川を乗り越えて，ゆっくり休むひまもなく，「東は毛人《もうじん》」――東日本の毛人と呼ばれる連中を征服し，55国を支配下においた。「西は衆夷《しゅうい》を服《ふく》すること六十六国」――西の方は66の国を平定した。さらに朝鮮半島に渡ったんだ。「渡りて海北《かいほく》」――さっきやった朝鮮半島の南のへんを「平《たいら》ぐること九十五国」――95国を平定した。

いかに自分の先祖以来の**ヤマト政権**の国家統一が大変で，そしてこの地域を征服していったかということが述べられている。すなわちこの**『宋書《そうじょ》』倭国伝《わこくでん》**が**5世紀になってはじめてヤマト政権の成立の様子を直接示す史料**ということになります。いいですね。

5-⑶　武の称号／『宋書』倭国伝

詔《みことのり》して，武《ぶ》を**使持節都督倭《しじせつととくわ》・新羅《しらぎ》・任那《みまな》・加羅《から》・秦韓《しんかん》**・
(そこで順帝は)詔を発して，武＝雄略天皇に……………という地位を与えた。
慕韓六国諸軍事《ぼかんろっこくしょぐんじ》・安東大将軍《あんとんだいしょうぐん》・倭王《わおう》に除《じょ》す。

そこで，宋の順帝は，雄略天皇，武に対してこのような称号を認めてくれたんです。

「使持節都督倭《しじせつととくわ》・新羅《しらぎ》・任那《みまな》・加羅《から》・秦韓《しんかん》・慕韓六国諸軍事《ぼかんろっこくしょぐんじ》・安《あん》東大将軍《とんだいしょうぐん》・倭王《わおう》」

ここで，史料の一番はじめのくだりと比較してみると……(p.70)，

「使持節都督倭・百済・新羅・任那・加羅・秦韓・慕韓七国諸軍事・安東大将軍・倭国王」

「**七**国諸軍事・安東大将軍・倭国王」が「**六**国諸軍事・安東大将軍・倭王」となってる。つまり，「七国」が「六国」に，また，「倭国王」も「倭王」となっています。**6国に減ったのは百済が抜けているから**なんだ。そこでメモしなさい。

7－6＝百済

さてそこで，**なぜ「百済」が入っていないかが問題**です。それは，**百済はすでに宋に朝貢し，国として認められていたから**です。

ワカタケル大王

さて，この「武」という名は『宋書』での呼び名です。「大泊瀬幼武(おおはつせのわかたけ)」，「ワカタケル大王」，後に「雄略天皇」と呼ばれる**大王**(天皇)ですが，この「**ワカタケル大王**」という名のほうは金石文《きんせきぶん》で確認されています。

これは有名だから知っている？

埼玉県の**稲荷山《いなりやま》古墳《こふん》鉄剣銘《てっけんめい》**。たいていの教科書に写真版がのってます。もう１つ，熊本県の**江田《えだ》船山《ふなやま》古墳《こふん》鉄刀銘《てっとうめい》**。ここにも「ワカタケル」と読める部分があります。発見されたのは江田船山古墳の鉄刀のほうが早くて，明治時代の初め。稲荷山古墳の鉄剣銘が確認されたのは昭和50年代のことです。

細かく言うと，稲荷山のほうは「鉄**剣**」で江田船山古墳の方は「鉄**刀**」。剣は両刃《もろは》，刀は片刃《かたは》。そこに埋め込まれた文字は，稲荷山鉄剣銘は**金**でつくった文字（**金象眼《きんぞうがん》**）。江田船山古墳鉄刀銘は銀でつくった文字（**銀象《ぎんぞう》眼《がん》**）です。

まず，江田船山古墳鉄刀銘から。

史料 6　ワカタケル大王(1)／江田船山古墳出土鉄刀銘

天《あめ》の下治《したしろ》しめす獲《わ》□□□鹵大王《るのおおきみ》の世《みよ》……三寸《さんずん》の好《よ》き□刀を上《たてまつ》る。

天下を治めていたワ（カタケ）ルの大王の時， …… **三寸の好い刀を作った。**

「天《あめ》の下治《したしろ》しめす獲《わ》□《か》□《た》□《け》鹵大王《るのおおきみ》」と読むんだろうと言われています。「□□□」の部分，一番大事なところが欠けてしまっているので，実はこれは長い間読めなかったんです。

私が高校生，大学生のころは，これはまだ読めていなくて，ひょっとしたら「タジヒノミズハワケ」じゃないかとか，いろんな読み方が考えられていた。これが「獲《わ》加《か》多《た》支《け》鹵《る》」と読めるようになったのは，稲荷山鉄剣銘が発見されてからのことです。

稲荷山のほうは全部で115文字もあるので，ポイントとなる部分だけ確認しておきます。

史料 **7　ワカタケル大王⑵ / 稲荷山古墳出土鉄剣銘**

（表）辛亥《しんがい》の年《とし》七月中《がつちゅう》，記《しる》す。乎獲居臣《おわけのおみ》，……
471 年7月これを記す。　　(私)オワケノオミは……

（裏）……世々《よよ》，杖刀人《じゅとうにん》の首《おびと》と為《な》り，奉事《ほうじ》し来《きた》りて今《いま》に至《いた》る。
先祖以来，大王に奉仕する杖刀人の代表をつとめて現在に至っている。

獲加多支鹵大王《わかたけるのおおきみ》の寺《てら》，斯鬼宮《しきのみや》に在《あ》る時《とき》，吾《われ》，天下《てんか》を左治《さじ》し，
ワカタケル大王の寺が斯鬼宮にあった時，　　私も大王の統治を助けた。

此《こ》の百錬《ひゃくれん》の利刀《りとう》を作《つく》らしめ，　吾《わ》が奉事《ほうじ》の根原《こんげん》を記《しる》す也《なり》。
(その記念に)この百錬の利刀を作製し，自分の業績を文字で残すこととした。

この鉄剣は「**辛亥**の年」，西暦 471 年に，「乎獲居臣」（オワケのオミ）が作った。――そこでこの史料を「辛亥の鉄剣銘」といいます。「辛卯《しんぼう》の年を以《もっ》て」は好太王《こうたいおう》碑文だよ。ちょっとややこしい。干支《かんし》をしっかり確認する。

辛亥の年は西暦で 471 年ですよ。剣道のけいこのときに使う，竹で作った竹刀《しない》って知ってる？ あれじゃなくて鉄剣なんです。ということにして，

「竹刀（**しない**《4 7 1》）じゃないよ，鉄剣だよ」
➡ **471 年，辛亥の鉄剣銘**

5世紀後半。いまの関東地方の豪族が自分の墓に副葬《ふくそう》された記念品の剣に，金で文字を埋めこんだということです。そして代々，「**杖刀人**《じゅとうにん》の首《おびと》と為《な》り」――たぶんオワケの臣《おみ》の先祖たちは大王の護衛隊《ごえいたい》の隊長のような任務《にんむ》を果《は》たしてきたと言ってるんでしょう。

そして，「獲加多支鹵」，ワカタケル大王のときに，「吾」＝オワケの臣はワカタケル大王を助けてがんばった。そこでその功績《こうせき》を記念してこの「刀」を作らせたのだというわけです。そこで，**江田船山《えだふなやま》のほうも「ワカタケル」と読める**ということになったわけです。いいですね。

というわけで，熊本県と埼玉県，**九州から関東にまで「武」＝雄略天皇，ヤマト政権の勢力が及んでいた**ことが，その地域の有力者の残した金石文でわかる。そして，そこに登場するのが中国の正史『宋書』に詳《くわ》しく記された武である。その意味で，これは古代史の画期的な人物とその史料ということになります。

さらに，文化史的にいうと，**漢字を使って人名や地名が表記された実例**としても貴重なものということになります。

5世紀は世界的に見ても巨大な墓，**前方後円墳**が築かれた時期。『宋書』倭国伝に出てくる，「武」の積極的な軍事活動。「東は毛人……，西は衆夷……海北を平ぐる」という部分ですよ。そこで，この時期から6世紀にかけて，ヤマト政権は「各地の豪族が**連合**」したものから「大王を中心とした近畿地方の勢力に各地の豪族が**服属**する」形に転換したと考えられます。

当然，入試でここを問わない大学はない！

武＝ワカタケル大王＝大泊瀬幼武＝雄略天皇

┌熊本県　江田船山古墳鉄刀銘　銀象眼　獲□□□鹵大王
└埼玉県　稲荷山古墳鉄剣銘　金象眼　獲加多支鹵大王

乎獲居（オワケ）「辛亥年」「杖刀人」
斯鬼宮《しきのみや》　471

2 氏姓制度

講義ノート p.13 参照

さて，**ヤマト政権**というのは一体どういうシステムの国家だったんだろうか。

一般的にヤマト政権の国家的な構造を支える政治的・社会的なシステムを**氏姓制度**《しせい》と呼んでいます。

氏《うじ》というのは**血縁的**《けつえんてき》**な集団**です。氏の代表者，トップを「氏上《うじのかみ》」，血縁関係者を「氏人《うじびと》」と呼びます。もっとも，「氏上」という言葉で明確に出てくるのは７世紀の後半です。

大事なのは，**大王**（天皇）はこの「氏」に対して「**姓**《かばね》」を与えていったというところ。氏に対して姓，そこで**氏姓制度**と呼ぶわけです。氏の名には，「蘇我《そが》」とか「中臣《なかとみ》」といった名前があるのですが，その「氏」に対して大王（天皇）が「姓」を与えていく。代表的な姓だけは覚えておこう。

中央，畿内《きない》の有力豪族のうち，その**支配地の地名**（葛城《かずらき》・蘇我など）を氏《うじ》の名としている，要するに，葛城氏・蘇我氏などには「**臣**《おみ》」。同じく，中央の有力豪族でも，大王に奉仕する，その**職掌**《しょくしょう》，軍事で奉仕する物《ものの》部《べ》氏，祭祀《さいし》で奉仕する中臣《なかとみ》氏などには「**連**《むらじ》」の姓が与えられた。

地方豪族は，もっと大雑把《おおざっぱ》で，特に有力な氏には「**君**《きみ》」，一般的な氏には「**直**《あたい》」。

〈中央〉
- （地名）葛城・平群《へぐり》・蘇我 … 臣 ➡（代表）大臣
- （職掌）大伴《おおとも》・物部・中臣 … 連 ➡（代表）大連

〈地方〉
- （有力）君
- （一般）直

いいですか。「**中臣**《なかとみ》」は**祭祀**《さいし》**で大王を支えた**有力豪族ですから，「中臣《なかとみの》連《むらじ》」。中臣の「臣」にひっぱられて中臣氏の姓を「臣」だと思ってはいけない。

大臣・大連

「臣」姓を与えられた有力豪族の中の代表者が**大臣《おおおみ》**，「連」姓の代表者が**大連《おおむらじ》**で，ともに**大王**を補佐《ほさ》する。「ともに」というのは「いっしょに」という意味ですよ。**大臣と大連に上下関係はありません。**

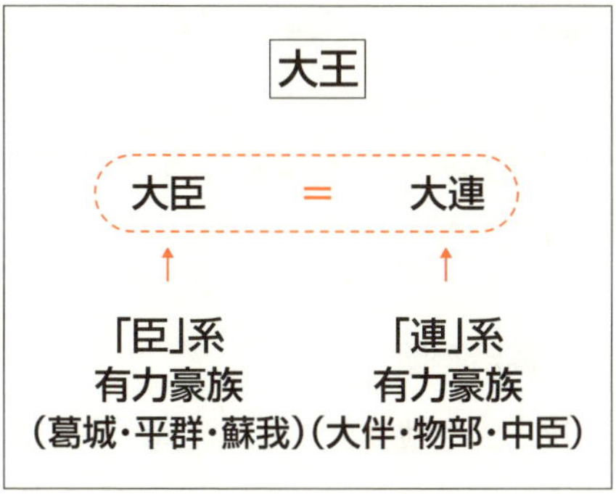

伴造・品部

次に，大王に奉仕《ほうし》する人間集団を「伴《とも》」とか「部《べ》」などと呼びます。まとめて「**品部《しなべ》**」とも言います。さまざまなタイプの部がありますが，この部を率いて大王に奉仕するのが**伴造《とものみやつこ》**です。代表的なものとしては，**ヤマト政権**によって組織された，渡来系《とらいけい》の技術者集団があります。

からかぬちべ…鉄器の生産 ➡ 韓鍛冶部
すえつくりべ…須恵器の生産 ➡ 陶作部
にしごりべ……高級絹織物の生産 ➡ 錦織部

○冶 ×治
ニスイに注意！

これはしっかり覚える。読み方から，声をだして。

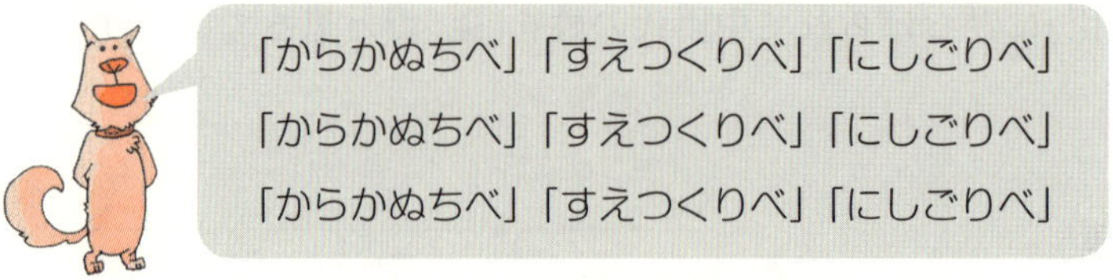

記述式で問われることもあるので，韓鍛冶部の「冶」。「治」ではない，冫(にすい)ですよ。

経済基盤

次，**氏姓制度**を支えた経済的な体制。**大王**も，中央・地方の豪族も，各々《おのおの》が土地とそこに住んでる人間をそれぞれ支配しているんです。

ここは単純にいきましょう。土地と人の支配。

	〈土地〉	〈人〉
大王(ヤマト政権) …	**屯倉《みやけ》**	**名代《なしろ》・子代《こしろ》**
有力豪族 ……………	**田荘《たどころ》**	**部曲《かきべ》**

有力豪族の私有地が「たどころ(**田荘**)」，私有民が「かきべ(**部曲**)」。また，氏や氏を構成する家に所有された「**ヤツコ**(奴婢《ぬひ》)」と呼ばれる奴隷《どれい》的な人びともいました。

ヤマト政権の直轄地は「**屯倉《みやけ》**」，ここを耕作《こうさく》した人びとは**田部《たべ》**と呼ばれます。同じく，大王(ヤマト政権)が各地に設定していった直轄《ちょっかつ》民は**名《な》代《しろ》・子代**と呼ばれます。ただし，このような語が現れるのは6世紀以降のことです。次回，学習する**磐井《いわい》の乱《らん》**の後，九州北部に初めて屯倉が設定されています。

国　造

屯倉の管理を任《まか》された地方豪族が与えられた称号が国　造《くにのみやつこ》です。国造は屯倉を管理するだけでなく，特産物を貢《みつ》ぎ物として大王に納入したり，さらにはその息子や娘を「**舎人**《とねり》」・「**采女**《うねめ》」としてヤマトの大王のもとに出　仕《しゅっし》させたりしました。もちろん，大王の軍事活動にも従《したが》うようになっていきます。

国造の役割は**ヤマト政権**だけでなく，律令体制にもかかわるものなので，しっかり理解しておく必要がありますから，ちょっとまとめておきましょう。暗記しようとしなくてもイイけど，復習のときにも必ず見ておいてください。

国　造

① 地方支配（自己の支配地）をヤマト政権から認められる。
② 屯倉や名代・子代の管理。
③ （大王のもとに）舎人・采女を出仕させる。
④ 地方の特産物を「貢進《こうしん》」する。
⑤ （大王の）軍事活動に参加。

3 古墳文化

講義ノート p.14 参照

渡来人と文字の受容

さて，ここで，古墳時代の文化，社会などをチェックしておきましょう。

⌃七支刀

まずは，先ほど出てきた韓鍛《からかぬ》冶《ち》部《べ》ほか，先進技術などをもたらした**渡来人**《とらいじん》の役割。そして，文字の受容《じゅよう》とその使用が始まったことから。

4世紀(369年)に**百済王から倭王に贈られた**「**石上神宮**《いそのかみじんぐう》**七支刀**《しちしとう》」という特殊な形をした刀には漢文が記されています。金象眼です。また，**『宋書』倭国伝**に見える倭王武の上表文(p.71)などは，**大王**のもとで文章を扱った渡来人が書いたものでしょう。

しかし，5世紀に稲荷山古墳出土鉄剣銘(p.74)のように，漢字の音を借りて日本の人名や地名を表記することも始まります。

そこで，まずは**漢字**。文字を伝えたとされる渡来人を覚えてください。

┌**西文氏**…かわちのふみうじ
│
└**東漢氏**…やまとのあやうじ

読み方を聞いてきますからね。まずこの区別をつける。**ヤマト政権**，**大王**の根拠地は，律令制でいう大和《やまと》・河内《かわち》あたりです。

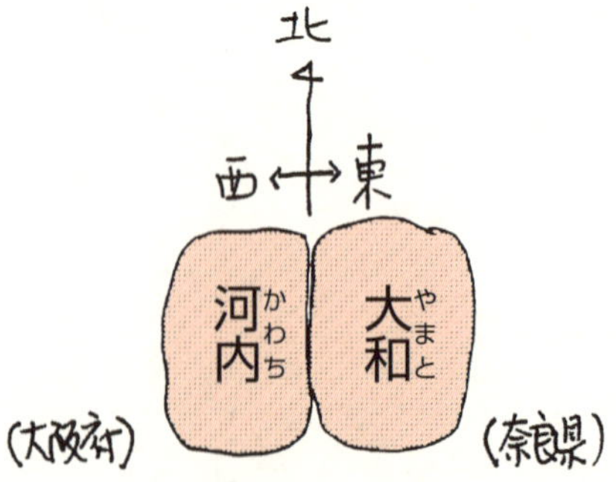

河内は大和に対して西側にあたるね。大和は東側です。だから大和と河内の地理上の位置関係を覚えておいて，「東」側を大和《やまと》と読んで，**東《やまとの》漢氏《あやうじ》**，「西」側は **西 文氏《かわちのふみうじ》**となる。

渡来人の祖（応神朝）

西文氏：王仁《わに》………『論語』『千字文《せんじもん》』をもたらしたという。
東漢氏：阿知使主《あちのおみ》
秦《はた》　氏《うじ》：弓月君《ゆづきのきみ》…… 古代の有力氏族。

ついでに，古代の有力氏族となる秦氏の祖，「弓月君」もいっしょに覚えておきましょう。

それから，**文字使用の例**として「**隅田八幡神社人物画像 鏡 銘《すだはちまんじんじゃじんぶつがぞうきょうめい》**」（和歌山県）も覚えておこう。「意柴沙加宮《おしさかのみや》」などの文字が確認されます。

文字使用の例

熊本県　➡ 江田船山古墳鉄**刀**銘
埼玉県　➡ 稲荷山古墳鉄**剣**銘　辛亥　乎獲居臣《おわけのおみ》　杖刀人《じゅとうにん》　斯鬼宮《しきのみや》
和歌山県　➡ 隅田八幡神社人物画像鏡銘　意柴沙加宮《おしさかのみや》

百済で書かれた漢文

奈良県　➡ 石上神宮七支刀（銘文）

仏教伝来

次に**仏教《ぶっきょう》**の伝来。その後の日本の歴史にきわめて大きな影響を与えることは言うまでもありません。

まず，仏教公伝《こうでん》といわれるものですが，**百済《くだら》**の聖明王《せいめいおう》が**ヤマト政権**の**大王**(欽明《きんめい》天皇)へ一種のプレゼントとして，仏教そのものを贈《おく》ったとされる。これについては，史料が複数あります。

史料　8　仏教公伝⑴／『上宮聖徳法王帝説』

志癸嶋天皇《しきしまのすめらみこと》の御世《みよ》の**戊午《ぼご》**の年《とし》十月十二日，百済国主《くだらこくしゅ》の明王《めいおう》，
欽明天皇の時代の戊午の年の10月12日，百済の(聖)明王が

始《はじ》めて仏像経教《ぶつぞうけいきょう》並《なら》びに僧等《そうら》を度《わた》し奉《たてまつ》る。勅《ちょく》して**蘇我稲目《そがのいなめ》**宿祢《すくね》大臣《おおおみ》
始めて仏像・経典，僧侶を贈ってきた。天皇は蘇我稲目にこれを託して

に授《さず》けて興隆《こうりゅう》せしむる也《なり》。
仏教を興すよう命じた。

戊午説──538年

廐戸王《うまやとおう》(聖徳太子)の伝記が，『上宮聖徳法王帝説《じょうぐうしょうとくほうおうていせつ》』。

「志癸嶋天皇《しきしまのすめらみこと》の御世《みよ》の戊午《ぼご》の年(538年)十月十二日，百済国主《くだらこくしゅ》の明《めい》王《おう》」，すなわち**聖明王《せいめいおう》**が始めて「仏像」と「経教《けいきょう》」と「僧《そう》」などをプレゼントしてくれた。

そこで**蘇我稲目《そがのいなめ》**にこれを預《あず》けたんだ。使ってみなさいよといって，お坊《ぼう》さんと仏像と教典《きょうてん》という**百済**から贈られた仏教セットを**大王**(欽明天皇)は稲目に与え，その受容《じゅよう》を託《たく》したというわけです。これが『上宮聖徳法王帝説』や『元興寺縁起《がんごうじえんぎ》』による「**戊午説《ぼごせつ》**」，西暦でいうと**538年**とする説です。

『元興寺縁起』にも仏教公伝を「戊午」の年としているので，注意しておこう。こちらは，史料本文は覚えなくてもいい。

壬申説──552年

もう1つあります。これは8世紀にできた『**日本書紀《にほんしょき》**』。欽明天皇の

十三年(552年)冬十月，百済の聖明王《せいめいおう》が「釈迦仏《しゃかぶつ》の金銅像一軀《こんどうぞういちはしら》，幡蓋《はたきぬがさ》若干《じゃっかん》，経論《きょうろん》若干巻を献《たてまつ》」ったと。

史料 9 仏教公伝⑵／『日本書紀』

(欽明天皇《きんめいてんのう》十三年)冬《ふゆ》十月，百済《くだら》の聖明王《せいめいおう》……釈迦仏《しゃかぶつ》の金銅像《きんどうぞう》
百済の聖明王が，……釈迦の金剛像１体と幡蓋，
一軀《いちはしら》，幡蓋《はたきぬがさ》若干《じゃっかん》，経論《きょうろん》若干巻《じゃっかんかん》を献《たてまつ》る。……
経典などを献上してきた。

こちらを「壬申説《じんしんせつ》」と呼びます。西暦でいうと **552年**。

「**ゴミは《538》，午後に《552》**捨てること」

➡ **538年，552年，仏教公伝２説**

ゴロ合わせは，「ゴミは《538》，午後に《552》捨てること」で，戊午説(538年)・壬申説(552年)。出典もしっかり覚えておきましょう。もっとも，実際には何年のことか，いろいろな説があります。どちらが正しいというわけにはいきません。

あと，仏教公伝《こうでん》ではなくて，「仏教私伝《しでん》」にも注意。公的な，国家間のルートではなくて，民間レベル，私的に伝わった仏教の例。『扶桑略《ふそうりゃく》記《き》』という本に，**司馬達等《しばたつと》**(鞍作氏《くらつくりうじ》の祖)という**渡来人**が仏像などを持ってやってきて，私的に仏教信仰《しんこう》を行っていたという記事があるのです。そのような，私的レベルでの**仏教**の伝来があったことは十分考えられるところでしょう。

仏教公伝

百済の聖《せい》(明《めい》)王《おう》から欽明《きんめい》天皇へ

┌戊午《ほご》説…538年　『上宮聖徳法王帝説』『元興寺縁起《がんこうじえんぎ》』
└壬申《じんしん》説…552年　『日本書紀』

仏教私伝

(継体朝) 司馬達等(鞍作氏の祖)←鞍作鳥の祖父

522年 大和国《やまとのくに》高市郡《たかいちぐん》坂田原《さかたはら》にて仏像を礼拝

『扶桑略記』(院政期・皇円《こうえん》の著とされる)

儒　教

仏教だけではありません。6世紀には**百済《くだら》**から**儒教《じゅきょう》**の先生である「五《ご》経博士《きょうはかせ》」がやって来る。そして「**帝紀《ていき》**」・「**旧辞《きゅうじ》**」などの史書も成立したといいます。

┌「**帝紀**」……大王の系譜《けいふ》を記した書物
└「**旧辞**」……朝廷《ちょうてい》に伝わる神話・伝承《でんしょう》を集めたもの

これらは8世紀の『**古事記《こじき》**』・『**日本書紀**』の編纂《へんさん》の材料となった歴史書ですが，残ってはいません。

土師器・須恵器

次に古墳時代の土器。基本は，**弥生土器**の系統の**土師器《はじき》**ですが，5世紀以降，朝鮮半島から**須恵器《すえき》**が伝わります。高温で焼かれた陶質《とうしつ》の土器です。

ちょっと，土器の区別を確認しておきます。

〈縄文文化〉　〈弥生文化〉　〈古墳文化〉

黒(黒褐色)　➡　赤(赤褐色)　＝　赤　➡　灰(灰青色)

縄文土器　➡　弥生土器　➡　土師器

➡　須恵器

焼くときの温度によってその色も違ってきますので，色と一緒に，単純に，黒(色)→赤(色)→灰(色)と覚えておけばだいじょうぶ。

住居・生活

次に，古墳時代の住居ですが，まず，豪族と民衆の分離《ぶんり》が明確になります。豪族は**集落から離れた場所**に「環濠《かんごう》」や柵列《さくれつ》をめぐらした**居館《きょかん》**を営《いとな》み，倉庫群が立ち並ぶ。遺跡としては群馬《ぐんま》県高崎市の三ッ寺遺跡などがあります。「集落の中心には豪族の居館が……」なんて文章は，×。集落から離れたところですよ。

民衆が住む，一般的な集落は，**「環濠」は伴わない**集落になります。**弥生時代**のような軍事的な要素は消える。正誤問題で「古墳時代の集落は環濠をめぐらした……」(×)なんてあったら，これも誤文ですよ。

住居は**竪穴《たてあな》住居**・平地住居，そして**高床《たかゆか》倉庫**。このあたりは弥生時代と変わりませんが，竪穴住居には，それまでの炉《ろ》に代わって「**カマド**(竈)」が置かれるようになります。

衣服については人物埴輪などがその史料となります。男性は衣《ころも》に袴《はかま》。女性は衣に裳《も》。

〈縄文・弥生〉 炉 ➡ 〈古墳〉 カマド

男性……衣・袴

女性……衣・裳

人物(武人)埴輪(男)

人物埴輪(女)

信 仰

次に信仰。古墳時代からというより，**弥生時代**の**水稲農耕**に伴って起こったものでしょうが，春に，その年の豊作を願って行う「**祈年《としごい》の祭**」(祈年《きねん》祭)。秋には収穫《しゅうかく》に感謝する「**新嘗《にいなめ》の祭**」(新嘗《しんじょう》祭)。「新嘗」の「嘗」の字は1回，大きく書いておきましょう。

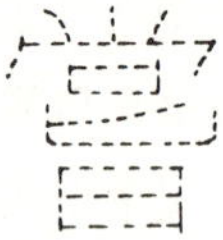

また，死とか血とか，汚《きたな》い話だけど糞尿《ふんにょう》など，「穢《けが》れ」，不浄《ふじょう》をきらって，これを除去しようとする**禊**(みそぎ)・**祓**(はらえ)なども始まっていたと考えられます。水で穢れを洗い流すのが**禊**。布などで拭《ふ》き取るのが**祓**です。

また，占いや裁判のときに，神の意思を確認しようとすることも始まっていた。「**魏志《ぎし》**」**倭人伝**にも出てくる**太占《ふとまに》の法**(p.41)。熱湯に手を入れて，火傷《やけど》の具合から真偽《しんぎ》を判断する**盟神探湯《くかたち》**。神の判定を仰《あお》ぐので，「神判《しんぱん》」などと呼ばれるものです。嘘《うそ》つきだと手がひどい火傷になるんでしょう。

このあたりは，ともかく，まず，読み方を覚えよう。そして，書いてみる。黒板を写して，それから声を出し，書いてみること。

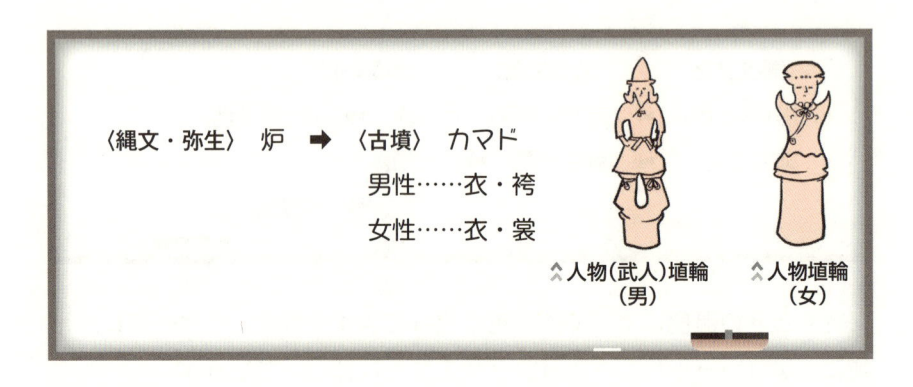

農耕儀礼

- 春…きねんさい(としごいのまつり) ➡ 祈年(の)祭
- 秋…しんじょうさい(にいなめのまつり) ➡ 新嘗(の)祭

穢れの除去

- 水で洗い流す……………………………みそぎ ➡ 禊
- 布・葉(後には紙)などでぬぐう…はらえ ➡ 祓

占い・神判

- 鹿の骨を焼いて吉凶を占う…ふとまにのほう ➡ 太占の法
- 熱湯に手を入れる……………くかたち ➡ **盟神探湯**

神　社

さて,あとひと息。ここも試験で差がつくところなので,がんばって！

古代の人たちは，円錐形《えんすいけい》の整った，美しい形の山や高い樹木，巨大な岩，絶海《ぜっかい》の孤島《ことう》などには神が宿《やど》ると考えた。そして，やがて重要な神を拝《おが》むための施設《しせつ》＝拝殿《はいでん》や，神様の住む建物＝本殿《ほんでん》を造るようになったと考えられています。

その古い形が今でも残っているのが，奈良県の**大神《おおみわ》神社**や福岡県の**宗《むな》像大社《かたたいしゃ》(神社)**です。大神神社は，**三輪山《みわやま》を神体＝神そのものとして，本殿は造らず，拝殿のみ。**

福岡県の宗像大社は**玄界灘《げんかいなだ》に浮かぶ孤島を沖津宮《おきつぐう》として祭っています。**

起源が古く，しかも現在も信仰が続いている大きな神社としては，島根県の**出雲大社《いずもたいしゃ》**，大阪府の**住吉大社《すみよしたいしゃ》**なども試験で問われることがありますから，県名と神社名をしっかり覚えるようにしておきましょう。地図を使っての出題例もありますから，しっかりチェックしてください。

主な神社

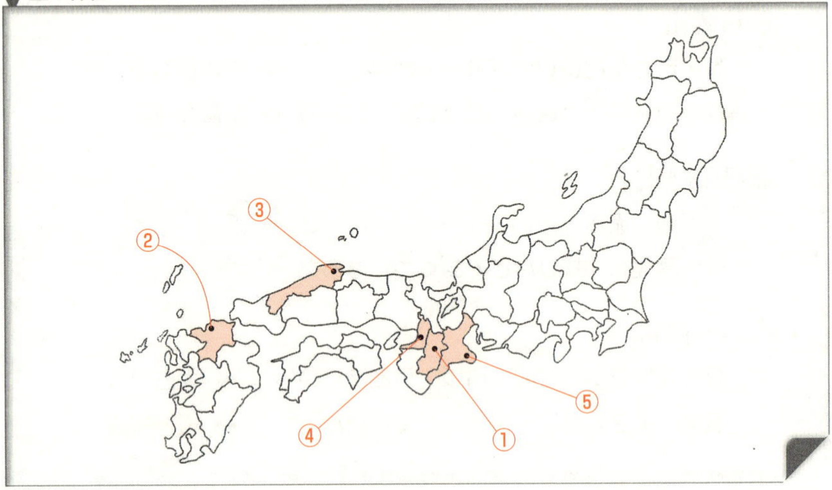

①大神神社（奈良県桜井市）　②宗像大社（福岡県宗像市）　③出雲大社（島根県出雲市）
④住吉大社（大阪府大阪市）　⑤伊勢神宮（三重県伊勢市）

今回はここまでです。お疲れさまでした。

古代(5)

第5回 飛鳥の朝廷と蘇我氏

いよいよ6世紀。古墳文化でいくと後期から終末期にかけて，という時期ですよ。

継体《けいたい》天皇の擁立《ようりつ》，磐井《いわい》の乱から，欽明《きんめい》天皇のときに，前回やった仏教公伝。そして，589年，隋《ずい》が中国を統一。久しぶりに中華帝国が現れる。

推古《すいこ》天皇のもとでの蘇我馬子《そがのうまこ》・厩戸王《うまやとおう》(聖徳太子《しょうとくたいし》)による国政改革と遣隋使《けんずいし》の派遣までをしっかり学習しましょう。

飛鳥の朝廷と蘇我氏

天皇：	武烈 →	継体天皇 →	欽明天皇 →	敏達・用明・崇峻天皇 →	推古天皇
大臣：			蘇我稲目	蘇我馬子	
大連：		大伴金村	物部尾輿	●物部守屋	
内政・外交：		磐井の乱	仏教公伝	崇峻暗殺	遣隋使

〈注〉●印は殺害された人物。

主要な天皇は継体・欽明・推古，そして厩戸王を確認してください。

〈注〉丸数字はこの系図内の即位順序。

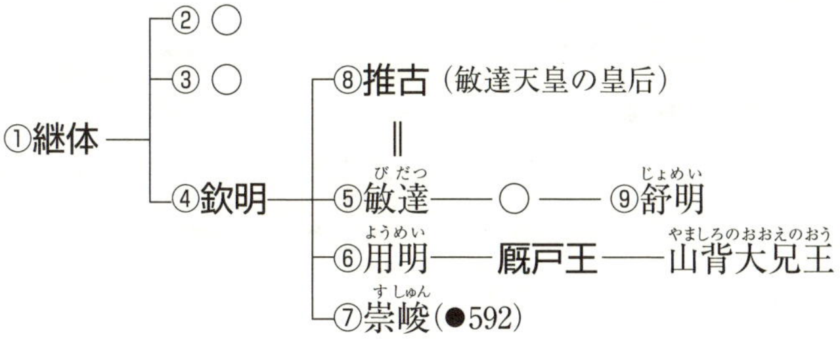

1 ヤマト政権の発展

講義ノート p.16 参照

応神王朝から継体王朝へ

5世紀は応神《おうじん》天皇の系統の天皇が続きます。応神・仁徳《にんとく》・履中《りちゅう》・反正《はんぜい》・允恭《いんぎょう》・安康《あんこう》・雄略《ゆうりゃく》から武烈《ぶれつ》天皇まで，ずっとつながるんですが，武烈であとがつながらなくなります。次の継体《けいたい》天皇は応神天皇の「五世《ごせい》孫」だといいます。ほとんど他人？ 男大迹王《おおどおう》という人物です。

継体天皇は，大王になる前は北陸方面にいたらしい。それを大連《おおむらじ》の**大伴金村**《おおとものかなむら》がかつぎ出し，長い戦争を勝ち抜いて大王の地位についたとされています。

東アジア情勢の変化

さて，この時代，朝鮮半島の情勢がキビシくなっています。**高句麗**《こうくり》が南下し，**新羅**《しらぎ》・**百済**《くだら》**を圧迫**しているんです。

そこで大伴金村は百済を援助するために，**ヤマト政権**が支配していたこの地域のうち，地図で斜線が引いてあるあたり，「**加耶**《かや》」西部を百済にあげちゃう。割譲《かつじょう》した。「**任那**《みまな》**四県割譲**」と呼ばれる出来事です。

^6世紀の朝鮮半島

百済の国力を補強して，朝鮮半島におけるヤマト政権の利権を確保しようとしたんでしょう。

百済からは，言わば日本との友好関係の印として**仏教**が伝えられる。あるいは**五経博士**《ごきょうはかせ》が送られてくる。

「五経博士」というのは百済の官職名です。「五経」というのは儒《じゅ》

教《きょう》の大事な教典で，

詩《し》経《きょう》・書《しょ》経《きょう》・礼《らい》記《き》・易《えき》経《きょう》・春《しゅん》秋《じゅう》

の5つを指します。五経博士というのは国立大学の哲学の先生といったところ。その先生が，日本に交代でやって来て儒教を教えた。その最初が513年で，段《だん》楊《よう》爾《に》という人。仏教伝来と同じパターンです。**新羅**・**高句麗**に対抗するために，**ヤマト政権**にサービスして，その援助《えんじょ》を引き出そうとしたんでしょうね。

磐井の乱

しかし，新羅の**加耶**への進出は結局，防げなかった。

ヤマト政権は軍隊を派遣して情勢を何とか回復しよう，新羅をやっつけようと，近江《おうみの》毛《け》野《ぬ》という人物が兵を率《ひき》いて九州まで行った。そして海を渡って朝鮮へ行こうと思ったら，527年，地元の豪族が反乱を起こしちゃった。

Q ヤマト政権の軍隊の朝鮮半島への進出を阻《そ》止《し》した，九州北部の豪族の反乱を何というか？
——**磐《いわ》井《い》の乱**

『**日本書紀**』によれば，筑紫国造《つくしのくにのみやつこ》磐井が，あろうことか，**新羅**からワイロをもらって乱を起こした。朝鮮半島に渡って戦争をする前に，地元の豪族が新羅と手を結んでいたんだね。

ここは，正誤問題の定番！

（×）　磐井は百済と結んでヤマト政権軍の……

（○）　磐井は新羅と結んでヤマト政権軍の……

ひっかからないようにね。

さて，『日本書紀』は８世紀にできた史書で，どこまで正確かは疑問ですが，九州北部で反乱が起こった。

あわてた**ヤマト政権**は，**大伴金村**・物部《もののべ》麁鹿火《あらかび》に軍隊を率いさせて鎮圧《ちんあつ》に向かわせた。そして翌年，なんとか磐井をやっつけます。

ハイ，この磐井の乱は何といっても大事件だ。そこで文字通り頻出。まず年号をしっかり覚える。**527年**。さらに，この事件は考古学にも関係があります。

Q 磐井の墓とされる，福岡県八女《やめ》市にある古墳は？

——**岩戸山《いわどやま》古墳**です。

この地域の後期の古墳には，**石人《せきじん》**・**石馬《せきば》**，つまり石で作った人間や馬が並んでいるんでしたよね(p.61)。

しかも，この岩戸山古墳は，**『風土記』**などの文献から磐井の墓だと推定できる。大事件の中心人物だから，入試で出ないはずがない。そこで，今でも石人はがんばってる(？)ので，こう覚える。

「石人は**いつ《5》に《2》な《7》**っても石のまま」

➡ **527年，磐井の乱**

さて，磐井の息子は，お父さんが反逆者として殺されたので，「ごめんちゃい」と言って，自分の支配地の一部を**屯倉《みやけ》**として**大王**に献上《けんじょう》したと言います。

教科書では「２年がかりで制圧し，九州北部に**屯倉**を設けた。……直轄領としての屯倉や，直属民としての**名代・子代**の部を各地に設けていった」と書かれています。このような地方豪族の反乱などを鎮圧しつつ，６世紀には大王の直轄地が各地に設定されていったというわけです。

加耶(任那)の滅亡

一方，朝鮮半島の情勢はその後どうなったか？

大伴金村の**加耶**《かや》西部(任那《みまな》四県)割譲《かつじょう》という施策《しさく》は何の効果もなかった。**新羅**《しらぎ》の進出を止めることもできず，責任を追及《ついきゅう》されて**金村は失脚**《しっきゃく》したとされています。

そして，残った加耶の東部は**562年**までに新羅の支配下に入ってしまった。要するに，**ヤマト政権**の利権は消滅してしまったのです。

ここで，朝鮮半島の情勢について，ちょっと先まで，新羅が半島統一するまでの流れを示しておきましょう(７世紀以降は次回のテーマです)。

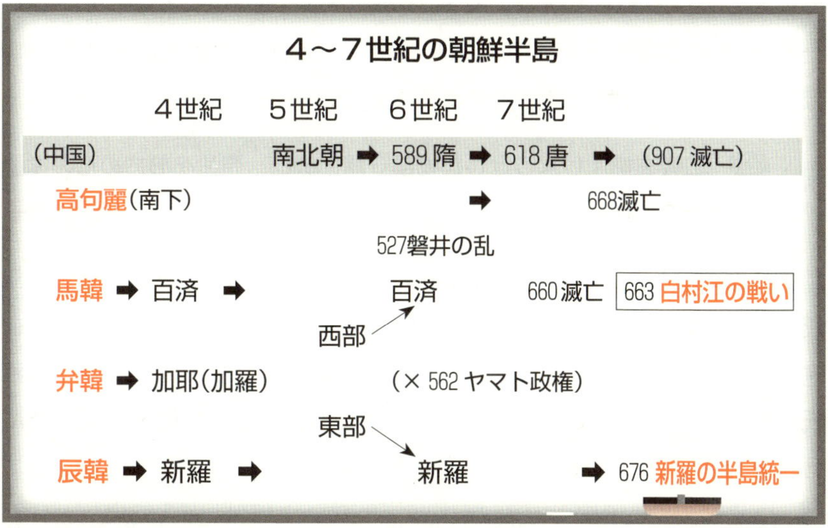

蘇我氏の台頭

大伴金村の失脚後，物部氏《もののべ》が大連《おおむらじ》として登場してきます。この大伴《おおとも》氏，物部氏というのは，**大王**を支える軍団，親衛隊《しんえいたい》の代表みたいなものですね。

Q これら連《むらじ》の系統に対して，6世紀に入って臣《おみ》の系統から台頭《たいとう》してきた氏族は何か？ ——**蘇我《そが》氏**です。

蘇我氏はやがて**ヤマト政権**の「**三蔵《さんぞう》**」，「斎蔵《いみくら》」・「内蔵《うちつくら》」・「大蔵《おおくら》」の3つの蔵，要するに財政をにぎり，渡来人《とらいじん》たちと結びつくとともに，稲《いな》目《め》，**馬子《うまこ》**などは積極的に**仏教**を受容《じゅよう》しています。

というわけで，蘇我氏は大連の物部氏と並んでヤマト政権を支える大《おお》臣《おみ》となり，**両者が勢力を争う**という構図になっていく。

さて，欽明《きんめい》天皇のときに**百済**の聖明王《せいめいおう》から仏像や経巻《けいかん》をもらって伝わった仏教を，「試《ため》しにちょっとお前信仰《しんこう》してみろ」と大王に言われたのが蘇我稲目《そがのいなめ》(p.82)。その稲目に対して，「ヘンなわけのわからないものを広めるのはやめましょう。日本の神様が怒りますよ」と言って対抗したのが**物部尾輿《もののべのおこし》**です。蘇我氏は崇仏《すうぶつ》派，物部氏・中臣《なかとみ》氏は排仏《はいぶつ》派と呼ばれますが，この対立は，両者の子の代で決着を見ます。

Q 仏教を排斥《はいせき》しようとした物部守屋と戦い，勝利をおさめたのは蘇我氏のだれか？ ——**蘇我馬子**

崇仏派の蘇我氏が勝って，物部氏は力を失います。馬子とともに物部氏をやっつけたのが**厩戸王《うまやとおう》**(聖徳太子)です。この結果，蘇我氏は大王を完全にコントロールする力を得て，全権をにぎってしまう。これが**蘇我氏の専横《せんおう》**というやつです。このへんはいいよね。そして最後には，なんと自分たちで立てた天皇を殺しちゃう。

Q 蘇我馬子によって擁立《ようりつ》され，やがて殺されてしまった天皇の名は？ ——**崇峻《すしゅん》天皇**

蘇我馬子による崇峻天皇の暗殺事件です。馬子は自分の娘の夫で稲目の孫にあたる崇峻天皇を殺してしまった。そのあと，さすがに蘇我氏も困ったんでしょう。男たちでは争いが絶《た》えないから，女帝でいこうというので，次は欽明《きんめい》天皇の娘，敏達《びだつ》天皇の皇后だった**推古天皇**《すいこ》を立てた。

系図で確かめておこう。

欽明天皇の子，用明・推古天皇の母は蘇我稲目の娘(堅塩媛《きたしひめ》)。崇峻天皇の母も蘇我稲目の娘(小姉君《おあねぎみ》)です。稲目は用明・崇峻・推古の外祖父《がいそふ》(母方の祖父)ということになります。そして，用明天皇の子，厩戸王の母は蘇我稲目の孫《まご》(穴穂部間人皇女《あなほべのはしひとのひめみこ》)です。厩戸王の子，山背大兄王《やましろのおおえのおう》の母は蘇我馬子の娘ですよ。

天皇と蘇我氏

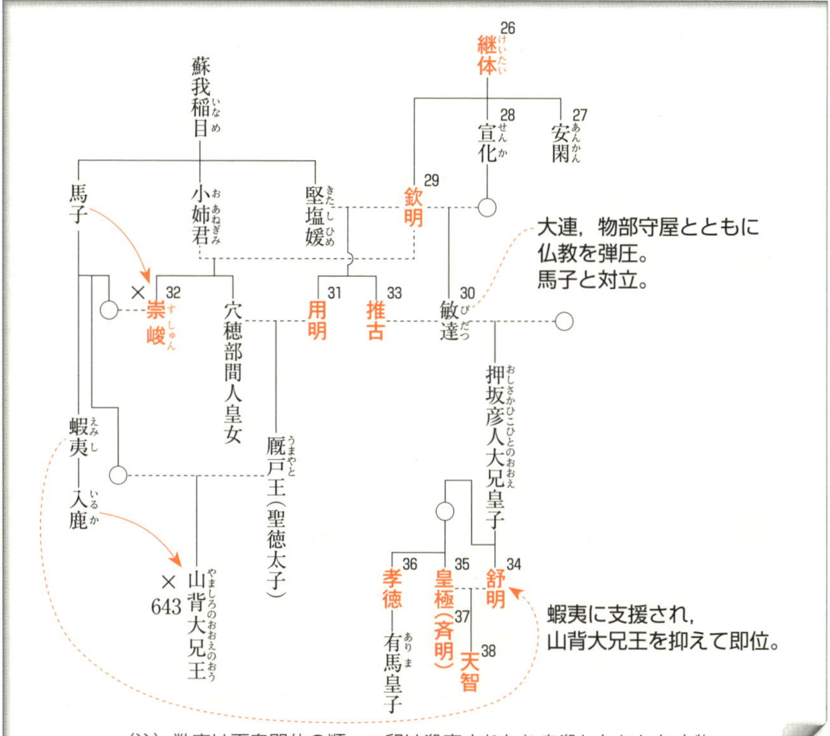

〈注〉数字は天皇即位の順。×印は殺害されたり自殺したりした人物。

2 推古朝

講義ノート p.17 参照

推古《すいこ》天皇の政治を支えたのは，**蘇我馬子**と**厩戸王**(聖徳太子)です。

冠位十二階の制

国制の改革にあたって，新しい制度が導入《どうにゅう》されます。それまでは，朝廷の役人たちは豪族単位で職務が限定された世襲《せしゅう》制がとられてきましたが，それでは限界があるということで，**大王**(天皇)から見て，豪族の個人にランクをつけていく。**氏**を単位とするのではなく，**個人個人を大王から見て順位づけしよう**としたのが，**冠位《かんい》十二階《かい》**ですね。

冠位十二階は，上から，

徳《とく》・仁《じん》・礼《れい》・信《しん》・義《ぎ》・智《ち》

の6段階。各々に大・小，大・小をつけて大徳・小徳・大仁・小仁……と，6×2で計12ランクです。これが律令制の位階《いかい》への第一歩となります。

徳《とく》・仁《じん》・礼《れい》・信《しん》・義《ぎ》・智《ち》
「とく・じん・れい・しん・ぎ・ち」
「とく・じん・れい・しん・ぎ・ち」

ともかく，繰り返して，音で覚えてしまう。

Q 『日本書紀』では遣隋使で有名な小野妹子の冠位を「大礼」としているが，「冠位十二階」ではこの「大礼」は上から何番目？

―― **5番目**

大徳・小徳・大仁・小仁・大礼で，５番目。

憲法十七条を制定

さらに**604年**，「これから国はこうやっていくよ」という基本方針を示します。これが**憲法十七条**。これは法律とはいえ，義務とか罰則《ばっそく》とかは何も書いてありません。

ちょっと史料を見てみましょう。

史料　10　憲法十七条／『日本書紀』

皇太子《こうたいし》，親《みずか》ら肇《はじ》めて**憲法《けんぽう》十七条《じょう》**を作《つく》る。
聖徳太子が自分で憲法十七条を作られた。

一に曰《いわ》く，和《わ》を以《もっ》て貴《たっと》しと為《な》し，忤《さか》らふこと無《な》きを宗《むね》と為《せ》よ。……
第１条は，和をだいじにし，争うことがないようにせよ。

二に曰《いわ》く，篤《あつ》く**三宝《さんぼう》**を敬《うやま》へ。三宝《さんぼう》とは**仏《ぶつ》**・**法《ぼう》**・**僧《そう》**なり。……
第２条，仏教を尊重せよ。三宝とは仏と法と僧である。

三に曰《いわ》く，詔《みことのり》を承《うけたま》はりては必《かなら》ず謹《つつ》しめ。君《きみ》をば則《すなわ》ち天《あめ》とす，臣《しん》をば則《すなわ》ち地《つち》とす。……
第３条，天皇の命令が出たらこれを謹んで尊重せよ。天皇は天であり，臣下は地である。

憲法十七条。「皇太子，親《みずか》ら肇《はじ》めて憲法十七条を作る」と。これが「憲法」という言葉の語源です。日本国憲法とかね。そして17という数字は後《のち》に聖なる数字として扱われ，×３で北条《ほうじょう》泰時《やすとき》，「**御成敗式目《ごせいばいしきもく》**」の五十一か条。**足利尊氏《あしかがたかうじ》**の「**建武式目《けんむしきもく》**」も十七か条です。

さて，十七条を全部覚える必要はありません。「一に曰《いわ》く，和を以《もっ》て貴《たっと》しと為《な》し」——ケンカしないで仲良くしろよ。こんなの小学校の生活目標だよ。

「二に曰く，篤《あつ》く三宝《さんぼう》を敬え」——三宝というのは仏《ぶつ》・法《ぼう》・僧《そう》。**仏教**

をちゃんと敬《うやま》いなさい。

「三に曰く，詔《みことのり》を承《うけたま》はりては必ず謹しめ」――「詔」，天皇の命令が出たら，みんなでちゃんと守りなさい。と，こういうふうになっています。史料としてはこのあたりまででイイ。

他には，国司《こくし》や**国造**《くにのみやつこ》といった地方の支配者は，百姓をいじめるな。「国に二《ふたり》の君《きみ》」なし――国には支配者は２人いない。「民《たみ》に両《ふたり》の主《あるじ》なし」――天皇が一番偉《えら》いんだよ，と。要するに，動揺《どうよう》してしまった**大王**，**天皇の地位を確立していこう**という姿勢《しせい》が一貫《いっかん》して出てきます。

それから，**仏教**を取り入れていくことが示されている。**権利や義務とか，刑罰を決めたものではない**。これが**憲法十七条**の特徴です。

604
「**群れ寄**(むれよ)る民《たみ》に 17 条」
＊17 × 3 = 51…御成敗式目は 51 ヵ条

➡ **604 年，憲法十七条**

ついでに，前年，603 年が**冠位十二階**。これはゴロなしで，憲法十七条の前年で覚えてしまうこと。

もう一度，冠位十二階と憲法十七条の意味を確認しておきましょう。

ヤマト政権（氏姓制度） ➡ **律令国家**（官僚制度）

大王
＊豪族が氏を単位として大王に奉仕。

天皇
＊豪族が個人として，官僚として天皇の支配を支える。

「冠位十二階」 ➡ **位階制**
（「官僚」とは位階を有する者）

「憲法十七条」 ➡ **官僚としての心構え**

冠位は律令制の位階制度，最終的には 30 段階への第一歩です。個人の功績《こうせき》・能力に応じて天皇から与えられるもので，その人が属する「氏」の大小，ランクによるものではありません。憲法十七条は，氏としてではなく，官僚としての心構えを具体的に指示するものだったということです。

歴史書の編纂

Q 厩戸王（聖徳太子）が馬子とともに編纂《へんさん》したとされる歴史書を２つあげなさい。
――『**天皇記**《てんのうき》』，『**国記**《こっき》』

欽明《きんめい》朝ごろ成立していた歴史書は「帝紀《ていき》」・「旧辞《きゅうじ》」ですが，あらためて２人が編纂した歴史書がこの２つです。ただ，この『天皇記』・『国記』は 645 年の**大化改新**《たいかのかいしん》のクーデターのときに焼けてしまったと言われており，まったく残っていません。

遣隋使

さて次に推古朝の外交。もちろん**遣隋使**《けんずいし》がメインテーマ。**589 年**に中国を統一した**隋**にどう対処するか。

このころ，隋は，かつて漢の時代の支配地であり，その後失われた朝鮮半島のつけ根の領域を取り戻そうというので，**高句麗**《こうくり》との大戦争を始めています。そこで再び東アジアに緊張《きんちょう》が走っている。

中国の正史，『隋書』によれば，日本政府は早速，**600 年**に遣隋使を派遣《はけん》しています。『隋書』ですよ。当然，日本側にも派遣の記事があるのがフツーでしょうが，『**日本書紀**』には記事がナイ！　そこで詳《くわ》しくはわからないのが 600 年の遣隋使です。

史料　11-(1)　遣隋使(1)／『隋書』倭国伝

開皇《かいこう》二十年《ねん》，倭王姓《わおうせい》は阿毎《あめ》，字《あざな》は多利思比孤《たり(ら)しひこ》，阿輩鶏彌《おおきみ》
西暦 600 年，倭の王，姓は阿毎(アメ)，字は多利思比孤が使者を皇帝のもとに

と号《ごう》す。使《つかい》を遣《つかわ》して闕《けつ》に詣《いた》る。上《かみ(しょう)》，所司《しょし》をして其《そ》の風俗《ふうぞく》を
派遣してきた。文帝は役人に命じて，倭の風俗などに

訪《と》はしむ。……
ついて尋ねさせた。

「開皇《かいこう》二十年」，つまり 600 年に，「倭王姓《わおうせい》は阿毎《あめ》，字《あざな》は多利思比孤《たり(ら)しひこ》」――倭王が使いを送って来た。「阿毎」，「多利思比孤」は天皇(**大王**)と考えておくしかない。

「闕《けつ》」は日本で言えば皇居。**隋**の都，皇帝のもとへ，ということです。隋の初代文帝《ぶんてい》のもとに使いが派遣された。

「上《かみ》」は皇帝，すなわちその文帝です。文帝は役人に日本の様子を尋《たず》ねさせた。日本からの使いはまともに答えられなかったらしい。

日本側にはその記録がないので，詳しくはわかりません。このときの倭王，倭の支配者は**推古《すいこ》天皇**ですけどね。使者の名もよくわからないし，書いてあるのはただこれだけ。

次が，**607 年**の**遣隋使**です。

Q 607 年，遣隋使として中国に渡ったのはだれか？

――**小野妹子《おののいもこ》**

11-(2)　遣隋使(2)／『隋書』倭国伝

大業《たいぎょう》三年，其《そ》の王《おう》多利思比孤《たりしひこ》，使《つかい》を遣《つかわ》して朝貢《ちょうこう》す。……
607年，　倭の王，多利思比孤が使者を派遣し，朝貢してきた。

其《そ》の国書《こくしょ》に曰《いわ》く，「日《ひ》出《い》づる処《ところ》の天子《てんし》，書《しょ》を日没《ひぼつ》する処《ところ》の天子《てんし》に
その国書には，「太陽の出る所に住む天子から，太陽の沈む所に住む天子に手紙を出します。

致《いた》す，恙無《つつがな》きや云々《うんぬん》」と。帝《てい》，之《これ》を覧《み》て悦《よろこ》ばず，鴻臚卿《こうろけい》に謂《い》ひて曰《いわ》く，
お元気ですか」とあった。　煬帝はこれを見て不快になった。外交の担当者に，

「蛮夷《ばんい》の書《しょ》，無礼《ぶれい》なる者有《ものあ》り，復《ま》た以《もっ》て聞《ぶん》する勿《なか》れ」と。明年《みょうねん》，
蛮夷のこの手紙は無礼だ，二度とこんな手紙を受けとるなと命じた。　（しかし）翌年，

上《かみ》，文林郎裴清《ぶんりんろうはいせい》を遣《つかわ》して倭国《わこく》に使《つかい》せしむ。
煬帝は文林郎裴世清を使者として倭国に派遣した。

「大業《たいぎょう》三年，其《そ》の王多利思比孤《たりしひこ》，使を遣《つかわ》して朝貢《ちょうこう》す」――これまた「たりしひこ」ですが，倭の王が朝貢してきた。ところが，「其の国書に曰《いわ》く」――小野妹子が持って行った日本側からの手紙に，「日出《い》づる処《ところ》の**天子**，書を日没《ぼつ》する処の**天子**」――「日出づる処」というのは東側だから，日本の天子が手紙を「日没する」，西側の天子すなわち隋の皇帝にあてると書いてあった。さて，ここで，

Q 「日没する処の天子」と書かれている隋の皇帝はだれか？　――煬帝《ようだい》

この天子は文帝じゃなくて，文帝から皇帝の位を奪《うば》った**煬帝**です。問題は，私が「天子」ならあんたも「天子」という，いわゆるため口をきいたというやつです。要するに，それまでは奴隷《どれい》を献上《けんじょう》したり，ものを持っていったり，朝貢《ちょうこう》外交だったのに，対等《たいとう》の姿勢《しせい》を示した。

そこで「帝《てい》，之《これ》を覧《み》て悦《よろこ》ばず」――怒った，「オノレ，野蛮《やばん》人が」と。「鴻臚卿《こうろけい》」，すなわち隋の外交担当者に「謂《い》ひて曰く」――こう煬帝は言った。「蛮夷《ばんい》の書，無礼《ぶれい》」――野蛮人が，えらい無礼な，**対等**のため口を

ききやがったと。「復《ま》た以《もっ》て聞《ぶん》する勿《なか》れ」——二度とこんな手紙を受け取るんじゃない，と怒った。そこで怒って，小野妹子《おののいもこ》が殺されれば，チャン・チャン！と終わるところです。

ところが隋は当時，**高句麗**との戦争で大変苦しんでいる。高句麗は強い。「ちきしょう，次は見ていろ」といって，全力をあげて高句麗との次の戦争に備《そな》えているところへ，倭から「よう，元気？」なんていう対等の手紙がきちゃったもんだから，カッとなって怒ったんだけれど，ここで日本まで敵に回して，高句麗，日本，**新羅**，**百済**がみんな一致《いっち》して，「隋は許さん」なんて言い出すとやっかいなので，翌**608年**，とりあえずちゃんとお返事のために，答礼使《とうれいし》(答えをするための使節)を小野妹子につけて日本に派遣してきました。

Q　608年，答礼使として小野妹子に伴《ともな》って来日した隋の使者の名は？
——**裴世清《はいせいせい》**

× 斐　○ 裴

史料には「裴清」と書いてありますが，裴世清です。字をまちがえないように。

さて，小野妹子にくっついてきた裴世清が帰ることになったとき，小野妹子にもう1回行ってこいということになりました。そこで再び小野妹子は隋に行きます。そこで，もう1つ史料。

史料 12 遣隋使(3)／『日本書紀』

(推古天皇《すいこてんのう》十六年)九月辛巳《しんし》。唐客《とうきゃく》**裴世清**《はいせいせい》罷《まか》り帰《かえ》る。則《すなわ》ち復《ま》た
608年9月，中国から来た裴世清が帰国した。そこでもう一度，

小野妹子《おののいもこ》臣《おみ》を以《もっ》て大使《たいし》と為《な》し……唐客《とうきゃく》に副《そ》へて遣《つかわ》す。……
小野妹子を大使として，これにそえて派遣することとなった。

其《そ》の辞《じ》に曰《いわ》く，「東《ひがし》の天皇敬《てんのうけい》して西《にし》の皇帝《こうてい》に白《もう》す……」と。
妹子の持っていった国書には，「東の天皇から西の皇帝に手紙を差し上げます」とあった。

是《こ》の時《とき》に，唐《とう》の国《くに》に遣《つか》はすは学生《がくしょう》倭漢直福因《やまとのあやのあたいふくいん》・奈羅訳語《ならのおさ》
この時に，…………ら8人が留学生，学問僧として隋に渡った。

恵明《えみょう》・高向漢人玄理《たかむこのあやひとげんり》・新漢人大圀《いまきのあやひとおおくに》，学問僧《がくもんそう》新漢人日文《いまきのあやひとにちもん》・南淵《みなぶちの》
漢人請安《あやひとしょうあん》・志賀漢人慧隠《しがのあやひとえおん》・新漢人広済《いまきのあやひとこうさい》等《ら》，幷《あわせ》て八人《にん》なり。

こちらは『**日本書紀**』ですが，**608年**，「唐客《とうきゃく》裴世清《はいせいせい》罷《まか》り帰る」――要するに日本へ来た裴世清が帰る。また，小野妹子《おののいもこ》がそれを送っていくことになった。

「唐客に副《そ》へて遣《つかわ》す」――「**唐**」とありますが，『日本書紀』の記事ですから，イイカゲン。この場合は“唐＝中国”と考えてください。もちろん王朝は**隋**ですよ。

さて，またここで「日出《い》づる処《ところ》の天子」とやると，今度は本当に小野妹子の命が危ないね。また，ため口をききやがったということになる。しょうがないから，今度は「東の天皇敬《けい》して西の皇帝に」お手紙を差し上げます，ということにした。

Q このとき，小野妹子とともに留学生として隋に渡り，のちに国政改革に影響を与えた人物を3名あげなさい。

――**高向玄理**《たかむこのげんり》，**僧旻**《そうみん》，**南淵請安**《みなぶちのしょうあん》

このとき，留学生《るがくしょう》，学問僧として8人が隋に向かいますが，ここで

大化改新の前後に活躍《かつやく》する３人の名前が重要です。

まず，高向玄理，次に「日文《にちもん》」というのは，日と文をいっしょにすると旻《みん》という字になるので，僧旻，それから南淵請安。彼らが行った後，まもなく**隋**が滅《ほろ》んでしまって**唐**が興《おこ》ります。その後，彼らは日本へ帰ってきて，中大兄《なかのおおえの》皇子《みこ》たちに中国情勢を教えることになります。

なお，難関私大だと，「留学生」が高向玄理，「留学僧」が旻と南淵請安という区別まで聞いてくる場合があります。

さて，**遣隋使**としてもう１人名前を覚えておいてください。小野妹子で終わりじゃない。614 年にも遣隋使が送られています。

Q 614 年に遣隋使として隋に派遣されたのはだれか？

——**犬上《いぬかみの》御田鍬《みたすき》**

犬上御田鍬は，のちに **630 年**，**第１回遣唐使**も務《つと》めることになります。隋は高句麗遠征に失敗して農民反乱が起こり，煬帝《ようだい》は殺され，**618 年**，隋は滅んで唐が興ります。

古代(6)

第6回 律令体制の成立

今回は，ヤマト政権から律令国家への転換について学習します。

おなじみの大化改新から白村江《はくそんこう》の戦い，そして壬申《じんしん》の乱。天武《てんむ》・持統朝《じとうちょう》。中国，唐に対抗して，日本にも律令法と都城制《とじょうせい》が導入されていきます。694 年の藤原京遷都，701 年の大宝律令の成立までの過程です。

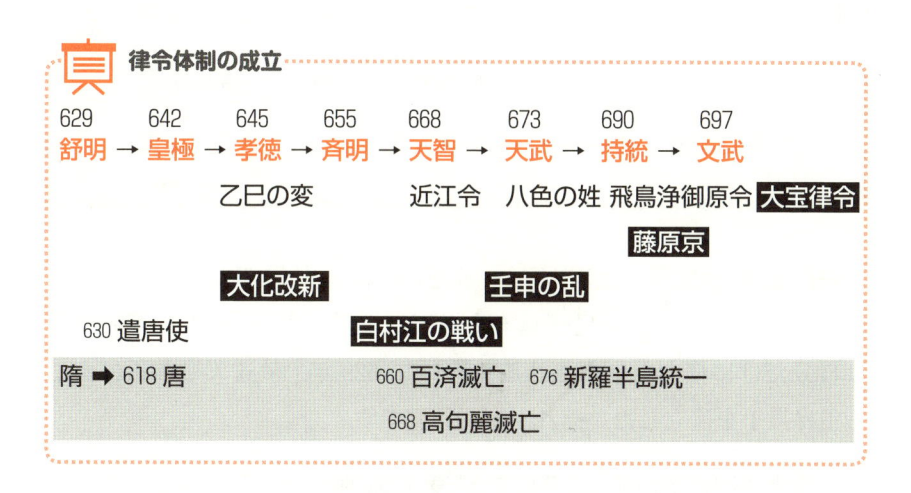

律令体制の成立

629 舒明 → 642 皇極 → 645 孝徳 → 655 斉明 → 668 天智 → 673 天武 → 690 持統 → 697 文武

乙巳の変　近江令　八色の姓　飛鳥浄御原令　**大宝律令**

藤原京

大化改新　**壬申の乱**

630 遣唐使　**白村江の戦い**

隋 ➡ 618 唐　660 百済滅亡　676 新羅半島統一

668 高句麗滅亡

東アジア，中国に久しぶりに強力な統一王朝が現れ，新羅が朝鮮半島統一を成し遂《と》げる。まさに激動期です。

1 大化改新と天智朝

講義ノート p.18 参照

さて，7世紀。推古《すいこ》朝，**厩戸王《うまやとおう》**と**蘇我馬子《そがのうまこ》**がこれを支えて国政改革が進む。一方，**大陸では隋《ずい》が滅亡し，618年，唐《とう》が登場。**

そんな中で，政府中枢《ちゅうすう》があいついで死んでしまいます。厩戸王，蘇我馬子，そして**推古天皇**が死んじゃう。さて，次の天皇をどうするか？

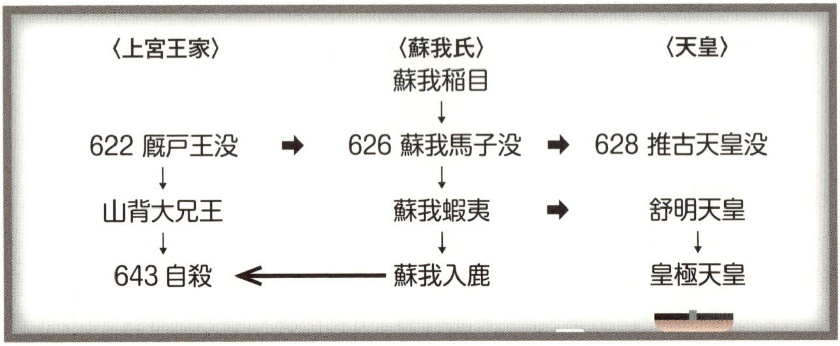

厩戸王(**聖徳太子**・**上宮太子**)一族を「上宮王家《じょうぐうおうけ》」と呼びますが，その後継者，息子の山背大兄王《やましろのおおえのおう》は有力な天皇候補です。しかし，蘇我蝦夷《そがのえみし》は自分だけに権力を集中させるために，629年，敏達《びだつ》天皇の孫にあたる田村皇子を擁立《ようりつ》した。それが**舒明《じょめい》天皇**です。

Q 舒明天皇が翌630年に送った第1回の遣唐使は？

——**犬上御田鍬《いぬかみのみたすき》**

ついでに，この舒明天皇の皇后が，次の天皇，**皇極《こうぎょく》天皇**です。皇極天皇は敏達天皇の曾孫《そうそん》《ひまご》にあたります。このあたり，系図で確かめておく(p.120)。ついでに，蘇我氏の主流(本宗家)の順番，稲目→馬子→蝦夷→入鹿もしっかり復習しておこう。

乙巳の変

さて，そんな状況のところへ**留学生・学問僧たちが帰ってきます**。高《たか》向玄理《むこのげんり》・南淵請安《みなぶちのしょうあん》・旻《みん》など，**隋**の滅亡や**唐**の国力の充実を実感してきた連中です。制度が整い，軍事組織もしっかりしている中国の具体的情報を，留学生や学問僧が日本に伝えることになります。日本も「このままじゃだめだ」ということになる。

国政改革を進めて，強い中央集権国家にしよう，「行け」といったら国全体がザッと動くような，強い国家にしよう。そのためにはどうしても**蘇我氏の本家はつぶしておかなきゃ抜本的《ばっぽんてき》な改革はできない**。蘇我氏が天皇をコントロールする古い体制を打破《だは》するために，王族，天皇を中心とする政権を確立しようということになる。

その結果起こったのが，**645**年の「**乙巳《いっし》の変**」と呼ばれるクーデター。**中大兄皇子《なかのおおえのみこ》**，**中臣鎌足《なかとみのかまたり》**たちが起こした「**大化改新《たいかのかいしん》**」と呼ばれる国政改革の出発点となった政変です。

Q 乙巳の変で中大兄皇子，中臣鎌足らが暗殺したのはだれか？

——**蘇我入鹿《いるか》**

これが当時の大臣《おおおみ》。さらに引退していたその父親の**蝦夷《えみし》**も自殺に追い込んだ。父親は自宅をとり囲まれ，その後で自殺しています。

大化改新

このときの天皇は女帝，皇極《こうぎょく》天皇ですが，中大兄皇子らは新しい天皇を立てます。それが**孝徳《こうとく》天皇**です。孝徳は軽皇子《かるのみこ》といって皇極天皇の弟。中大兄皇子らに協力的だったので，とりあえず天皇として立て，中大兄皇子本人は皇太子《こうたいし》ということになります。では，

Q 大化改新で左大臣《さだいじん》となったのはだれか？　——**阿倍内麻呂《あべのうちまろ》**

さあ，この阿倍内麻呂の“倍”の字を○で囲っておいてください。

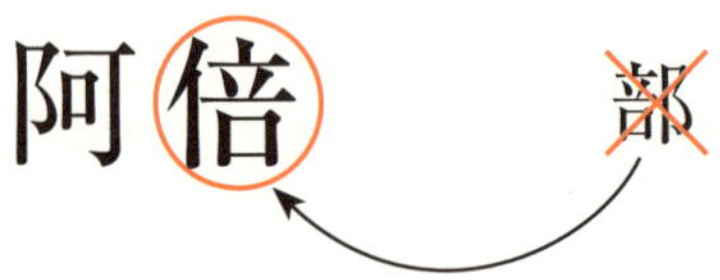

阿部と書いたら×だよ。いいですか。これはニンベンだからね。

そこで続き。左大臣の次に偉《えら》いのが右大臣《うだいじん》。では，

Q 右大臣に任ぜられたのはだれか？　——**蘇我倉山田石川麻呂《そがくらやまだのいしかわまろ》**

すなわち**蘇我氏が全部いなくなったわけじゃない**。本家がいなくなる。蘇我氏の中でも**中大兄皇子**たちに協力的な連中は，この倉山田石川麻呂のように，新政府に入ってきます。

ただし，蘇我倉山田石川麻呂は，その後まもなく謀反《むほん》の疑い，つまり国をひっくりかえそうとしているという疑いをかけられて，死んでしまいます。後で，無実の罪だったということになって，名誉《めいよ》は回復するんですが，死んだ後だから手遅れでした。

その蘇我倉山田石川麻呂が建てた寺が**山田寺《やまだでら》**です。大事ですよ。

この山田寺の本尊はその後，興福寺《こうふくじ》に移り，頭部だけが現存します。この「**興福寺仏頭《ぶっとう》**」は入試でも頻出です。

次が**内臣《うちつおみ》**，これが**中臣鎌足《なかとみのかまたり》**です。では，最後に，

Q 政府の顧問《こもん》にあたる国博士《くにのはかせ》になったのはだれとだれか？
——**高向玄理《たかむこのげんり》**，**僧旻《そうみん》**

これが先ほど言った，**隋**・**唐**を見て帰ってきた高向玄理，それから僧旻。この僧旻の「僧」はなくてもいいですよ。お坊さんの旻という意味だから。やったね，史料のチェックで(p.104)。日文と書いてあった人だね。

ただしやっかいなのは，中大兄皇子たちに新知識を教えた中心人物である**南淵請安《みなぶちのしょうあん》**は，このとき**政府の中には入っていません**。

大化改新の新政府

皇極《こうぎょく》天皇 ➡ 孝徳《こうとく》天皇
飛鳥《あすか》(板蓋《いたぶきの》)宮《みや》 ➡ 難波宮《なにわのみや》
　皇太子…中大兄皇子《なかのおおえのみこ》
　左大臣…阿倍内麻呂《あべのうちまろ》　×阿部　×安倍
　右大臣…蘇我倉山田石川麻呂《そがくらやまだのいしかわまろ》　649 謀反の疑いで死 → 無実 → 山田寺
　内　臣《うちつおみ》…中臣鎌足《なかとみのかまたり》
　国博士《くにのはかせ》…僧旻《そうみん》・高向玄理《たかむこのげんり》　←南淵請安は入っていない！

元号の採用と遷都

こうやって発足した政府は，「大化《たいか》」という元号を採用します。元号というのは，天子の統治《とうち》の徳《とく》を讃《たた》えるためのめでたい言葉で年を数えようというもの。現在でいうと，「平成」にあたる。中国にある元号を日本でも使おうというので，はじめて大化元年という年の数え方をした。

そして**大王《おおきみ》**の宮も移《うつ》します。いまの大坂城のすぐ横のあたり。**難波宮《なにわのみや》**です。ていねいに言うと，**難波長柄豊碕宮《なにわながらとよさきのみや》**。入試で書かされた場合は「難波宮《なにわのみや》」と略称で書いておけば○です。

<< **難波宮跡（大阪府）**
大化改新で孝徳天皇が遷都した都。大坂城の南隣にあり，1954 年から発掘調査中。

改新の詔

ここまでは **645 年**。翌年正月，政府の基本的な方針を発表します。天皇の言葉を「詔《みことのり》」とか「勅《ちょく》」とかいいますが，これが有名な「**改新《かいしん》の詔《みことのり》**」。これは基本史料中の基本史料。4 項目から成《な》っています。

公地公民制の実施

史料　13-(1)　改新の詔(1)／『日本書紀』

其《そ》の一に曰《いわ》く，昔在《むかし》の天皇《てんのう》等《ら》の立《た》てたまへる**子代《こしろ》**の民《たみ》，
第 1 条，以前から天皇（大王）が設けていた子代の民や屯倉，

処々《ところどころ》の**屯倉《みやけ》**及《およ》び別《こと》には臣《おみ》・連《むらじ》・伴造《とものみやつこ》・国造《くにのみやつこ》・村首《むらのおびと》の
そして豪族である臣・連……………たちの所有する部曲，田荘を廃止

所有《たもて》る**部曲《かきべ》**の民《たみ》，処々《ところどころ》の**田荘《たどころ》**を罷《や》めよ。仍《よ》りて**食封《じきふ》**を大夫《まえつきみ》
する。　その代わりに食封を

より以上《いじょう》に賜《たま》ふこと各《おのおの》差《しな》あらむ。……
その地位に応じて大夫たちに与える。

「其《そ》の一に曰《いわ》く」，まず第一条。「**子代《こしろ》**」・「**名代《なしろ》**」――大王《おおきみ》家の私有民，そして「**屯倉《みやけ》**」――大王家が持っている私有地，そういう土地や人間を私有する体制をやめましょう。あるいは豪族たちの私有民である「**部曲《かきべ》**」，私有地である「**田荘《たどころ》**」，これをやめましょう，と。

そして代わりに「**食封《じきふ》**」，これは要するに，いまでいうと給料。その代わりにちゃんと給料は支給しますよ。ということで，**私地私民制《しちしみんせい》をやめて公地公民制《こうちこうみんせい》に移行しよう**とするものです。

13-⑵　改新の詔⑵／『日本書紀』

其《そ》の二に曰《いわ》く，初《はじ》めて京師《みさと》を修《おさ》め，畿内《きない》・国司《くにのみこともち》・郡司《こおりのみやつこ》・
第２条，都城制を採用する。　　畿内，国司，郡司……………
関塞《せきそこ》・斥候《うかみ》・防人《さきもり》・駅馬《はゆま》・伝馬《つたわりうま》を置《お》き，及《およ》び鈴契《すずしるし》を造《つく》り，山河《やまかわ》
などの制度を整え，交通制度を創設し鈴契を造れ。
を定《さだ》めよ。……

中央集権的行政組織の整備

次に，「其《そ》の二に曰《いわ》く，初《はじ》めて京師《みさと》を修《おさ》め」――これはちゃんとした**首都を作ろう**，都を作りましょう。これも中国にはそういうちゃんとした首都があるから。それまで，**大王《おおきみ》**は転々と住居を替《か》えていた。

そして「畿内《きない》・国司《くにのみこともち》・郡司《こおりのみやつこ》・関塞《せきそこ》・斥候《うかみ》・防人《さきもり》・駅馬《はゆま》・伝馬《つたわりうま》を置《お》き，及《およ》び鈴契《すずしるし》を造《つく》り，山河《やまかわ》を定《さだ》めよ」――これは**地方行政区画を整えていきましょう**ということ。

評から郡へ

ところで，いま見たように，

「其《そ》の二に曰《いわ》く，初《はじ》めて京師《みさと》を修《おさ》め，畿内《きない》・国司《くにのみこともち》・郡司《こおりのみやつこ》・関塞《せきそこ》……」

とありますが，ここの「郡司」の「郡」はおかしい。誤りじゃないかという疑問がもたれています。

あとでやりますが，中国の都城《とじょう》に対して，日本で最初に成立した都城は，694 年の**藤原京《ふじわらきょう》**です。その藤原京から，710 年には**平城京《へいじょうきょう》**に移

ります。

694 藤原京………………701（大宝律令）……710 平城京

646 改新の詔　国・**評**・里 ➡ 国・**郡**・里　720 日本書紀

そこで，**藤原京**は 694 年から 710 年に**平城京**に移るまで都城，都だったのだけれども，その発掘調査で大量の木簡《もっかん》が出てきた。**木簡**の中に荷《に》札《ふだ》のようなものがあって，**701 年以前は「評」，以後は「郡」の字が使われていたことがわかった。**

すなわち，701 年の**大宝律令**《たいほうりつりょう》での地方行政区画は「国・郡・里」なんですが，それ以前は「国・評・里」だった。だから，『日本書紀』に載っている「改新の詔」（646 年）の条文の「国司・郡司」はおかしい，「国司・評司」とあるべきで，これは原文そのものではない可能性が高いんじゃないかと考えられているわけです。

さて，次にいきましょう。

13-⑶　改新の詔⑶ / 『日本書紀』

其《そ》の三に曰《いわ》く，初《はじ》めて**戸籍**《こせき》・**計帳**《けいちょう》・**班田収授**《はんでんしゅうじゅ》の法《ほう》を造《つく》れ。……

第３条，　戸籍・計帳を整えて班田収授の法を確立せよ。

戸籍・計帳・班田収授法

続き。「其《そ》の三に曰《いわ》く」，初めて「**戸籍**《こせき》」を作って，一体，この日本に人間が何人いるかをちゃんと把握《はあく》しよう，と。で，戸籍を作って，まず，近代的にいうと**国民１人１人をちゃんと国家が把握しよう。**

ということは，それ以前は，**ヤマト政権**は一体この国土に人間が何人いるか，何もわからなかったんだ。戦争だというときに，国全体から兵士を何人集めることができるかもわからない。

そこで**戸籍**を作り，それに基づいて「**計帳**《けいちょう》」を作ろう。国民が一定の年齢に達したら「班田《はんでん》」，つまり田んぼをあげる。死んだらその田んぼはまた国のものに戻す。「収授《しゅうじゅ》」することにせよ。

ちょっと注意しておくのは，「……の法を造れ」だから，できたんじゃない。**方針を示した**ということ。

> **13-(4) 改新の詔(4)／『日本書紀』**
>
> 其《そ》の四に曰《いわ》く，旧《もと》の賦役《えつき》を罷《や》めて，田《た》の調《みつぎ》を行《おこな》へ。……
> 第４条，旧来の税制を廃止し，田の調を徴収することとせよ。

新税制の施行

「其《そ》の四」。「旧《もと》の賦役《えつき》」，豪族や**大王**が個々バラバラにとっていたような古い税はやめて，国民に一定の基準で与えた田に対して統一した税を国として徴収《ちょうしゅう》しよう。

「田の調《みつぎ》」，**田地に対する一定の税をちゃんと課していこう**ということです。もちろん，これも目標を示したものです。すぐに税制が一新されたわけではありません。

東北経営（蝦夷征討）

さて改新政府は「**改新の詔**」の翌年，647年から東北地方に軍人を派遣し，支配地を広げていきます。いわゆる東北経営に着手します。そこで，

Q 大化改新の直後，東北経営のために，647年，648年に築《きず》かれた軍事的な拠点《きょてん》の名を２つあげなさい。

——**渟足柵**《ぬたりのさく》(き)(647年)，**磐舟柵**《いわふねのさく》(き)(648年)

これらはいずれも新潟あたりに築いた城柵《じょうさく》です。

では，下の地図を１つ見てもらいましょう。

まずランドマークというか，地図で絶対覚えておくのが，佐渡島《さどがしま》。向かい側は新潟だよ。**ヤマト政権**あるいは中央政府が，その支配下に置くための拠点を築いていきます。渟足柵・磐舟柵。まず覚えちゃおうね。年号も，**647，648 年**と。

東京の生徒だと，**大化改新**についてはみんな小学校や中学校で“**大化改新，ムシゴ《645》はん**”といったゴロ合せで覚えます。その翌年に「**改新《かいしん》の詔《みことのり》**」が出ます。さらに続いて 647 年，648 年が渟足柵，磐舟柵。

政府はこの渟足柵などの周辺に，関東地方などの農民を移住させます。このような人々を**柵戸《さくこ》**と呼びます。また，中央政府の支配下に入った現地の人々，帰順した人たちを**俘囚《ふしゅう》**と呼びました。ここは第 13 回でくわしくやりましょう(p.252)。

東北経営図

まず，ここだけ覚えよう。

孝徳天皇
- 645 乙巳の変
- 646 改新の詔
- 647 渟足柵
- 648 磐舟柵

斉明天皇
- 658 〜 660 阿倍比羅夫東北遠征
- 660 ← 百済滅亡

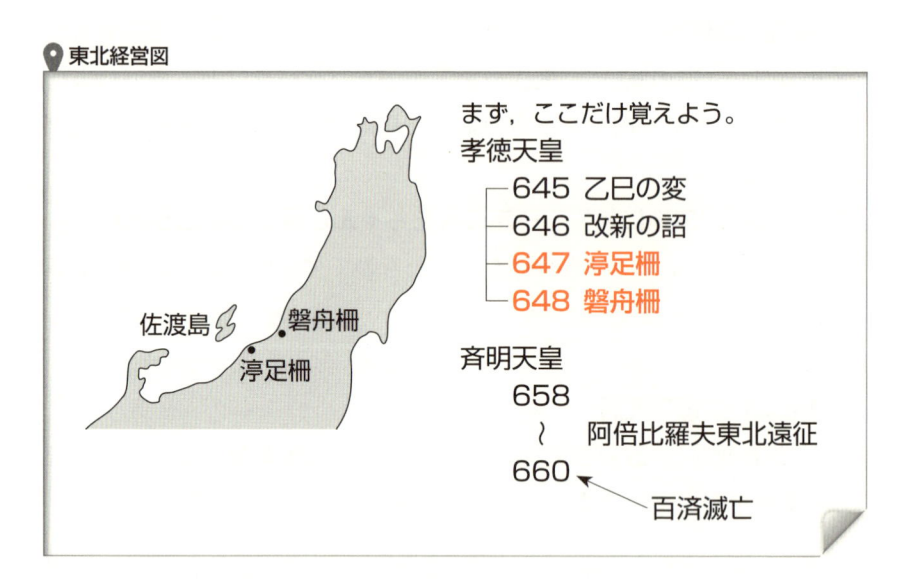

斉明天皇即位

こうして，積極的な施策《しさく》を進めていった改新政府ですが，やがて仲間割れ。**孝徳天皇**と**中大兄皇子**らが対立し，前天皇の皇極や中大兄皇子らは難波を去って飛鳥に戻ってしまいます。そして，孝徳が654年に没すると，皇極が再び天皇となり，斉明天皇と呼ばれます。

このように天皇をやめた人，いわゆる**上皇がもう一度天皇になること**を，「重」ねて践《せん》「祚《そ》」(正式に天皇の位に就《つ》くこと)するという意味で，「**重祚**《ちょうそ》」といいます。

斉明はなかなか積極的な女帝です。658年には水軍を率いた**阿倍比羅夫**《あべのひらふ》という武将が秋田地方に派遣《はけん》され，**東北経営はさらに北方に及《およ》んでいきます**。この阿倍も「倍」ですよ。阿部(×)じゃないよ。

白村江の戦い

さて，この阿倍比羅夫の東北地方への派遣は660年に打ち切られて，比羅夫は呼び戻されます。なぜか？ 大事件が起こった！

660年，唐と新羅《しらぎ》のはさみ打ちにあって，ついに百済《くだら》が滅んじゃったんです。新羅が唐の子分になっちゃった。

友好国の百済の滅亡。**乙巳の変**《いっし》から渟足柵・磐舟柵，阿倍比羅夫の派遣というこの時期は，唐の**高句麗**攻撃が本格化していたんです。中国東北部から朝鮮半島が戦争の時代になった。日本政府が日本海沿岸への支配を強化しようとしたのも，このような情勢に対応したものと考えるべきでしょう。そしてついに，唐は新羅と結ぶことでまず百済をやっつけた。

隋《ずい》みたいにむりやり１国で軍事的な勝利を求めるのは危ないので，新羅を味方に引き入れてしまったんです。そこで，高句麗じゃなくて，まず百済を滅ぼしてしまった。

百済の人たちは，なんとか百済王朝を再建しようとします。百済の武将，鬼室福信《きしつふくしん》らは，当時，日本に滞在していた王子，豊璋《ほうしょう》（余《よ》豊璋《ほうしょう》）を**百済**に呼び戻して新国王としたい。そこで，斉明天皇に，豊璋を送り返してくれと頼んできます。斉明天皇は早速《さっそく》，送り返し，鬼室福信らの計画は実現したんです。

もちろん，百済が**唐**・**新羅**をやっつけて独立を回復するというところまではいかないものの，一応，百済再建の形はできあがったのですが，内部分裂も起こり，唐・新羅の攻撃を受けて窮地《きゅうち》に立ってしまった。

661年，斉明天皇は百済再建のため，自ら船団を率《ひき》いて，軍隊を集めつつ九州に向かい，筑紫《つくし》の朝倉宮《あさくらみや》に入ったのですが，なんと，急死してしまった。それでも，百済再建だけは実現しなければならないというので，**中大兄皇子**たちは軍隊を朝鮮に派遣することにしたんです。

中大兄皇子は即位したわけではないのですが，実際上は天皇の役割を果《は》たします。このように，正式の，**即位《そくい》の儀式《ぎしき》を行わないまま天皇の役割を果たすこと**を「**称制《しょうせい》**」と呼びます。

Q 663年，百済救援のため唐・新羅の連合軍と戦い，大敗した戦いを何というか？

——**白村江《はくそんこう》《はくすきのえ》の戦い**

これは小学生も知っているね。

阿倍比羅夫《あべのひらふ》なども行ったが，ボロ負けしてしまった。情報が発達してないからしょうがないけど，まさか唐・新羅の連合軍に寄せ集めの日本の水軍が勝てるわけはなかった。やっぱり戦争をやるときには，よく情勢を判断してからにしよう，ということにして年号暗記ダ。

「**ろ《6》くろ《6》く**見（**み《3》**）ないで白村江」

➡ **663年，白村江の戦い**

日本敗北→国防強化の必要

さあ，この**白村江の戦い**で敗れると，今度は逆に日本が攻められる可能性が出てきた。「ヤバイ！」というので，**防衛体制を整えなきゃならない**。ここは入試のポイント。

翌664年には，早速，対馬《つしま》・壱岐《いき》・筑紫《つくし》に敵軍の来襲《らいしゅう》を知らせるために**烽**《とぶひ》を，また，防衛のための兵隊，**防人**《さきもり》を設置します。

「烽」というのは煙《けむり》(狼煙《のろし》)を上げて急を報《しら》せる通信手段です。一定距離ごとに煙を上げる台を設置していく。

防人は文字通り国土の「防」衛のための軍隊です。

さらに，九州の要地(後に**大宰府**《だざいふ》が置かれるあたり)の防衛のために，**水城**《みずき》や**大野城**《おおのじょう》・**基**《き》**肄**《い》**城**《じょう》を築きます。

水城というのは，濠《ほり》をともなう全長1.4km，幅80 m，高さ約10 mの大規模な土塁《どるい》です。

大野城・基肄城は「**朝鮮式山城**《やまじろ》」と呼ばれる，山の稜線《りょうせん》にそって土塁・石塁をめぐらした城で，**百済**からの亡命者の技術が活《い》かされたものです。この朝鮮式山城はその後も，対馬から大和にかけて築かれていきました。

国防の強化

＊亡命百済人の技術

664（対馬・壱岐・筑紫）　烽・防人

（九州の要地＝大宰府）の防衛

水城

大野城・基肄城(665)　……朝鮮式山城

（対馬から大和にかけて）……朝鮮式山城

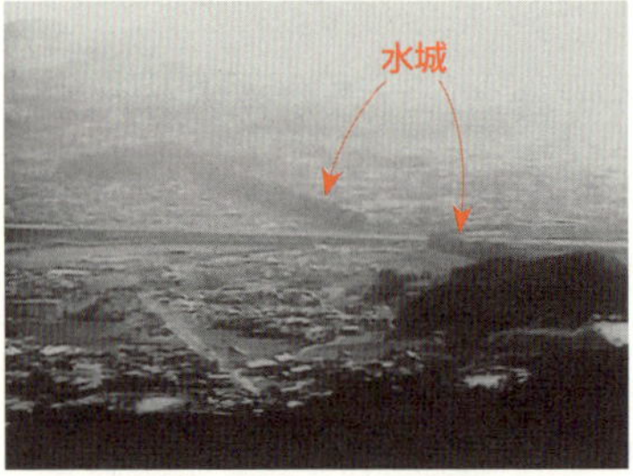

水城の現状（福岡県）
白村江の戦いに敗れた後，大宰府防衛のため，その北に築かれた。今は高速道路で分断されている。

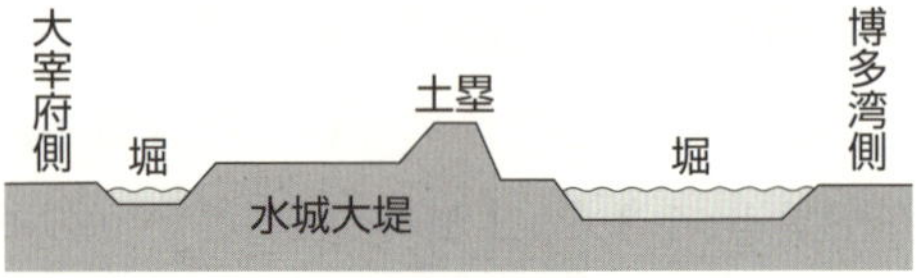

水城の横断面

新羅の朝鮮半島統一

ところが，結局，**唐・新羅**は日本には攻めてきません。まあ，考えてみれば，そりゃそうだ。後から考えれば，唐の次の目標は**高句麗**の打倒だった。それが実現したのは668年。

唐・新羅に攻められて**668年，高句麗は滅亡**。

これで朝鮮半島に残ったのは新羅だけということですね。しかし，唐と新羅が対等というわけではない。事実上，朝鮮半島は唐の植民地のような状態です。そこで，今度は，独立を目指して**新羅が唐と戦う**ことになるんです。もちろん，唐も新羅も日本に攻めてくるわけではない。唐が新羅の半島支配を認めたのは**676年**でした。

ここはしっかり，年号も暗記！

> **660 百済滅亡 ➡ 663 白村江の戦い**
> **➡ 668 高句麗の滅亡 ➡ 676 新羅の朝鮮半島統一**

いいですか。百済が滅亡し，高句麗も滅び，**それですぐに新羅が朝鮮半島を支配したんじゃない**んですよ。半島統一は，次の**天武《てんむ》天皇**のときになります。

そして，7世紀末には旧高句麗の地域に**渤海《ぼっかい》**という国が登場してきます。これもちょっと覚えておいてください。

天智朝の政治

国内に話をもどしましょう。天智《てんじ》朝の政治です。

664年，有力豪族に対して，**氏《うじ》の代表者である「氏上《うじのかみ》」を確定**し，氏にランクをつけるとともに二十六階の冠位制を定め，また，各氏の領有民である**部曲《かきべ》**（民部《かきべ》《やかべ》）を 確認しています。この部曲はやがて**天武《てんむ》天皇**によって廃止され（675年），有力豪族の氏上らは高い位階を与えられて上級貴族，官僚となっていきます。天皇を頂点とする中央集権体制に移行するための一段階ということになります。ただし，この時点で，**中大兄皇子**はまだ即位していません。天智称制ですよ。

中大兄皇子は称制のまま，667年に**近江大津宮《おうみのおおつのみや》**に都を遷《うつ》します。琵琶《びわ》湖《こ》の周辺あたりまで都を移動した。万が一，西日本が大戦争になったときに，難波《なにわ》，大和《やまと》が戦場になるかもしれないので，移転したんでしょう。

そして中大兄皇子は翌**668年**に正式に天皇となります。**天智天皇**ですね。661年の斉明天皇の急死以後は「称制」。「中大兄称制」「天智称制」などと呼びます。さらに，この即位の年，668年には**近江令《おうみりょう》**ができたと言われています。

670年には，国内にどれぐらい人間がいるかを把握《はあく》するために，はじめて**全国を対象とする戸籍の作成**を命じた。

Q 670年，天智天皇の下で作成された，最初の全国的戸籍を何というか？
——**庚午年籍《こうごねんじゃく》**

それ以前にも，部分的な戸籍の作成はあったと言われているので，庚《こう》午《ご》の年のこの戸籍は全国を対象にしたことに意味があるわけです。失われてしまって内容はわかりませんが，これによって**氏《うじ》や姓《かばね》をちゃんと把握《はあく》し，根本台帳として永久保存しよう**としたものとされています。しかし，天智天皇は671年の末に死んでしまいます。

2 天武・持統朝の政治

講義ノート p.20 参照

天智天皇《てんじ》のあとはどうするかということになった。さあ，もう一度，系図だ。

天皇家系図

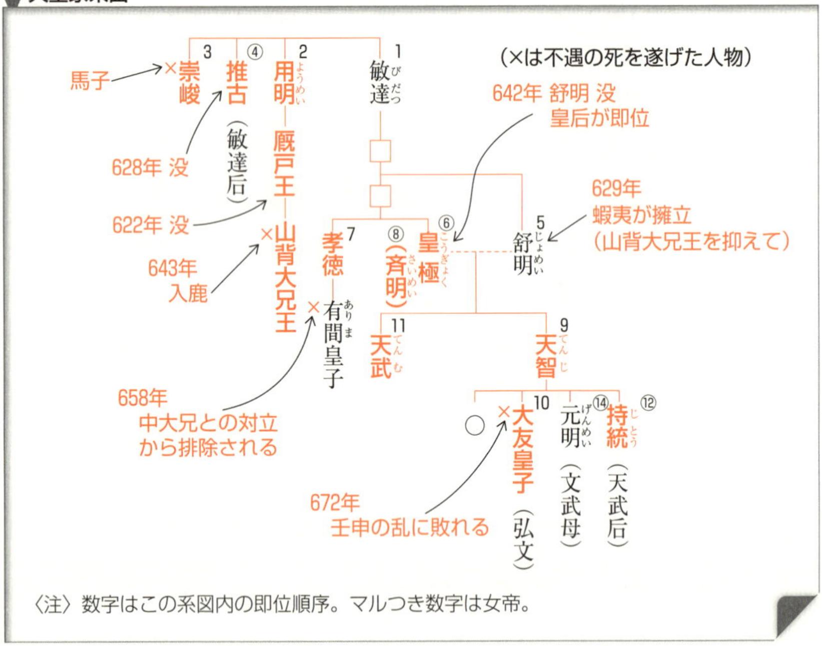

〈注〉数字はこの系図内の即位順序。マルつき数字は女帝。

壬申の乱

息子なら大友皇子《おおとものみこ》。あるいは弟として兄天智を支えてきた大海人皇《おおあまのみ》子《こ》か。671 年 10 月，天智の死が近づくと，大海人皇子は対立を避《さ》けるためか，あるいは天皇の位を狙《ねら》うための準備のためか真相《しんそう》はわかりませんが，近江大津宮を出て，奈良の山奥の吉野《よしの》に行ってしまいました。そして，年末に天智が亡《な》くなります。

大友側，近江《おうみ》の朝廷は，大海人皇子は吉野にこもって全国から軍隊を集め，そのうち近江を攻めてくるつもりだろうと疑《うたが》います。この間の経緯《けいい》はイロイロありますが，結局は**戦争によって天皇の位を争わざるをえなくなった**。これが**壬申《じんしん》の乱**，**672 年**です。

大海人皇子，吉野軍。672 年の 6 月，吉野から出発して，いまの岐阜，名古屋，美濃《みの》のあたりまでやってきて，**軍隊を東国から集めた**。

Q 壬申の乱で勝利をおさめたのは，大友皇子と大海人皇子のどちらか？

——**大海人皇子**

結局は，大海人皇子側が大友皇子の近江朝廷軍を破った。勝った大海人皇子は飛鳥へ戻ります。

翌 673 年，大海人皇子は即位して**天武《てんむ》天皇**となる。

Q 大海人皇子(天武)が即位した宮は？ ——**飛鳥浄御《あすかきよみ》原宮《はらのみや》**

天皇の政治権力強化

天武天皇は戦争で勝って成立した政権なので，非常に強い。多くの有力豪族が大友側となって没落《ぼつらく》していますし，特に大海人が東日本から軍隊を集めて，大津に攻めこんで勝ったという軍事力が大きい。

そこでよく入試に出るのは，**天武天皇の段階で，天皇の権威《けんい》が非常に高まった**というテーマです。

史料 **14 天皇権威の確立 / 『万葉集』**

大君《おおきみ》は　神《かみ》にし坐《ま》せば　赤駒《あかこま》の
　葡萄《はらば》ふ田《た》井《い》を　都《みやこ》となしつ　　大伴《おおともの》御行《みゆき》

大君《おおきみ》は　神《かみ》にし坐《ま》せば　天雲《あまぐも》の
　雷《いかづち》の上《うえ》に　いほりせるかも　　柿本人《かきのもとのひと》麻呂《まろ》

この史料は『**万葉集《まんようしゅう》**』にある歌です。「大君《おおきみ》は　神《かみ》にし坐《ま》せば」――この句が冒頭に出てくる歌は他にもいっぱいあります。大君は神だ。そして「赤駒《あかこま》」，赤毛の馬が腹這《ば》って，要するに，馬が砂あびなどしているような何もないところを，あっという間に，都にしてしまわれた，という意味。大伴《おおともの》御行《みゆき》の歌です。

もう１つ，こちらは有名人，柿本人《かきのもとのひと》麻呂《まろ》の歌。大君は神だ。「天雲の」――あの雲の上，「雷《いかづち》の上」――雷様《かみなりさま》の上に，「いほりせる」――家を構《かま》えて住んでおられる。もう大君は普通の人間じゃない。天上に住む神だと讃美《さんび》しています。

学説はいろいろありますが，ヤマト政権時代のトップの名称は，５世紀ごろから**大王《おおきみ》（または大君）と呼ばれていたのが，この天武天皇のころから天皇に変わっていく**とする説もあります。ともかく，「**大君は神にし坐せば」ときたら，大王は天武天皇を指す**と思ってよろしい。あとは大伴御行と柿本人麻呂の違いを「赤駒の」と「天雲の」の違いからわかるようにしておくこと。

天武朝の政治

さあ，天武は675年，豪族の私有する**部曲《かきべ》**を全廃する。これはさっき言ったよね。また，新たな律令法典の編纂《へんさん》，史書の編纂を命じます。そしてたくさんあった**姓《かばね》**，姓って覚えてるね。名字の下にくっつけるやつ，石川連《いしかわのむらじ》とかね。

Q　684年，天武天皇は旧来のさまざまな姓を一新して，８つに整理し，序列をつけた。これを何と呼ぶか？　――**八色《やくさ》の姓《かばね》**

真人《まひと》・朝臣《あそみ》・宿禰《すくね》・忌寸《いみき》・道師《みちのし》・臣《おみ》・連《むらじ》・稲置《いなぎ》

の８つです。これは暗記。

真人《まひと》・朝臣《あそみ》・宿禰《すくね》・忌寸《いみき》・道師《みちのし》・臣《おみ》・連《むらじ》・稲置《いなぎ》
「まひと・あそみ・すくね・いみき・みちのし・おみ・むらじ・いなぎ」

出題されるのは，一番上の「真人」が最も多い。そして「朝臣」。

姓《かばね》については，それまで，これといった秩序《ちつじょ》はなかったのを，**天皇に近いものから順番に8ランクに整理した**ものです。ちなみに，**厩戸王**（聖徳太子）のときの**冠位十二階**は，豪族，**氏を単位とするのではなく，個人に対して与えられたもの**ですよ。混同しないように。共通点は，**大王**・天皇を頂点として豪族たちを組織し，序列をつけていこうとするものだというところ。

次に，天武朝は仏教を国家事業とし，寺院建立《こんりゅう》に着手した時期です。いわゆる「国家仏教」，国家の安定と平和を図るための仏教です。皇后の病気平癒《へいゆ》を願って**薬師寺**《やくしじ》の建立が始まります。

また，**大官大寺**《だいかんだいじ》の建立も始まっています。大官大寺は平城京に移って**大安寺**《だいあんじ》となるとされる寺院です。このあたりは，第7回の白鳳文化のところで，もう一度確認しましょう。

他にも，**天武天皇**の始めたものとして通貨の発行も知られています。従来《じゅうらい》，日本で一番古いお金は708年の**和同開珎**《わどうかいちん》だということになっていましたが，天武天皇が683年に銭の使用を命じたという記事が**『日本書紀』**にあり，これが奈良県の**飛鳥池遺跡**《あすかいけいせき》から大量に出土した**富本銭**《ふほんせん》に関するものらしいということになりました。

富本銭

和同開珎

持統朝の政治

天武天皇はしかし，志《こころざし》なかば，事業なかばで早死にしてしまいます。しょうがないから，皇后《こうごう》ががんばってしばらく称制《しょうせい》となります。やがて即位し，持統天皇となる。

持統天皇は，夫が着手した事業を次々に完成させていきます。では，

Q 689年，持統天皇のとき施行《しこう》され，大宝律令《たいほうりつりょう》まで続いた令《りょう》は？

——**飛鳥浄御原令《あすかきよみはらりょう》**

Q 690年，持統天皇が作成させた全国レベルの本格的な戸籍《こせき》を何というか？

——**庚寅年籍《こういんねんじゃく》**

班田収授《はんでんしゅうじゅ》の前提となる農民支配の根本台帳ができた。天智のときは**庚午年籍《こうごねんじゃく》**。今度のは庚寅《こういん》の年の**戸籍**。この戸籍は浄御原令《きよみはらりょう》に対応し，班田を実施するためのものでしょう。

そして**694年，藤原京《ふじわらきょう》の造営がついに成《な》った**。ついに中国風の首都も一応できた。

いずれ第8回でゆっくりやるけどね，天皇は北を背にし，南に向かって立ちます。だから，「天子南面《てんしなんめん》」なんて言います。もちろん中国の皇帝のあり方をまねたものでしょう。

そこで，とりあえず，

「北を背に南を向(**む**《6》)**く**《9》**よ**《4》藤原京」

➡ **694年，藤原京遷都**

これで，天皇・王族のもとに有力豪族たちが官僚として集住する都《と》城《じょう》，首都もできたというわけです。

大宝律令

持統天皇は 697 年，譲位《じょうい》，天皇の位を孫の文武《もんむ》天皇に譲《ゆず》ります。天武天皇の孫でもありますね。そして，701 年＝大宝元年《たいほうがんねん》，ついに**大宝律《たいほうりつ》令《りょう》**が制定されたんです。

近江令 ➡ 飛鳥浄御原令 ➡ 大宝律令

「令」だけではなく，「律」も成立した。まさに「律令体制」の基本となる律・令が揃《そろ》ったんです。西暦 701 年，8 世紀最初の年です。**大化改新**のときの「大化」という元号の使用はその後は続かなかったのですが，この**「大宝」以降は，現在の「平成」まで元号が使われ続けています**。

今回は，ここまで。律令制度の内容は第 8 回以降で学習していきます。

古代(7)

第7回 飛鳥文化・白鳳文化

いよいよ，受験生の悩みの種，文化史です。

古代の文化は，考古学を軸に，旧石器文化 ➡ 縄文文化 ➡ 弥生文化 ➡ 古墳文化 と移り変わる。これは，今まで学習した時期区分でした。ところが，「文化史」の時代区分というと，

飛鳥《あすか》文化 ➡ 白鳳《はくほう》文化 ➡ 天平《てんぴょう》文化 ➡ 弘仁《こうにん》・貞観《じょうがん》文化 ➡ 国風《こくふう》文化

と区分するのが一般的です。時期的には，最初の「飛鳥文化」の時代は古墳文化の最後の時期と重なることになります。

まず飛鳥文化から白鳳文化，そして天平文化までの時期――中心となる**天皇**，**外国の影響**，**中心的な寺院**，**美術などの傾向**をざっと見ておきましょう。

飛鳥文化・白鳳文化

	第7回		第12回
	飛鳥文化	白鳳文化	天平文化
時　期：	推古朝(厩戸王・馬子)	天武・持統朝	聖武朝
外国の影響：	(中国)南北朝・朝鮮	初唐	盛唐
中心寺院：	法隆寺	薬師寺	東大寺・興福寺
特徴・傾向：	厳しい・柔和	清新	豊満優美

では飛鳥・白鳳からいきましょう。

1 飛鳥文化

講義ノート p.21 参照

特　徴

さて，飛鳥文化《あすか》。まず，その特徴，ポイントの確認から。

飛鳥文化の特徴

① 最初の仏教文化。

② 飛鳥・斑鳩《いかるが》(法隆寺)が中心。

③ **中国南北朝文化**を**朝鮮半島経由**で受容。➡(北)厳しい (南)柔和

④ 世界性(西アジア・インド・ギリシアなどの影響)

文化のメインテーマは**仏教**ですが，仏教文化が最初に開花したのが奈良盆地の南部の飛鳥地方，そして**厩戸王**《うまやとおう》(聖徳太子)の斑鳩宮《いかるがのみや》，法隆寺のあるあたり。

仏教とともに，中国の(魏晋《ぎしん》)南北朝文化が朝鮮半島経由で入ってきます。その中国の南北朝文化は西アジアやインド，ギリシアなどの影響を受けたものだったので，飛鳥文化にもそれが伝わった……といったところです。

美術，文化財などの作風・特徴では，板書にもあるように「**厳**《きび》**しい**」・「**柔和**《にゅうわ》」というところに注意しましょう。この時期の中国大陸は，南北朝の時期です。

南半分の王朝を南朝と呼びます。覚えなくてもいいですが，宋《そう》・斉《せい》・梁《りょう》・陳《ちん》などの南京を中心とする漢人王朝。北朝，華北《かほく》は北魏《ほくぎ》・北周《ほくしゅう》・北斉《ほくせい》などの王朝です。

そして**隋**《ずい》が現れて，この北朝の隋が589年に陳を併合《へいごう》して中国は統一されるんです。そして，日本は**遣隋使**《けんずいし》を派遣するというわけです(p.99)。

文化でいうと，南北朝の仏教や美術は朝鮮諸国経由で日本に伝わる。

そこで，飛鳥文化の美術などには南朝の要素と北朝の要素が大きな影響を与えるということになり，次のような違いが出てきます。

北朝（北魏系）➡ 厳しい・整った
南朝（梁）　　➡ 柔和・やわらか

渡来僧

さて，中国・朝鮮からの文化の流入について，入試で差がつく**百済《くだら》**・**高句麗《こうくり》**からやって来たお坊さん，渡来僧《とらいそう》と伝えられた文化，技術からいきましょう。

渡来僧

高句麗・**恵慈《えじ》**（慧慈）➡ 厩戸王（聖徳太子）に**仏教**を教えた。
高句麗・**曇徴《どんちょう》**　　➡ **紙**・**墨**・**彩色**（**絵の具**）などの技術を伝えた。
百　済・**観勒《かんろく》**　　➡ **暦法《れきほう》**を伝えた。

「こうくりのえじ，太子《たいし》（聖徳太子）の師《し》，
こうくりのどんちょう，かみ・すみ・えのぐ，
くだらのかんろく，こよみ」

いいですか，「（×）百済の曇徴……」とか「（×）高句麗の観勒……」と出てきたら，誤文ですよ。必ず国名といっしょに「くだらの……」「こうくりの……」と覚える。それと，「かんろく」は，観勒の「勒」の字に注意。曇徴の「徴」を「微」と間違わないこと。

観 ○**勒**　曇 ○**徴**　×微

高句麗の恵慈《えじ》(慧慈)は厩戸王に仏教を教え，『**三経義疏**《さんぎょうのぎしょ》』の著述《ちょじゅつ》を助け，法興寺《ほうこうじ》に住んだという僧侶ですが，その後，帰国しています。

高句麗の曇徴《どんちょう》は高句麗王が送ってきた僧で，紙・墨・彩色(絵の具)などの技術を伝えたとされます。そして，百済の観勒《かんろく》は天文地理書などを伝えた。天文学とは，具体的には**暦《こよみ》の作成のための学問**です。

仏教の伝来と固有の信仰

さて，次は仏教の伝来。これはやりましたよ。

Q 欽明《きんめい》天皇に仏教をプレゼントしたのは，どこの国のだれか？

——百済の聖明王《せいめいおう》

Q じゃあ，戊午《ぼご》説(538年)の根拠となった厩戸王の伝記は？

：　……？

ハイ，82ページに戻って，『上宮聖徳法王帝説《じょうぐうしょうとくほうおうていせつ》』。

「戊午説」は仏教公伝《こうでん》でしたね。ついでに，「私伝《しでん》」についても覚えておいてください。第4回でも触れましたよ(p.83)。国から国へ，王から王へという公《おおやけ》のプレゼントではなくて，「私」的な「伝」来です。では，史料を見てみましょう。

史料　15　仏教私伝 /『扶桑略記』

第廿《だいにじゅう》七代《だい》継体《けいたい》天皇《てんのう》即《そく》位《い》十六年《ねん》壬寅《じんいん》，大唐《だいとう》の漢人《あやひと》案部《くらつくり》村主《のすぐり》
継体天皇の 16 年，　中国からやって来た司馬達止

司馬達止《しばたっと》(等)，此《こ》の年春《としはる》二月《がつ》に入朝《にゅうちょう》す。即《すなわ》ち草堂《そうどう》を大和国高市《やまとのくにたけち》
がヤマト政権に仕えることとなり，　小さな堂を大和国高市郡の坂田

郡《ぐん》坂田《さかた》原《はら》に結《むす》びて，本尊《ほんぞん》を安置《あんち》し，帰依《きえ》礼拝《れいはい》す。世《よ》を挙《あ》げて皆《みな》云《い》ふ，
原に建て，　仏像を安置して礼拝した。　これを見た人々は

「是《こ》れ大唐《だいとう》の神《かみ》なり」と。
「あれは中国の神」を拝んでいるのだと言った。

『**扶桑略記**《ふそうりゃくき》』という書物は，平安末期に**皇円**《こうえん》という僧侶《そうりょ》が書いた仏教史中心の歴史書です。かなり不正確なところがあると言われますが，その中に，**渡来人**《とらいじん》の**司馬達等**《しばたっと》(**止**)が，簡単なお堂(草堂《そうどう》)を建てて，仏像を安置《あんち》し，これを拝《おが》んでいたという記載があるわけです。

この司馬達等は，あとで出てくる**飛鳥文化**を代表する法隆寺金堂《ほうりゅうじこんどう》の釈迦三尊像《しゃかさんぞんぞう》の作者，**鞍作鳥**《くらつくりのとり》(**止利仏師**《とりぶっし》)**の祖父**《そふ》に当たるという人物です。

公伝も私伝も 6 世紀ということですから，これは古墳《こふん》文化の「後期」に該当《がいとう》します。日本にあった固有の信仰《しんこう》も**仏教**に刺激を受けたんでしょう，具体的な形をとるようになります。「**社**《やしろ》」と呼ばれる建物が現れる。

では質問。

Q　「大神神社」の読み方は？「おおがみじんじゃ」(×)じゃないよ。

：おおみわじんじゃ。

はい。ほかに**宗像**《むなかた》**神社**，**出雲大社**《いずもたいしゃ》など，もう一度しっかり確認しておこう(p.87)。

寺院の建立

さて，積極的に仏教を受け入れていったのが蘇我氏《そがし》ですが，**蘇我馬子《うまこ》**は6世紀末には**最初の本格的な寺院**，**飛鳥寺《あすかでら》**（**法興寺《ほうこうじ》**）**を建立《こんりゅう》**したといいます。「本格的」というのは，掘立柱《ほったてばしら》といって，地面に掘った穴に直接柱を立てる簡単な方法ではなくて，**礎石《そせき》**の上に柱を立て，屋根に**瓦《かわら》**を葺《ふ》いたという意味です。この飛鳥寺の発掘調査によって，塔《とう》の中心である心礎《しんそ》という一番大事なところから，古墳の副葬品《ふくそうひん》と同種類の物が発見されて注目されました。

そこに日本固有の信仰と仏教の重なり合いが象徴《しょうちょう》されているわけです。同じような祖先崇拝《すうはい》の意義があったと見られ，**豪族の権威《けんい》の象徴が「古墳から氏寺《うじでら》に」代わった**，「古墳から寺院へ」転換していったとも言えるでしょう。

さて，この最初の本格的な寺院，飛鳥寺《あすかでら》（法興寺《ほうこうじ》）をはじめとするこの時期の主要寺院をチェックしておきましょう。

飛鳥文化の主要寺院

蘇我氏（馬子）	➡ **飛鳥寺（法興寺）** 596 最初の本格的寺院，**礎石《そせき》・瓦葺《かわらぶき》**
厩戸王（聖徳太子）	➡ **四天王寺**（大阪府）
	➡ **法隆寺（斑鳩寺）** ＊法隆寺再建・非再建論争 ➡ 再建説
	➡ **中宮寺**
	➡ **広隆寺**（京都府）
舒明天皇	➡ 639 **百済大寺**

飛鳥寺はその後，**平城京《へいじょうきょう》**に移って「**元興寺《がんごうじ》**」と寺号，名称が変わります。

厩戸王《うまやとおう》建立《こんりゅう》とされる寺院はたくさんありますが，その代表が**四天王寺《してんのうじ》**と**法隆寺《ほうりゅうじ》**です。四天王寺，それと秦氏《はたうじ》が厩戸王から賜《たまわ》った仏像を安置《あんち》したことに始まるという**広隆寺《こうりゅうじ》**。厩戸王が母親の住居を，その死後に寺としたのが法隆寺に隣接する**中宮寺《ちゅうぐうじ》**です。ちょっと注意しておくのは，広隆寺が現在の京都府，四天王寺が大阪府であること。他はみんな奈良県ですよ。

舒明《じょめい》天皇と言えば，630年の第1回**遣唐使**ですが，寺院でいうと**百済《くだら》大寺《おおでら》**。この百済大寺はその後，**天武《てんむ》天皇**のときには高市大寺《たけちおおでら》，さらに**大官大寺《だいかんだいじ》**，持統《じとう》天皇のときに**大安寺《だいあんじ》**というふうに移動し，名称も変わります。さらに，元正《げんしょう》天皇のときに平城京に移り，最終的に**平城京の大安寺**となります。

あと，舒明天皇の百済大寺は，時期からすると**白鳳《はくほう》文化**に近いことにも注意しておくこと。

厩戸王（聖徳太子）と法隆寺

さて，いきなり質問ですが，

Q 厩戸王が書いたと言われている仏教の経典《きょうてん》の解説書は？

——『**三経義疏《さんぎょうのぎしょ》**』

これは「伝《でん》」聖徳太子著という，伝説に近いものですが，法華経《ほっけきょう》・勝《しょう》鬘経《まんきょう》・維摩経《ゆいまきょう》という3つの経典の注釈書《ちゅうしゃくしょ》の総称です。

おのおののタイトルは，『**法華経義疏《ぎしょ》**』，『**勝鬘経義疏**』，『**維摩経義疏**』といいます。これから「～経」「～経」がいっぱい出てくるので，まずここからしっかり暗記していきましょう。

三経義疏
→ 法華経・勝鬘経・維摩経

飛鳥文化の作品と文化財

さあ，そこでいよいよ，そのような**飛鳥文化**の今日に残された文化財，作品。なんといっても法隆寺《ほうりゅうじ》に伝わる文化財がメインです。

建　築

▶法隆寺金堂・五重塔　まず建築では，何といってもいちばん有名なのが**法隆寺**。**金堂**《こんどう》・**五重塔**《ごじゅうのとう》です。

これはもう写真を見て，すぐわからなきゃいけない国宝《こくほう》中の国宝。法隆寺金堂，キーワードはこれ。

法隆寺金堂・五重塔…
①**世界最古の木造建築物**
②**重厚，どっしり**

「**世界最古**」，「**重厚**《じゅうこう》でどっしりとした**」「安定感**」がポイントです。だから今でも建っているんだということですね。

ところで，法隆寺は，『**日本書紀**』によれば，**670 年**に焼失，火事で焼けてしまったとされています。ところが，その後，再建されたという記事がない。これは変な話で，「じゃあ，今建っている法隆寺は何？」ってことになる。

ところが，発掘調査の結果，今の位置から少しずれたところ，「**若草**《わかくさ》**伽藍**《がらん》」と呼ばれる場所を発掘した結果，現在の法隆寺より古い伽藍の跡《あと》が確認された。伽藍配置も現在のとは違って四天王寺《してんのうじ》式伽藍配置だった。これが「若草伽藍」と呼ばれる**厩戸王**のときに建てられた最初のものと推定されています。ただ，その後，現在の法隆寺の伽藍が再建された時期は明確ではありません。

「伽藍」というのはお寺の建築物のことです。本堂とか塔などで，その配置については後でやりましょう(p.241)。

彫　刻

▶法隆寺金堂釈迦三尊像　次に彫刻。中国の南北朝の影響を受けたと言いましたが，特に日本に近い北朝系統の影響が強くて，「**北魏様式**《ほくぎようしき》」と呼ばれるものです。飛鳥文化の特徴である，整《ととの》った，「**キビシイ**」**表情**をしているわけですが，その代表中の代表が**法隆寺金堂釈迦三尊像**《ほうりゅうじこんどうしゃかさんぞんぞう》です。「金銅像《こんどうぞう》」といって，銅製で表面に鍍金《ときん》してある。要するに一種の金メッキ。光っている。

^法隆寺金堂釈迦三尊像

Q　法隆寺金堂釈迦三尊像の製作者は？　――**鞍作鳥**《くらつくりのとり》（**止利仏師**《とりぶっし》）

Q　その鞍作鳥の祖父は？　――**司馬達等**《しばたっと》

　厩戸王の没《ぼっ》した翌年，623年に造られたものですが，**正面観，しっかりと真正面から見られることを重視**している。あまり横から見たり，後ろから見たりすることは考えられていない。立体感というものはない。教科書に必ず写真がのっていますから，しっかり確認しましょう。

　真ん中の釈迦《しゃか》は座《すわ》っているので，座像《ざぞう》と言います。左右の「脇侍《わきじ》」のほうは立っているので，立像《りつぞう》と呼びます。

▶法隆寺：夢殿救世観音像 vs 百済観音像　次に**法隆寺夢殿**《ゆめどの》の**救世観音像**《くぜかんのんぞう》。スラーッと立っている立像。それと法隆寺の**百済観音像**《くだらかんのんぞう》があります。

　この救世観音と百済観音は両方ともスラーッとした立像で非常に紛《まぎ》らわしい。しっかり区別をしてもらわなきゃいけません。もちろん「夢殿に」と書いてあれば，**救世観音像**でいいわけですが。写真を見てひと目でわかるようにしておく必要がある。

^法隆寺夢殿救世観音像
（木像・北魏様式）

^法隆寺百済観音像
（木像・南梁様式）

そこで，まず最初の入試的なポイントは，救世観音と百済観音の区別です。ただし，両方とも「**木像**《もくぞう》」。金属製ではなく素材は木です。

はい，上のイラストを見てください。これはイメージですが，法隆《ほうりゅう》寺夢殿《じゆめどの》の救世観音《くぜかんのん》はスラーッとした立像，立っていますが，手を前で合わせて，**宝珠**《ほうじゅ》という玉を持っています。一方，百済《くだら》観音のほうは片方の手を上げ，片方の手を下ろして，下ろしたほうの手で**水瓶**《すいびょう》という，簡単に言うと水差しのような瓶《びん》を持っています。

次に顔を見ると，**救世観音は「キビシイ」表情の北魏系**《ほくぎけい》ですが，**百済観音はむしろ柔和**《にゅうわ》**，やわらかな感じ**です。

▶中宮寺半跏思惟像 vs 広隆寺半跏思惟像　さらにもう１つあります。**中宮寺**《ちゅうぐうじ》の**半跏思惟像**《はんかしゆいぞう》と**広隆寺**《こうりゅうじ》の**半跏思惟像**の区別です。両方とも木像です。形態も同じ。座像でも立像でもなく，足を組んでいる。片方の足を組んでいる「半跏」像。そして「思惟」というのは「ものを考えること」です。足を組んで頬《ほお》に指を当てている。ここまでは全《まった》くいっしょ。区別がつきません。

中宮寺半跏思惟像

広隆寺半跏思惟像

違いは，頭の上。「**宝珠**《ほうじゅ》」という野球のボールのようなものが２個載《の》っていると**中宮寺**で，ベレー帽のような王様の冠《かんむり》みたいなもの，「**宝冠**《ほうかん》」をかぶっていると，**広隆寺**の半跏思惟像ということになります。

▶**飛鳥寺釈迦如来像**　彫刻であと１つ。**現存最古の仏像とくれば，飛鳥寺**《あすかでら》**の釈迦如来**《しゃかにょらい》**像**《ぞう》。いわゆる**飛鳥大仏**《だいぶつ》です。大部分は後に補修《ほしゅう》を繰り返しているので，最初からの部分はほんの一部ですが，何と言っても「最古」の仏像ということですから，覚えておくこと。金銅像《こんどうぞう》です。

飛鳥大仏
素人写真ですが，ちょっと見てください。

絵画・工芸

▶法隆寺玉虫厨子須弥座絵　続いて絵画《かいが》・工芸ということになりますと，やっぱりこれも法隆寺《ほうりゅうじ》ですが，**法隆寺玉虫厨子《たまむしのずし》須弥座絵《しゅみざえ》**。「厨子」というのは仏壇《ぶつだん》といったような意味ですが，その玉虫厨子およびそれをのせている須弥座という台に描かれた絵です。

そこには釈迦の前世の物語，お釈迦様の逸話《いつわ》を絵画化したもの，中でも，釈迦が自分の体を捨てて，飢《う》えたトラの親子の餌《えさ》となってこれを救ったという説話を描いた「**捨身飼虎図《しゃしんしこず》**」という有名な絵が描かれています。

▶中宮寺天寿国繍帳（曼荼羅）　次，**現存最古の刺繍《ししゅう》**。だいたい日本史ではほかに刺繍なんか入試に出ませんから，刺繍が出ればこれなんですが，**中宮寺天寿国繍帳《ちゅうぐうじてんじゅこくしゅうちょう》**。

厩戸王が亡《な》くなって，いわば後でいう極楽浄土《ごくらくじょうど》，天寿国へ行かれる様《さま》を刺繍で描いたもので，大きなものだったんでしょうが，現在はその一部が残っています。中宮寺天寿国繍帳。「**天寿国曼荼羅《まんだら》**」とも呼びます。「マンダラ」の「ダ」は注意してくださいよ。「茶」ではなく「荼」です。

このあたりまでをしっかり覚えておけば，**飛鳥文化**の作品は何とかなる。大事なのは，**キーワードつきで作品を覚える**ことです。

歴史書

▶「帝紀」・「旧辞」　歴史書も出てきます。古墳文化のところでやりましたね。最初の史書は，６世紀前半。

Q　大王の系譜《けいふ》などを記したのは？　——「**帝紀**」

Q　朝廷に伝わる神話・伝承をまとめたのは？　——「**旧辞**」

これは，時期的に言って飛鳥文化よりはやや古いということで古墳文化に属すると考えておきます。

▶**『天皇記』・『国記』**　続いて出てくる史書が推古朝《すいこちょう》，**蘇我馬子**《そがのうまこ》と**厩戸王**による『**天皇記**《てんのうき》』，『**国記**《こっき》』。これらは飛鳥文化の時期ですが，第5回(p.99)で話しました。念のためポイントだけ確認。

「帝紀」にあたるのが『天皇記』，「旧辞」にあたるのが『国記』ということらしいのですが，**乙巳**《いっし》**の変**《へん》のときに焼けてしまったと考えられています。

古墳文化		飛鳥文化	白鳳文化	天平文化
6世紀前半		推古朝 7世紀前半		
帝紀	➡	**天皇記**		712 **古事記**
旧辞	➡	**国記**		720 **日本書紀**

本格的な歴史書(史書)と言えば，8世紀の『**古事記**』・『**日本書紀**』ですから，これは**天平**《てんぴょう》**文化**のところで出てきます。とりあえず，「帝紀」・「旧辞」と『天皇記』・『国記』は名称だけ覚えておけばOKです。ただし，「紀」と「記」を間違えないこと。紀と記の区別はつけておこう。

帝記　天皇紀　国紀　古事紀　日本書記

2 白鳳文化

講義ノート p.23 参照

白鳳文化の時代背景

次は**白鳳《はくほう》文化**です。

645年の**乙巳《いっし》の変《へん》**から天智《てんじ》朝，そして710年の**平城京《へいじょうきょう》**遷都《せんと》以前まで。天武・持統朝がその中心です。律令体制への移行が急がれた時期ですよ。

特　徴

さて，そこで白鳳文化の特徴《とくちょう》を覚えましょう。

> **白鳳文化の特徴**
>
> ① 国家による仏教事業。
>
> ② **初唐**文化の影響　➡　「**清新**」な(生気のある若々しい)文化。
>
> ③ インド・西域・朝鮮半島の影響。
>
> ④ 構成の美。

外国の影響というと，初唐《しょとう》文化の影響が現れる。唐の初期のことを「初唐」といいます。いいですね，「**初唐文化の影響**」ときたら**白鳳文化**！　です。

美術などのキーワードは「清新《せいしん》」。清く，新鮮な文化。あるいは，「**構《こう》成《せい》の美《び》**」。美しいプロポーション。

国家仏教

中央集権化とともに国家が**仏教**を統制《とうせい》し，運用する国家仏教が本格化します。氏寺《うじでら》がなくなったわけではありません。また，地方豪族も寺院を建立するようになっていきます。**天武《てんむ》天皇**が国家の事業として建てたお寺が**大官大寺《だいかんだいじ》**，そして**薬師寺《やくしじ》**，これはしっかり覚えましょう。

Q 大官大寺は後に平城京に移って何という名に変わったか？

——**大安寺《だいあんじ》**

もう１つ。**薬師寺は天武天皇が皇后《こうごう》の病気が治《なお》ることを祈《いの》って建てた**もので，読んで字のごとく，病気に応じて薬を与えてくれるという本尊《ほんぞん》がまつられているわけですから，「**病気平癒《へいゆ》**」，病気が治るというのがキーワード。「皇后の病気が治りますように」，「病気平癒を祈《いの》って」といったリード文があったら，**薬師寺**。

鎮護国家

仏教の膨大《ぼうだい》な経典《きょうてん》，仏教に関わるいろんな書物の中から「護国《ごこく》」の経典，**国を護《まも》ってくれる経典**が重んぜられた。個人を対象とするんじゃなくて，国家のため，国を護る仏教です。そのような仏教の役割を「**鎮護《ちんご》国家《こっか》**」という言葉で表します。国が平和で，人々が豊かに暮らせるように護ってくれる仏教の経典です。そこで，

Q 「護国の経典」と呼ばれるのは？ ——**金光明経《こんこうみょうきょう》，仁王経《にんのうきょう》**

厩戸王《うまやとおう》（聖徳太子）の『三経義疏《さんぎょうのぎしょ》』と混乱しないように。護国の経典，国を護ってくれる経典としては，**法華経**なども加わっていきます。

学問・文芸

学問や文芸については，歴史書の編纂《へんさん》。これは137ページでちょっと触《ふ》れておきましたが，**天武天皇**の命令によって，きちんとした国家の歴史書，あるいは天皇の歴史書を書こうということになります。もっとも，天武の命令で着手されますが，完成するのは８世紀です。

また，一部の支配者階級の中には，大津皇子《おおつのみこ》など，漢詩文を書く人も現れます。和歌では**柿本人麻呂《かきのもとのひとまろ》**や**額田王《ぬかたのおおきみ》**など，いわゆる「白鳳万葉《はくほうまんよう》」と呼ばれる初期の歌人たちが知られています。

史料 16　天皇を詠んだ和歌 / 『万葉集』

熟田津《にぎたつ》に　船乗《ふなの》りせむと　月待《つきま》てば
伊予の松山あたりの熟田津の港で，出航しようと，月を見ながら潮の様子を眺めていた。
　潮《しお》もかなひぬ　今《いま》は漕《こ》ぎ出《い》でな　　額田王《ぬかたのおおきみ》
いよいよ，潮もよくなってきたので，出航することとしよう。

＊原文(万葉仮名)
　熟田津尒　船乗世武登　月待者
　　潮毛可奈比沼　今者許芸乞菜

額田王は**天武天皇**との間に十市皇女《とおちのこうじょ》を産んでいます。教科書に，**天《てん》平《びょう》文化**，**『万葉集《まんようしゅう》』**，**万葉がな**の例として載《の》っている場合がありますが，額田王は天武・持統《じとう》朝のころの代表的歌人です。

この歌は，例の**660年**，**百済《くだら》の滅亡《めつぼう》**の報《ほう》を受けて，救援軍を朝鮮半島に送り，翌661年には**斉明《さいめい》天皇**も自《みずか》ら筑紫《つくし》に向かう途中の熟田津《にぎたつ》(現在の愛《え》媛《ひめ》県松山あたり)に泊《と》まったときに額田王が詠《よ》んだ歌とされています。

天皇は結局，筑紫朝倉宮《あさくらのみや》で死んでしまうんですね。そして，663年，**白村江の戦い**に敗北というところです。第6回でやったとこですよ(p.115)。

さあ，では白鳳の美術，ポンポンポンといきましょう。

建　築

▶薬師寺東塔　はい，建築から。出るのはもうほとんど1点，**薬師寺東《やくしじとう》塔《とう》**だけです。薬師寺には2つ塔がありまして，東の塔と西の塔があります。この東のほうです。西塔は，最近再建された塔ですから，文化史では出ません。

さて，キーワード，これもしっかり覚えましょう。「**構成《こうせい》の美《び》**」――

要するに非常にプロポーションがよいということです。「**凍《こお》れる音楽**」という文学的表現で，よく説明されるものです。観光バスのガイドさんなんかが，必ずこの言葉を使って説明をします。

薬師寺東塔

観光バスのガイドさんが，「皆さん，この塔は何階建てでしょうね」と聞きます。するとみんな，「6階建て」と，まあ，素直《すなお》な子供は答える。たいていの生徒はほとんど聞いてない。

中には「三層《そう》」と答える人もいる。教科書で覚えていたらしい。一見《いっけん》，六層，6階建てに見える。屋根が6つある。しかし，写真を見ればわかりますが，**裳階《もこし》**と呼ばれる“スカート”をはいていまして，実際は三重なんです。構造的には3階建て。各階に裳階が付いているので，六層に見えるわけです。

ただ安定していればいいという「**重厚《じゅうこう》**」，「**どっしり**」**の法隆寺《ほうりゅうじ》の五重塔と違って，薬師寺東塔は「構成の美」がきわだっている。**

彫 刻

興福寺仏頭

▶興福寺仏頭　続いて，彫刻。まず，**興福寺仏頭《こうふくじぶっとう》**です。写真で見ると，何か仮面ライダーのような顔をしているのですが，美術の専門家に言わせると，「清新《せいしん》」――初々《ういうい》しい，すがすがしい顔。

胴体《どうたい》部分は，もう全く失われています。この興福寺仏頭は，**もともと山田寺《やまだでら》にあった本尊《ほんぞん》**だといわれています。**鎌倉時代**にお坊さん同士が戦争をやって，興福寺が勝ち，戦利品で持っていかれたんだといわれている。そこで，**旧《きゅう》山田寺仏頭**とも呼びます。

はい，そこで「山田」とくれば**蘇我倉山田石川麻呂《そがくらやまだのいしかわまろ》**。

前回やりましたね（p.108）。蘇我倉山田石川麻呂が建立したのが**山田寺**だったね。正確に言うと，山田寺が完成する前に石川麻呂は謀叛《むほん》の疑いで死に追いやられ，その後，無実の罪だということになって名誉回復。石川麻呂の冥福《めいふく》を祈る寺院として完成したといいます。その本尊とされた仏像の頭部だけが残ったということです。

▶薬師寺金堂薬師三尊像　次が**薬師寺金堂《やくしじこんどう》**の**薬師三尊像《さんぞんぞう》**です。これも法《ほう》隆寺《りゅうじ》の釈迦三尊像《しゃかさんぞんぞう》と同様に，中心と両わきで計３人いるわけですが，法隆寺のほうはおのおのが座って，立ってと，もう単純にただいるだけ。キッチリ左右対称です。

しかし，薬師三尊像は真ん中の本尊を中心に，左右の像はちょっと腰をひねって，横から見ても**三体でひとまとまりとなる美しい構成**になっています。そこで，ここでもまた**白鳳文化《はくほう》**のキーワードである「構成の美」，バランスが美しいという特徴がやっぱり出てきます。

▶薬師寺（東院堂）聖観音像　ほかに**薬師寺**の**東院堂《とういんどう》**にある **聖 観音像《しょうかんのんぞう》**。個人的には，この仏像は非常に美しいプロポーションで，最高にスタイルのいい仏像だと思います。

▶法隆寺夢違観音像　もう1つ。法隆寺《ほうりゅうじ》の**夢違観音像《ゆめたがいかんのんぞう》**。いやな夢，悪い夢を見たときに，この仏像を拝《おが》むと，なんと現実では逆の結果が現れる。入試で落ちた夢を見て，冷や汗をかいて目が覚めたら，すぐにこの仏像を拝むと，実際の入試では受かるという，ありがたい仏様《ほとけさま》です（笑）。

夢違《ゆめたがい》――夢が違った結果で現れてくると。入試でのキーワードは「**小像《しょうぞう》**」。これで終わり。「小像」だったら，それだけで夢違観音像。

さてここで，教科書，テキスト，あらゆるものに，法隆寺《ほうりゅうじ》夢違の「法隆寺」にアンダーラインを引かなきゃいけません。ここが入試のつらいところです。

法隆寺とくれば**飛鳥《あすか》文化**。飛鳥文化の基本的な文化財は，ほとんど法隆寺に集中してますから，「法隆寺イコール飛鳥」というイメージが強い。だから**入試では法隆寺にある飛鳥文化以外の作品がかえって出る**。はい，法隆寺夢違観音像の法隆寺のところにマーカー，チェックを入れておくこと。**白鳳文化**ですよ。

以上4体の仏像は，素材から言うと，全部，金銅像《こんどうぞう》です。

絵　画

▶法隆寺金堂壁画　次は絵画。これまた法隆寺だ。アンダーライン！**法隆寺金堂壁画《こんどうへきが》**，もう何度も何度も，「**飛鳥《あすか》文化じゃないぞ**」と唱《とな》えること。**白鳳《はくほう》文化**だ。金堂はもちろん飛鳥文化ということになっていますが，壁画は白鳳文化ですよ。そして，1949年，ほとんど，跡形《あとかた》もなくというのは言い過ぎですが，焼けてしまった。あわてて翌年，1950年に**文化財保護法**が制定されています。

▶高松塚古墳壁画　あと，奈良県の明日香村《あすかむら》にある終末期の古墳《こふん》，壁画――有名な**高松塚《たかまつづか》古墳壁画**は聞いたことがあるでしょう。四神《ししん》や星宿《せいしゅく》，人物像で有名です。四神というのはこの世界を守ってくれる，東西南北に住む架空《かくう》の生物，神です。もちろん，中国・朝鮮半島から入ってきた考えです。

四　神

青竜《せいりゅう》（東）（せいりょう）　白虎《びゃっこ》（西）　朱雀《すざく》（南）　玄武《げんぶ》（北）

ただし，高松塚古墳の石室の南側は剥落《はくらく》，剥《は》げ落ちてしまっているので朱雀《すざく》は残っていません。ところが，四神が揃《そろ》った壁画が，高松塚の近くから発見されました。難関大でときどき出題される**キトラ古墳壁画**です。

はい，今回はここまで。**飛鳥文化・白鳳文化**をしっかり対比しながら，作品を確認しましょう。教科書の図版，あるいは図録を持っている人は図録で，各作品を，その特徴とともに確認しながら見ておくこと。

文化史は入試でもっとも差がつく，合否に直結する分野です。その最初が今回の範囲ですから，しっかり復習しましょう。

古代(8)

第8回 律令制度(1)
——律令法

701 年＝大宝元年，8 世紀に入った最初の年に**大宝律令**が出来上がり，これで，律と令という基本的な法律が揃《そろ》います。

この律令法によって統治される国家を律令国家，律令体制と呼びます。天皇が発した法律であり，それまでのヤマト政権以来の**豪族たちは官僚となっていきます。**

710 年には藤原京から**平城京**，奈良の都に遷都《せんと》。奈良時代が始まります。

平城宮・復元された(第一次)大極殿

まず，律令法と様々な制度について学習しますが，面白くはありません。しかし，これからの政治，社会の歴史を学習するときの前提となる知識です。

ここをしっかり学習しておかないと，8 世紀以降の歴史を理解することができなくなってしまうので，気合いを入れて学習しましょう。

律令法

講義ノート p.25 参照

律令格式

律令《りつりょう》制度は**天皇を頂点とする中央集権的な体制**であり，それを実現する組織や制度を規定したのが，**律《りつ》・令《りょう》・格《きゃく》・式《しき》**です。

律というのは主に刑罰《けいばつ》関係。**刑法**です。こんな犯罪《はんざい》を犯《おか》したらこういう刑罰だよということを定めたもの。その他は全部まとめて**令《りょう》**です。現在の**行政法**や**民法**などにあたる。

律が一番大事な法律です。律令の基本的な思想である儒教《じゅきょう》の教えに反する行為《こうい》をあげて，その各々《おのおの》に対する刑罰を規定します。

刑罰は５種類定められていました。これを「**五刑《ごけい》**」といいます。

Q　五刑は何と何か。５つ，軽いものから列挙《れっきょ》しなさい。

——**笞《ち》・杖《じょう》・徒《ず》・流《る》・死《し》**

軽いほうから重いほうに向かって，この５つありました。

笞《ち》は笞《むち》で叩《たた》く。うっかりクサカンムリにすると苔《こけ》になっちゃう。いいですか，タケカンムリ，笞。杖《じょう》は杖《つえ》で叩《たた》く。笞とは太さが違《ちが》うだけ。徒《ず》というのは今で言う懲役《ちょうえき》。流《る》というのは遠くへ流しちゃう。死《し》はもちろん死刑。この笞・杖・徒・流・死がまた各々，笞で何発叩くとか，細かくピラミッド型に分かれて，モチロン一番重いのが死刑です。

律令制度の各役所，役職は，そのランクに応じて裁判権を持っているので，重い罪は高い官職が処罰することになります。たとえば，五刑のうち，郡司が執行《しっこう》してもいいことになっているのは笞です。

また，位を有する官僚などに対しては，刑の減免《げんめん》が認められているのですが，天皇や国家に対する「謀反《むへん》」，要するに反乱を起こした者，あるいは「不孝《ふこう》」，親に対して反抗した者などは，減免されないことになっています。謀反・不孝などの８つの犯罪がこれにあたり，「**八虐《はちぎゃく》**」といいます。

次に，律令を補足《ほそく》したり変更するための法律を**格**，実際に施行《しこう》するための細かい規則などを**式**といいます。これは9世紀以降にまとめる作業が進みます。

律令法典

では，律令の法典が整備されていく過程を見ていきましょう。

天智《てんじ》天皇のときの近江《おうみ》令《りょう》，続いて，持統《じとう》天皇のときに施行された**飛鳥《あすか》浄御原《きよみはら》令《りょう》**についてはやったね。では，

Q 701年，文武《もんむ》天皇の命によって編さんされ，律令政治の基本法となった法令は？
——**大宝律《たいほうりつ》令《りょう》**です。

大宝律令で律と令がそろった。それまでは，近江令，飛鳥浄御原令と，令だけだった。

Q 701年は元号で言うと何年ですか？

：**大宝元年**！

OK。そのとおり。第6回の最後でやったね(p.125)。

大宝律令編纂《へんさん》の中心は**刑部親王《おさかべしんのう》**と**藤原不比等《ふひと》**。刑部親王は天武の子，不比等は鎌足の子です。

ついでに，701年というのは8世紀最初の年だね。そこで**8世紀とともに大宝律令が完成し，元号も定着する**。

ところが，この大宝律令ができて20年もたたないうちに，また新たな律令ができる。

Q 718年，元正《げんしょう》天皇のときに，藤原不比等《ふひと》が中心になって編《あ》んだ法令の名は？
——**養老律《ようろうりつ》令《りょう》**

大宝律令と**内容に大差はない**と考えられています。20年も経《た》っていないのに，なんでまた新しく律令法典を作ったのか？ 理由ははっきりしません。藤原不比等が，自分１人で作りたかったのかもしれない。そこで，年号は，

「(大宝と)大差は**ないや**《718》，養老律令」

➡ **718年，養老律令**

しかも，この養老律令は，しばらくは実際には使わない。これを引っぱり出したのは，約40年後，不比等の孫《まご》，藤原仲麻呂が政権のトップに立ったときです。**757年**，**養老律令の施行**というやつなんです。

だから元正《げんしょう》天皇の718年にできあがったのは，近代的な法律用語でいうと「**制定**」。それを実際に使い始める，「**施行**」するのは757年です。そこでこの養老律令については，私大だと施行の757年のほうがむしろ出題されるぐらい。「約40年たってる」ということを頭に入れておいてください。他の律や令については，制定と施行の区別は無視してかまいません。

ちょっと律・令の制定を振り返っておきます。

近江令 ➡	**飛鳥浄御原令** ➡	**大宝律令** ➡	**養老律令**	
(天智)	**(天武〜持統)**	**(文武)**	**(元正)** ⟶	**(孝謙)**
			718 制定	**757 施行**
		刑部親王		
		藤原不比等	藤原不比等	(仲麻呂政権)

二官八省一台五衛府

次に，律令の定めた政治機構はどのようになっていたか。

まず，中央官制ですが，まとめて「**二官・八省・一台・五衛府《ごえふ》**」と総称する。そこでトップが二官。**神祇官《じんぎかん》**と**太政官《だいじょうかん》**といいます。

○	○	○
太政官	太政大臣	大宰府
×	×	×
（大政官）	（大政大臣）	（太宰府）

「太政官」は点を打たないとアウト，「大宰府」は点を打つとアウトです。

いいですか。まず神祇官があって，次に太政官がある。日本の神様，天照大神《あまてらすおおみかみ》などの神様や神社，神事《しんじ》を扱《あつか》うところが神祇官。神祇官は神様を扱うので太政官と並んでいますが，内容的には**太政官のほうが圧倒的に強い権力と権限を持っています**。

太政官の内容はどうなっているかというと，太政官の中で一番偉《えら》いのは**太政大臣《だいじょうだいじん》**で，「**則闕《そっけつ》の官《かん》**」といいます。「則《すなわ》ち闕《か》（欠）ける」とはどういう意味かというと，適当な人がいない場合は欠員でもイイということ。「闕」は，「欠」けるという字です。受験用の言葉で言うと，常に置いとく必要はない，「非常置《ひじょうち》」といいます。

そこで太政大臣がいると，これはモチロン一番偉い。じゃあ，非常置じゃなくて常置，常に置いとくほうのトップはというと，**左大臣**。左が上ですよ。次が右大臣。その下に大納言《だいなごん》，少納言《しょうなごん》。あとは左右の**弁官《べんかん》**，左弁官《さべんかん》・右弁官《うべんかん》があります。

ちょっと注意しておくのは，大納言と少納言はいるけれど，中納言《ちゅうなごん》はいないということ。実は中納言というのは，大納言と少納言だけでは手が足りないので，後からつけ加えた官職です。今で言う大臣《だいじん》にあたる

律令官制表

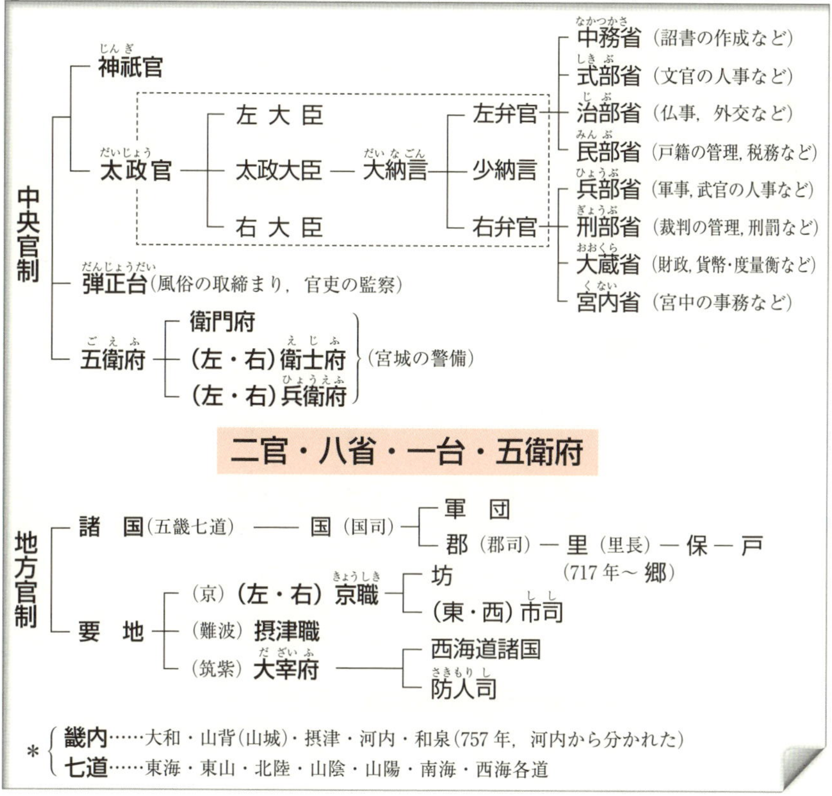

参議《さんぎ》(納言に次《つ》ぐ重職)も後から入ってきます。このような，**新たに設《もう》けられた，令制になかった官職を令外官《りょうげのかん》といいます。**

八　省

次が**八省**ですが，左弁官と右弁官が各々４つの省を統括《とうかつ》しています。

左弁官…中務《なかつかさ》・式部《しきぶ》・治部《じぶ》・民部《みんぶ》(省)
右弁官…兵部《ひょうぶ》・刑部《ぎょうぶ》・大蔵《おおくら》・宮内《くない》(省)

という八省です。読み方の順番も変えちゃダメ。

中務《なかつかさ》・式部《しきぶ》・治部《じぶ》・民部《みんぶ》・兵部《ひょうぶ》・刑部《ぎょうぶ》・大蔵《おおくら》・宮内《くない》
「なかつかさ・しきぶ・じぶ・みんぶ・ひょうぶ・ぎょうぶ・
おおくら・くない」

これはしつこいほどやる。繰り返して，まず慣《な》れる。耳で覚える。

▶中務省 vs 宮内省

さて，トップが中務省《なかつかさしょう》。「詔書《しょうしょ》」，「勅書《ちょくしょ》」などの天皇の命令を作成するなど，天皇の公的な仕事を手伝う官職だからトップにきます。

ところが，天皇に直接関わる省として宮内省《くないしょう》もある。宮内庁《くないちょう》御用達《ごようたし》「とらやの羊羹《ようかん》」なんていう，今でも残っている宮内という言葉に引っ張られて，“天皇のニョロニョロ”と出たときに，宮内省へ行っちゃうと，入試ではたいてい×。そこで，中務と宮内はしっかり区別しておく。

┌中務省…天皇の公的な仕事
└宮内省…天皇の私生活に関わる仕事

八省のトップと最後に天皇に関わる役所があって，トップの中務は天皇の国家行政の公的な面を助ける。宮内省というのは，宮中の事務。簡単にいえばご飯を作ったり，日常のめんどうをみたり，そういう天皇の私的なほうを扱うのが宮内省だと思っておきなさい。

▶式部省

次に式部省《しきぶしょう》の管轄《かんかつ》。これは文官，普通の国家公務員の人事を扱います。役人を養成するための高等教育機関である「**大学寮《だいがくりょう》**」も式部省のもとに置かれています。文官の人事と，その文官を養成する大学(寮)は式部省の管轄。

▶治部省

その次，これがアナになるやつです。

Q 国家仏教の法会《ほうえ》など(仏事)を扱うところ，プラス，外務省も兼《か》ねているような役所は何省か？
——**治部省《じぶしょう》**

簡単に言うと，ここが担当する仕事は国家にとっての大イベントなんです。国家的なイベントは全部この**治部省**が扱います。治部省は一番忘れやすい。

▶民部省 vs 大蔵省

次が入試の定番の**民部省《みんぶしょう》**です。中務と宮内がややこしいように，民部省と混乱する可能性があるのが大蔵省《おおくらしょう》。

- **民部省**…**戸籍《こせき》**・**租税《そぜい》**といった民衆支配の根幹《こんかん》に関わる仕事
- **大蔵省**…政府の蔵に納《おさ》められた**税**などを管理する仕事

151ページの表では，大蔵省の仕事として，「財政《ざいせい》，貨幣《かへい》・度量衡《どりょうこう》」と書いてある。実際の税の運用，出し入れなどは大蔵省の仕事なんですよ。度量衡というのはメジャーのこと，物を測《はか》る単位(度量衡)や貨幣なんかも管理する。

統治の前提となる戸籍《こせき》や税は民部省ですが，集めた税を管理したりするのは大蔵省ということです。

▶兵部省・刑部省

兵部省《ひょうぶしょう》はもう読んで終わり。兵隊さんだから，これは武官。要するに軍人を扱ったり，戦争関係。今で言えば防衛省。

刑部省《ぎょうぶしょう》も刑罰の「刑」だから，刑の執行《しっこう》とかをつかさどる。わかるよな。

では，いまの区別を思い浮べながらもう一度，口に出してみよう。

中務《なかつかさ》・式部《しきぶ》・治部《じぶ》・民部《みんぶ》・兵部《ひょうぶ》・刑部《ぎょうぶ》・大蔵《おおくら》・宮内《くない》
「なかつかさ・しきぶ・じぶ・みんぶ・ひょうぶ・ぎょうぶ・おおくら・くない」

▶弾正台

次に，役人が賄賂《わいろ》をとったとか不正を働いたとか，ズルしたりするのを取り締まる**弾正台《だんじょうだい》**を確認してください。これが「一台」。

▶五衛府

あとは，宮廷《きゅうてい》や都を守る防衛軍で，これを**五衛府《ごえふ》**といいます。衛門《えもん》府《ふ》と左右の衛士府《えじふ》と左右の兵衛府《ひょうえふ》があるので，全部で５つ。衛門府だけは左右に分かれていない。そこまでが中央行政機構です。

都城制

次に，天皇と官僚たちが住む都城《とじょう》。中国をまねた最初の都城はやりましたネ。**藤原京**。続いて **710 年**からは**平城京**が都です。

平城京遷都

平城京は奈良盆地の一番北側に造られました。遷都《せんと》は **710 年**です。

「**なん《7》と《10》**見事な平城京」
➡ **710 年，平城京遷都**

天皇は**元明《げんめい》天皇**。もちろん，お手本は中国ですから，**唐《とう》**の**長安《ちょうあん》**(現在の西安《シーアン》)，長安城の都城制《とじょうせい》をお手本にした。首都の造り方を「都城制」といいまして，それを模倣《もほう》した。

　ただし，唐の長安城というのは，実は横(東西)に長いんだけれど，日本の場合は縦，南北に長い。唐の都は「羅城《らじょう》」と言って，都の周囲を高いビルのような城で囲っています。「都城制」の「城」はこの羅城ですが，日本では，この羅城は発達しません。ここはちょっと注意してください。

　これは計画的な首都だから，道路がちゃんと直交するように区画が整備されます。英語だとチェッカーボードなんて言います。これは唐と同じです。

Q “碁盤《ごばん》の目のような”と形容されるこうした都城の区画制は何と呼ばれるか？
――条坊制《じょうぼうせい》

平城京

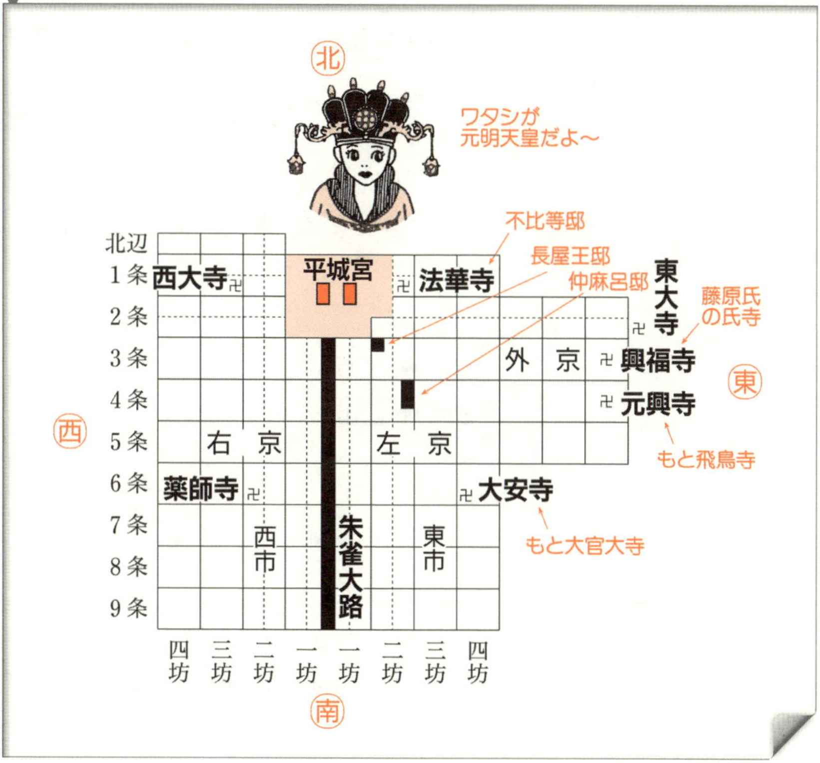

“天子南面”の平城京

平城京図を見てください。都城の真ん中を南北に，北から南にドーンと**朱雀大路**《すざくおおじ》が走っていて，**左京**《さきょう》と**右京**《うきょう》に区切られます。そして，平城京も「北を背に南を向く」——もちろん，天皇が北を背にする構造です。「天子南面《てんしなんめん》」ですよ。そこで，**天皇から見ると，左手が東になります**。そこで地図で見ると右側が東で左京，天皇から見て右側が右京になります。

左京と右京をもう一度確認しよう。これはセンター試験から国公立の二次試験，私大まで，必ず出るやつです。左京と右京。要するに東側が**左**京で，西側が**右**京だと。そして，北端の中央，中枢部《ちゅうすうぶ》が**平城宮**《へいじょうきゅう》です。ここに，天皇の生活の場である内裏《だいり》，政務・儀礼のための大極殿《だいごくでん》・朝《ちょう》堂院《どういん》，各官庁の建物や庭園がありました。

次に，右のほうに出っぱりの部分がありますネ。ここを**外京**《げきょう》と呼びます。外側に造られた京ということ。

あと，外京のさらに東側に**東大寺**《とうだいじ》，外京に**興福寺**《こうふくじ**》**・**元興寺**《がんごうじ》(もとの飛《あす》鳥寺《かでら》)，平城宮の東の隣が**法華寺**《ほっけじ》(当時の**藤原不比等**《ふひと》邸)，さらに，左京に**大安寺**《だいあんじ》(もとの大官大寺《だいかんだいじ》)，そして左京に**東市**《ひがしのいち》，右京に**西市**《にしのいち》があるのも確認しておいてください。

左京 ➡ 東市
右京 ➡ 西市

ここが入試のポイントですよ。

畿内・七道

次に行政区画。基本的な単位は「**国**《くに》」ですが，その配置を「**畿内・七道**《きない しちどう》」，「五畿《ごき》・七道」などと呼びます。まず都を中心に特別行政区があります。今だと「首都圏」みたいなものです。

【畿内(五畿)】 大和《やまと》・山背《やましろ》(山城)・摂津《せっつ》・河内《かわち》・和泉《いずみ》

この5国をまとめて**畿内**《きない(だい)》といいます。初めは和泉を除いた4国でしたが，のちに和泉が河内から分離して5国となり，「五畿《ごき》」とも呼ばれるようになります。「山背」は794年に平安京に遷都《せんと》し，「背」を「城」に変えます。読み方は「やましろ」で同じです。

畿内・七道

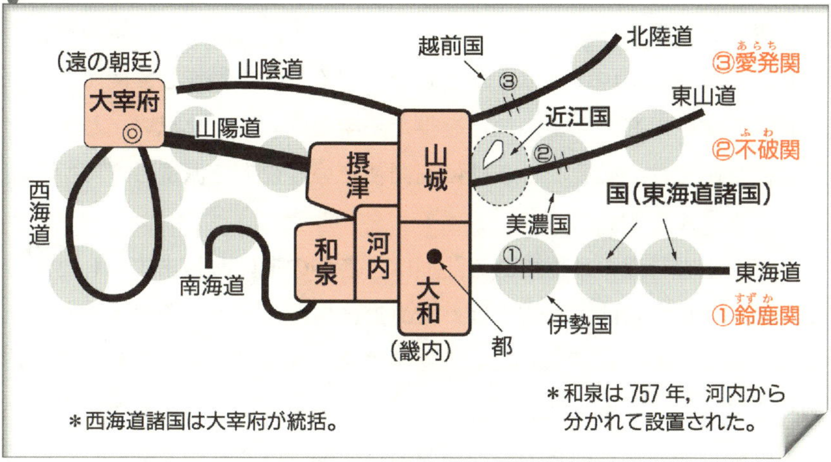

次に地方行政区画ですが，これは都からの**道路を単位に区分**されます。

【七道《しちどう》と諸国】
東海《とうかい》道・東山《とうさん》道・北陸《ほくりく》道・山陰《さんいん》道・山陽《さんよう》道・南海《なんかい》道・西海《さいかい》道

これら計7つの道が走っていますが，九州は独立していて，**大宰府**《だざいふ》の管轄《かんかつ》する**西海道**です。

七道にはランクがあって，**山陽道**が一番重んぜられている。道幅も広い。なぜかというと，大宰府を拠点に朝鮮，中国との外交が重視されていたからです。**都と大宰府を結ぶ幹線道路**ということです。

また，中央政府にとって注意を要する東国に対する「**三関**《さんげん》」が置かれていることにも注意してください。

三　関	東海道・伊勢国…**鈴鹿関**《すずかのせき》
	東山道・美濃国…**不破**《ふわ》**関**
	北陸道・越前国…**愛発**《あらち》**関**

政変などの際に，反乱を起こした人物が，東国，東日本の軍隊を集めたり，あるいは東国に逃げようとしたりすることを警戒《けいかい》して関所《せきしょ》を設《もう》けたわけです。天武が天皇の地位を得た**壬申**《じんしん》**の乱**のことを思い出しましょう。律令制では，必要なときには固関使《こげんし》という役人を派遣して関所を閉じてしまうんです。

さて，地方行政の単位である「**国**《くに》」**はどこかの道**《どう》**に属します**。したがって，例えば東海道諸国と言えば，東海道に属する国々，そのグループを意味します。例えば武蔵国《むさしのくに》というのがある。その隣《となり》へいくと相模《さがみ》国があります。いずれも東海道諸国の国です。ちなみにこの武蔵と相模というのはやっかいで，**いまの神奈川県の主要部分は相模国ではなく，武蔵国に属していて**，これがまちがえやすい。

もう1つ。山陽道の**播磨**《はりま》**国と摂津**《せっつ》**国との区別**。明石《あかし》あたりから西は播磨国なんだけど，いまの神戸あたりの**兵庫県の主要部は摂津国ですから畿内**に入ります。

あと，琵琶湖《びわこ》がある近江《おうみ》国。近江国は現在の滋賀県なので，「近畿地方」というイメージでしょうが，「**畿内**」**には入らない**。**東山**《とうさん》**道に属する国**ですよ。

地方行政

さて，国が地方行政の基本的な，一番大きい単位ですが，その国はさらに，いくつかの郡から成っている。そして，郡はいくつかの里からできています。**国《こく》・郡《ぐん》・里《り》**です。

Q 大宝律令以前はどうなっていた？ ——**国・評《こおり》・里**

これは藤原京跡から大量に見つかった木簡で確認されている。ここは第6回でやりましたよ(p.111)。

ちょっとやっかいな話ですが，この「国・郡・里」は間もなく，「里」は「郷《ごう》」と改められ，その「郷」のもとに「里」が置かれるということになります。これを，「**郷里制《ごうりせい》**」と呼びます。いいですか。

> 国・郡・里 ➡ 国・**郡**・**郷**(郷のもとに里)＝「**郷里制**」

国・郡・里の統括《とうかつ》にあたるトップは，それぞれ**国司《こくし》**・**郡司《ぐんじ》**・**里長《りちょう》**です。**国司は中央から任期をもって派遣**されます。一方，**郡司《ぐんじ》は大化改新以前からの地方の有力者，いわゆる国造《くにのみやつこ》層の中から選ばれます**。さらに郡司は**任期がありません**。一度，郡司になればずっとそのまま，死ぬまで郡司。任期が決まっていない**終身官**です。

国司の役所，今の県庁にあたるのが**国府**(国衙《こくが》)，郡司の役所が**郡家《ぐうけ》**で

<< 大宰府政庁跡
大宰府政庁跡は整備され，柱の礎石などが示されている。

す。そして，郡司の下を**里長《りちょう》**といいます。これは農民の代表者です。

▶特別行政区

あと特別行政区の官職として，都には左右の**京職《きょうしき》**。これは都の一般行政にあたる。それから**摂津職《せっつしき》**が摂津，いまの大阪に置かれます。外交の拠点であることから置かれた職です。そして，

Q 九州に置かれ，「遠《とお》の朝廷《みかど》」とも呼ばれた中央政府の出先機関は？

——**大宰府《だざいふ》**

九州はとくに重要なところだから，外交，国防の拠点として大宰府が置かれている。そして，**西海道諸国の支配**も任《まか》されている。

さて，あと少し律令制度について学習しなければならないのですが，ともかく，単純に覚えておかなければならない語句が多すぎます。そこで今回はこのあたりでやめておいて，一息入れることにしましょう。

第9回 古代(9)
律令制度(2)
——税制と農民

　律令制の学習の後半です。前回もそうですが，**ヤマト政権から律令制への転換**について学習していることを意識して，退屈《たいくつ》でも，しっかり学習しなければならない。ガマンのしどころですよ。

大王	➡	天皇
↓		↓
氏・姓		位階 → 官僚
大臣・大連		太政官
畿内有力豪族	→	畿内有力豪族
国造	→	郡司
屯倉　田荘		(戸籍・班田収授法) → 計帳　税制
名代・子代　部曲		良民
ヤツコ(奴婢)		五色の賤

　位階を持った官僚が律令法にもとづいて天皇の統治《とうち》を助けるわけですが，今回はそのシステム，**官位相当《かんいそうとう》(の)制**・**四等官《しとうかん》制**を学習します。

　さらに，民衆統治の基本，**戸籍《こせき》制度**。そして**班田収授《はんでんしゅうじゅ》法《ほう》**と税制。**租《そ》**・**調《ちょう》**・**庸《よう》**など。

1 律令官人制

講義ノート p.28 参照

位階制

今回は，官僚制度，位階制《いかいせい》から。律令《りつりょう》制度の続き。

律令行政は役人たちによって運営されます。「官人《かんじん》」と呼ばれる官僚は，「有位」，**位階を持っているのが原則**です。位階があることが官僚の大前提。

講義ノート（p.28）の〈官位相当表〉を見てください。

603年，**厩戸王《うまやとおう》**（聖徳太子）が定めた**冠位十二階**から始まった位階制度が，最終的に30階に分かれています。正一位《しょういちい》から少初位《しょうそい》までの30ランク。もっと詳しく言うと，一番上から，正と従，一・二・三…，そして上・下を組み合せて，全部で30ランク。正一位から一番下の少初位の下までです。

ピラミッド型の組織に数値化したランクをつけたのが位階制のイメージです。このように，律令の中央集権は，全部ピラミッドのイメージです。その上に天皇が君臨《くんりん》しているわけ。

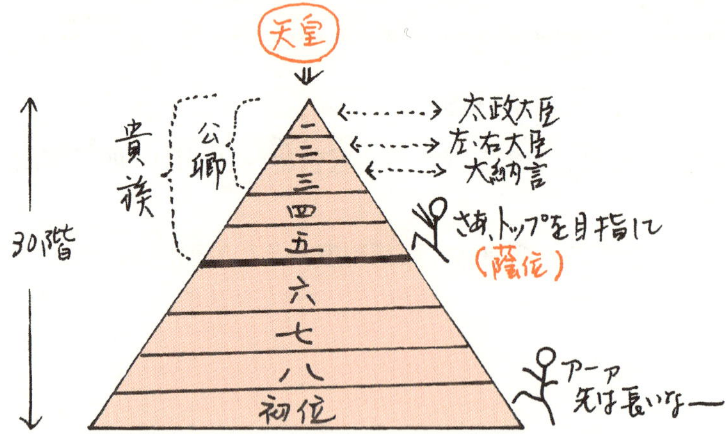

官位相当(の)制

さて，ここからが要点ですよ。一位，二位，三位。これがまさに，今で言うと大臣クラス。だから総理大臣になろうと思ったら，一位とか二位を持ってないとなれない。要するにここの**三位《さんみ》までが**，**太政官**のトップ。「**公卿《くぎょう》**」と呼ばれる高級官僚。

そして，太政大臣を置く場合，その人は一位という最高位を持っているのが原則です。左大臣・右大臣なら，二位を持っている人から選ばれる，といった具合。

このように，**各々《おのおの》の官職，ポストに就《つ》くことのできる位階が法で規定されている**んです。律令制下においては，官職と位階はバラバラではなく，対応関係が決められている。ということは大抜擢《ばってき》がない。

Q この位階に応じた官職に任命されるシステムを何というか？

——**官位相当(の)制**

だから，ある六位の官人を天皇がどんなに気に入ろうが，どんなに優秀だろうが，六位のままでは大臣には絶対なれません。位階は徐々に上がっていくので，いきなり三位にするなんてことはできないんです。六位なら六位に対応する役職がちゃんと決められていて，それに「相当」する，たとえば国司の「守」などに任命されるのです。「**官位相当(の)制**」は律令の行政機関の制度では一番よく書かされるものです。

貴族の特権

こうやって，**ヤマト政権**を支えた大和《やまと》・摂津《せっつ》・河内《かわち》とか，あるいは地方の有力者たちは，律令制度のもとでお役人さん，官僚になっていきます。

彼らは**経済的な保障**も受けました。講義ノートに書いてあります(p.29)。律令貴族たちは位によって**位田《いでん》・位封《いふう》・位禄《いろく》・季禄《きろく》**，それからお手伝いさんのような労働者である資人《しじん》，あるいは官職に対して職田《しきでん》を給与されるというふうに，さまざまな名目によって経済的な保障を受けた。

また，**調《ちょう》**・**庸《よう》**・**雑徭《ぞうよう》**のような**税の免除**もあります。さらに軽い犯罪はお金を払っておけばチャラになるというふうに，刑罰《けいばつ》上の優遇《ゆうぐう》も若《じゃっ》干《かん》受けます。

Q 有位者でも刑の減免が認められない重大犯罪って何だっけ？

：八虐《はちぎゃく》。

ハイ，よく覚えてたネ。

貴族の特権はまだあります。大化前代からの有力者たちが高級官僚になって，確保した一番大きな特権ともいえるもの。

Q 律令制で，五位以上の者の子と三位以上の者の子・孫は，21 歳になれば，自動的に一定の位階が与えられた。この制度を何というか？

——**蔭位《おんい》の制**

これはもう出まくりだから，絶対書けるように。蔭位という制度です。「蔭」の字のクサカンムリを絶対忘れないように。

○ 蔭位　× (陰位)

さて，五位以上の者の子を**蔭子《おんし》**といい，三位以上の者の孫を**蔭孫《おんそん》**といいます。つまり，一位～三位は子・孫までが対象，四～五位では子がこの恩典《おんてん》の対象です。**皇親《こうしん》**(天皇の親族)も対象となりますし，嫡子《ちゃくし》(正妻の子)とそれ以外で与えられる位には差がありますが，細部まで覚える必要はありません。

例えば，お父さんが正一《しょういち》位《い》太政大臣《だいじょうだいじん》という高級官僚だったら，その嫡子は **21 歳**になれば自動的に従五位下《じゅごいのげ》が与えられる。すなわち，お父さんやお祖父《じい》ちゃんのお「蔭《かげ》」で，下から積み上げなくとも，途中の位がもらえる。いきなり**貴族**。こうした優遇《ゆうぐう》措置《そち》を蔭位制度というわけです。

さて，それでは，お父さんやお祖父ちゃんがたいした役人じゃない場合はどうなるか。下からがんばって職務に励《はげ》み，よい成績を残しても，限界があります。エリートの子供たちが出発点とする五・六位あたりにいくのだってタイヘンです。ということは，律令の**役人たちが高級官僚層と，中級までしか行けない層に分かれてしまう**ということです。

蔭位の対象となるのは五位以上ですが，この**五位以上がいわゆる「貴族」**，今風に言えばキャリアの高級官僚です。そして経済的にも圧倒的に優遇《ゆうぐう》されるんです。

四等官制

次は官職制度です。その組織の原則は「**四等官制**《しとうかんせい》」です。律令制では，各役所の上層部はすべて次の４つの階級に分かれていました。

長官《かみ》——次官《すけ》——判官《じょう》——主典《さかん》

この「かみ・すけ・じょう・さかん」という呼び名はどの役所でも同じですが，**使われる文字が役所によって異《こと》なっていた**。ここがやっかい。簡単な四等官の例を見ておきましょう。

八省の四等官

はい，次ページの四等官表を見てください。

八省，中務《なかつかさ》・式部《しきぶ》・治部《じぶ》・民部《みんぶ》などの「省」の長官（「かみ」）は「卿」。たとえば，治部省の長官は治部卿で「じぶのかみ」ですが，「卿」を音で読んで「じぶきょう」とも読みます。同じく，民部省なら「民部卿」。

次の「次官」は「輔」，判官は「丞」，「主典」は「録」という字をあてます。読み方は，「すけ」「じょう」「さかん」。

輔は大と少，大輔・少輔に分かれているのでちょっとややこしい。民部大輔・民部少輔のようになりますが，これも「すけ」あるいは「ほ」と読みます。そこで，

八省の長官は？　と聞かれたら，――答えは「**卿**」。

次官は？　と聞かれたら，

――「**輔**」と答えます。

四等官制

官職	省	大宰府	国	郡
かみ（長官）	卿	帥	守	大領
すけ（次官）	大少輔	大少弐	介	少領
じょう（判官）	大少丞	大少監	大少掾	主政
さかん（主典）	大少録	大少典	大少目	主帳

	〈かみ〉	〈すけ〉	〈じょう〉	〈さかん〉
(八)省…	**卿**	**輔**	**丞**	**録**
国　司…	**守**	**介**	**掾**	**目**

よく聞かれるのは，省と国司の四等官。そして，**大宰府**の長官。難関大だと郡司の四等官も問われることがあります。政治史がらみでは，大宰帥の代理，大宰権帥《だざいのごんのそち》。これは**平安時代**に出てきます。郡司の四等官は**墾田永年私財法**の史料で出てきます。

- 省………**卿・輔・丞・録**
- 国　司…**守・介・掾・目**
- 大宰府…**帥**（×師）
  - ＊帥の代理 ＝「**大宰権帥**《だざいのごんのそち》」→ **菅原道真・源高明**
- 郡　司…**大領・少領・主政・主帳**　　墾田永年私財法

「音」で暗記しましょう。省→国司→郡司の順番です。

「きょうほじょうろく　しゅかいじょうもく」
「だいりょうしょうりょうしゅせいしゅちょう」
「きょうほじょうろく　しゅかいじょうもく」
「だいりょうしょうりょうしゅせいしゅちょう」

各々の役職は，決められた位階を持つものから選ばれるんですよ。**官位相当(の)制**です。たとえば，大宰帥が欠員になったら，従三位の位をもっている官僚の中から後任が選ばれるということ。

2 律令税制と農民

講義ノート p.29 参照

身分制度

次はやっかいな農民と税制です。まず，律令制の身分制度を確認しておきます。といっても，これは単純です。

貴族から一般の農民まで，大部分は**良民《りょうみん》**と呼ばれます。それに対して一部残っていた奴隷《どれい》身分の人々が**賤民《せんみん》**です。「良」と「賤」の区別です。そして賤民の区分が，**陵戸《りょうこ》・官戸《かんこ》・家人《けにん》・公奴婢《くぬひ》・私奴婢《しぬひ》**。これらを「**五色《ごしき》の賤《せん》**」と総称します。

陵戸というのは陵《りょう》，天皇のお墓を守っている人。政府所有の奴隷が官戸・公奴婢。民間の有力者も一部奴隷の所有が認められ，これが家人・私奴婢ということになります。

戸籍・班田収授

次は民衆支配と班田収授制，そして，税制。史料がいくつか出てきます。しっかり声を出して読んでください。

律令国家が農民など，すべての人を支配するためには，**戸籍《こせき》**が絶対に必要です。これはもういいね。**庚午年籍《こうごねんじゃく》**（670年）・**庚寅年籍《こういんねんじゃく》**（690年）ができていた。戸籍は班田収授のための基本台帳です。

Q 律令では，戸籍は何年ごとに作成すると規定されていたか？

——**6年**です。

戸籍は6年ごとに作ることになりました。また，**調《ちょう》**と**庸《よう》**を徴収《ちょうしゅう》するための台帳を**計帳《けいちょう》**といった。これは毎年つくることになっています。ハイ，史料で確認。

出典の『**令義解《りょうのぎげ》**』というのは，9世紀になって成立した「**養老令《ようろうりょう》**」についての解釈を書いた本です。

史料 17-(1) **律令制度〔戸令〕/『令義解』**

〔戸令《こりょう》〕

凡《およ》そ戸《こ》は**五十**戸《こ》を以《もっ》て**里**《り(さと)》と為《な》せ。**里毎**《さとごと》に長《おさ》一人を置《お》け。
戸は 50 戸で 1 里とする。 **里に里長を 1 人置け。**

凡そ**計帳**《けいちょう》を造《つく》らむことは，年毎《としごと》に……
計帳は毎年作成せよ。

凡そ**戸籍**《こせき》は**六**年に一《ひと》たび造《つく》れ。……
戸籍は 6 年ごとに造れ。

凡そ**戸籍**《こせき》は恒《つね》に**五比**《ひ》を留《とど》めよ。其遠《そのとお》き者《もの》は次第《しだい》に依《よ》りて除《のぞ》け。
戸籍は 30 年間保存せよ。 **30 年以上経ったら古いものから廃棄せよ。**

(近江《おうみ》の**大津宮**《おおつのみや》の**庚午**《こうご》の年《とし》の籍《しゃく》は除《のぞ》かざれ)
(ただし，近江大津宮の庚午年籍は永久保存とする)

戸籍の作り方

「凡《およ》そ戸《こ》は五十戸《こ》を以《もっ》て里《り》と為《な》せ。里毎《さとごと》に長《おさ》一人を置《お》け」——国郡里制《こくぐんりせい》で，戸《こ》というのが戸籍の単位になっていますから，「**50 戸で 1 里**とせよ」ということ。

この戸というのは「**郷戸**《ごうこ》」ともいい，平均 20 人前後で構成されています。当然，今の家族よりうんと多い。つまり「郷戸」は複数の家族で構成されており，郷戸を構成する個々の家族のほうを「房戸《ぼうこ》」と呼んだ時期もあります。

次，「凡《およ》そ計帳《けいちょう》を造らむことは，年毎《としごと》に」だから，年ごとに**毎年**，**計帳を作ります**。氏名・年齢とか性別とかを書いておいた。課税の台帳なので，毎年新しいものが必要だったんです。

で，この計帳は毎年作るんだけれど，その元になるのは 6 年ごとの戸籍です——「凡そ戸籍は六年に一たび造れ」。戸籍というのは年月がたつと意味がなくなりますね。みんな死んじゃうから。そこで **6 年に 1 回**作ることとされています。

そして,「戸籍は恒《つね》に五比《ひ》を留《とど》めよ」。この「五比」というのは“掛ける5”という意味で,元の6年掛ける5で,6×5＝30なんです。すなわち「戸籍は**30年間は保存**しなさい」ということです。6年ごとに1回作って,30年間は作ったものを保存し,順番に「遠き者」,古くなったものから捨てていいよ,と。

ただし,**670年**,覚えてるか,**天智天皇《てんじてんのう》**がはじめて作った全国戸籍の「近江《おうみ》の大津宮《おおつのみや》の庚午《こうご》の年《とし》の籍《しゃく》は除《のぞ》かざれ」——**庚午年籍《こうごねんじゃく》**は,永久に保存しなさい。でも,これは現在は残っていません。現在まで残っている最古の戸籍は大宝2年,702年のものですが,もちろん断片的《だんぺんてき》なものです。

(天智)　(持統)　(文武)

[①]年　[②]年　[③]年

庚午年籍 → **庚寅年籍** → **戸令** … 6年1造,「五比」＝30年間保存

＊現存最古の戸籍 … 702(大宝2)年

Q ハイ,空欄の年次はいいですか?

——① **670**　② **690**　③ **701**

つづいて,どんどん史料をチェックしましょう。

班田収授

さて次は,いよいよ**班田収授法《はんでんしゅうじゅほう》**。

17-(2) 律令制度〔田令〕/『令義解』

〔田令《でんりょう》〕

(A) 凡《およ》そ田《た》は長《なが》さ**卅歩**《さんじゅっぽ》，広《ひろ》さ**十二歩**《ほ》を**段**《たん》と為《せ》よ。**十段**《たん》を**町**《ちょう》と為《せ》よ。**段**《たん》の**租**稲《そとう》**二束**《そく》**二把**《わ》，**町**《ちょう》の**租**稲《そとう》**廿二束**《にじゅうにそく》。

田はタテ 30 歩，ヨコ 12 歩の広さを 1 段とする。10 段を 1 町とする。 租は 1 段につき稲 2 束 2 把，1 町なら 22 束とする。

(A)「凡《およ》そ田《た》は長さ卅歩，広さ十二歩を段《たん》と為《せ》よ」――長さ・広さ，これは縦《たて》・横《よこ》だと思いなさい。「広さ」というのは面積じゃありません。「卅」という字は三十と読みます。だから，タテ・ヨコ 30 × 12 = 360 歩。これが面積で，1段です。その1段が10個集まると町《ちょう》。

町		段(反)		歩
1	=	10		
		1	=	360

1段(反)は360歩ですよ。**豊臣秀吉**の**太閤検地**では1段(反)は300歩なので，そのときにも念を押しますが，

律令制	……	360歩	=	1段
太閤検地	…	300歩	=	1段

と覚えておく。

この田地に対してかけられる税が**租**《そ》です。

「段《たん》の租稲《そとう》二束《そく》二把《わ》，町《ちょう》の租稲廿二束《そとうにじゅうにそく》」――「租」は**口分田**《くぶんでん》からの収穫に対する税ですよ。租として1段につき2束2把を納《おさ》めなさいということ。収穫の約**3%**にあたる。**軽い**税と言っていいでしょう。この2束2把の束・把というのは10進法だから，町だとそれの10倍で22束，

$2.2 \times 10 = 22$ ということです。

租…１段につき２束２把＝収穫の約３％

17-⑶　律令制度〔田令〕/『令義解』

(B)　凡《およ》そ**口分田**《くぶんでん》を給《たま》はむこと，男《おとこ》に**二段**《たん》。女《おんな》は**三分の一**を減《げん》ぜよ。

口分田を与える場合，男は２段。女は３分の１を削り，１段120歩与えよ。

五年以下《いか》には給《たま》はざれ。

５歳以下には与えない（６歳以上に与えること）。

「**口分田**」，つまり人間ごとに田んぼを与えていきます。男は２段，女はその３分の２を与えます。上の法律の文章では「女は３分の１を削《けず》れ」と書いてあるから，残りは３分の２ということになるわけ。ここのところは史料の穴埋め問題で出るとうっかりまちがえるところです。「減ぜよ」だから，２ではなく１だということを覚えておきましょう。

男は２段，ということは歩でいえば，$2 \times 360 = 720$ で720歩。ここから$\frac{1}{3}$を引いて，残りの$\frac{2}{3}$が女性だから，女性がもらえるのは，次のようになる。

$720 \times \frac{2}{3} = 480$(歩) = １段120歩，あるいは，

$2 \times \frac{2}{3} = 1\frac{1}{3}$(段) = １段120歩

次も数字に注意。「五年以下には給《たま》はざれ」――**５歳以下にはやるな。**「給はざれ」，否定だから，「**６歳以上にあげます**」ということになります。

あと，史料では出してきませんが，**賤民**《せんみん》に対する田の配分もチェックしておきましょう。**五色**《ごしき》**の賤**《せん》のうちの家人《けにん》と私奴婢《しぬひ》については，**良民**《りょうみん》の男女各々の**３分の１**。陵戸《りょうこ》・官戸《かんこ》・公奴婢《くぬひ》は**良民と同じ**だけ与えられます。

良　民
- 男…**2段**
- 女…**(男子の3分の2)1段120歩**

(いずれも**6歳**以上に与える)

賤　民
- **陵戸・官戸・公奴婢**……良民男女と同じ
- **家人・私奴婢**…良民男女の各**3分の1**

また,

Q 口分田の班給《はんきゅう》がしやすいように田地は区画されたが，その土地の分け方を何というか？　　　　——**条里制**《じょうりせい》といいます。

この条里制は天平年間から実施されていきました。都の区画のしかたである**条坊制**《じょうぼうせい》と混同しないこと。

17-(4)　律令制度〔田令〕/『令義解』

(C)　凡《およ》そ田《た》は**六**年《ねん》に一《ひと》たび班《たま》へ。神田《しんでん》・寺田《じでん》は此《こ》の限《かぎ》りに在《あ》らず。……

班田は6年に一度実施せよ。　神田・寺田は年限はない。

(D)　凡《およ》そ諸国《しょこく》の**公田**《こうでん》は，皆《みな》**国司**《こくし》郷土《きょうど》の估価《こか》に随《したが》ひて**賃租**《ちんそ》せよ。

諸国で国家の元に残っている公田は，すべて，国司がその地方の実状に応じて農民に賃租させよ。

田地の種類

(C)の条文です。「田は六年に一たび班《たま》へ」——**班田の給付は6年ごとに実施**《じっし》**される**。つまり，6年ごとに作成される**戸籍**《こせき》に基《もと》づいて行うということ。「神田《しんでん》・寺田《じでん》は此《こ》の限りに在《あ》らず」——国家管理のもとにある神社やお寺に与えた田んぼ(**神田**《しんでん》**・寺田**《じでん》)については，このことは関係ありませんよ。

〈戸籍〉6年1造 ➡ 〈班田〉6年1班

次，(D)。**口分田《くぶんでん》**を班給した残りの田んぼを「**公田《こうでん》**」といいます(「**乗田《じょうでん》**」ともいう)。口分田として，あるいは神田・寺田として配った残りの田んぼについては，ほっとくと荒《あ》れ果《は》ててペンペン草が生えちゃうから，国を支配している**国司**が，その地域の物価水準に合わせて貸し出しなさい，**使用料を取って貸し出しなさい**と言っています。公田を**賃租《ちんそ》**した農民は**収穫高の5分の1，20%**を使用料として国司に納入します。

3 律令税制

講義ノート p.31 参照

租・調・庸 / 雑徭

さあ，ここまでで「**租**《そ》」が出てきました。田１段について稲２束《そく》２把《わ》でしたね。

租は**郡司**がこれを管理し，国の範囲内で運用されるので，言わば**地方税**です。中央政府の財源ではありません。今で言えば，都民税，県民税です。

中央の財源となるのは「**調**《ちょう》」と「**庸**《よう》」です。

17-(5)　律令制度〔賦役令〕/『令義解』

〔賦役令《ぶやくりょう》〕

凡《およ》そ**調**《ちょう》の絹《きぬ》・絁《あしぎぬ》・糸《いと》・綿《わた》・布《ぬの》は，並《なら》びに郷《きょう》土《ど》の出《だ》す所《ところ》に随《したが》へ。
調は……………などの中から，その地方で適切な物を選んで納入せよ。

凡《およ》そ**正丁**《せいてい》の**歳役**《さいえき》は**十日**。若《も》し**庸**《よう》を収《と》るべくんば，**布**《ぬの》**二丈**《じょう》**六尺**《しゃく》。……
正丁の歳役は 10 日，もしその代わりに庸で納入する場合は布２丈６尺である。

凡《およ》そ令条《りょうじょう》の外《ほか》の**雑徭**《ぞうよう》は，人毎《ひとごと》に均《ひと》しく使《つか》へ。総《すべ》て**六十日**を過《す》ぐることを得《え》ざれ。
以上の令に規定した以外の雑徭は，不公平にならないようにせよ。合わせても 60 日を超えてはならない。

調(地方地方の産物を朝廷に納めるもの)として，「絹・絁《あしぎぬ》・糸・綿・布」など，政府が指定した各々の**郷土の特産物**を出しなさい。いろいろな物のなかから指定されたもの。「絹・絁……」ときたら調。

次，「凡《およ》そ正丁《せいてい》の歳役《さいえき》は十日」――**正丁は成人男子のことで，21 歳から 60 歳まで**。20 歳じゃないよ，21 歳。この歳役の代わりが「**庸**」。地方税ではなくて中央の税として，**年 10 日間**，労働で国に奉仕《ほうし》しなさいというもの。これが「**正丁《せいてい》の歳役《さいえき》十日**」です。

しかし，実際に10日間の労役が課されることはありません。日本全国から成年男子が都に集まってきて10日間働くなんていうのは，現実味がありませんから。そこで，「若《も》し」というのは「代わりに」というような意味で，10日間の労働力を奉仕する代わりに，「庸布《ようふ》」として，**2丈6尺の布を納めればいい**ことになっているわけです。

次，「**雑徭《ぞうよう》**」はまず漢字でしっかり書けるように。これも労働力で奉仕させられる税です。「人毎《ごと》に均《ひと》しく」というのは，人によって15日，30日というようにバラツキがないように公平に課《か》せということ。ただし「六十日を過《す》ぐることを得《え》ざれ」――**最大限で60日**，60日間を限度として労働を課してもいいよということです。雑徭は**地方税**で，**国司《こくし》**の権限で負担させるものです。

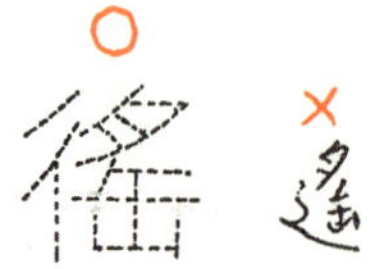

兵役制度――衛士と防人

17-(6)　律令制度〔軍防令〕/『令義解』

〔軍防令《ぐんぼうりょう》〕

凡《およ》そ兵士《へいし》の上番《じょうばん》せむは，京《きょう》に向《むか》はむは**一年**，防《ぼう》に向《むか》はむは**三年**，
兵士が実際に勤務につく場合，　京に向う衛士は1年，九州に入って防人となる場合

行程《こうてい》を計《かぞ》へず。
は3年，往復の日数はこれに含まれない。

はい，次は兵隊の制度。義務兵役制がありまして，「凡《およ》そ兵士《へいし》の上番《じょうばん》せむは，京《きょう》に向《むか》はむは一年，防《ぼう》に向《むか》はむは三年」――京に向かうのが，京都を護衛《ごえい》する**衛士《えじ》**というやつです。左右の衛士府《えじふ》などで働く。次の「防《ぼう》に向《むか》はむは三年」というのは**防人《さきもり》**。これは九州北部の沿岸《えんがん》の防衛にあたるものです。

兵役を課されるのは，選ばれた特定の人ですよ，もちろん。全員じゃありません。**正丁《せいてい》の３人に１人の割合**で選ばれ，国司の管理下にある**軍団《ぐんだん》**というところで軍事訓練を受けるんですが，そのうちの一部の人が**都に行って，衛士として１年間奉仕する**とか，あるいは**九州へ行って防人として３年間**勤務しなきゃいけない。

例えば東京あたりに住んでる正丁(成年男子)が防人になると，３年間九州で，自分で全部費用を負担《ふたん》して，国防軍に奉仕することになる。しかも，この防人は**東国**の兵士から選ばれます。九州に到着するのに半年以上かかるでしょう，たぶん。ひょっとしたら１か月，２か月で行けるやつもいるかもしれないけれど。しかも，「行程《こうてい》を計《かぞ》へず」ですから**行き帰りの日数は数えない**で，丸３年，九州で防人をやりなさいということ。だから防人になると悲惨《ひさん》なことになります。

ハイ，これも繰り返し口ずさんで覚えてしまう。

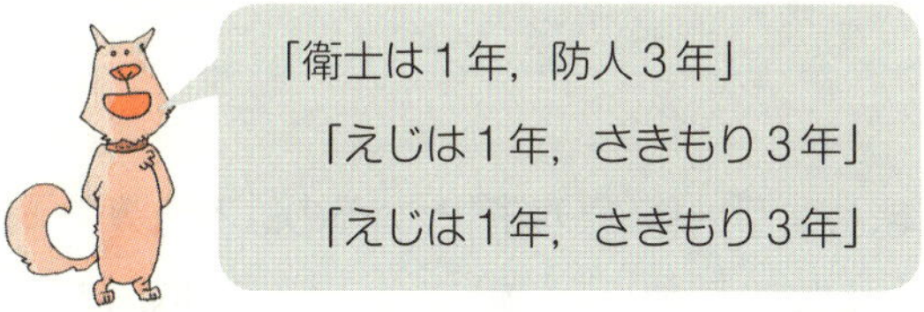
「衛士は１年，防人３年」
「えじは１年，さきもり３年」
「えじは１年，さきもり３年」

入試のポイントは，行き帰りの日数は，その「**１年**」「**３年**」**の勤務期間には加えない**というところです。

以上が，律令の土地・税制の主要な内容です。本番の入試までに完全に覚えればいいと思って，あまりプレッシャーを感じないで，繰り返すことによって馴《な》れて，覚えてください。

２回にわたって，冗談ぬきでお疲れさまでした。繰り返しの復習をぜひお願いします。

古代⑽

第10回 8世紀の政治

今回は，律令国家が成立した8世紀の社会，経済を学習します。

北にも南にも新しい国が誕生する。出羽《でわ》国・大隅《おおすみ》国の設置。そして，有名な和同開珎《わどうかいちん》《(かいほう)》の発行などの経済。

そして，8世紀の政治です。天皇と藤原氏を中心に，中央政治の展開を見ていきます。天皇と政権の中心人物は次のとおり。

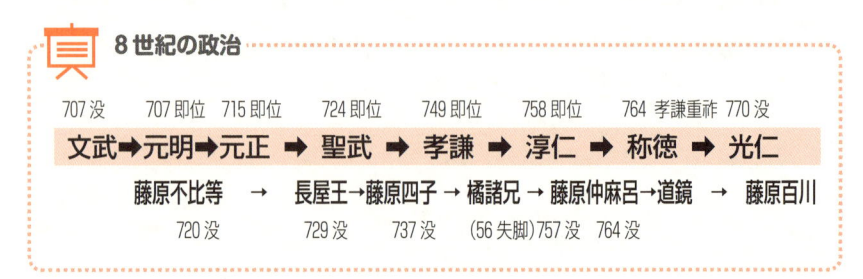

8世紀の政治

707没　707即位　715即位　724即位　749即位　758即位　764 孝謙重祚　770没

文武➡元明➡元正 ➡ 聖武 ➡ 孝謙 ➡ 淳仁 ➡ 称徳 ➡ 光仁

藤原不比等 → 長屋王→藤原四子 → 橘諸兄 → 藤原仲麻呂→道鏡 → 藤原百川

720没　729没　737没　(56失脚)757没　764没

藤原氏の系図だけ見ておきましょう。「藤原四子」というのは不比等の4人の息子，(南家)武智麻呂・(北家)房前・(式家)宇合・(京家)麻呂のことです。「むちまろ・ふささき・うまかい・まろ」と3回，声を出して読んでください。

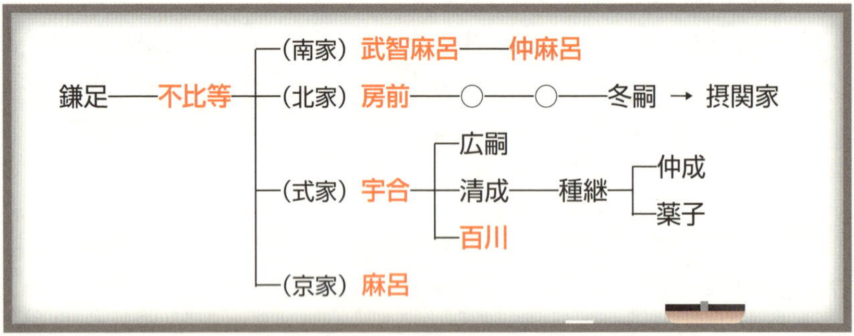

1 国域の拡大と経済の発展

講義ノート p.32 参照

東北地方

中国で**唐**が膨張《ぼうちょう》していったように，日本でもこの8世紀前半には出《で》羽柵《わのさく》，さらに出羽国の設置というふうに，東北地方の日本海側に新しい国が置かれます。中央政府の支配下に入ったところに，国が新しく置かれていった。次ページの地図を見て。出羽柵が置かれたのは **708 年**。「**和同開珎**《わどうかいちん》」の年です。それから出羽国設置の **712 年**も絶対覚えないといけないダブルの年号で，『**古事記**《こじき》』ができた年でもあるね。

次はいよいよ太平洋側で，

Q 724年，現在の宮城県に設置された東北経営の拠点を何というか？

——**多賀城**《たがじょう》

この多賀城に**陸奥国府**《むつこくふ》と，東北地方全体を監視《かんし》する**鎮守府**《ちんじゅふ》という，いわば新しく領土に入っていった地域を監督する特別の役所が置かれた。

九　州

一方，南九州には，広い地域を，日向《ひゅうが》国としていましたが，702 年には薩摩《さつま》国が，**713 年**には大隅《おおすみ》国が置かれます。今の鹿児島県の西部が薩摩国，東部が大隅国です。

南九州の**隼人**《はやと》と呼ばれた人びとは，8世紀前半には，律令制の浸透《しんとう》に抗《こう》して反乱を起こしています。また，薩摩国・大隅国には班田制や税制は施行《しこう》されず，6年交代で朝廷に朝貢《ちょうこう》することとされます。天皇が蝦夷《えみし》や隼人の朝貢を受けることで，中国の皇帝と同じような地位にあることを示そうとしたわけです。一部の隼人は朝廷の儀式に参列したり，宮門《きゅうもん》の防衛に従事す

隼人の盾

8世紀前半の九州と東北地方

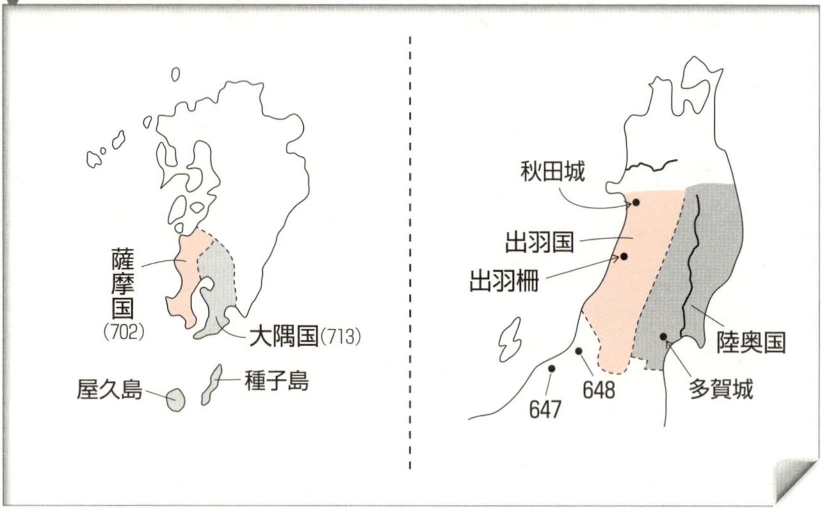

るために上京したのですが，その隼人の使った楯《たて》(盾)が平城京の発掘調査で発見されました。

そして，種子島《たねがしま》とか屋久島《やくしま》とか，奄美諸島《あまみしょとう》が中央政府の支配下に組み込まれる。**東北地方と九州南部への国域の拡大**。そこまでいいですね。

和同開珎

このように8世紀に入って律令体制が成立するとともに，経済・産業も発達する。

農業，手工業でいうと，鉄製農具が普及《ふきゅう》した，大陸技術が伝来した，国衙《こくが》の工房ができた，農民が副業で**調**《ちょう》や**庸**《よう》の布を織《お》るなどの技術も発展します。

各地で鉱山開発も進む。陸奥《むつ》から金《きん》が，対馬《つしま》から銀が，そして周防《すおう》や武蔵《むさし》から銅がとれるようになった。この中で一番よく出るのは，**武蔵《むさし》国《のくに》 秩父《ちちぶ》郡《ぐん》**から銅がとれたことに関してです。日本産の自然銅です。その銅が中央に献上《けんじょう》された。

Q よし，メデタイ，元号《げんごう》を変えようというので，708年に何という元号に変わったか？ ——**和銅《わどう》**

この和銅改元《かいげん》を契機に，**和同開珎《わどうかいちん》**という貨幣《かへい》の発行が始まります。この貨幣は**唐の開元通宝《かいげんつうほう》**をお手本にしたとされます。

Q 天武天皇のときに発行された銅銭は？ ——**富本銭《ふほんせん》**

中国が都城《とじょう》制なら日本も都城制，中国に律令法典があるなら日本にも律令法典，中国に貨幣があるんだったら日本にも，というわけだ。富本銭は「富本」と2文字。「開元通宝」は4文字だから，今度は4文字にして「和同開珎」としたんでしょう。たぶん。

この年，708年には「**平城京**を造営せよ」という命令が出ていますので，その工事のための人夫《にんぷ》に対する労賃，要するに給料として払うために鋳造《ちゅうぞう》したという有力な見解もあります。

あと，和同開珎は小学生でも知ってるけれど，書かされたときに金ヘンをつけない。大丈夫だよね。

○ 和 **同** 開珎　×（銅）

○ 和 **銅** 元年

もうひとつ，富本銭が，飛鳥寺《あすかでら》のすぐそば，石舞台《いしぶたい》からも近い飛鳥池《あすかいけ》遺跡から，まとまって出てきたことも思い出しておこう(p.123)。

さて，この和同開珎から始まって，最後は**乾元大宝《けんげんたいほう》**まで，12種類の銭を造りますが，これを皇朝《こうちょう》（本朝《ほんちょう》）十二銭《せん》と総称します。皇朝，つまり「日本の政府が造った12種類の銭」ということ。それの最初が和同開珎で，**708**年です。

乾元大宝は958年に発行されているので，958 − 708 = 250，250年間に12種類の銅銭が発行されました。

また，和同開珎は銀銭と銅銭も発行されています。その後，奈良時代には開《かい》基《き》勝宝《しょうほう》という金銭も発行されています。もちろん，ほとんどは銅銭，皇朝十二銭ですよ，念のため。

和銅改元，和同開珎，皇朝十二銭の最初。３点セットで覚えておいてください。この和同開珎を造った役所を鋳銭《じゅせん》司《し》といいます。

蓄銭叙位令

さて，いきなり貨幣を与えられたけど，みんなよくわからない。当時は物がほしいときには，米とか布でいわば買っていた。そこへ中国はこうなんだから日本もこうするぞと言って，いきなり和同開珎を使えといわれても，よく意味がわからない。そこで，

Q 711 年，貨幣流通促進《そくしん》のため，銭を多く蓄《たくわ》えた者に位階《いかい》を授《さず》けることを定めた法令は？
――**蓄銭叙位令《ちくせんじょいれい》**

「お金を貯《た》めたら位をあげます」という法律です。漢字で書けるようにしておくこと。お金をいっぱい集めて，政府へ納入すると，お金の額に応じて位階がもらえるんです。叙位令の「叙」は要注意の漢字だ！

○叙位　×（除）

「**セブンイレブン**へ行って位をもらおう」（7 = セブン，11 = イレブン）
➡ **711 年，蓄銭叙位令**

それでは，史料をチェックしよう。これは読んで一発です。

史料 18 蓄銭叙位令／『続日本紀』

(和銅《わどう》四年十月) 詔《みことのり》して曰《いわ》く,「夫《そ》れ銭《ぜに》の用為《ようた》る, 財《ざい》を通《つう》じて
711年 詔が出て,「銭というものの役割は, 物の交換の手段である。

有無《うむ》を貿易《ぼうえき》する所以《ゆえん》なり。当今《とうこん》百姓《ひゃくせい》, 尚《なお》習俗《しゅうぞく》に迷《まよ》ひて未《いま》だ其《そ》の
しかし現在, 多くの人は以前からの習慣で, まだその

理《り》を解《かい》せず。 僅《わずか》に売買《ばいばい》すと雖《いえど》も, 猶《な》ほ銭《ぜに》を蓄《たくわ》ふる者無《ものな》し。
意味を理解していない。売買に使う者もいるが, なおいまだこれを蓄えるものはいない。

其《その》多少《たしょう》に随《したが》ひて節級《せっきゅう》して位《くらい》を授《さず》けん。……」
そこで(銭を蓄えた者には)その額に応じて位階を与えることとする。

「銭《ぜに》の用《よう》」というのは,「財《ざい》を通《つう》じて有無《うむ》を貿易《ぼうえき》する」——貨幣《かへい》というものは, 有るものと無いものを交換《こうかん》するときの手段なんだよと。これは当たり前の話だけど, こんなことを言ってるわけだ, 政府が。

で,「当今《とうこん》」というのは「いま」。「百姓《ひゃくせい》」——この百姓というのは農民という意味じゃなくて, 姓がいっぱいということで, いろんな人, 要するに「庶民《しょみん》」という意味です。古い読み方では, この百姓のことを「あめのしたのおおみたから」と読んだりします。

「百姓《ひゃくせい》, 尚《なお》習俗《しゅうぞく》に迷ひて」——「この習俗というのは何か」と言われたら, 何か物がほしいときには, 手持ちの**米や布**で交換していた習慣のこと。これは覚えておく。その習慣にこだわって, 政府がせっかくお金を鋳造《ちゅうぞう》したのに, あまり使おうとしない。これはイカン。

「僅《わずか》に売買《ばいばい》すと雖《いえど》も, 猶《な》ほ銭《ぜに》を蓄《たくわ》ふる者無し」——貨幣を蓄えるようなやつもいない。そこで,「蓄銭《ちくせん》」——銭を貯《た》めたら, その額に応じて,「節級《せっきゅう》」, ランクをつけて,「叙位《じょい》」——位をあげましょう。

711年, 和銅4年です。出典は『日本書紀《にほんしょき》』に続く『**続《しょく》日本紀《にほんぎ》**』という, 最もできのよい日本の正史《せいし》です。

- 710 年…**平城京**(ナントミゴトナ)
- 711 年…**蓄銭叙位令**(セブンイレブンに行って)
- 712 年…**『古事記《こじき》』，出羽《でわ》国**
- 713 年…**『風土記《ふどき》』撰進《せんしん》の命《めい》，大隅《おおすみ》国**

710 年，「ナント見事な**平城京**」，これは定番商品ですが，翌年は「セブンイレブンへ行って位をもらおう」(**蓄銭叙位令**)というふうにつながり，さらに 712 年には『**古事記《こじき》**』ができて，出羽《でわ》国。713 年には『**風土記《ふどき》**』撰進《せんしん》の命《めい》と大隅《おおすみ》国というふうに，芋《いも》づる式に年号を覚えていく。ゴロ合せで全部覚えるなんて不可能ですからね。645, 46, 47, 48 はダイジョーブだろうネ。

商業・流通

▶東市，西市

次に，商業・流通。

政府が経営する**東市《ひがしのいち》**と**西市《にしのいち》**が京中に置かれたことは平城京のところで確認しました。もう一度，**東市は左《さ》京**，**西市はもちろん右《う》京**ですよ。そしてここを監督しているお役所が**市司《いちのつかさ》**です。

もっとも，律令制となる前から大和盆地《やまとぼんち》には海石榴市《つばきのいち》・軽市《かるのいち》などの市場があった。河内《かわち》，駿河《するが》にもあったことが知られています。

交通事情

交通制度については，第 8 回でやった。畿内《きない》(五畿《ごき》)七道《しちどう》の**七道**。七道は「官道《かんどう》(駅路《えきろ》)」と呼ばれる幹線《かんせん》です。それを維持《いじ》・運用するシステムは**駅制《えきせい》**と呼ばれます。

Q 七道にほぼ16kmごとに設置されて，交通を統轄《とうかつ》した施設は？

――**駅家《うまや》**

駅　鈴

この駅家は一般の人々のためじゃなくて，役人が地方に赴任《ふにん》したり，出張したりするときのための施設で，**駅鈴《えきれい》**という鈴を持った公用の役人たちのみ利用できるというものでした。彼らは駅家に常備されている馬を使ったりして旅ができた。

ということは，**一般の庶民はこの駅制の恩恵《おんけい》にほとんどあずかれない**。**調《ちょう》**や**庸《よう》**の布を地方から都へ運ぶ**運脚《うんきゃく》**と呼ばれる税負担を強《し》いられた農民たちは，食料も自己負担，自分の足で長い距離を歩かなければならなかった。そこで，途中で行き倒れになっちゃう人とか，故郷へ戻れなくなった人がいっぱい出てきます。こういう人たちを救おうというので，**布施屋《ふせや》**という一種の救護施設を設けたのが**行基《ぎょうき》**というお坊さんでした(p.212)。

官道《かんどう》は，駅路《えきろ》とも呼ばれるように，諸国の国府を結ぶものでしたが，これに対して，国府と**郡家《ぐうけ》**などを結ぶ道は**伝路《でんろ》**と呼ばれます。官道の道幅は，12mと広い山陽道から，9m，6mと三段階がありましたが，できるだけ直線となるように計画されていたことが遺構《いこう》から判明しています。中央集権体制に合致《がっち》したものということでしょう。一方，実際の，地域社会にとって重要だったのが伝路ということで，国内を網《あみ》の目のように結んでいた。

国府(国衙《こくが》)は国司の一国支配の拠点で，政務や儀式を行う役所の建物を中心に，国司の居館《きょかん》や多くの倉庫が建ち並び，まさに一国支配の中心。

郡司の支配の拠点である郡家も，国府と同じように役所，郡司の居館，倉庫群が建ち並び，近くには郡司の氏寺《うじでら》がありました。また，木簡《もっかん》などから律令制の文書による行政の様子が近年の発掘で明らかになり，漢字文化の地方への浸透の様子もわかってきました。

2 奈良時代の政治（8 世紀の政局）

講義ノート p.33 参照

藤原不比等の政略（文武・元明・元正朝）

では次に，8 世紀の中央政治はどのように展開していったか。いわゆる政治史をチェックしておきます。

Q 701 年の「大宝律令」を作った中心人物を 2 人あげよ。

――**刑部親王**《おさかべしんのう》・**藤原不比等**《ふじわらのふひと》

中臣鎌足《なかとみのかまたり》が晩年，**天智**《てんじ》**天皇**から「藤原」という姓をもらう。このように，天皇が臣下《しんか》に新しい姓を与えることを賜姓《しせい》と言いますが，その藤原（中臣）鎌足のあとを継《つ》いで，息子の不比等《ふひと》は藤原不比等を名乗ったわけです。

この不比等が，文武《もんむ》・元明《げんめい》・元正《げんしょう》天皇のころにかけて，皇親《こうしん》，すなわち天皇家一族の有力者である**長屋王**《ながやおう》とともに権力を握《にぎ》っていました。

不比等は父のあとを継いでその地位を固めた。しかし，それではただの高級官僚にすぎません。藤原氏の地位をもっと確かなものにしたい。なんといっても他人同士というのは，いざとなったら「しょせんは他人だね」みたいな感じが日本人にはあるね。いざというときはやっぱり自分の息子だ，あるいはじいちゃん，ばあちゃんだ，あるいは親戚《しんせき》だと。要するに一族の結合，血のつながりというやつが一番頼《たよ》りになる。

そこで，**天皇家と親戚になっちゃおう**。これが，だれが考えても権力を確立する一番いい方法だ。

外戚政策

藤原不比等の娘宮子《きゅうし》と文武天皇は今風に言えば結婚してます。要するに娘を皇族と結婚させて，天皇家に食いこんでいった。

で，ここは絶対覚えなきゃいけない。不比等は 720 年に没《ぼっ》しますが，文武と宮子の間に生まれた男の子が 724 年，即位します。それが**聖武**《しょうむ》

天皇です。

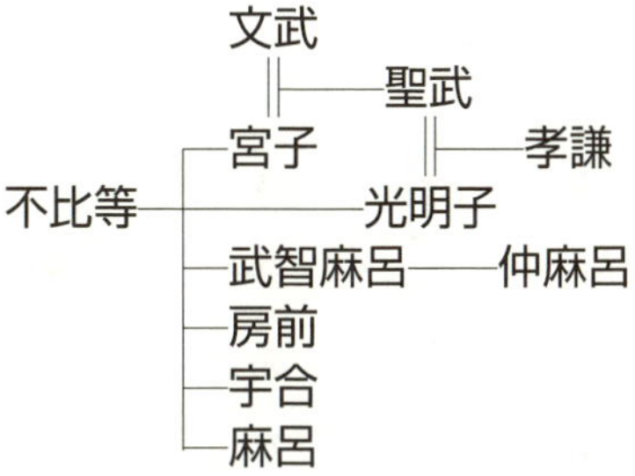

＊注：年齢などは無視しています。

聖武天皇から見て不比等は母親のお父さん。つまり，母方のオジイサンになる。こういう母方の親族のことを**外戚**《がいせき》と呼びます。「外」は母方，「戚」は親戚の「戚」。母方のオジイチャン，祖父《そふ》は「外祖父《がいそふ》」。

今でも内孫《うちまご》と言いますが，その「内」というのは父方を指しますネ。オジイサンというのは，お母さんのお父さんと，お父さんのお父さんの2系統いるね。父方は祖父でいいんですが，お母さんのほうのじいちゃんを「外祖父」と呼んで区別します。

さらに**藤原**《ふじわらの》**不比等**《ふひと》は，自分のやはり娘である**光明子**《こうみょうし》を皇太子だった聖武の奥さんにしています。不比等のこのような政略，天皇の母方の親戚の地位を得ていく政策がいわゆる**外戚政策**です。

不比等は**大宝律令**《たいほうりつりょう》の制定では刑部親王《おさかべしんのう》に協力し，**律令制国家の基礎を固める**ために多大な功績《こうせき》を残しました。

710年に平城遷都《せんと》となると，意図《いと》的かどうかはわかりませんが，藤原不比等は，自分が住んでる家のそばに皇居を持ってきちゃうんです。平城宮の隣に法華寺《ほっけじ》があります(p.155，平城京図)。これが遷都のころの不比等邸のあったところです。不比等の権力を象徴しているようですネ。

長屋王政権(元正・聖武朝)

不比等は，自分自身がトップに立って**養老律令**《ようろうりつりょう》を完成させた2年後，720年に没します。そうしますと，当然，藤原氏といってもまだそんなに圧倒的な力があるわけじゃないから，天武《てんむ》朝以来，朝廷で重きをなしていた**皇親**《こうしん》**が勢力を増してきます**。皇親というのはむずかしく考えなくてもいい。簡単に言ってしまえば，天皇の子・孫《まご》や親戚《しんせき》，天皇の一族ですヨ。

天武天皇の皇親として，皇子である草壁皇子《くさかべのみこ》は早死にしてしまいましたが，高市皇子《たけちのみこ》や『**日本書紀**《にほんしょき》』を編さんした舎人親王《とねりしんのう》らがいる。そして不比等が死んだ当時，力があったのは高市皇子の息子の**長屋王**《ながやおう》です。天《てん》武《む》直系の孫なわけだよ，長屋王は。母は元明《げんめい》天皇の姉，正妻は文武《もんむ》の妹にあたる吉備内親王《きびないしんのう》。

権力のトップは完全に長屋王。その邸宅跡(→ p.155，平城京図)から大量の木簡《もっかん》が出てきて，経済力の大きさも注目されています。最近の研究では，奥さんのほうが金持ちだったという説もあります。まあ，そんなわけで，不比等没後を**長屋王政権**などと呼びます。この長屋王政権のもとで，いくつか重要な法律が出てきますが，その話は次回。

さてこのへんで，もう一度系図に戻って，藤原不比等の息子たちの側からこの状況を見てみましょう。**聖武**《しょうむ》はまだ即位していません。聖武(首皇子《おびとのみこ》)は701年生まれですから，不比等が死んだときにやっと20歳。

文武天皇の次の天皇を聖武にもっていきたい。そこで文武から聖武へもってくる間を女帝でつないだ。文武の後，**元明**，**元正**《げんしょう》と女帝でつないで，ようやく聖武天皇の即位となったんです。ややこしくなってきたら，194ページの系図で確認！

ようやく，聖武が即位したのは**724年**。そして，聖武の即位とともに長屋王は左大臣に昇進しています。

藤原四子の謀略(聖武朝)

さて，不比等の4人の男子，藤原四子《よんし》はイイですか。系図をよく見ながら口に出して繰り返してください。

長男から順に，武智麻呂《むちまろ》，房前《ふささき》，宇合《うまかい》，麻呂《まろ》ですネ。この4人の兄弟は皇親《こうしん》勢力，特に長屋王に対抗するために，「なんとかしようぜ」と相談したんでしょう。光明子《こうみょうし》をなんとか皇后にしようとする。

【藤原四子(家)】

南家《なんけ》・**武智麻呂《むちまろ》**/ 北家《ほっけ》・**房前《ふささき》**/ 式家《しきけ》・**宇合《うまかい》**/ 京家《きょうけ》・**麻呂《まろ》**

「なん・ぼく・しき・きょう」
「なん・ぼく・しき・きょう」

いいですか。南家・北家・式家・京家ですよ。その最初は,

「むちまろ・ふささき・うまかい・まろ」
「むちまろ・ふささき・うまかい・まろ」

今だったら,天皇の奥さんは1人で,皇后です。しかし,それは今の話,現代の制度です。当時は複数がフツーです。そして,その中でとくに身分が高い人,例えば持統《じとう》天皇のように,**天智《てんじ》天皇**の娘,まさに皇親《こうしん》出身といった身分の高い夫人が,天皇から「**皇后**」という地位,称号を与えられるんです。「立后《りゅうごう》」と言います。別に皇后がいなくてもいい。また,いったん与えたその地位を奪《うば》うこともあります。

そして,**天武天皇**が急に死んだときに,奥さんの持統皇后は称制《しょうせい》で天皇の地位を代行し,その後,即位したりするわけです。しかし,臣下《しんか》の出身の光明子は当時の常識では皇后になれません。

でも,もし光明子を皇后にすることに成功すれば,**聖武**が死んだときには,天武が死んだ後の持統のように,光明子は皇后として実権《じっけん》を握《にぎ》れる。

もう１つ，天皇と皇后の間に生まれた子供は，ほかの夫人から生まれた子供に比べて，圧倒的に次の天皇になる可能性は高いでしょう。もちろん可能性ですが。

必ずしも天皇の子から皇太子《こうたいし》が選ばれるわけでもない。弟が皇太子という例もいっぱい出てきます。ともかく，**このころの皇位継承《けいしょう》の順番というのに，ちゃんとしたルールはありません**。そんな状況の中で藤原四子は，ともかく，光明子を皇后にしちゃおうと考えた。そして，その最大の障害は**長屋王《ながやおう》**だった。そこで，むりやり謀反《むほん》の疑いをかけて，

Q 729年，藤原武智麻呂《むちまろ》らが長屋王およびその一族を全部，殺してしまった事件を何と呼ぶか？　——**長屋王の変**

『続日本紀《しょくにほんぎ》』によれば「**左大臣正二位長屋王**」が「**左道を学び国家を傾けんと欲す**」——長屋王が危険な呪法で天皇，国家を滅ぼそうとしている——という密告者を仕立て，五衛府《ごえふ》などの軍隊を出動させて長屋王邸を囲んで自殺に追い込んだのです。

これは**8世紀最初の大事件**です。この729年は基本の年号なので，覚えてしまう。

「(四子)は**なにく**《7 2 9》わぬ顔で光明子立后《りゅうごう》」

➡ **729年，長屋王の変**

長屋王の変は，イコール**光明子**の**立后《りゅうごう》**につながります。奥さんの１人，夫人の１人であった光明子が，皇親《こうしん》じゃないのに立后された。これが**光《こう》明《みょう》皇后**です。長屋王を排斥《はいせき》して，不比等の４人の息子が権力を握った。そこで「藤原四子《よんし》体制」などと呼びます。

藤原四子の病死

ところが，武智麻呂たちの権力は長くは続きません。伝染病《でんせんびょう》で４人とも，パタパタと死んでしまうんですよ。**新羅**《しらぎ》から入ってきたともいう天然痘《てんねんとう》の大流行であっけなく藤原四子の体制は崩壊してしまった。

当時，伝染病の知識なんかありませんから，パタパタパタとみんな死んでしまい，涙，涙です。

7　3　　7
「**なみ**だ，**な**みだで四子没」

➡ 737 年，藤原四子没

奈良時代（8 世紀）の政局

（★は女帝）

文武 → ★元明 → ★元正 → 聖武 → ★孝謙 → 淳仁 → ★称徳（★孝謙）

- 文武・元明：藤原不比等《ふひと》
- 元正：長屋王《ながやおう》
- 聖武：藤原四子 → 橘諸兄《たちばなのもろえ》
- 孝謙・淳仁：藤原仲麻呂《なかまろ》
- 称徳：道鏡《どうきょう》

ラッキーな橘諸兄（聖武朝）

ところで，古代律令制の官人の中には女性の官僚もいます。その代表が**県犬養**《あがたいぬかいの》**三千代**《みちよ》といって，天武《てんむ》朝以来の高級女官，正三位《しょうさんみ》まで昇進した天皇側近の実力者です（p.194 の系図）。長年の功労に対して，708 年に元明《げんめい》天皇から「橘《たちばな》」という姓を賜《たまわ》っています。

その三千代と不比等の間に生まれたのが**光明**《こうみょう》**皇后**ですが，それ以前，三千代には皇親《こうしん》の美努《みの》王との間に**葛城**《かずらぎ》**王**という子もいました。

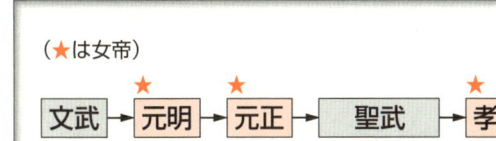

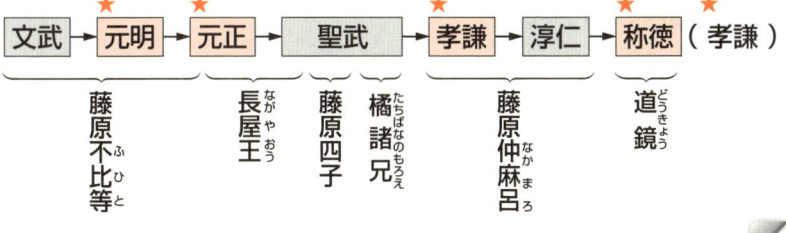

その葛城王は，皇親としてよりも，官僚として生きていこうと思ったんでしょう，お母さんの県犬養三千代がもらっていた「橘」という姓を名乗ります。これが**橘《たちばなの》 諸兄《もろえ》**です。だから，出身からいくと**諸兄は皇親勢力**に含まれます。

そして，四子が没したあと，同じく多くの役人が死んでしまい，残った高級官僚のトップの地位に立ったのがこの橘諸兄だった。

Q 橘諸兄が顧問《こもん》として重用した2人の人物といえば？
——**吉備真備《きびのまきび》**，**玄防《げんぼう》**

吉備真備はこの8世紀，最も知識のある超エリートの役人であり，**遣《けん》唐使《とうし》**の経験が2度もある。また，玄防も遣唐使経験をもつ坊さんです。この2人が諸兄を支え，**諸兄中心に政局が動いていった**。

藤原広嗣の乱(740年)

そこであせった宇合《うまかい》の子，藤原広嗣《ひろつぐ》が反乱を起こしてしまいます。

この人は当時，左遷《させん》されて**大宰府《だざいふ》**の役人とされ，九州に赴任《ふにん》していました。このままでは藤原氏は埋没《まいぼつ》してしまうんじゃないかと恐れ，**西海《さいかい》道《どう》諸国**に対する大宰府の権限を使って軍隊を集め，吉備真備や玄防をやっつけて政権を奪取《だっしゅ》しようと挙兵します。

しかし，都に攻め上《のぼ》ろうと思ったら，逆に都からやって来た政府軍に負けて，処刑《しょけい》されてしまった。

この**740年**の**藤原広嗣の乱**が起こって，一番悩んだのは**聖武《しょうむ》天皇**と光明《こうみょう》皇后でしょう。自分たちのバックボーンの藤原氏がみんなパタパタ逝《い》っちゃっただけでなく，反乱者まで出てしまった。

広嗣が乱を起こすと，聖武天皇はいきなり**平城京**から旅に出ちゃいます。平城京を離れて，**山背《やましろ》国の恭仁《くに》(京)，そして摂津《せっつ》の難波《なにわ》(京)，あるいは近江《おうみ》の紫香楽《しがらき》(宮)へと，都を移していく**。が，結局，**745年に平**

古代の宮都の変遷

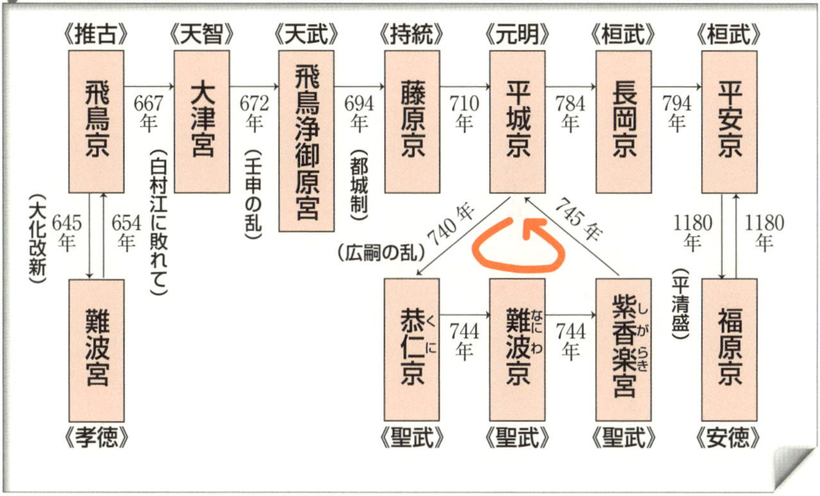

城京に戻ります。

このへん，非常に中央の政治がゴタゴタする時期です。諸兄政権の間に，**741年**には「**国分寺建立《こくぶんじこんりゅう》の詔《みことのり》**」，**743年**には「**大仏造立《だいぶつぞうりゅう》の詔**」が出される。**聖武《しょうむ》天皇**は仏教の力に頼り，膨大《ぼうだい》な予算を投じて，国家仏教のための寺院を建築し，大仏を造ろうとしたんですね。

ニューリーダー藤原仲麻呂(孝謙・淳仁朝)

ようやく次の藤原氏のリーダーとして登場したのが，長男，武智麻呂《むちまろ》の子，**藤原仲麻呂《なかまろ》**です。

聖武は，749年には娘に天皇の位を譲《ゆず》る。聖武と**光明子《こうみょうし》**の間には，男の子が結局育たなかった。女の子しかいない。しょうがないから，むりやりその娘を天皇にした。それが**孝謙《こうけん》天皇**です。光明皇后は**光明皇太《こうたい》后《ごう》**(天皇の母で前皇后を「皇太后」と呼ぶ)ということになります。

その皇太后のための役所として**紫微中台《しびちゅうだい》**が置かれます。その長官に仲麻呂が就任し，紫微中台に太政官《だいじょうかん》と並ぶ権限《けんげん》を与えていったんです。

天皇家と藤原氏の関係系図

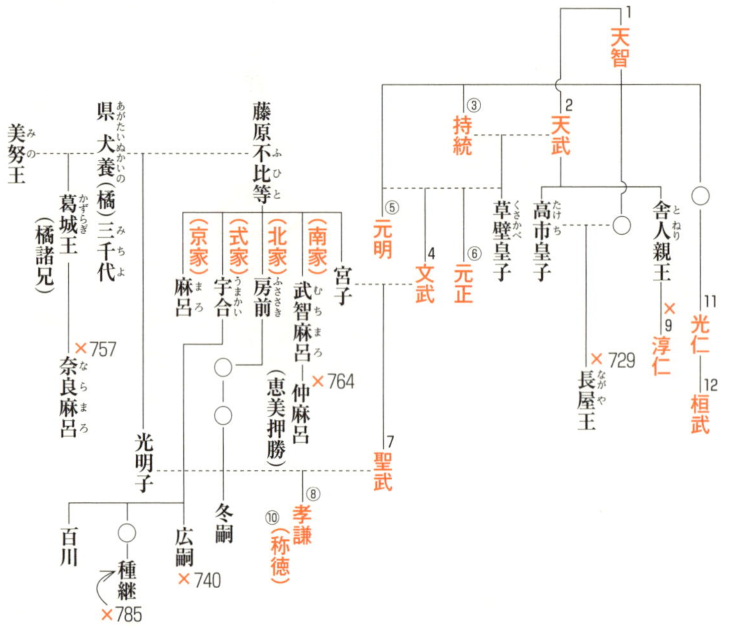

〈注〉数字はこの系図内の天皇の即位順を示す。○つきは女帝。×は政変，反乱などにより死亡。

こうして光明皇太后は実権《じっけん》を握《にぎ》り，756年，仲麻呂は諸兄を引退に追い込むことに成功。同年，聖武太上天皇《だいじょうてんのう》が没し，翌757年には諸兄も死にます。

Q 757年に施行された法律は？ ——養老律令《ようろうりつりょう》

そうですね。祖父不比等《ふひと》が作っていた「**養老律令**」**を施行**するんです。

さらに，この年，諸兄の子，橘奈良麻呂《たちばなのならまろ》ら，反仲麻呂派が粛清《しゅくせい》される。**橘奈良麻呂の乱**です。

淳仁天皇

そして**藤原仲麻呂**は，新しい天皇を立てます。

Q 758年，藤原仲麻呂によって擁立《ようりつ》された天皇は？

——**淳仁《じゅんにん》天皇**です。

この淳仁天皇をしっかり覚える。そして系図でシッカリ確認する。淳仁のお父さんは天皇ではありませんネ。『**日本書紀《にほんしょき》**』を作った舎人親王《とねりしんのう》です。舎人親王は天武の息子ですが，天皇にはなれなかった。ということは，この人は普通だったら天皇への順番なんて回ってこない人でしょう。

この人を天皇にしたということは，簡単に言うと，淳仁は天皇になっただけでうれしい。仲麻呂の言いなりになるでしょう。要するに，**仲麻呂がロボットの天皇として立てた**とも考えられるのが，淳仁天皇です。

淳仁天皇は仲麻呂に対して「恵美押勝《えみのおしかつ》」という名を与えます。あるいは，権力を独占した恵美押勝に対し，大師《だいし》の地位を与えます。太政大臣《だいじょうだいじん》の名称を「大師」に変更した。理由はよくわかりません。でも，なんかヘン。よく言えば独自性があるとも言えるけど。

さすがに孝謙上皇はおもしろくない。そこで，孝謙上皇は光明皇太后が亡くなると，淳仁に天皇としての仕事をさせないようにしていきます。仲麻呂の権力を支えていたのは**光明皇太后《こうみょうこうたいごう》**だった。

そのうち反仲麻呂勢力が台頭《たいとう》してきて，あちこちで「仲麻呂はよくない」という声が上がってくる。身に危険を感じた仲麻呂は，自分の身を守るために武器を集めたら，「武器を集めているのはアヤしい，謀反の疑いがある。反乱を準備している」と言われ，結局，仲麻呂は反乱者とされて一族もろとも全滅しちゃう。

Q 764年，仲麻呂が孝謙上皇の勢力によって滅ぼされた事件の名は？

——**恵美押勝《えみのおしかつ》の乱**（藤原仲麻呂の乱）

そこでこの事件を「藤原仲麻呂の乱」とも「恵美押勝の乱」とも呼びます。

ハイ，ゴロ合せです。恵美押勝（藤原仲麻呂）の乱の764年は，「ナかまロシす（仲麻呂死す）」で764《ナロシ》年。

「仲麻呂（**な**《7》かま**ろ**《6》）**死**《4》す」

➡ **764年，恵美押勝（藤原仲麻呂）の乱**

称徳天皇と道鏡

事件ののち淳仁天皇は廃《はい》され，淡路島《あわじしま》に追いやられる。そこで没してしまうので，「淡路廃帝」などと呼ばれることになります。そして，孝謙《こうけん》上皇がもう一度即位します。**重祚**《ちょうそ》ですよ。称徳《しょうとく》天皇はこのように，“皇極→斉明”に続く重祚の2例目ですよ。

ところがこの称徳天皇は，いろんな経過があるんですが，お坊さんの**道鏡**《どうきょう》を非常に信用して，やがて**太政大臣禅師**《だいじょうだいじんぜんじ》とか**法王**《ほうおう》とか，わけのわからない高い地位を与えていきます。

和気清麻呂の活躍

道鏡が政権に深く関与して，仏教政治のようになってしまった。そして**宇佐八幡宮託宣**《うさはちまんぐうたくせん》**（神託**《しんたく》**）事件**《じけん》が起こります。

これは宇佐八幡宮より，「次の天皇は道鏡がいい」という神のお告げ（託宣《たくせん》・神託《しんたく》）があったとして，道鏡を天皇にしようとしたという，わけのわからない事件です。これは**和気清麻呂**《わけのきよまろ》たちが必死になって阻止《そし》したんですが，和気清麻呂は姉の広虫《ひろむし》とともに流されてしまいます。その後も，政治の混乱は称徳天皇が亡くなるまで続きます。

しかし称徳が亡くなると，**道鏡は下野**《しもつけ》**の薬師寺**《やくしじ》**に左遷**されてしまいます。和気清麻呂・広虫は都に帰ります。そして，もうぐちゃぐちゃはけっこうだと，**藤原百川《ももかわ》**らは，「次の天皇は**天武《てんむ》天皇**系をやめて，**天智《てんじ》天皇**の孫でいこうぜ」というので，天智の孫の**光仁《こうにん》天皇**が即位することとなった。

ここまでが**奈良時代**の政治史。こんなものはただのストーリーとして，ザーッと**権力者の盛衰《せいすい》の順番**さえ追えれば結構です。

復習のときに，年表とともに何度か 194 ページの系図を見るようにしましょう。

古代(11)

第11回 初期荘園・遣唐使

今回は，前半で8世紀の社会とその変容，特に班田制と農民の動向と，**遣唐使**について学習します。

口分田の不足と農民の浮浪・逃亡に対して政府のとった対策が，**三世一身法《さんぜいっしんほう》**，**墾田永年私財法《こんでんえいねんしざいほう》**。その結果，**初期荘園**が発達します。

初期荘園

723 **三世一身法** ➡ 743 **墾田永年私財法** ➡ **初期荘園の発達**

新たに開墾した場合＝3世代
荒廃した田を再開発＝本人1代

墾田すべての永久私有

(一時的に「加墾禁止令」)

次に後半は，遣唐使を中心とする対外関係をまとめます。**新羅《しらぎ》**・**渤海《ぼっかい》**との関係もチェックしなくてはならないテーマです。

630年の犬上《いぬかみの》御《み》田《た》鍬《すき》，第1回の遣唐使から9世紀までの遣唐使。最澄《さいちょう》・空海《くうかい》も今回でやってしまいます。

遣唐使船

1 初期荘園の形成

講義ノート p.35 参照

農民の生活

律令制のもとで，一般の農民は**口分田《くぶんでん》**を耕作し，乗田《じょうでん》を賃租《ちんそ》するなどしつつ，重い負担《ふたん》を課され，その生活は苦しかった。

Q 農民の苦しい生活を詠《よ》んだ山上憶良《やまのうえのおくら》の有名な長歌は？

——**貧窮問答歌《ひんきゅうもんどうか》**

よくこれを漢字で書けなくて，解答欄に「貧乏問答歌」と書く人がいるんだね。意味はいっしょですけどね。「貧《ひん》」し「窮《きゅう》」した農民の様子を歌ったものです。一応読んでおきましょう。長いものですが，一部分でOKです。

史料 19 貧窮問答歌／『万葉集』

……竈《かまど》には　火気《ほけ》ふき立《た》てず　甑《こしき》には　蜘蛛《くも》の巣《す》懸《か》きて……
カマドを使ったこともなく，コシキの穴にはクモの巣が張っている。

楚《しもと》取《と》る　五十戸《さと》良《おさ》が声《こえ》は　寝屋処《ねやど》まで　来《き》立《た》ち呼《よ》ばひぬ
ムチを持った里長の（税を払えという）声が寝室まで響いてくる。

斯《か》くばかり　術無《すべな》きものか　世間《よのなか》の道《みち》
こんなにも　どうしようもないものなのかなあ，生きていくということは。

「竈《かまど》には　火気《ほけ》ふき立てず」——最近，台所でご飯を作ったこともない。「甑《こしき》」というのは，米を蒸すための穴が底に空いている土器（p.22）。これに蜘蛛《くも》の巣《す》が張ってると。それでも，税はビシビシ取られる。

「楚《しもと》取《と》る」——「楚」というのはムチ。「五十戸《さと》良《おさ》（長）」とくれば，戸《こ》令《りょう》を思い出そう。**五十戸をもって里とせよ**。1里は50戸。そこで「五十戸」を「さと」と読む。

「良」と「長」はいっしょだそうです。そこで，「里長」（りちょう）はここではていねいに「さとおさ」と読みます。里長《さとおさ》がムチを持って税金を取り立てに来る。ああ，世の中というのは暮らしにくいもんじゃなあ。そんなところでいいでしょう。

「山上憶良《やまのうえのおくら》」，「貧窮問答歌《ひんきゅうもんどうか》」の書き取り。書けない人がケッコウいますよ。

浮浪・逃亡の続出

農民たちは当然抵抗《ていこう》します。**戸籍《こせき》**の地から逃《に》げ出して，**調《ちょう》**・**庸《よう》**・**雑《ぞう》徭《よう》**・兵役《へいえき》などから逃《の》がれようとする。そこで，**浮浪《ふろう》**・**逃亡《とうぼう》**。そして，**偽《ぎ》籍《せき》**——戸籍を偽《いつわ》る，生まれた子供が男の子でも女で届け出ておく。女なら兵役には行かなくてもいいし，調も庸もかからないし，しかも**口分田**は男子の３分の２もらえる。

こんな税制だったら，男の子を女子としておこうとする。８世紀後半から９世紀にかけての戸籍では，**女の比率が異常に多いものが増えていく**。これは明らかに**ウソの戸籍**なので，「偽籍」と呼ばれます。

史料　20　浮浪・逃亡の続出／『続日本紀』

(養老《ようろう》元年五月）丙辰《ひのえたつ》，詔《みことのり》して曰《のたまわ》く，「率土《そつど》の百姓《ひゃくせい》，四方《しほう》
(717年5月）　天皇の命令は次のとおり，「この国の人々のうち，本籍地
に浮浪《ふろう》して課役《かやく》を規避《きひ》し，遂《つい》に王臣《おうしん》に仕《つか》へて，或《あるい》は資人《しじん》を望《のぞ》み，
を離れて，調・庸などの税から逃れ，有力者のもとに身を寄せて資人となったり，
或《あるい》は得度《とくど》を求《もと》む。王臣本属《おうしんほんぞく》を経《へ》ず私《わたくし》に自《みずか》ら駈使《くし》し，国郡《こくぐん》に嘱《しょく》
出家しようとする。　有力者もこのような人を私的にかかえ込んで，これを助けて
請《せい》して遂《つい》に其《そ》の志《こころざし》を成《な》す。茲《ここ》に因《よ》りて，天下《てんか》に流宕《るとう》して郷里《きょうり》に
しまう。　これによって浮浪，逃亡する者が本籍地に戻ら
帰《かえ》らず。若《も》し斯《こ》の輩《ともがら》有《あ》りて，輙《たやす》く私《わたくし》に容止《ようし》せば，状《じょう》を揆《はか》りて罪《つみ》
ない状態が続いてしまうのである。そのような違法行為は法に照らして処罰することと
を科《か》すること，並《ならび》に律令《りつりょう》の如《ごと》くせよ」と。
する」ということである。

「浮浪」することで，「課役《かえき》」――**調《ちょう》**・**庸《よう》**・**雑徭《ぞうよう》**，兵士役《へいしやく》などの税を逃《のが》れる，逃れようとする農民が多発している。正丁《せいてい》に偏重《へんちょう》する税制だったこともあって，成人男子から**浮浪**・**逃亡**が続出する。浮浪と逃亡では，法律上は違いがあるのですが，実際には区別はなかったとされます。

その浮浪・逃亡農民は「王臣《おうしん》」のもとに逃げ込む。「王臣」というのは皇族や貴族。彼らは，もともと，「資人《しじん》」と呼ばれる人，要するに労働者を政府から与えられることになっています。地位に応じて与えられる経済的な保証の１つです。その「資人」になろうとする。

あるいは「得度《とくど》」，すなわち出家《しゅっけ》して僧侶になってしまう。もちろん，政府から認められた「得度」ではありません。勝手に出家してしまう者を「**私度僧《しどそう》**」といいます。僧になってしまえば税はかからない。このように，権力者や寺院のもとに身を寄せて脱税する。それが止められないということです。そこで，そのような浮浪・逃亡農民は法律に従って処罰せよ，というわけです。

口分田も不足だし，政府は困って，**722年**には，もっと田んぼを広げて口分田をちゃんとみんなに与えようと，「**百万町歩開墾計画**《ひゃくまんちょうぶかいこんけいかく》」を打ち出します。これは**長屋王《ながやおう》**政権のときだよ。そして，翌**723年**，実際に，開墾を奨励《しょうれい》するための法令が発布《はっぷ》されます。

Q 期限つきながら水田の私有を認めた法令は何か？

――**三世一身法《さんぜいっしんほう》**

では，史料をチェックしましょう。

史料 21 三世一身法／『続日本紀』

(養老《ようろう》七年四月)辛亥《しんがい》，太政官奏《だいじょうかんそう》すらく，「頃者《このごろ》，百姓《ひゃくせい》漸《ようや》く
(723年4月)　太政官が報告した，　「最近，人口は増えたのに田地
多《おお》くして，田池窄狭《でんちさくきょう》なり。望《のぞ》み請《こ》ふらくは，天下《てんか》に勧《すす》め課《おお》
が不足しています。　できれば全国に田地の開発を奨励したいと思
せて，田疇《でんちゅう》を開闢《かいびゃく》せしめん。其《そ》の新《あら》たに溝池《こうち》を造《つく》り，開墾《かいこん》を
います。　新しく土地を開発したら
営《いとな》む者《もの》有《あ》らば，多少《たしょう》を限《かぎ》らず給《たま》ひて**三世**《さんせ》に伝《つた》へしめん。若《も》し
面積に関わらず3世代は開墾者のものとし，荒廃していたのを
旧《ふる》き溝地《こうち》を逐《お》はば，其《そ》の**一身**《いっしん》に給《たま》はむ」と。奏《そう》するに可《か》とす。
復旧した場合は，その者が生きている間は所有を許したいと思います」と。そのようにしてよいと指示があった。

この法令を「養老《ようろう》七年の格《きゃく》」とも呼びます。律令を修正・改正するために出される法令を**格**といったね。

太政官が言うには，このごろ「**百姓**《ひゃくせい》」，要するに農民たちがたくさんいるんだけれど，田んぼは少ない，と。「天下《てんか》に勧《すす》め」――全国に向かって，「田疇《でんちゅう》を開闢《かいびゃく》せしめん」――開発を奨励したい，と。

次がポイント。「新《あら》たに」，**新しく「溝池《こうち》を造り」――灌漑《かんがい》設備を作って水田を開いた場合は「三世」――3世代**。本人・子供・孫《まご》か，子供・孫・曾孫《ひまご》かはわかりません。3世代はその土地を使っていいですよ。「旧《ふる》き溝地《こうち》」――**もとは田であったようなところについて灌漑用水を復旧したり，水田を復活させた場合**は，「**一身**」――その人が死ぬまでの間，使ってもよろしい，と。

大事なのは**3世代経過したり，自分が死んだら，国のものになってしまう**点。

「(三世一身じゃ)なにさ《723》，どうせ国のもの」

➡ 723年，三世一身法《さんぜいっしんほう》

「墾田永年私財法」

この「**三世一身法**」は，さほど効果がなかった。そこで，20年後には「**墾田永年私財法**《こんでんえいねんしざいほう》」を出さざるをえなかった。

史料 22 墾田永年私財法／『続日本紀』

(天平《てんぴょう》十五年五月)乙丑《いっちゅう》，詔《みことのり》して曰《いわ》く，「聞《き》くならく，
(743年5月) 天皇の詔によって，「墾田は723年の三世

墾田《こんでん》は養老《ようろう》七年の格《きゃく》に依《よ》りて，限《かぎり》満《み》つるの後《のち》，例《れい》に依《よ》りて
一身法では3世代あるいは1世代たつと国家に収公される。

収授《しゅうじゅ》す。是《これ》に由《よ》りて農夫《のうふ》怠倦《たいけん》し，開《ひら》きたる地《ち》復《ま》た荒《あれ》ると。
そこで農民は収公の時期が近づくと耕作を放棄し，せっかくの墾田はまた荒れ果ててしまう。

今《いま》より以後《いご》，任《まま》に**私財**《しざい》と為《な》し，**三世一身**《さんぜいっしん》を論《ろん》ずることなく，
そこで，今後は，開墾したものの私有を認め，三世一身に関係なく，

咸悉《みなことごとく》に**永年**《えいねん》取《と》ること莫《なか》れ」。
永久に国家は収公することのないように」と決定された。

「養老《ようろう》七年の格《きゃく》」では，結局は収公《しゅうこう》される(国に返還させられる)ので効果がない。結局もとの荒れ地にもどってしまうと。ここまでが三世一身法を指してる。もちろん「養老七年の格」の養老七年は，**723年**。「墾田永年私財法」は，その20年後，「天平十五年の格《きゃく》」で，743年。

そこで「今《いま》より以後《いご》」，今後は，「任《まま》に私財《しざい》と為《な》し」――永久にあんたのものよ，と。三世代だ，一身だ，そんな区別に関係なく，「永年《えいねん》取《と》ること莫《なか》れ」――**永久に国は収公《しゅうこう》しない**。あんたのものですよ。

いっそ，**口分田**以外は墾田《こんでん》として私有を認めてしまったほうがイイと

いうことになった。その結果，教科書にも指摘されているように，これで**政府の土地支配は強化された**と評価されています。

こうして「**墾田永年私財法**」は墾田の私有を認め，土地公有制の原則を変えるものでした。そして，これを契機に，有力者，寺院などの土地開発が進んだ。いわゆる**初期荘園**が広がっていった。そこで，**765 年**，**道鏡《どうきょう》**政権のときに，一時，開墾を制限する「**加墾禁止令《かこんきんしれい》**」（「墾田禁止令」）というのが出ます。

史料 23 加墾禁止令／『続日本紀』

（天平神護《てんぴょうじんご》元年三月）丙申《へいしん》，勅《ちょく》すらく，「今《いま》聞《き》く，墾《こん》
（765 年 3 月）天皇の命は次の通りである。「現状では，墾田

田《でん》は天平《てんぴょう》十五年の格《きゃく》に縁《よ》るに，今《いま》より以後《いご》は，任《まま》に私財《しざい》と為《な》し，
永年私財法により，墾田は私財としてその世襲が認められ，永久に収公されることは

三世一身《さんぜいっしん》を論《ろん》ずることなく，咸悉《みなことごと》くに永年《えいねん》取《と》ること莫《なか》れと。
ないということになった。

是《これ》に由《よ》りて天下《てんか》の諸人《しょにん》競《きそ》いて墾田《こんでん》を為《な》し，勢力《せいりょく》の家《いえ》は百姓《ひゃくせい》を
そこでだれも彼も墾田を得ようとして，有力者が貧農たちを使って墾田開発を

駆役《くえき》し，貧窮《ひんきゅう》の百姓《ひゃくせい》は自存《じそん》するに暇《いとま》なし。今《いま》より以後《いご》は，一《いっ》
進め，農民の生活を脅かしている。そこで，今後は新規に

切禁断《さいきんだん》して**加墾《かこん》せしむること勿《なか》れ**。但《ただ》し寺《てら》は，先来《せんらい》定《さだ》むる地《ち》
墾田を開発することは禁止する。ただし，寺は例外とし，すでに開発の

開墾《かいこん》するの次《つぎ》は，禁《きん》ずる限《かぎ》りに在《あ》らず。又《また》，当土《とうど》の百姓《ひゃくせい》の一，
許可を得ている部分については開発してもよい。また，一般の農民の二町まで

二町《ちょう》は亦《また》宜《よろ》しく之《これ》を許《ゆる》すべし……」と。
の開発も禁止の対象ではない」と。

これは**寺院《じいん》と庶民は開墾を続けてもかまわない**が，他の貴族や有力者の開墾を禁止したものですが，道鏡が失脚《しっきゃく》すると，772 年にはまた元に戻り，開墾は可能とされました。この法令の史料は出題されても，「加墾《かこん》せしむること勿《なか》れ」――加墾をしてはイケナイと書いてあるの

で，すぐわかります。

出だしのところを読んで，**墾田永年私財法**だと思ってしまうとタイヘンなことになってしまいますから，「**加墾せしむること勿れ**」までしっかり読むこと。

：墾田永年私財法で「政府の土地支配が強化」というところがわかりません。どういうことでしょうか？

ちょっと難しいかもしれないけど……，やっぱり，一応，説明しておきましょう。

班田収授法で与えられた田地というのは，「熟田《じゅくでん》」と呼ばれるものでした。現在，米が収穫されている田のことです。班田は「熟田」を一定基準で分配していったわけです。ということは，「墾田」については規定していないということになります。

班田収授法は唐の均田制《きんでんせい》をお手本にしたものとされますが，唐では与えられた田地《でんち》の一部は世襲《せしゅう》財産とされていました。収公《しゅうこう》されない田地が保証されていた。その世襲の部分が日本の班田収授法には欠けているわけです。そこで，墾田永年私財法は，唐と同じように世襲財産を農民に与えるものだった。

がんばって新しい耕地を開発すれば，死後，**口分田《くぶんでん》**は収公されるが，墾田は子孫《しそん》に伝えることができる。単純に言えば，開墾《かいこん》が進む。農民生活が安定する。安定すれば**浮浪**・**逃亡**も減る。まあ，そう簡単にはいかないだろうけど，**墾田を政府が掌握《しょうあく》する**ことが可能になった。

条里制・田図

さらに，墾田永年私財法が出された天平年間には，政府の土地支配が強化された施策《しさく》が現れてきます。

Q 天平年間に成立した土地管理システムは何と呼ばれるか？

——条里制

そう，教科書にも概念図が載ってますね。

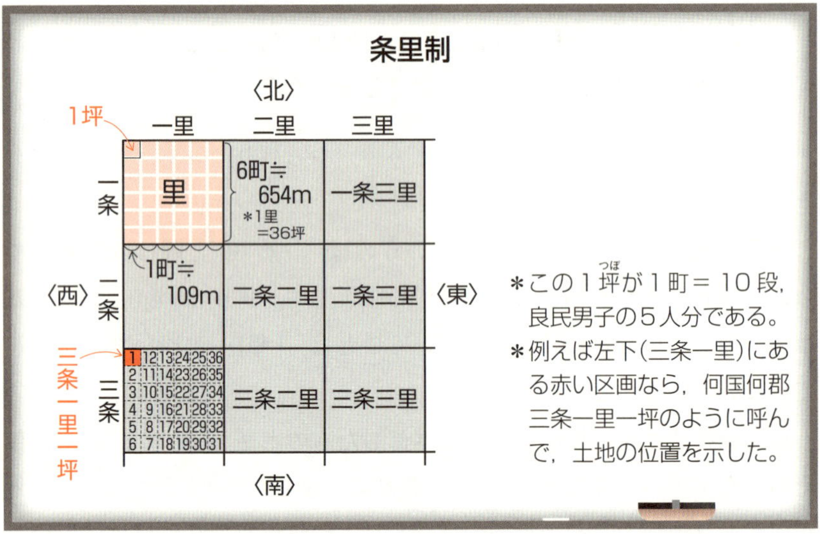

＊この1坪《つぼ》が1町＝10段，良民男子の5人分である。
＊例えば左下(三条一里)にある赤い区画なら，何国何郡三条一里一坪のように呼んで，土地の位置を示した。

整然と区画した土地に「～条～里～坪」と数字をつけて，これをもとに班田収授を行っていく。そして，**墾田永年私財法**の前年，742（天平14）年には，全国を対象に班田収授のための地図，田図《でんず》が作成されています。その後，田図を作って比較すれば，耕地の異同がはっきりわかる。墾田を政府が掌握できるということになります。

要するに，天平以前は，墾田そのものを掌握することはできなかった。いや，墾田は班田収授法の対象になっていなかった。これに対し，墾田の世襲を認めるとともに，**条里制と田図で墾田も含めて知ることができる体制**となった。これが，「政府の土地支配が強化」という教科書の記載の意味です。

初期荘園とは？

さて，「**墾田永年私財法**」をきっかけに，当時，莫大《ばくだい》な経済力を誇《ほこ》った大きな寺院や高級貴族たちは，自分の経済力を直接投資して，どんどん私有地を増やしていった。ただし，そこで働いているのは農民ですからね。お坊さんや貴族じゃないからね。

多くの場合，開かれた土地の多くは，付近の農民たちが，**賃租**《ちんそ》，使用料として，収穫の５分の１，20％を払う形で経営されました。もちろん，すべてが賃租というわけではありません。浮浪・逃亡農民が現地に定住する場合もあった。これが**初期**《しょき》**荘**《しょう》**園**《えん》といわれるものです。

賃租はイイですか。やりましたね(p.173)。「凡《おおよ》そ諸国《しょこく》の公田《こうでん》は，皆《みな》国司《こくし》郷土《きょうど》の估価《こか》に随《したが》ひて賃租《ちんそ》せよ」の賃租ですよ。ただし，この初期荘園というのは，私有地だからといって，完全に自分のものというのではなく，**輸租田**《ゆそでん》(**租を納**《おさ》**める義務のある田**)であり，租はちゃんと払います。

墾田は決して無税の土地ではなく，「輸租田」であったという点が一番大事なところです。

また，難関私大では，墾田永年私財法について次の点まで押さえておくこと。

墾田永年私財法

① 国司の許可を得て経営された。

② 一位の **500 町**から庶民の **10 町**まで，**開墾の限度**が決められていた。

③ 「**輸租田**《ゆそでん》」であった。租は払った。

あと，この初期荘園は９世紀以降，衰えてしまったことも覚えておきましょう。律令制が崩れていくと衰えてしまう。理由はいろいろありますが，基本的には，農民たちがいなくなった。労働力不足が大きな原因だと考えておきましょう。

2 遣唐使

講義ノート p.36 参照

セットで覚える年号

さて，次は外交です。中心は**遣唐使《けんとうし》**です。始まりと終わりから確認しておきます。

Q 630 年，第 1 回遣唐使として派遣されたのはだれか？

——**犬上御田鍬《いぬかみのみたすき》**

614 年に**遣隋使《けんずいし》**も経験している人物ですネ。なんでクワという字を書いてスキと読むかとか，そういうことを言ってもしょうがない。素直に覚える。古代史なんか，もうわけのわからない名前がいっぱい出てくるけど，それはそういうものだと諦《あきら》める。そして，

「894 年，宇多《うだ》天皇は［　　　］の意見をいれて，遣唐使の派遣を停止した」

空欄に入るのはだれ？ **菅原道真《すがわらのみちざね》**ですね。遣唐使は，**630 年**に始まって，**894 年**に停止の決定。この 2 つは，もちろん覚えなきゃいけない年号です。

弥生時代だって倭人《わじん》は朝鮮半島の沿岸を伝《つた》って，中国に朝貢してたんだけど，遣唐使の時代になると，大型の船を造って，場合によっては東シナ海を横断しなきゃいけない。

夏だったら暑いし，風が止まっちゃったら蒸《む》し風呂だし，というわけで，「蒸される(ム《6》サ《3》レ《0》ル)夜にも行ったな」というわけで，**630 年**と覚える。もちろん中には船酔いの激しい人もいますから，「オエッ」みたいな話になっちゃって，「ゲロハ《8》ク《9》ヨ《4》」で **894 年**(笑)。「キタナイ」と思うなら,「白紙(ハ《8》ク《9》シ《4》)に戻す遣唐使」という古典的な年号暗記だね。でも，始めと終わりを同時に覚えたほうがいいでしょうから，ちょっときたな

いけれど，前のセットでいこう。

「『蒸(**む**《6》)**さ**《3》**れ**《0》る夜』に『ゲロ吐(**は**《8》)**く**《9》**よ**《4》』」

➡630年，第1回遣唐使　➡894年，遣唐使の停止

遣唐使はどんな航路をとったか

さて，その遣唐使船の航路ですが，下の図を見てください。出発するのは難波津。博多湾から北上していくのが，北路《ほくろ》。これは安全です。海が穏《おだ》やかでいい風が吹いているときに，壱岐《いき》・対馬《つしま》を経《へ》て，ピッと行く。対馬の一番北端に立つと，晴れてる日，釜山《プサン》は見えます。

遣唐使航路図

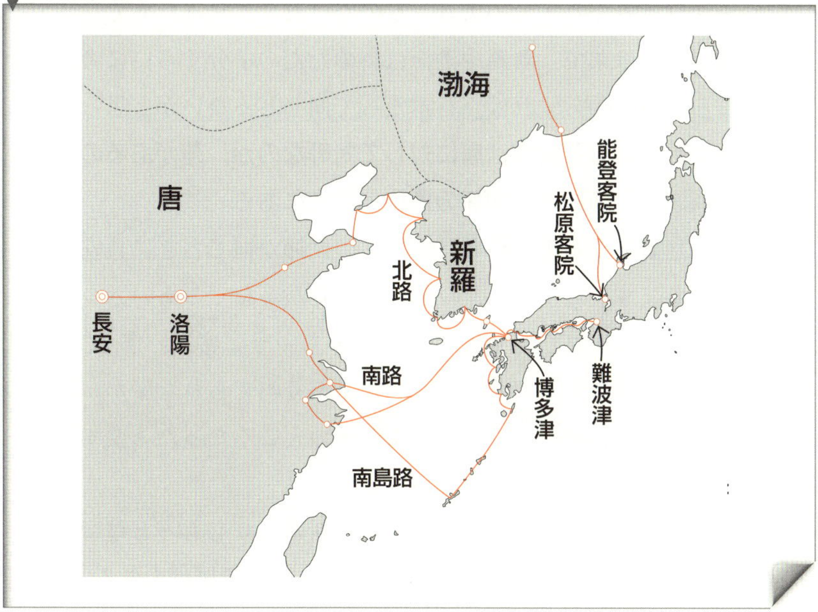

朝鮮半島の沿岸は島が多いので，いつでも陸地に避難《ひなん》できるようなところをずっと進んで行く。海岸線に沿《そ》っていけばきわめて安全に行けます。だから『漢書《かんじょ》』，『後漢書《ごかんじょ》』，「**魏志《ぎし》**」**倭人伝《わじんでん》**の時代から，さかんに**北路《ほくろ》**をとって行ったわけだね。

そして遼東《りょうとう》半島から，登州《とうしゅう》を通って洛陽《らくよう》，**長安《ちょうあん》**へと向かった。長安は現在の西安《シーアン》です。ここは地図でしっかり確認してください。

新羅との外交関係

ところで，もともと**ヤマト政権**と**新羅《しらぎ》**は，仲が悪いでしょう。**奈良時代**もギクシャクしている。

８世紀の日本の外交関係で**比較的安定しているのは渤海《ぼっかい》との関係**です。渤海は唐や新羅と対抗するために，日本には友好的です。

唐からすればみんな子分のようなものだけれど，日本はある意味では唐が兄貴《あにき》で自分は弟で，新羅や渤海は唐のただの子分くらいに考えている。ところが新羅からすれば，日本だって同じじゃないかと思っているわけ。すなわち**新羅と日本は唐に対して対等なのか，差があるのか**というような問題が，**新羅との関係の悪化**の根底《こんてい》にある。

たまたま，新羅からの使節《しせつ》と日本からの使節が同じときに長安に行ったことがあります。753年，唐の皇帝の前でみんなでごあいさつをしようということになって，席順が問題になっちゃう。席次《せきじ》。儒教《じゅきょう》的な世界では，この席次は大事ですね。たまたま割り当てられた席が，新羅の使者よりも日本の使者のほうが皇帝より遠いところだった。要するに下《しも》座《ざ》だった。

遣唐副使《ふくし》の大伴古麻呂《おおとものこまろ》は「絶対いやだ，新羅よりももっと皇帝に近い座席にしてくれ」とがんばって，替《か》えてもらった。新羅はもちろん，「日本だってウチだって唐に朝貢《ちょうこう》しているんだから同等だ。なんで日本のほうが上なんだ！」と激怒《げきど》するわけだ。

南路に航路変更

そんなこともあって，**新羅**は日本に対して港を使わせてくれなくなったんです。そこでしょうがないから，**8世紀からは北路《ほくろ》は通れなくなって南路《なんろ》をとらざるをえなくなった。**

南路について言うと，風を見て，東シナ海を五島《ごとう》列島あたりから「エイヤア」と一挙《いっきょ》に横断するコースに対して，島から島へ伝って，南中国の揚州《ようしゅう》あたりをめざしていく場合を，とくに南島路《なんとうろ》と呼ぶ場合もあります。

８世紀に入ると，**遣唐使**はほぼ20年に１回ということになった。また，四艘《そう》の船団で行くことが原則となったので，遣唐使のことを「**四つの船**」(「よつのふね」)と呼ぶようになります。

第１回：犬上御田鍬(630年)

さて次に，具体的な例，人名をどこまで覚えるか。実際にはここで点差がつくので，一番悩むところです。

まず１回目の630年，犬上《いぬかみの》御田鍬《みたすき》はいいですね。帰って来るときに，中国にいた**旻**《みん》がいっしょに帰国します。**大化改新**政府の**国博士**《くにのはかせ》ダヨ。

次，２回目。回数は学者によって数え方が違うから，一応の目安だと思ってください(ここでは講義ノート，p.36の一覧表の数)。

道　昭

２回目は仏教がらみです。

Q 唐で仏教の法相宗《ほっそうしゅう》を学び，日本に伝えたのはだれか？

——**道昭**《どうしょう》

道昭は，玄奘三蔵《げんじょうさんぞう》という有名なお坊さんに向こうで**仏教**を教わって，仏教の中でも最も総合的な哲学にあたる**法相宗**《ほっそうしゅう》を最初に日本にもたらした人です。

法相宗といえば，道昭と，その弟子に**行基**《ぎょうき》がいます。布施屋《ふせや》などを設《もう》けて社会事業につくした行基ですよ。**行基の師**というところで，道昭が出てくる可能性もあります。

ちなみに唐に行くことを入唐《にっとう》といいます。ニュウトウと読むと,「入湯」でお風呂に入ることになる。「入る」という字の読み方はむずかしい。

客死した高向玄理

次，3回目では,**高向玄理**《たかむこのげんり》。前に出てきた人だね。ふたたび中国へ行った高向玄理は，彼《か》の地で死んでしまいます。異国の地で死ぬことを客死《かくし》といいます。例えば，イギリスの外交官が日本に駐在していて，日本で死んだ場合,客死。この客死した人物を聞いてくる問題も多いので,しっかりチェックしておくこと。

次いきます。4，5，6，7はどうでもいい。

次が**702年**，**大宝2年**ということになりますが，表をよく見ると，それ以前，**天武**《てんむ》**・持統**《じとう》**朝に遣唐使は行っていない**。律令が急速に整《ととの》う時期だから当然派遣されていそうなのに。だが，イイエ。遣唐使の派遣よりも，**国内体制を整えるほうを優先した**と考えてください。イイデスネ。講義ノートの一覧表の7と8の間の線を赤のボールペンで太くしておいてください。

天武・持統朝には遣唐使は派遣されない。

と，しっかり覚えておくこと。意図的に派遣しなかったのかもしれません。唐に対抗して，独自の律令体制を確立するのに忙しかった。

再開された遣唐使・山上憶良(702年)

そこで，再開されたのが702年。大宝2年の**遣唐使**です。前年，**大宝律令**が出来上がった。8回目。しかし,北路がとれなくなって南路となった遣唐使です。**山上憶良**《やまのうえのおくら》が入唐《にっとう》します。実は山上憶良が**唐**に行って，日本へ帰ってくるときに詠《うた》った有名な『**万葉集**《まんようしゅう》』の歌があります。この遣唐使は唐に対して,自分たちの国の名(国号)を「にほん」あるいは「にっぽん」,「日本」とすることを申し入れて認められています。

「いざ子ども　早く日本《にほん》《やまと》へ　大伴《おおとも》の　御津《みつ》の浜松　待ち恋ひぬらむ」

山上憶良(『万葉集』)

「倭」も「日本」も，同じく「やまと」と読むのが普通ですが，ここでは「日本」は「ニッポン」「ニホン」と読むべきだという歴史学者の説があります。ヤマトという呼称《こしょう》がいつから日本になったのか？　**大王**《おおきみ》がいつ天皇《てんのう》になったか？　いろいろな説があるんですが，8世紀に入った遣唐使が，日本のことをニッポン，あるいはニホンと自称したのを，唐が認めてくれた。**国際的に「倭」ではなく「日本」という名が確定した**と言えるわけです。

倭　➡　日本

「わ」「やまと」から「にっぽん(にほん)」へ！

この**702年**の遣唐使は絶対覚えておいて。マーカー塗《ぬ》って，702年。なぜかというと，それは大宝律令ができた大宝元年の翌年で，律令体制が一応ちゃんとなったときだから。

そういえば，現存する最古の**戸籍**も大宝2年だったよね。

宇合・阿倍仲麻呂・真備・玄昉(717 年)

次，９回目。**藤原馬養《ふじわらのうまかい》**とありますが，この人は藤原四子の武智麻呂《むちまろ》，房前《ふささき》，宇合《うまかい》，麻呂《まろ》の「宇合」です。実は，宇合は馬養とも書くんですが，このときに「馬養」を「宇合」と変えています。

もちろん，宇合は無事に日本へ帰ってきます。ということは，**式家**の祖，宇合は**遣唐使**の経験者です。これもちゃんと覚えておいてください。遣唐使のトップじゃなくて，副使という２番目の地位で，彼は**唐**へ行っています。

このときに**阿倍仲麻呂《あべのなかまろ》**や**吉備真備《きびのまきび》**や**玄昉《げんぼう》**が行っている。この **717 年**，養老元年の遣唐使は有名人ぞろいだ。阿倍仲麻呂は，ついに帰ってきません。もちろん阿倍仲麻呂の倍は，例によってニンベンだから，阿部と書いたらバツですよ。

仲麻呂は玄宗《げんそう》皇帝に仕《つか》え，王維《おうい》・李白《りはく》らと交わり，中国風の名前をもらいます。**朝衡《ちょうこう》**。これが中国での阿倍仲麻呂の名前です。向こうで出世しちゃうんです，能力があって。正式に国家試験に合格し，最後は大臣クラスまで出世します。でも，安史《あんし》の乱などもあって，ついに日本に帰れなかった。

で，阿倍仲麻呂の歌が残っています。

「天《あま》の原《はら》 ふりさけみれば 春日《かすが》なる 三笠《みかさ》の山に いでし月かも」

奈良の都を思って作った歌ですが，古文でやるかやらないか知らないけれども，有名な歌です。

吉備真備・玄昉は，次の遣唐使といっしょに帰ってきます。そして，真備は 12 回目のときにまた行ってるんです。これもいろんな説がある。真備は有力者だから，日本にいるとどうも藤原氏のじゃまになる。遣唐使でもう１回行かせちゃおうと。実は，**遣唐使はかなりの確率で帰って来ない**んだよ。これはヤバイよ，ツアー旅行としては。だからこれは藤原氏の陰謀《いんぼう》だなんていう説もある。

客死した藤原清河

さらにちょっと注意しなきゃいけないのは，12回目の遣唐大使**藤原《ふじわらの》清河《きよかわ》**。清河も客死《かくし》する。これは藤原四子のうちの**北家《ほっけ》**，**房前《ふささき》の子**ですが，前回やった藤原氏の聖武《しょうむ》朝を中心とした系図の中に，この清河は出てきません。要するに内政には関係がない人物です。エリートの息子なので，中国にずっといる間に，どんどん日本での地位も上がっていくんですが，清河は結局，日本へ帰りそこなったんです。

一度は帰ろうとしたんですが，ベトナムあたりに漂着《ひょうちゃく》しちゃった。そして長安に戻るんですが，玄宗が日本に帰っちゃだめだというんで，とうとう彼《か》の地で死んでしまいました。

仲麻呂と同じように，清河も，中国で名前をもらいましたが，こちらはちょっと安易《あんい》，ひっくり返しただけ。「河清《かせい》」という名前で中国の皇帝に仕《つか》えます。

例の**新羅使《しらぎし》との席次《せきじ》争い**のトラブル騒ぎを起こしたのは清河の副使大伴古麻呂《おおとものこまろ》です。

鑑真の来朝

さて，12回目，**吉備真備《きびのまきび》**の2度目ですが，帰路，帰りに注目！ このとき**鑑真《がんじん》**がやって来て，日本に本格的な戒律《かいりつ》を伝えた。そして鑑真和尚を非常に尊重《そんちょう》した朝廷は，わざわざお寺を与えた。これが**唐招提寺《とうしょうだいじ》**です。

鑑真は何度も失敗しながら，ついに失明して，目が見えなくなっちゃうぐらいの苦労をいとわずに日本にやって来て，日本に本格的な戒律，**仏教**の規則を伝えた。この鑑真の伝記として有名なのが，淡海三船《おうみのみふね》の『唐大和上東征伝《とうだいわじょうとうせいでん》』です。

次，13，14，15回，ほとんど無視。石上宅嗣《いそのかみのやかつぐ》は，**任命されただけで行ってない**。結局，中止になった。石上宅嗣は**奈良時代**を代表する学者としても有名です。

Q 石上宅嗣が開いた日本最初の公開図書館の名は？　――**芸亭《うんてい》**

自宅に集めた本を，皆さんどうぞお読みくださいといって開いた，公開の図書館で有名。芸亭は読みと漢字に注意。“艹”ではなく“++”と離さないといけない。

空海・最澄の入唐(804年)

18回目，ここからは9世紀です。**804年**，延暦《えんりゃく》の**遣唐使**です。これが超有名人ぞろい。平安仏教の種を持って帰って来た**空海《くうかい》**と**最澄《さいちょう》**。日本の宗教史上の超有名人2人。**橘逸勢《たちばなのはやなり》**も行きます。

橘諸兄《たちばなのもろえ》の息子で**藤原仲麻呂《なかまろ》**に対抗して反乱を起こして死んだのは橘《たちばなの》奈良麻呂《ならまろ》，その孫が橘逸勢です。この橘逸勢は，平安初期の書道の達人。いわゆる**三筆《さんぴつ》**の1人として，嵯峨《さが》天皇，空海《くうかい》とともによく出てくる人です。このあたりは文化史で出てきます。あらためて第17回でもう一度やりましょう。

「延暦」というのは**桓武《かんむ》天皇**のときの元号です。そこで桓武天皇が派遣した遣唐使。「延暦」ときたら桓武。

最後の遣唐使，円仁(838年)

838年が実質上，**最後に派遣された遣唐使**で，このとき，**円仁《えんにん》**が入《にっ》唐《とう》します。円仁はもう遣唐使が出題されれば100％出る(もちろん強調してますよ)。入試の定番商品といえば，これです。

Q 円仁が仏法を求めて中国の仏教の聖地を巡礼したときの経験を記録した本は？
——**『入唐《にっとう》求《ぐ》法《ほう》巡礼《じゅんれい》行《こう》記《き》』**

信頼できる遣唐使の史料として貴重なものです。

講義ノートの一覧表に「小野《おのの》篁《たかむら》の不服」と書いてある。「篁」という字はむずかしいネ。この小野篁も，石上《いそのかみの》宅嗣《やかつぐ》とか都《みやこの》良香《よしか》とともに**奈良時代を代表する学者**です。復習のときに講義ノートで確認しておいてください。

このときの**遣唐使**のトップは**藤原常嗣《つねつぐ》**ですが，「一番丈夫そうで安全そうな船にぼくが乗る」と言った。それで，残り３隻《せき》はどう見てもこれは危なそうだ。というので，なんと小野篁は逃げた。要するにパスしちゃって，処罰されます。だから，小野篁は遣唐使に**任命されたが，行かなかった**。

遣唐使の停止

そして**894年**に**菅原《すがわらの》道真《みちざね》**の建議で宇多《うだ》天皇が遣唐使の派遣を停止。任命されているので遣唐使として扱いますが，行かなかった。

史料で確認しておこう。出典の『菅家文草《かんけぶんそう》』は菅原道真の詩文集です。「菅家」は菅原道真を指します。長いので，ポイント部分だけにしときます。

史料 24 遣唐使の停止／『菅家文草』

諸公卿《しょくぎょう》をして遣唐使《けんとうし》の進止《しんし》を議定《ぎじょう》せしめんことを請《こ》うの状《じょう》
今度の遣唐使を実際に出発させるかどうかについて，公卿の意見を聴取してください。

……案《あん》ずるに，大唐《だいとう》の凋弊《ちょうへい》，これを載《の》すること具《つぶさ》なり。
唐は衰退していることは明らかです。得るところはないでしょう。

……度々《たびたび》の使等《つかいなど》，或《あるい》は海《うみ》を渡《わた》りて命《めい》に堪《た》えざる者《もの》あり。或《あるい》は賊《ぞく》に遭《あ》いて遂《つい》に身《み》を亡《ほろ》ぼせし者《もの》あり。……
また，これまで多くの人々が海難事故や海賊に襲われて死んでしまいました。

この史料は，宇多天皇から遣唐大使《けんとうたいし》に任命された道真が，その派遣の停止を願い出たときの文章です。まず，タイトルは，「公卿たちに遣唐使を実際に派遣するか，停止するべきかを審議《しんぎ》してほしい。公卿の意見を聞いてほしい」というわけです。そして，なぜそれが必要か？　その理由があげられています。もちろん，道真の意見です。

そこで道真があげた理由が２つあります。最初が「大唐の凋弊《ちょうへい》」。**唐**が衰えているということです。ということは，もう**唐に行っても学ぶべきものはない**。２番目が**危険すぎる**。海難事故で死んでしまったり，賊《ぞく》に命を奪われる。危険すぎる。

入試では，道真が派遣停止を求めた理由を聞いてくることがありますから，あとは，派遣のための**費用がかかりすぎる**ことを覚えておいてください。

そして，宇多天皇は派遣を中止したんです。**菅原道真**が中止したわけではありません。

遣唐使の停止

菅原道真　→　宇多天皇

停止の理由 … ①　唐の衰退　→　学ぶべきものがない。

②　航海の危険　→　危険に見合うメリットがない。

③　財政負担が重すぎる　→　費用がかかる，経済的効果もない。

＊実際には，民間レベルの往来はあった。

ちなみに，**遣唐使**が**新羅**の商船を利用して帰ってきた例もありますし，遣唐使が派遣されなければ困るというわけでもなかったのです。そして，唐は，その後，907年には滅亡してしまいます。こうしてついに遣唐使は廃絶されるわけです。

3 新羅・渤海との外交関係

講義ノート p.37 参照

新羅《しらぎ》との外交関係は良好なときもあり，対立するときもあり，複雑ですが，**基本的には国交はあります**よ。

新羅との外交関係

始まりは，正確には言えないんですが，「任那《みまな》」の領有をめぐる対立にともなって，6世紀の末ごろです。新羅が「任那」，**加耶**《かや》地方を支配下に入れると，日本が**百済**，**高句麗**と友好関係を結ぶなかで，孤立《こりつ》することを恐れて，「任那の調《ちょう》」を持ってくる。つまり，あなたの支配地の税を集めて持ってきましたという形をとって使節を派遣してくる。「朝貢《ちょうこう》」という形で外交関係を結ぶという姿勢《しせい》を示すのです。

しかし，その後，新羅は**唐**と結んで百済を滅ぼし，**白村江の戦い**が起こり，しばらく使節は中断しますが，668年には再開します。

そして，天武・持統朝の遣唐使の中止の時期にも，活発な使節の往来がありました。律令体制への移行のための情報なども新羅からもたらされた可能性が高い。しかし，702年の遣唐使が北路をとれなくなったことが象徴するように，やがて日本と新羅の関係は悪化します。

それは，唐と新羅の関係が安定したためで，もう日本に対して「朝貢」の姿勢は必要がなくなる。「任那の調」なんか持っていく必要はない。「土産《みやげ》」でいいといって，対等の外交姿勢を示すようになり，これに日本が反発するんです。

特に，唐で安史《あんし》の乱《らん》(安禄山《あんろくさん》・史思明《ししめい》の乱)が起こり，**渤海**《ぼっかい》が唐・新羅へ侵攻《しんこう》しようという姿勢《しせい》を示したとき，**藤原仲麻呂**は新羅征討《せいとう》計画を進めます。実現はしなかったのですが，仲麻呂に関する問題でときどき出題されるエピソードです。新羅とはまだまだ戦争の可能性もあったということですね。

そして，新羅使の来朝は，779年が最後となりました。

はい，黒板をよく見て！ 渤海との違いをしっかり確認してください。

6世紀末	7世紀	8世紀	9世紀	10世紀
	唐618 630第1回		894停止	唐907滅亡
新羅使	(663～中断) 668再開	779最後		935滅亡
渤海使	698建国	最初727	922最後	926滅亡
		729遣渤海使 ～811		
		(外交→貿易)		

渤海との外交関係

7世紀末，かつての**高句麗**のあたりに**渤海**《ぼっかい》が現れる。中国東北部を支配下に置きたい**唐**と対立する。**新羅**とも対立関係。そこで，せめてその背後《はいご》にある日本とは友好関係を結んでおきたいというので，727年，最初の渤海使《ぼっかいし》が来ます。日本としても，新羅との対抗関係があるから，これを歓迎したんでしょう。要するに，「敵の敵は味方」ということです。

しかし，その後，唐との関係が安定してくると，政治的・外交的な意味は薄《うす》れ，貿易が主たる目的になってきます。大貿易集団の来訪みたいなことになってくる。そして，922年(919年説もある)が最後の渤海使となった。黒板でしっかり確認してください。渤海使は最後の新羅使から140年近く続いたんですよ。最初は727年。

覚えなくてもいいのですが，遣《けん》渤海使の最初は2年後の729年。「何くわぬ顔で光明子立后」ですね。ということは，最初の渤海使は長屋王《ながやおう》政権の時期というわけです。

ところで，渤海使というのは，実はかなりいいかげんで，「エイヤア」と適当にやって来るものですから，日本列島の日本海側のいろんなところへ着くんです。そうすると，能登半島のちょうど西側の真ん中あたりにある能登《のと》客院《きゃくいん》，あるいは若狭《わかさ》湾にあった松原《まつばら》客院《きゃくいん》というところにとりあえず来てもらうことになります。さっきの略図（p.209）で位置を確認してください。

古代(12)

第12回 国家仏教と天平文化

8世紀の国家仏教の展開と天平文化を学習します。まず，仏教公伝から天武・持統朝までの仏教関係を思い出しておきましょう。

国家仏教

飛鳥文化		白鳳文化	天平文化
仏教公伝 ➡	憲法十七条 ➡	大官大寺・薬師寺 ➡	**東大寺・国分寺**
欽明朝	「篤く三宝を敬え」	天武天皇	**聖武・光明皇后**
百済・聖明王			

「国家仏教」というのは，国王（天皇）が金光明経《こんこうみょうきょう》・仁王経《にんのうきょう》を護《ご》持《じ》すれば，仏や菩薩《ぼさつ》，四天王《してんのう》が国を護《まも》ってくれるという「**鎮護《ちんご》国家**」の思想にもとづいて，国家が主宰《しゅさい》する仏教のことです。個人の悩みの解決とか，悟《さと》りを開くといった目的ではありません。

そこで，この時期は仏教を中心とする文化が主流となります。特に，聖武天皇の仏教事業が国家仏教の頂点に位置するので，聖武朝の元号「天平《てんぴょう》」からこの時期の文化を「**天平文化**」と呼んでいます。「**盛唐《せいとう》**」，唐の最盛期の国際的な文化の圧倒的な影響を受けた文化です。

天平文化

	第7回		第12回
	飛鳥文化	白鳳文化	天平文化
時　期：	推古朝（厩戸王・馬子）	天武・持統朝	**聖武朝**
外国の影響：	（中国）南北朝・朝鮮	初唐	**盛唐**
中心寺院：	法隆寺	薬師寺	**東大寺・興福寺**
特徴・傾向：	厳しい・柔和	清新	**豊満優美**

1 国家仏教の展開

講義ノート p.38 参照

国分寺・国分尼寺の建立

まずは国家仏教の展開です。**鎮護《ちんご》国家の仏教が律令《りつりょう》制度とともに確立**します。政治不安，社会不安に悩《なや》んだ**聖武《しょうむ》天皇**は大規模《だいきぼ》な仏教事業に乗り出します。なんとかそうした不安を解消しようと，藤原広嗣《ひろつぐ》の乱の翌年，**741 年**，「国ごとに国分寺《こくぶんじ》・国分尼寺《こくぶんにじ》を建てよ」と命令した。国分寺は金光明四天王護国之寺《こんこうみょうしてんのうごこくのてら》，国分尼寺のほうは法華滅罪之寺《ほっけめつざいのてら》というのが正式名称です。「金光明経《こんこうみょうきょう》」，「法華経《ほっけきょう》」が護国の経典であることが，史料から読みとれますね。

史料 25 国分寺建立の詔 /『続日本紀』

(天平《てんぴょう》十三年《ねん》三月《がつ》)乙巳《いっし》詔《みことのり》して曰《いわ》く，……宜《よろ》しく天下《てんか》の
741 年，聖武天皇は次のように命ぜられた。　すべての国ごとに

諸国《しょこく》をして各々《おのおの》敬《つつし》んで七重《じゅう》の塔《とう》一区《く》を造《つく》り并《ならび》に金光明最勝《こんこうみょうさいしょう》
七重塔を建立し，金光明経，法華経を写して寺に備えよ。

王経《おうきょう》，妙法蓮華経《みょうほうれんげきょう》各《かく》一部《ぶ》を写《うつ》さしむべし。……又国毎《またくにごと》の僧寺《そうじ》
国分寺には封戸

には封《ふ》五十戸《こ》，水田《すいでん》十町《ちょう》を施《ほどこ》し，尼寺《あまでら》には水田《すいでん》十町《ちょう》。
50，水田10 町を寄付することとする。　国分尼寺には水田 10 町を寄付する。

僧寺《そうじ》には必《かなら》ず廿僧《にじゅうそう》有《あ》らしめ，其《そ》の寺《てら》の名《な》を**金光明四天王護国《こんこうみょうしてんのうごこく》**
国分寺には必ず 20 人の僧を置き，その寺の名は金光明四天王護国之寺とする。

之寺《のてら》と為《な》し，尼寺《あまでら》には一十尼《あま》ありて，其寺《そのてら》の名《な》を**法華滅罪之寺《ほっけめつざいのてら》**と為《な》す。
国分尼寺には 10 人の尼僧を置き，その名を法華滅罪之寺とする。

ハイ，口語訳のところの「金光明経」，「法華経」を確認して，もう一度，読んでください。細かい数字などは無視して OK。

盧舎那仏の造立

さらに，天平《てんぴょう》15年，すなわち**墾田永年私財法《こんでんえいねんしざいほう》**が出た天平15年，ということは**743年**。聖武は離宮《りきゅう》のあった近江《おうみ》の紫香楽《しがらき》の地で「盧舎那《るしゃな》仏《ぶつ》をつくれ」という命令を出します。いわゆる**大仏造立《だいぶつぞうりゅう》の詔《みことのり》**です。**盧舎那仏というのは，華厳経《けごんきょう》の中心仏**です。もっとも，この事業は紫香楽では完成せず，奈良に戻って，**平城京**の外京《げきょう》の外側，東側の東大寺で完成することになります(p.155，平城京図)。

史料　26　大仏造立の詔 /『続日本紀』

天平《てんぴょう》十五年歳《ねんほし》は癸未《みずのとひつじ》に次《やど》る十月《がつ》十五日《にち》を以《もっ》て，菩薩《ぼさつ》の大願《たいがん》
743年，聖武天皇が詔を出して次のように命ぜられた。　菩薩の願い

を発《おこ》して**盧舎那仏《るしゃなぶつ》**の金銅像《こんどうぞう》一軀《く》を造《つく》り奉《たてまつ》る。……夫《そ》れ天下《てんか》の
を実現するため，盧舎那仏を造立することとする。　この国の富は

富《とみ》を有《も》つ者《もの》は朕《ちん》なり。　天下《てんか》の勢《せい》を有《も》つ者《もの》も朕《ちん》なり。……更《さら》に
すべて私のものであり，　この国の支配も私の手中にある。　たとえ

人《ひと》の一枝《えだ》の草《くさ》，一把《すくい》の土《つち》を持《も》ちて，像《ぞう》を助《たす》け造《つく》らむと情願《じょうがん》
１本の草やひとにぎりの土でも，　大仏のために寄付しようと思うの

する者《もの》あらば，恣《ほしいまま》に之《これ》を聴《ゆる》せ。
であれば，　それは自由である。

超有名，基本史料ですが，史料は「盧舎那仏」に注意するだけ。できれば，漢字で正確に書けるようにしてください。もちろん，「天平十五年」＝743年。墾田永年私財法と同じ年ですよ。

南都六宗――6つの仏教学派

さて，盧舎那仏は華厳経《けごんきょう》の中心ですが，この華厳経という言葉に伴《ともな》って出題されることが多いのが，**奈良時代**の**仏教**を象徴する「**南都六《なんとろく》**

宗《しゅう》」です。これを覚えておかなきゃならない。

まず，この時期の仏教は**個人のための宗教ではなく国家のための仏教**で，**僧侶《そうりょ》は宗教理論を学び**，**法会《ほうえ》などに奉仕《ほうし》する**のが役割でしたね。教理研究，まあ，大学の哲学《てつがく》科みたいなもんです。その主な分野が6つあって，それが南都六宗。はい，声を出して。

三論《さんろん》(宗)・成実《じょうじつ》(宗)・法相《ほっそう》(宗)・倶舎《くしゃ》(宗)・華厳《けごん》(宗)・律《りつ》(宗)
「さんろん・じょうじつ・ほっそう・くしゃ・けごん・りつ」

各々に「宗」をつけます。三論宗・成実宗・法相宗……。

このうちよく問われるのは**法相**・**華厳**・**律**です。**法相宗**は**遣唐使《けんとうし》**に従って入唐《にっとう》した**道昭《どうしょう》**がもたらしたとも言われますが，その中心は**義淵《ぎえん》**です。**良弁《りょうべん》**，**行基《ぎょうき》**，**玄昉《げんぼう》**といった人たちは義淵の弟子です。そして後《のち》に，興福寺《こうふくじ》は法相宗の教学研究の中心になっていきます。

ただし，そもそもは，各宗が特定の寺院で学ばれたわけではなく，中世以降の「〜宗」といった教団を指すものではありません。六宗をすべて学ぶのが理想だったのです。

当時の主なお坊さんはいわば国家公務員として仏教哲学を学びながら，**鎮護国家《ちんごこっか》**の法会で経典《きょうてん》をみんなで合唱《がっしょう》する，お経をあげるというのが主な役割でした。

ところで，

Q 国家仏教のこうした法会などを扱い，外務省も兼《か》ねたような律令制下の役所は？
——**治部省《じぶしょう》**

そして**鑑真**が来朝して律宗を伝え，日本にも「戒壇《かいだん》」という，出家《しゅっけ》，お坊さんになるときの正式の手続き，儀式をする制度が導入されます。

754年，東大寺に戒壇が設けられ，聖武太上天皇《しょうむだいじょうてんのう》，光明皇太后《こうみょうこうたいごう》，孝《こう》謙《けん》天皇は，鑑真から戒《かい》を授《さず》けられた。戒壇はこの東大寺だけでなく，さらに2箇所に設けられます。合わせて3箇所。

Q 「本朝《ほんちょう》（天下の）三戒壇」と呼ばれたのは？
――**東大寺《とうだいじ》**，（**筑紫《つくし》**）**観世音寺《かんぜおんじ》**，（**下野《しもつけ》**）**薬師寺《やくしじ》**

『三経義疏《さんぎょうのぎしょ》』とか，「護国《ごこく》の三部《ぶ》経《きょう》」とか，「本朝三戒壇」とか，“三”が多いよね。筑紫の観世音寺には**玄昉《げんぼう》**が左遷《させん》されますし，下野の薬師寺に**道鏡《どうきょう》**が追放，左遷されますから，政治史とのからみでも「三戒壇」は覚えておかなきゃいけない。

国家仏教の成立の具体的な内容はこんなところです。最終的には，お寺や僧侶の暗記が必要になってきます。ちょっと整理しておきます。

中心的な仏教学派と僧侶

入試では**南都六宗《なんとろくしゅう》**のなかでもっとも盛んだった**法相宗が一番よく出ます**。もちろん，**律宗**で**鑑真《がんじん》**は頻出です。しかし，教科書には他にも何人かの僧侶が紹介されていますので，難関私大対策として，一応，整理しておきましょう。

三論宗 ➡ 道慈…**大安寺**の平城京に移転
法相宗 ➡ 道昭…玄奘に学ぶ
玄昉
義淵…（弟子に）玄昉・行基・良弁
元興寺・**興福寺**…藤原氏の氏寺として南都仏教
華厳宗 ➡ 良弁…東大寺建立（748ごろ）の中心
律　宗 ➡ 鑑真（754入京，東大寺に戒壇，聖武太上天皇らに授戒）
唐招提寺

三論宗《さんろんしゅう》に通じたという道慈《どうじ》は，再開された702年の**遣唐使**に従って入唐《にっとう》。**藤原京**にあった大安寺《だいあんじ》を**平城京**に移すためにがんばった。

法相宗《ほっそうしゅう》の道昭《どうしょう》も入唐し，玄奘《げんじょう》に学んで帰ってきます。

玄昉《げんぼう》も入唐し，玄宗《げんそう》皇帝から紫衣《しえ》を与えられるのですが，**吉備真備**《きびのまきび》らとともに**橘諸兄**《たちばなのもろえ》政権を支え，これに反発して**藤原広嗣の乱**が起こる(p.192)。ところが玄昉は政治に介入しすぎて，745年，**大宰府の観**《かん》**世音寺**《ぜおんじ》**に追放**されてしまいます。

同じく，法相宗の義淵《ぎえん》は，玄昉や**行基**《ぎょうき》，そして東大寺確立の中心となった良弁《りょうべん》など多くの弟子を育てた僧です。あまり有名ではありませんが，超大物です。

そして，律宗《りっしゅう》を伝えた**鑑真**《がんじん》。こちらは，盲目《もうもく》の高僧，「鑑真像」で有名ですね。唐招提寺《とうしょうだいじ》はこの鑑真に与えられた住居に始まる**私寺**《しじ》ですが，律宗の中心的な寺院となります。

僧侶と社会事業

もともと国家仏教の坊さんというのは僧尼令《そうにりょう》で統制される一種の公務員です。民間でアルバイトしたり，民間に布教《ふきょう》することが本来の活動ではない。

行基は，畿内《きない》で布教して批判を浴びたりするのですが，人びとを組織して墾田開発に必要な土木工事などを実施したり，橋や布施屋《ふせや》などの救護施設を作ったりと，社会事業を展開していきます。そして，その民間に対する影響力を重んぜられて，大仏造立の事業に参画し，大僧正《だいそうじょう》にまでなって聖武の仏教事業を支えます。

もともと**仏教**には，困っている人を助けるといったような慈悲《じひ》の思想に基《もと》づく社会事業を伴《ともな》う傾向が強いんです。そのような行為の1つとして，

Q 孤児《こじ》や貧しい者たちを救済するために光明皇后《こうみょうこうごう》が設置した施設は？

——**悲田院《ひでんいん》**

同じく，貧しい病人に薬を与えて治療《ちりょう》を行った**施薬院《せやくいん》**も，光明皇后の社会事業としてよく問われるものです。

仏教では，このような人びとのためになる，良い行い，「善行《ぜんこう》」を積むことが「福徳《ふくとく》」を招《まね》くという思想があったのです。そこで，**鎮護《ちんご》国家**は国家の平安をもたらす。善行は社会に利便性《りべんせい》を提供する。このように，現実の社会に与える利益を，仏教では「**現世利益《げんぜりやく》**」と呼びます。

「現世利益」という語句は，平安仏教のキーワードでもありますが，この現実の世界に良い結果をもたらすという考え方は奈良時代の仏教にも備わっていた。

さらに，このような鎮護国家や福徳を求める国家仏教の官寺《かんじ》だけでなく，仏教伝来以来の氏寺《うじでら》，奈良時代で言えば藤原氏の興福寺《こうふくじ》など，祖先崇拝《すうはい》のための寺院もありました。もちろん，祖先崇拝だけでなく，興福寺などは鎮護国家の役割も担《にな》っていました。

一方，政治と結びついていく仏教寺院に反発して，山林に籠《こも》って修《しゅ》行《ぎょう》する者も現れます。山林での修行は平安時代の山岳での修行につながっていきます。

神仏習合

もう1点，大事なのは**神仏習合《しんぶつしゅうごう》**です。固有の神々と伝来した仏教とが混じり合う状態——神と仏の併存《へいぞん》，あるいは融合《ゆうごう》関係です。とりわけ，山岳での僧侶の修行は，古来からの山岳に対する信仰と結びついていきます。

また，神々を祀《まつ》る神社の中に寺院が建てられる。「**神宮寺《じんぐうじ》**」と呼ばれる神社の中の寺院が現れてきます。神に対して僧侶がお経を読み上げる「**神前読経《しんぜんどきょう》**」も行われたのです。仏教が本格的に浸透《しんとう》していく過程で起こったこのような状況には十分注意しておいてください。

ところで，**聖武天皇**の仏教事業は，その結末のほうもしっかり確認しておいてください。ポイントは**大仏開眼《かいげん》供養《くよう》**と**鑑真の来朝**です。年次もしっかりチェックしておいてください。

752年　大仏開眼供養 ➡ 754年　鑑真来朝

この順序が逆にならないように注意しておきましょう。そして2年後，756年に聖《しょう》武《む》太上《だいじょう》天皇《てんのう》が没するのです。

2 天平文化

講義ノート p.39 参照

さて，次はいよいよ天平文化《てんぴょうぶんか》です。

天平文化(聖武朝，平城京が中心)

||

盛唐文化の影響	律令国家の成立期
豊満優美	国家仏教の最盛期
写実的	＊東大寺

天平文化のキーワード

はい，**白鳳文化《はくほうぶんか》**は初唐《しょとう》，天平文化はというと**盛唐《せいとう》**文化の影響を受けた文化です。**唐**は世界帝国であり，世界のいろんな文化的要素を包含《ほうがん》する唐文化がそのまま日本に入ってきますから，天平文化も**国際性豊か**なものになる。

聖武朝を中心に国家仏教の最盛期《さいせいき》。そして美術は盛唐の影響をそのまま受け入れて，「**豊満優美《ほうまんゆうび》**」な作風，「**写実的**」な，表情が豊かで，**調《ちょう》和《わ》**のとれた仏像。建築なら「堂々《どうどう》とした」「**均整《きんせい》**がとれた」建物。

学問・教育

では，学問・教育からいきましょう。

学問・教育はもちろん，官吏《かんり》養成のためというのが第1目標です。**式《しき》部省《ぶしょう》**の管轄下《かんかつか》に**大学(寮《りょう》)**が置かれ，本科，一番中心的な学科は**儒教《じゅきょう》**の教典，「五経」を学習する**明経道《みょうぎょうどう》**でした。基本的には五位以上の貴族の子弟《してい》と東西史部《ふひとべ》の子弟がここで学ぶことになっています。

地方には**国学《こくがく》**が置かれて，**郡司《ぐんじ》らの子弟**が学ぶことになっていますが，これはあまり振るいません。学問・教育関係でよく出題されるのは，というと，石上宅嗣《いそのかみのやかつぐ》が開いた私設の公開図書館というべき**芸亭**《うんてい》。

これは漢字に注意。芸術の「芸」(×)を書かない。それと，「石上」氏というのは，ヤマト政権時代の「物部」氏のこと。氏の名称を変更していることに注意。石上神宮《いそのかみじんぐう》は物部氏の根拠地にある。「七支刀《しちしとう》」も思い出しておきましょう(p.80)。

文　学

▶**『万葉集』**　次は文学。まず『**万葉集**《まんようしゅう》』。これは文学史でもやりますよね。**天皇から庶民《しょみん》に至《いた》るまで**の歌，約4500首を集めた国民的な歌集です。まだ**平**《ひら》**がな**がありませんから，「万葉がな」という漢字の音訓《おんくん》を使った日本語表記の歌集です。その例は額田王《ぬかたのおおきみ》の歌で見ましたね(p.141)。

額田王は白鳳《はくほう》万葉ですが，続いて柿本人麻呂《かきのもとのひとまろ》，そして平城遷都から天平初期には山上憶良《やまのうえのおくら》，山部赤人《やまべのあかひと》，大伴旅人《おおとものたびと》。そして最後に**大**《おお》**伴家持**《とものやかもち》。

大伴家持は万葉集をまとめ上げたと考えられている歌人です。万葉集に，478首もその歌が入っている。一方，名門大伴氏の長として，台《たい》頭《とう》する藤原氏との関係で苦労しています。757年の橘奈良麻呂《たちばなのならまろ》の乱に一族のものが関与していたり，光仁《こうにん》天皇没後に起こったクーデター未《み》遂《すい》事件でも，これに関係したとして失脚《しっきゃく》。さらに，没後に起こった藤《ふじ》原種継《わらたねつぐ》暗殺事件(次回でやります)でも，その関与を疑われて除名。息子も流罪《るざい》……と死んだ後まで弾圧を受けています。

その後，名誉回復ということになりますが，奈良時代後期の政治情勢の真ん中にいた人物ということになります。

あと，家持の父，**大伴旅人**《おおとものたびと》にも注意しておきましょう。大伴旅人が大宰師《だざいのそち》として現地，九州に赴任《ふにん》していたとき，**山上憶良**が筑前守《ちくぜんのかみ》として九州に赴任。両者の和歌を介《かい》しての交流が深まった。大伴旅人，山上憶良の歌の中でも，代表的なものはこのときに詠《よ》まれているのです。文学史上では有名な話ですが，日本史でも知っておきたいところです。

日本史の教科書でも『**万葉集**』の歌人を４期に分けているものがありますから，一応，チェックしておきましょう。

『万葉集』の歌人

第１期	第２期	第３期	第４期
額田王 有間皇子	柿本人麻呂	山上憶良 大伴旅人 山部赤人	大伴家持

ちなみに，『万葉集』の巻頭，最初の歌は「大泊瀬幼武（オオハツセワカタケ）」，雄略天皇の長歌です。次は……とやっていると終わらなくなってしまいますが。

最後に，『万葉集』に関するポイント。出題頻度が高いのが **東歌**《あずまうた》と**防**《さき》**人歌**《もりうた》です。ここは絶対に，今，暗記してしまう。

東　歌《あずまうた》 ➡ 東国（遠江・駿河から陸奥）の各地を題材とした和歌
防人歌《さきもりうた》 ➡ 防人やその家族などの歌

防人は東国の兵士から選ばれたのでややこしい。防人歌は東国から出発するときや，難波津《なにわづ》から出航するときの「離別」などが題材です。

次は，漢詩文。

Q　現存最古の漢詩集といえば？　――『**懐風藻**《かいふうそう》』

8世紀の半ばに成立しています。**天武《てんむ》天皇**の息子，大津皇子《おおつのみこ》や，先ほどの石上宅嗣《いそのかみのやかつぐ》，そして淡海三船《おうみのみふね》などの作品がこれに載《の》っています。ただ，これは国家事業としての勅撰《ちょくせん》ではありません。勅撰漢詩文集は，次の平安前期に登場します。

歴史・地誌

▶**『古事記』**　次は史書。**『古事記《こじき》』**と**『日本書紀』**です。天武朝から始まった歴史書編纂《へんさん》の最初の成果が『古事記』です。次がポイント。

Q 空欄を補充しなさい。

> 『古事記』は [①] が暗記していた「帝紀」，「旧辞」などをもとにした歴史を [②] が筆録して，**712年**に完成した。

①**稗田阿礼《ひえだのあれ》**，②**太安万侶《おおのやすまろ》**が入りますね。稗田阿礼と太安万侶の分担が大事です。

『古事記』は漢字の音と訓を使って日本語(ヤマト言葉)で書かれたもの。そして，古いことから，順次，新しい出来事を書いていく**編年体《へんねんたい》**の史書です。ちなみに太安万侶は左京《さきょう》四条四坊に住んでいたことが，その墓から発見されたプレートの文字からわかっています。

▶**『日本書紀』**　次，『日本書紀』の成立は**720年**，こちらは正式の漢文で書かれた日本最初の**正史《せいし》**です。以後，10世紀初頭の『日本三代実録《じつろく》』まで，全部で6つの正史が成立します。これを**六国史《りっこくし》**と総称します。そこで，『日本書紀』は六国史の最初ということになります。書き方は『古事記』と同じ編年体と呼ばれるものですが，こちらは漢文で書かれている。

ちなみに，『漢書』，『後漢書』などは，皇帝や重要人物の伝記や年表など，いくつかのテーマを並べていく**紀伝体《きでんたい》**と呼ばれるスタイルで編纂《へんさん》された正史です。日本の正史は，中国の正史に対応するものですが，紀伝体ではなく，より簡単な編年体です。ココは，史学史のポイントですから，この際，覚えておくこと。

Q 『日本書紀』編纂の中心人物は？　——**舎人親王《とねりしんのう》**

入試では，記紀の違いを聞いてくるので，扱う時期も含めて，しっかり区別しておくこと。

712	**古事記**……	(暗誦)稗田阿礼 (筆録)太安万侶	日本語	編年体(物語風)	神代～推古
720	**日本書紀**…	(総裁)舎人親王	漢文	編年体	神代～持統

相違点は「記」と「紀」。「日本語」表記と「漢文」。そして，最後が「推古天皇」で終わっているのが『**古事記**』で，「持統天皇」まで行っているのが『**日本書紀**』ですよ。

ついでに，

Q 舎人親王の子で皇位《こうい》を奪われ，淡路島《あわじしま》に流されたのは？　——**淳仁《じゅんにん》天皇**

史書について，整理しておきましょう。

古墳文化	飛鳥文化	白鳳文化	天平文化
6 世紀前半	推古朝 7 世紀前半		
帝紀　→	天皇記		712 古事記
旧辞　→	国記		720 日本書紀

▶『風土記』　『古事記』成立の翌年，**713 年**には，国ごとの地誌，地理，説話などを集めた地誌撰上《せんじょう》の詔《みことのり》が出ます。各国に，国を単位とする

『**風土記**《ふどき》』を書いて，都に送ってよこしなさいという命令です。現存するのは，**常陸**《ひたち》・**播磨**《はりま》・**出雲**《いずも》・**肥前**《ひぜん》・**豊後**《ぶんご》のいわゆる「五風土記」ですが，このうちほぼ**完全な形で残っているのは『出雲国風土記』**だけです。

建　築

次，建築，彫刻，絵画。外国の影響は「盛唐《せいとう》」ですよ。

「天平《てんぴょう》美術の特徴は？」というと，「写実的《しゃじつてき》」そして「豊満優美《ほうまんゆうび》」。豊かでふっくらしていて，姿《すがた》が美しい。線も柔《やわ》らかいと。まあ，ひとことで言うと，ふっくらしている。天平美人ということは，もう絶対にウエストがくびれたり，スリム，シャープなのはだめ。ともかく太ってるほうがいい。

▶東大寺法華堂　では，建築からいきましょう。寺院や宮殿は，もちろん，礎石《そせき》の上に太い柱を立てて大きな屋根を支え，屋根には瓦《かわら》を葺《ふ》いた壮《そう》大《だい》なものが中心。「均整《きんせい》」のとれた堂々たる建築です。ただし，東大寺・興福寺の主要な建物は鎌倉初期に焼かれてしまって，ほとんど残っていません。

東大寺法華堂

まず，**東大寺法華堂**《とうだいじほっけどう》。仏像が安置《あんち》してある「正堂《せいどう》」の部分が天平期のものなんですが，「礼堂《らいどう》」という礼拝《れいはい》をする場所が後《のち》の鎌倉時代に継《つ》ぎ足されているんです。大仏殿などに比べてかなり小さい。もっとも，大仏殿は江戸時代のものです。

法華堂は「三月堂《さんがつどう》」とも呼ばれ，正堂が天平期で礼堂は鎌倉時代というところまで問われることがあります。ここの中心にある仏像が不空羂《ふくうけん》索《じゃく》観音像《かんのんぞう》です。

▶正倉院宝庫　東大寺の正倉院《しょうそういん》は，もう小・中学生おなじみの校倉造《あぜくらづくり》ですね。まさに，整然とした，堂々たる倉庫です。

▶唐招提寺金堂・講堂　天平期の金堂《こんどう》はほとんど残っていないんですが，**唐招提寺《とうしょうだいじ》金堂**がその代表。そして**講堂**を覚えてください。講堂は**平城京《へいじょうきょう》**の「朝集殿《ちょうしゅうでん》」を移築した建物として貴重なものです。

▶法隆寺夢殿・伝法堂　もう１つ。法隆寺《ほうりゅうじ》の夢殿《ゆめどの》と伝法堂《でんぽうどう》。法隆寺だけど**天平文化**ですよ。**夢殿は八角形の建物**です。隣にある**伝法堂**は**貴族の邸宅**だったものです。**聖武天皇**の夫人，橘《たちばなの》古那可智《こなかち》（橘《たちばなの》三千代《みちよ》の孫）の住宅を移したものと推定されていましたが，確証はありません。当時の支配者，貴族の住宅の貴重な遺構《いこう》ということになりますので，これも重要です。法隆寺だけど飛鳥文化ジャナイ！ いいですか，天平文化。

彫　刻

▶興福寺阿修羅像　仏像は有名なものがけっこうあります。さらに**塑《そ》像《ぞう》・乾漆像《かんしつぞう》**という，粘土《ねんど》や漆《うるし》を使った仏像が，この時期の特徴です。

塑像というのは粘土で造ったものですが，芯《しん》は木で造ってあって，その上に粘土を塗《ぬ》ったもの。乾漆像も，原型を麻《あさ》の布《ぬの》で覆《おお》って，そこへ漆《うるし》を塗ったものです。多くの場合，漆が完全に固まったあとに，中の部分を抜き取ります。脱《だつ》乾漆像と呼ぶこともあります。

その**乾漆像**の代表というと，興福寺《こうふくじ》の阿修羅像《あしゅらぞう》。この像の**キーワード**は「**三面六臂《さんめんろっぴ》**」。顔が３つで手が６本です。

光明皇后が建立《こんりゅう》した興福寺西金堂《こうふくじにしこんどう》に安置された八部衆像《はちぶしゅうぞう》という仏像群の１つです。名前は怖《こわ》いが，ふっくらした優《やさ》しい美少年。また，興福寺にはもう１つ，**釈迦十大弟子像**という六体の乾漆像が残っています。

興福寺阿修羅像

キーワード

興福寺阿修羅像
…**三面六臂**

▶東大寺法華堂・不空羂索観音像　次にやはり乾漆像で，先ほどちょっと触れた法華堂《ほっけどう》の中心，**不空羂索観音《ふくうけんじゃくかんのん》像**。「不空」というのは無駄《むだ》がない，「羂索」というのは絹《きぬ》でつくったロープ。人々をロープで救ってくれるという意味で，これは一種の秘仏《ひぶつ》でして，キーワードは「**三眼《さんがん》（目《もく》）八《はっ》臂《ぴ》**」です。

目が3つあって，手が，よく数えると8本あるんですが，この8本の手からロープを投げてやって，おぼれている人を救うみたいな意味ですね。

その不空羂索《ふくうけんじゃく》の両わきに，これは本当はもともと何の関係もなかったんですが，たまたま置かれてしまったのが**塑像《そぞう》**の代表，**日光菩薩像《にっこうぼさつぞう》**・**月光《がっこう》菩薩像**です。法華堂には他に**執金剛神像《しつこんごうしんぞう》**もあります。不空羂索観音像はちょっと違和感がありますが，執金剛神像は，なかなか素敵な仏様という感じです。他に**東大寺戒壇院《とうだいじかいだんいん》**の**四天王像《してんのうぞう》**もあります。

キーワード

東大寺法華堂
不空羂索観音像
…**三眼八臂**

東大寺法華堂不空羂索観音像

▶唐招提寺鑑真像　乾漆像で，いわゆる天平《てんぴょう》美術の１つの特徴というよりも，唐文化，美術の特徴である写実性《しゃじつせい》という面を代表するのが，実際の人間を模《も》した，**唐招提寺《とうしょうだいじ》**の**鑑真《がんじん》**(**和上《わじょう》**)**像《ぞう》**です。**鑑真**の晩年《ばんねん》の姿をそのまま仏像にしたものだと言われています。

絵　画

▶正倉院鳥毛立女屏風　絵画では**正倉院《しょうそういん》**の鳥毛立女屏風《とりげだちおんなびょうぶ》《ちょうもうりゅうじょびょうぶ》。これは先ほど言った豊満優美《ほうまんゆうび》な唐風の美人，これが大きな木の下に立っている。

もともとは鳥の羽根で装飾《そうしょく》してあったんですが，もう羽根はほとんど剝《は》げ落ちています。「樹下美人図《じゅかびじんず》」と呼ばれる，樹木の下に美人が立っている**唐**の**典型的《てんけいてき》な世俗画《せぞくが》のパターン**を模《も》したものです。

木の下で（樹下）美人が
ショルダーバッグを枝
にかけ，立っている。

⌃正倉院鳥毛立女屛風

（顔のイメージ図）

▶薬師寺吉祥天像　次は**薬師寺《やくしじ》**の**吉祥天像《きちじょうてんぞう》**。この吉祥天という福徳の女神に対する信仰に熱心だったのが**光明皇后《こうみょうこうごう》**。金光明経《こんこうみょうきょう》に由来《ゆらい》する信仰と言われますが，薬師寺にこの吉祥天像が残っています。

ここで，やっぱりこの吉祥天像の前の**薬師寺にアンダーライン**を引かなきゃ。薬師寺とくれば白鳳《はくほう》といきたいところをぐっとがまんして，薬師寺でも**吉祥天像《きちじょうてんぞう》は天平の絵画**ですよ。これが大事。

▶『過去現在絵因果経』　はい，そしてちょっとマニアックな，難関私大向けに，『過去現在絵因果経《かこげんざいえいんがきょう》』というのがあります。これは２段構成になっていて，上段に**絵画**，下段に**仏教**の**経文《きょうもん》**が書かれているもので，古代末から中世にかけて盛《さか》んに描《えが》かれる**絵巻物《えまきもの》の源流**と評価する場合があります。

▶『百万塔陀羅尼』　もう１つ，年代のハッキリしている，現存する**世界最古の印刷物**とされる**『百万塔陀羅尼《ひゃくまんとうだらに》』**。これは**恵美押勝《えみのおしかつ》の乱《らん》**がらみでも出ますので，注意してください。

称徳《しょうとく》天皇が，恵美押勝の乱が治まった後に，木製のちっちゃな塔を百万個つくって，その中心部の穴に，印刷した陀羅尼経《だらにきょう》というお経を埋め込んだものです。

▶正倉院御物《ぎょぶつ》　工芸品では**正倉院《しょうそういん》**の宝物。特に，聖武の没後，光明《こうみょう》皇太后が納めた遺品《いひん》が有名です。**螺鈿紫檀五絃琵琶《らでんしたんごげんびわ》**は教科書に写真が必ず載《の》っている代表的なものです。

3 伽藍配置の変遷

講義ノート p.42 参照

さて最後に，伽藍配置《がらんはいち》の変遷《へんせん》を見ておきましょう。

伽藍というのは，要するにお寺の建物のことです。「堂塔《どうとう》伽藍」というような言い方をしますが，その伽藍配置の変遷図。

伽藍配置の変遷

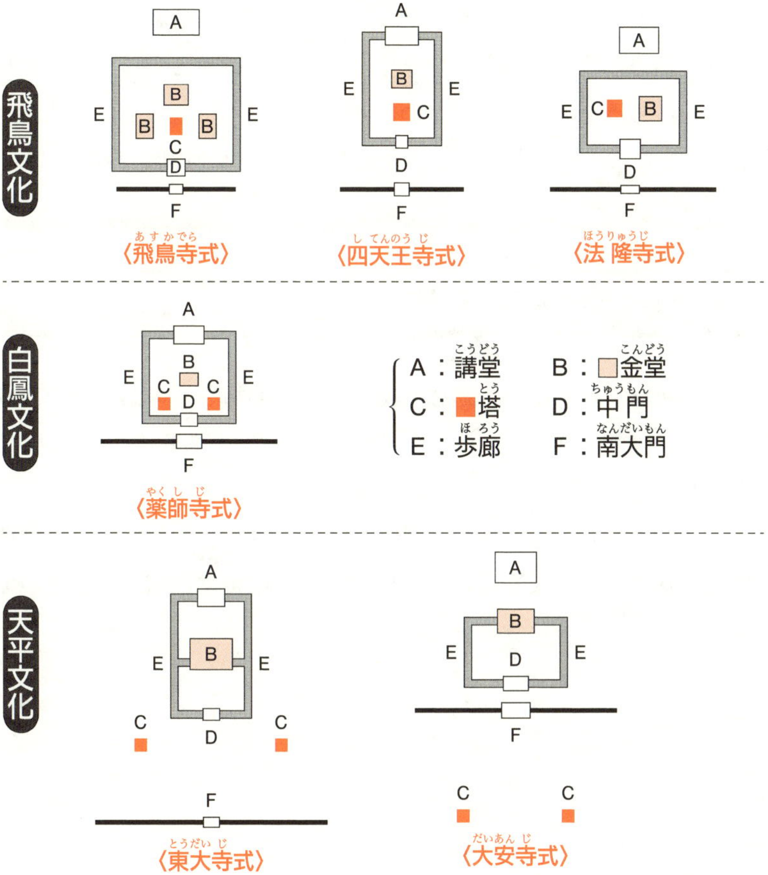

伽藍の建物：金堂・塔・講堂

お寺にはいろんな建物がありますね。まずいちばんメインは，日本では仏像を安置《あんち》する，要するに中心的な仏像を並べておく金堂《こんどう》。よく，寺の「本堂」などと呼ぶ建物です。もともと**金銅像**《こんどうぞう》と言って，当時の仏像はたいてい金で表面をおおってるから，みんな光っているわけです。その金ピカの仏像を安置する建物を金堂と呼びます。今はほとんどハゲちゃってるけど。

その次，日本ではそれほど重んぜられませんが，**仏舎利**《ぶっしゃり》といってお釈《しゃ》迦様《かさま》の骨を納《おさ》めた建物を**塔**《とう》といいます。お釈迦様の骨といっても，米粒《こめつぶ》みたいにちっちゃなものですけどね。暇《ひま》な人が日本に残っている仏舎利を全部推計したら，お釈迦様は象《ぞう》より大きかったという話があります。

┌金堂…仏像を安置する。
└塔……仏舎利（釈迦の骨）を納める。

次に，お坊さんが集まって勉強したり，偉《えら》いお坊さんの話を聴《き》いたりするところが**講堂**《こうどう》。あと，もちろん塀《へい》があって，門があります。外側の，一番立派な門を南の大きな門と書いて**南大門**《なんだいもん》といいます。

ほかに建物をつなぐ歩廊《ほろう》とか，真ん中の中門《ちゅうもん》とかありますが，伽藍《がらん》配置《はいち》で絶対覚えておかなきゃいけないのは，実は**金堂**《こんどう》**と塔**，この２つです。伽藍配置の図を全部覚える必要はありません。

伽藍配置の6つのパターン

飛鳥寺《あすかでら》(式《しき》), 四天王寺《してんのうじ》(式《しき》), 法隆寺《ほうりゅうじ》(式《しき》),
薬師寺《やくしじ》(式《しき》), 東大寺《とうだいじ》(式《しき》), 大安寺《だいあんじ》(式《しき》)
「あすかでらしき, してんのうじしき, ほうりゅうじしき
やくしじしき, とうだいじしき, だいあんじしき」

最後の大安寺式はほとんど出ませんが，一応この順番を覚えます。古い形のものから飛鳥寺式，四天王寺式，法隆寺式ときて，白鳳《はくほう》期になって薬師寺式，天平《てんぴょう》期で東大寺式，そして大安寺式ということになります。まずは飛鳥寺式から。

飛鳥寺式

図をよく見て(p.241)。まず飛鳥寺式は仏舎利《ぶっしゃり》を納める**塔《とう》(C)が中心部**にあって，その東西と北に金堂《こんどう》(B)があります。

はい，そこで「**一塔三金堂**」と覚えて。飛鳥寺式です。いいですか。

四天王寺式

四天王寺式も塔はど真ん中にありますが，真後ろに金堂があります。というよりも，南大門《なんだいもん》，中門《ちゅうもん》，塔，金堂，講堂《こうどう》と，A，B，C，D，Fが中心軸《じく》として**タテに一直線**になっていますね。はい，「**一直線上**」**に並ぶと四天王寺式**。

法隆寺式

次，法隆寺式。“なぞの寺”とまず覚えます。この配置は意味がわからないから。

すなわち中心部，歩廊《ほろう》(E)に囲まれた部分は，ほかの5つの寺と違い，塔(C)と金堂(B)が横に並んでいて，線対称で真ん中で折れる左右対称の形になっていません。そこで**塔と金堂が並置《へいち》されている**――並んで建てられているとくれば法隆寺式です。すなわち，「**法隆寺は非対称**」と覚えときゃいいですね。

薬師寺式

さあ次は**白鳳文化**《はくほう》，天武《てんむ》・持統《じとう》朝以降。薬師寺式《やくしじしき》になりますと，はい，よーく見て。**塔**《とう》**が２つ**になっている。今までは１つでしたね，塔は。C が２つになって，ど真ん中に何があるかというと B，すなわち金堂《こんどう》があります。

そこで，この段階で絶対覚えることは，

伽藍配置の中心が 塔から金堂に代わった。

ということ。イメージとしては，B が家だとすると，C は門柱のような形で東西２つに配置されている。そこで，薬師寺式は「**二塔一金堂**」というふうに覚えましょう。

この薬師寺の東の塔，**東塔**《とうとう》は代表的な白鳳建築でしたね。

東大寺式

奈良時代，**天平**《てんぴょう》**文化**とくれば東大寺《とうだいじ》。東大寺式は？
はい，金堂(B)が真ん中にある点は変わりませんが，問題は C です。塔は相変わらず２つありますが，「歩廊《ほろう》の外」に出ている。もちろん塔は今日まったく残っていませんが，もとは巨大な塔が２つあったんです。

大安寺式

以上の５つに対して，南大門《なんだいもん》のところの塀《へい》の外側に塔が出ちゃうのが，次の大安寺式《だいあんじしき》です。これは「塀の外」だと覚えちゃえばいい。

だから，飛鳥寺《あすかでら》式から大安寺式まで６つのパターンについて，お寺とキーワードを覚えておけば，この伽藍配置《がらんはいち》を使った問題はすべて一発で答えが出ます。

ただし，私大の難問では，最初の法隆寺《ほうりゅうじ》の伽藍配置は四天王寺《してんのうじ》式であったことも出題されることがあります(p.133 も参照)。

第7回の講義でも触《ふ》れましたが，『日本書紀《にほんしょき》』によれば，「法隆寺は670年に焼失《しょうしつ》した」とあるので，現在の伽藍は再建されたものということになります。隣接《りんせつ》する区画，「**若草伽藍跡《わかくさがらんあと》**」の発掘《はっくつ》の結果，**最初は四天王寺式の配置**だったことがわかったんです。

また，蘇我倉山田石川麻呂《そがくらやまだのいしかわまろ》による山田寺《やまだでら》も発掘の結果，四天王寺式伽藍配置だったことが確認されています。ついでに法起寺《ほっきじ》という寺は法隆寺式ですが，塔と金堂の配置が左右逆になっています。

ハイ，空欄を補ってください。

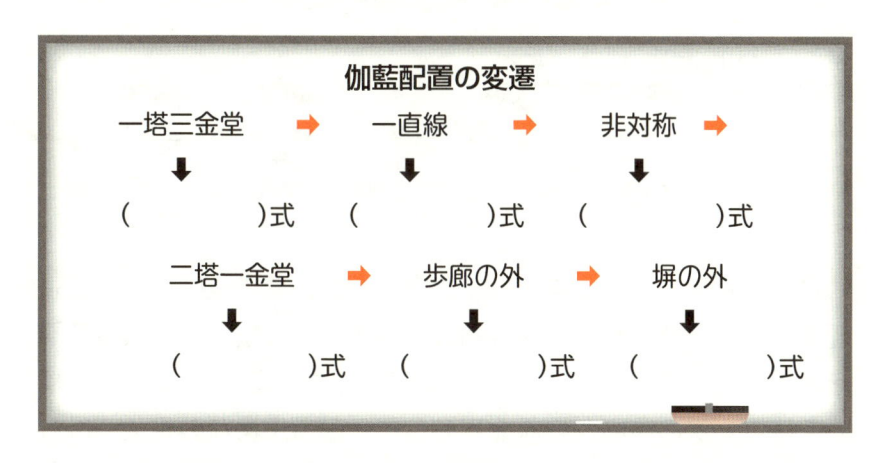

伽藍配置の変遷

一塔三金堂 → 一直線 → 非対称 →

↓ ↓ ↓

(　　　　)式　(　　　　)式　(　　　　)式

二塔一金堂 → 歩廊の外 → 塀の外

↓ ↓ ↓

(　　　　)式　(　　　　)式　(　　　　)式

はい，お疲れさまでした。古代史も半分以上はこれで終わりました。

① 年表を見ながら，CDでここまでの範囲を聴いてください。

② 講義ノートの第1回～12回を，赤シートを使って読み進めてください。

③ 次回に進む前に，第7回・第12回を同時に復習すること。そして第12回の最初，222ページの表を確認してください。

以上①～③まで，頑張ってくださいね。

古代(13)

第13回 平安時代の政治(1)——藤原北家の台頭

いよいよ平安時代です。まずは，桓武《かんむ》・平城《へいぜい》・嵯峨《さが》朝から藤原北家《ほっけ》の台頭まで。

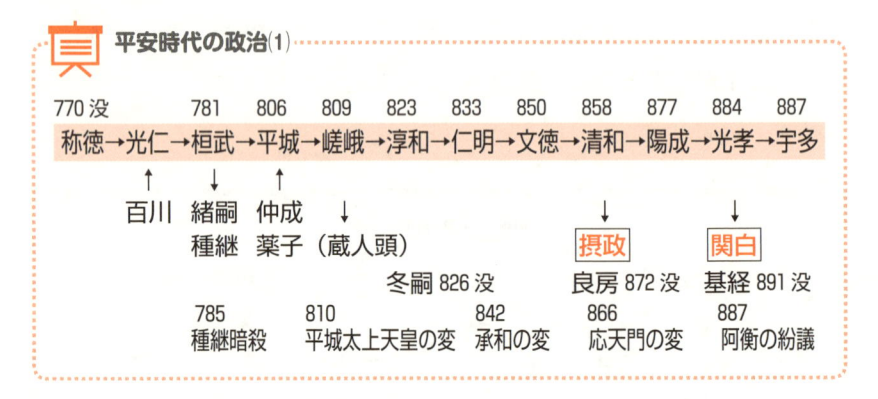

平安時代の政治(1)

770没　781　806　809　823　833　850　858　877　884　887

称徳→光仁→桓武→平城→嵯峨→淳和→仁明→文徳→清和→陽成→光孝→宇多

（光仁↑）百川　（桓武↓）緒嗣・種継　（平城↑）仲成・薬子　（嵯峨↓）（蔵人頭）冬嗣 826没

（清和↓）摂政　良房 872没　（光孝↓）関白　基経 891没

785 種継暗殺　810 平城太上天皇の変　842 承和の変　866 応天門の変　887 阿衡の紛議

桓武・平城・嵯峨がまず第１段階。桓武天皇の長岡京，平安京遷都と東北経営で基本的な枠組みが決まり，**嵯峨天皇**が**藤原冬嗣**を蔵人頭《くろうどのとう》に任じ，平城太上《だいじょう》天皇の変で平城の重祚《ちょうそ》を阻止して権力を確立。次の段階が藤原北家の台頭。**藤原良房《よしふさ》**が外祖父《がいそふ》，母方の祖父として清和天皇の**摂政**。次の**藤原基経**は光孝《こうこう》天皇を擁立《ようりつ》して，事実上の関白。**宇多天皇**が即位すると，正式に**関白**の地位を確保します。

このような政治権力の推移と事件との関係をしっかり確認しましょう。桓武＝藤原種継《たねつぐ》暗殺事件，嵯峨＝平城太上天皇の変，藤原良房＝承和《じょうわ》の変・応天門《おうてんもん》の変，藤原基経《もとつね》＝阿衡《あこう》事件。天皇と藤原氏の系図とともに，これを確認していきましょう。

1 律令制の再出発

講義ノート p.43 参照

光仁天皇

まず，奈良から平安への移行期の天皇をチェックしておこう。奈良から平安へのちょうどつなぎ目が**光仁《こうにん》天皇**です。光仁の息子が**桓武《かんむ》天皇**ですが，この光仁天皇は皇統《こうとう》，天皇の地位の継承《けいしょう》という点からすると大きな意味をもちます。

光仁天皇は，おじいちゃんが**天智《てんじ》天皇**です。天智天皇の孫ですよ。**壬《じん》申《しん》の乱**以後，**奈良時代の男の天皇は，天智系ではなくて天武《てんむ》系です**よ。その天武系をやめて，**天智系**を立てた。その政略の中心は式家《しきけ》藤原宇合《うまかい》の子，藤原百川《ももかわ》などです。

光仁天皇の皇后は井上《いのうえ》《いがみ》内親王《ないしんのう》，そして，井上内親王と光仁の息子，他《おさ》

平安初期天皇家系図

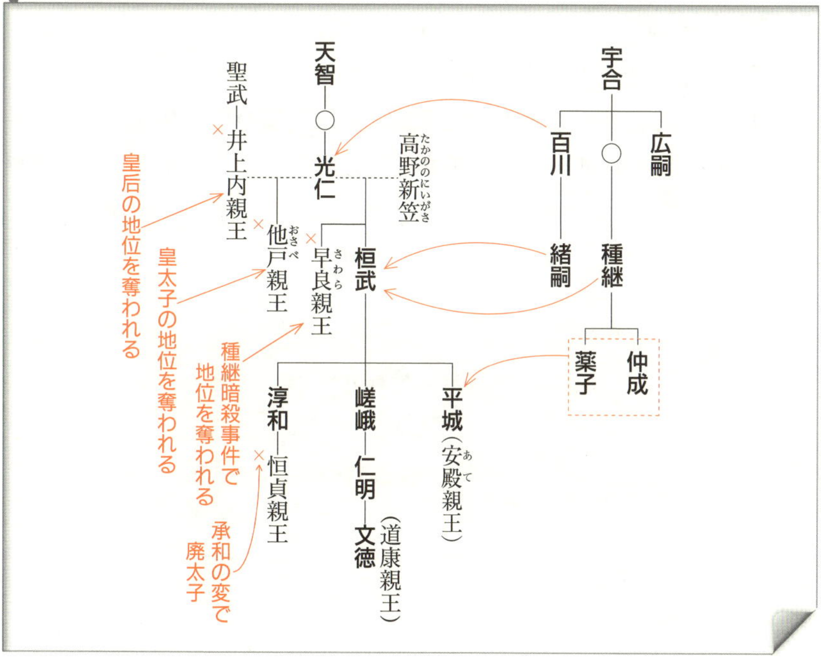

戸《べ》親王が皇太子でした。ところが光仁は，この皇后・皇太子に罪《つみ》を着せて排除《はいじょ》してしまいます。

天武～聖武の系統を排除して，**天武系の血が入っていない**別の奥さん，高野新笠《たかののにいがさ》という渡来系《とらいけい》の女性との間に産まれた息子，山部親王《やまべのしんのう》（桓武天皇）を皇太子とします。

その山部親王が即位して**桓武天皇**。そして，皇太子には，弟の早良《さわら》親王ということになりました。しかし，桓武としては，自分の息子を次の天皇にしたい。そこで桓武は**785年**の「**藤原種継《たねつぐ》暗殺事件**」に関係があったとして，早良親王から皇太子の地位を奪《うば》った上，死に追いやります。

そして，息子の安殿《あて》親王を皇太子にします。それが**平城《へいぜい》天皇**です。だから，**天武系を避《さ》けて**，光仁→桓武→平城と天皇の位が直系で伝わっていくわけ。皇統は天智系だけになる。天武系は完全に否定された。

新しい王朝

もう一度，確認しておきます。

藤原百川《ふじわらのももかわ》らに擁立された**光仁《こうにん》天皇**は**天智《てんじ》天皇**の孫。奈良時代の男性の天皇は文武《もんむ》・聖武《しょうむ》両天皇。**壬申《じんしん》の乱**に勝利した天武《てんむ》天皇の孫と曾孫《ひまご》です。光仁天皇は天智天皇の孫です。以後，天皇は光仁・桓武の系統となります。天武天皇の系統から天皇は出ません。

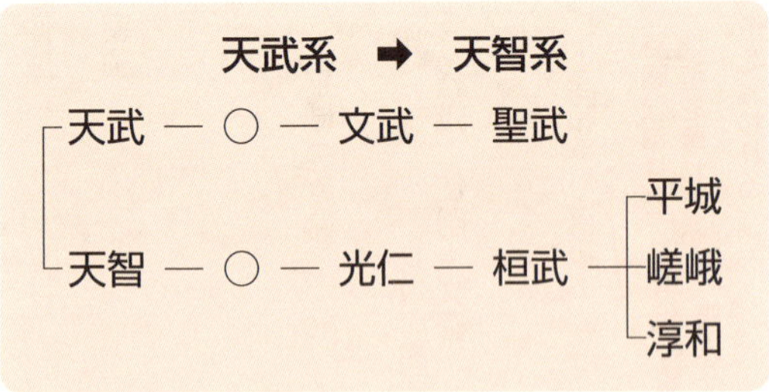

桓武天皇は新王朝の正当性を意識し，中国の皇帝が冬至《とうじ》の日に，都の郊外《こうがい》でその王朝の始祖《しそ》を天帝として祀《まつ》る「郊祀《こうし》」と呼ばれる儀式をまねて，785年，京都の郊外で「郊祀」を行い，父光仁天皇を始祖として祀っています。新しい王朝の成立を宣言したわけです。

そこで，新王朝にふさわしい新都，**長岡京**，さらに**平安京**へ遷都。東北地方への支配の拡大，強化を目指して，帝国を復活させるために「東北経営」を進めたのです。

平安神宮(京都市)
平安京遷都1100年を記念して建てられた平安神宮の現在の社殿は，規模は縮小されているが，平安京の大極殿を模したもの。

桓武天皇と遷都

桓武天皇とともに**平安時代**が始まる。

桓武は**784年，平城京を捨て，長岡京に都を移します**。ところが，その長岡京造都の責任者だった藤原種継《たねつぐ》が暗殺されてしまったのが，翌**785年**。この藤原種継暗殺事件を利用し，弟の早良《さわら》親王を犯人の仲間だということにして，廃太子《はいたいし》したんですよ。そして息子を立太子《りったいし》(皇太子に立てること)した。

結局，長岡京というのは長持ちしません。桓武天皇はそのままさらに**平城京**から遠いところへ，今の京都に都の地を求めた。**平安京**です。長岡京は平安京の“鳴《7》く《9》よ《4》ウグイス”のちょうど10年前ですから784年です。**10年後に「平安京遷都《せんと》」**です。いいですね。

「鳴くよ《794》ウグイス平安京，10年前は長岡京」

➡ 794年，平安京　➡ 784年，長岡京

ついでに，平安京遷都にともなって，「**山背《やましろ》**国」は「**山城**国」となります。大和国から見て山の裏側という意味の「山背」ではまずいからネ。

平城京の大寺院はそのまま奈良に置き去り。新都に移れない。

東北経営

さて，**桓武天皇**はもう1つ大きな事業に着手します。それが東北地方の支配を確立するための**蝦夷《えみし》**征討《せいとう》事業です。

Q　797年，征夷大将軍《せいいたいしょうぐん》に任命され，**胆沢《いさわ》城**・志波《しわ》城を築いたのは？

――**坂上田村麻呂《さかのうえたむらまろ》**

皆さんがよく知っている人物，桓武朝で活躍した代表的な軍人さんです。

「田村泣くな《797》，行ってこい」

➡ 797年，坂上田村麻呂，征夷大将軍となる

東北地方の地図で復習しておきます（次ページ）。

（次ページ）

Q　ハイ，地図の①②③④は何？

――①**渟足柵《ぬたりのさく》**　②**磐舟柵《いわふねのさく》**　③**出羽柵《でわのさく》**　④**多賀城《たがじょう》**

年号も確認しておいてください。

なお「～柵」は，「～のさく」と読んでも「～のき」と読んでもかまいません。「ぬたりのさく」でも「ぬたりのき」でもOK。「城」も，「しろ」でも「き」

東北経営図

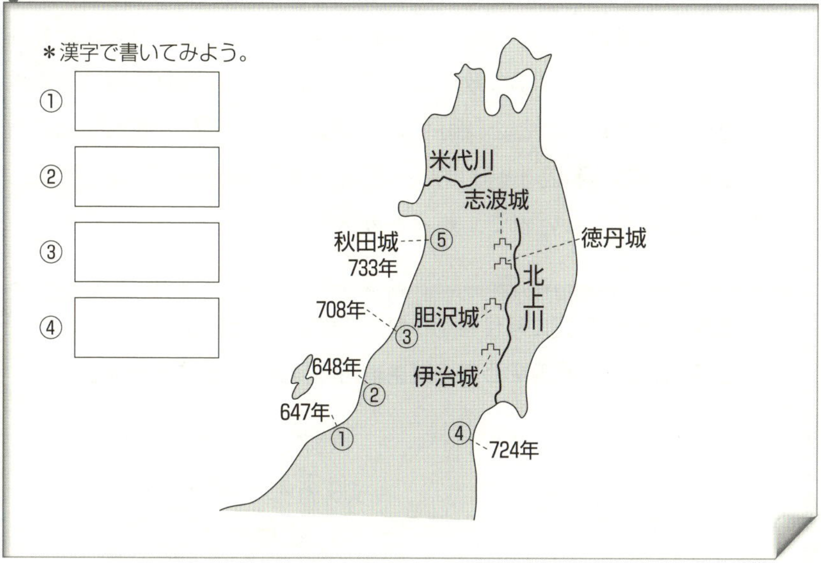

でも OK です。読み方は問われませんからだいじょうぶです。

8 世紀に入って，日本海側，出羽国の設置は 712 年。そして 733 年には秋田城が置かれ，**米代川**《よねしろがわ》流域あたりまで支配が及《およ》ぶ。太平洋側，陸奥《むつの》国《くに》でも北上川に沿《そ》って城柵《じょうさく》が築かれていく。もちろん拠点が 724 年の**多賀城**です。

中央政府は支配が及んでいない地域の人びとを「**蝦夷**《えみし》」，あるいは「**隼人**《はやと》」などと呼んだわけですが，それは，自分たちを「華《か》」とし，その外側を「夷《い》」とする考え方によるものです。中国の王朝が自らを「中華」「華」とし，朝鮮半島や日本などの周辺を「夷」として朝貢を求めた考え方をそのまま真似《まね》たのです。天皇，律令政府が「華」で，東北以北や九州南部以南を「夷」と位置づけたわけです。

その蝦夷の支配を目的に置かれたのが城柵です。周囲を頑丈《がんじょう》な塀《へい》などで囲み，中央に国府と同じような役所の建物を置く，軍事的な機能を兼《か》ねた支配の拠点で，軍団兵などからなる常備軍も置かれています。

蝦夷支配の最前線ですので，その周辺には関東地方などの農民を移住させます。このような，律令政府の支配下の農民で城柵の周囲に組織的な移住を強制された人びとを「**柵戸**《さくこ》」と呼びました。また，服属《ふくぞく》した蝦夷の人びとの一部は「**俘囚**《ふしゅう》」と呼ばれ，関東以西に強制的に移住させました。ちょっとややこしいので，しっかり区別すること。

柵戸…城柵の周辺に移住させられた関東などの農民。
俘囚…服従した蝦夷のうち，関東以西に移住を強制された人びと。

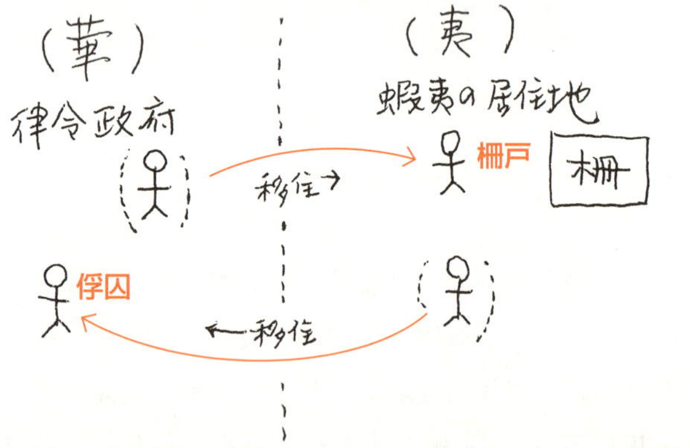

光仁天皇のときには**伊治呰麻呂**《これはりのあざまろ》《いじのあざまろ》の反乱が起こり，780年には**多賀城**が占領され，焼かれてしまった。桓武にしてみれば，帝国の支配する領域が失われてしまった。これを回復し，さらに広げたい。

789年には，桓武天皇によって**紀古佐美**《きのこさみ》が征東大使《せいとうたいし》として派遣されていますが，**蝦夷**《えみし》の族長の**阿弖流為**《あてるい》（アテルイ）に大敗。**坂上田村麻呂**が征夷大将軍となり，ようやく鎮圧《ちんあつ》に成功します。

坂上田村麻呂は阿弖流為を降伏させ，北上川の中流域に**胆沢**《いさわ》**城**（802年）を築《きず》きます。**鎮守府**《ちんじゅふ》**も多賀城から胆沢城に移す。ただし，陸奥の国**

府はそのまま多賀城です。そして翌年には，北上川上流域に**志波城**《しわ》(803年)を築きます。

その後，嵯峨《さが》天皇のときに，**文室綿麻呂**《ふんやのわたまろ》が派遣され，**811年ごろには志波城にかえて，その南に徳丹城**《とくたんじょう》が築かれます。ただし，これで中央政府の東北地方支配が確立したというわけではありません。9世紀後半，878年には**出羽国で俘囚**《ふしゅう》**の反乱**が起こっています(**元慶**《がんぎょう》**の乱**)。

「徳政相論」

さて，このような，首都の造営と大軍事作戦という2つの大事業を延々やった結果はどうなったか？ **国力は疲弊**《ひへい》しますよ。

9世紀に入ると，いったいこの国の政治をどうしたらいいのだろうかということを，考えざるを得なくなった。それが有名な**805年**の「**徳政**《とくせい》**相論**《そうろん》」です。人々の喜ぶ政治，「徳政」とはいったい何だろうか，ということについての討論といったような意味です。難関私大の大好きな史料ですから，見ておきましょう。

史料 27 徳政相論 / 『日本後紀』

(延暦《えんりゃく》二十四年十二月)壬寅《じんいん》……勅《ちょく》有《あ》り。……藤原朝臣《ふじわらあそん》**緒嗣**《おつぐ》，……菅野朝臣真道《すがののあそんまみち》と天下《てんか》の徳政《とくせい》を相論《あいろん》ぜしむ。時《とき》に緒嗣《おつぐ》議《ぎ》して云《いわ》く，「方今天下《いまてんか》の苦《くる》しむ所《ところ》，**軍事**《ぐんじ》と**造作**《ぞうさく》なり。此《この》両《りょう》事《じ》を停《とど》むれば，百姓《ひゃくせい》これに安《やす》んぜん」と。真道《まみち》異議《いぎ》を確執《かくしつ》して，肯《あえ》て聴《き》かず。帝《みかど》，**緒嗣**《おつぐ》の議《ぎ》を善《よ》しとす。即《すなわ》ち停廃《ていはい》に従《したが》ふ。……

805年……天皇の命令があった。藤原緒嗣と……菅野真道に国民のための政治について論議させた。そこで緒嗣の意見は，「現在，人々が苦しんでいる原因は軍事と造作である。この2つを停止すれば，すべての人が安息するであろう」というものであった。真道はこれに異議を唱えてあくまで反対した。天皇は藤原緒嗣の意見が善いと判断された。そこで(軍事と造作は)中止となった。

桓武天皇に政治についての意見を求められたのが**藤原《ふじわらの》緒嗣《おつぐ》**と**菅野《すがのの》真《ま》道《みち》**です。

「(延暦《えんりゃく》二十四年十二月)壬寅《じんいん》……勅《ちょく》有《あ》り」——天皇の命令が下《くだ》って，藤原緒嗣と菅野真道の２人が，日本全体の政治について，「**徳政《とくせい》**」——どのような政治が良い政治かについて論じた。

「延暦二十四年」，ちょうど９世紀に入ってまもなくの**805年**という時期が大事です。

さて，緒嗣の意見によると，「方今《いま》天下《てんか》苦《くる》しむ所，**軍事と造作《ぞうさく》**なり」——これは入試問題の出し方が簡単で，

Q 軍事とは何か？ ——**蝦夷征討事業**

Q 造作とは何か？ ——**平安京の造営**

とくる。「軍事」といえば蝦夷征討事業，「造作」とは土木工事を指す言葉ですから，大土木工事といえば，ずうっと続いている平安京の造営です。

史料はやさしい。「此《この》両《りょう》事《じ》を停《とど》むれば」——蝦夷征討事業と造作をやめれば，「百姓《ひゃくせい》これに安《やす》んぜん」——「百姓《ひゃくせい》」というのは「一般の国民」という意味ですから，国民はゆっくり息をつくだろうと言った。

ところが，真道《まみち》のほうは，そのようなことをやったら天皇の権威《けんい》に傷がつく。あくまでも都を造るべきだ，あくまでも征討事業は完遂《かんすい》すべきだと主張して譲《ゆず》らない。

そこで帝《みかど》＝桓武《かんむ》天皇は「緒嗣《おつぐ》の議《ぎ》を善《よ》しとす」——緒嗣の言っていることのほうがいいと言って，**2つの事業をやめた**のだ。超難関大向けですが，出典を聞かれたら，『続日本紀《しょくにほんぎ》』に続く『日本後紀《にほんこうき》』です。そして，藤原緒嗣は百川《ももかわ》の子ですよ。系図でしっかり確かめようね。

律令制度の見直し

さて，そのような大事業をやるにあたり，律令制度にいろいろな手直

しをしています。父の**光仁《こうにん》天皇**も行政の簡素化などに取り組んでいました。それを継続していきます。例えば農民の負担《ふたん》をなるべく軽くしようとした。

Q 成人男子の労役《ろうえき》で年60日から30日に負担を半減されたのは？

——**雑徭《ぞうよう》**です。

雑徭の日数を半分にします。「**雑徭の半減**」です。さらに**公出挙《くすいこ》の利率を５割から３割に下げる**。そして班田制の改定。801年からは６年に１回を**12年に１回**にします。また，

Q 桓武天皇が地方支配を強化するために設置した国司《こくし》交代の監査官とは？

——**勘解由使《かげゆし》**

勘解由使という新しい官，**令外官《りょうげのかん》**を設《もう》けます。このころ，国司の交代がなかなかスムーズにいかなくて，地方政治が乱れがちであったので，国司が交代する際の証明書である「**解由状《げゆじょう》**」**を専門に審査《しんさ》する**ポストを置いた。もちろんこれは令外官です。

また，定員以外の国司や郡司を廃止しています。これは「員外官《いんがいかん》」といって，法律で決められた定員を超えて任命された官職を廃止したものです。国司の長官「守《かみ》」は令《りょう》で１名と決められているのに，正規の守にプラスされて，もう１人「守」が任命されたりする場合があった。主な目的は，経済的なもの。経済的な給付，今で言えば所得保証《しょとくほしょう》みたいなもので，実務には携《たずさ》わらず，収入が僅《わず》かで困窮《こんきゅう》する役人に対する援助ということです。原則を破る，名目だけの官職などは廃止したのです。

さらに，各地の**軍団《ぐんだん》**で軍事訓練を受ける兵役《へいえき》の負担が重いので，九州ほか特定の地域を除いて，**軍団を廃止した**。その代わりに，

Q 792年，地方の有力者，郡司《ぐんじ》の子供たちを中心に兵士として採用した制度は何と呼ばれたか？

——**健児《こんでい》の制《せい》**

史料　28　健児の制／『類聚三代格』

……今諸国《いましょこく》の兵士《へいし》，辺要《へんよう》の地《ち》を除《のぞ》く外《ほか》，皆停廃《みなていはい》に従《したが》へ。
諸国の兵士は，辺境の地を除いてすべて廃止する。

……宜《よろ》しく健児《こんでい》を差《つかわ》して以《もっ》て守衛《しゅえい》に充《あ》つべし。宜《よろ》しく郡司《ぐんじ》の
(その代わりに)健児が治安維持や防衛にあたることとする。　郡司の子弟から

子弟《してい》を簡《えら》び差《つかわ》し，番《ばん》を作《つく》りて守《まも》らしむべし。
(健児を)選んで，交代で勤務することとせよ。

延暦《えんりゃく》十一年六月十四日
792年

この健児については，史料ごと覚えておいてください。

「今諸国の兵士，辺要《へんよう》の地を除く」――ここはポイント。「辺要」，国境付近の大事な地域を除いて，「停廃《ていはい》」――やめなさい。ただし，「辺要の地」を除くというのだから，全国一律ではなく例外がある。軍団を「辺要の地」を除いて廃止しましょう。「辺要の地」というのは東北地方や九州ですから，ここは軍団はそのまま維持される。**それ以外の軍団は廃止**して，代わりに「健児《こんでい》」を置くということ。健児というのはだれかというと，「郡《ぐん》司《じ》」の子弟《してい》や有力農民の志願者でした。大化前代からの国造《くにのみやつこ》レベルの地方有力者の息子たちを選んで，各国の軍隊にしようということです。

ただし，外国との戦争に備えた軍団のような大規模なものではなく，国の大きさにもよりますが20～200人ぐらいの人数で，60日交替《こうたい》で国府(国衙《こくが》)の警備などに従事するものでした。

7 9 2
「**泣くに**泣けない郡司の子」
➡ **792年，健児《こんでい》の制**

覚えておいて，泣くに泣けない。「何だよ，オレたちがなんでそんな

ことしなきゃいけないんだ」と言って，郡司の子弟は泣いた？

大事なのは，「**鳴《7》く《9》よ《4》ウグイス平安京**」**の前**のことだという点。そのためだけでも，792 年を覚えておいたほうがよろしい。ちなみにこの出典は，弘仁《こうにん》・貞観《じょうがん》・延喜《えんぎ》の三代の格《きゃく》を分類した『**類聚三代格**《るいじゅうさんだいきゃく》』です。

さあ，「健児」（コンデイ）という読み方と書き方，いいですね。

平城上皇 vs 嵯峨天皇

こんなふうに，**桓武**《かんむ》**天皇**はいろいろなことをやりました。そして，次の天皇は平城《へいぜい》天皇です。ところが，平城天皇は即位したのち，急に病気になってしまいました。

古代の天皇は仕事が忙しいし，大変です。病気ではとても務《つと》まりません。いまの総理大臣だってそうでしょう。そこでやむを得ず，弟に位を譲《ゆず》らざるを得なかった。平城は上皇（太上天皇《だいじょうてんのう》）となり，嵯峨《さが》天皇が即位します。

ところが譲ってしばらくしたら，平城上皇は元気になったらしい。よくあることだ。「皇位はちょっと貸しておいただけなのだから，戻せ」という話になる。すると，朝廷の中の有力者は，平城側につくものと，せっかく天皇になったのだから，嵯峨を中心に頑張ろうという嵯峨天皇グループにどうしても分かれてしまうのです。

平城京，前の都に戻っていた平城上皇は「もう一度，都を平城へ」と呼びかけ，重祚《ちょうそ》を狙《ねら》う。**平安京**にいる嵯峨天皇と対立します。貴族たちも二分してしまう。そこで「**二所**《にしょ》**朝廷**」，政府が２か所にあるといった状態になってしまった。

嵯峨天皇

朝廷が２派で対立した結果，810 年，事件が起こります。

Q 藤原薬子《くすこ》と兄の仲成《なかなり》が弾圧された事件は？

——**平城太上天皇《へいぜいだいじょうてんのう》の変《へん》**（**薬子《くすこ》の変**）

「薬子の変」とも呼ばれた事件です。**藤原式家の薬子と仲成は平城上皇の側近《そっきん》**です。平城上皇の重祚を実現しようとした式家の兄と妹。これを粛清《しゅくせい》した事件です。

「**ハッと《810》**驚く薬子の変」

➡ **810年，平城太上天皇の変（薬子《くすこ》の変）**

嵯峨《さが》天皇を支えたのが，藤原北家《ほっけ》の冬嗣《ふゆつぐ》たちです。嵯峨天皇は太政《だいじょう》官《かん》政治の機構とは別に，秘書のようなポスト，**蔵人頭《くろうどのとう》に北家の藤原冬嗣と巨勢野足《こせののたり》を任じた**。知ってるよね。北家台頭《たいとう》のキッカケ，後の**摂関《せっかん》政治**につながる，蔵人頭藤原冬嗣。その役所が**蔵人所《くろうどどころ》**です。もちろん**令外官《りょうげのかん》**。

冬嗣たちがすばやく薬子を自殺に追い込み，兄仲成も射殺された。平《へい》城《ぜい》上皇の重祚は阻止《そし》され，完全に引退に追い込まれた上皇は出家します。これで**嵯峨天皇の政治が安定**した。**平安京**も確定した。

Q 嵯峨天皇が新設した，京中の治安維持《ちあんいじ》や裁判にあたった官は？

——**検非違使《けびいし》**

京都市中の治安を維持し，政権を安定させるというので，検非違使という一種の警察兼《けん》裁判機関を，律令の機構以外のものとして新しく設《もう》けていきます。

蔵人頭，蔵人所，検非違使は，実行力をもつ令外官であり，やがて，国政上の重要な機構となっていきます。奈良時代のような，不足を補《おぎな》ったりする，臨時のポストではありません。

この嵯峨天皇は，自身，文化的な能力もあり，中国の制度などにも詳《くわ》しい人でした。奈良時代以来，折々に制定されてきた**格**《きゃく》や**式**《しき》が，このころだいぶ数多くなっていたので，これをまとめた『**弘仁格式**《こうにんきゃくしき》』が編纂《へんさん》されます。

さらに833年には，官撰の『**令義解**《りょうのぎげ》』が成立しています。嵯峨が太《だい》上天皇《じょうてんのう》として実権を握っていたときです。また，『令集解《りょうのしゅうげ》』も現れてきます。いずれも養老令《ようろうりょう》の注釈書ですよ。『養老律令』(×)ではない,『養老令』(○)ですよ。

「養老令」の注釈書
- 『**令義解**』(833年) ………清原夏野《きよはらのなつの》ら(官撰)
- 『**令集解**』(9世紀後半) …惟宗直本《これむねのなおもと》(私撰)

『令義解』は**官撰**《かんせん》，政府として編纂した公式の注釈書で，『令集解』のほうは，惟宗直本《これむねのなおもと》という学者の個人的な著作物，**私撰**《しせん》です。

いまわれわれが直接見ることができる，**現存する法典**は後で出てくる『延喜式《えんぎしき》』(『延喜格』のほうはダメですよ)と，『令義解』・『令集解』と，それからさっき見た「**健児**《こんでい》**の制**《せい》」の出典になっていた『類聚三代格《るいじゅうさんだいきゃく》』です。現存する律令法典としても，しっかり覚えておくこと。

令外官のポイント

ここで，**令外官**《りょうげのかん》を整理しておきます。講義ノートの表を見てください(p.45)。

まず，中納言《ちゅうなごん》，参議《さんぎ》，内大臣《ないだいじん》は，**奈良時代**の令外官。それから，先ほどの桓武朝の**勘解由使**《かげゆし》，そしていま出てきた**蔵人頭**と**検非違使**《けびいし》，9世紀後半からの押領使《おうりょうし》，さらに宇多《うだ》天皇のときからは**関白**《かんぱく》などです。

ちょっとプラスアルファーしておくと，**関白・摂政《せっしょう》**の**摂政は天皇の代理ですから，官職と考えない**ので，令外官に入れません。**関白**は，一応入試レベルでは，この表にあるように，**令外官**に入れます。

二次論述的に言えば，奈良時代の令外官は**太政官《だいじょうかん》機構《きこう》を補強するもの**が目立つのに対して，**平安時代**になると，**太政官の実質的な機能を奪《うば》ってしまうような性格のもの**が出てくるということをもう一度，念のために確認しておきましょう。

2 藤原北家の台頭

講義ノート p.46 参照

藤原冬嗣から良房・基経へ

藤原冬嗣《ふゆつぐ》が平城太上天皇《へいぜいだいじょうてんのう》の変《へん》(薬子《くすこ》の変)に際して**蔵人頭**《くろうどのとう》に就任《しゅうにん》して活躍《かつやく》した結果，政権の中枢《ちゅうすう》部を占《し》めることとなった。それが**北家**《ほっけ》**台**《たい》**頭**《とう》**の契機**《けいき》ですよ。そこで，ザーッと北家の冬嗣・**良房**《よしふさ》・**基経**《もとつね》と天皇の関係を系図で確認しておきましょう。

藤原北家と天皇の関係(1)

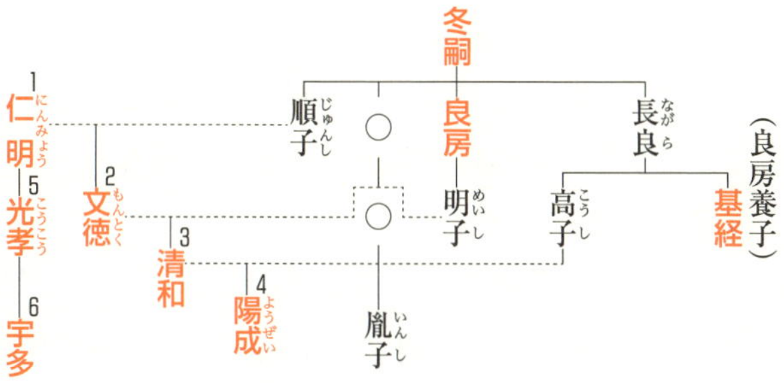

〈注〉天皇につけた数字は，この系図内の即位の順序。

冬嗣の後を継いだのが良房です。天皇は仁明《にんみょう》天皇。仁明天皇の皇太子は，藤原氏と関係のない恒貞《つねさだ》親王で，母は嵯峨《さが》天皇の皇女です。古代の天皇は，前にも言ったように，奥さんがいっぱいいてもいい。その仁明の奥さんの1人が良房の妹の順子《じゅんし》です。

良房は妹順子と仁明との間に生まれた子供，甥《おい》**っ子の道康**《みちやす》**親王を天皇にしたい**。そこで，良房は嵯峨上皇《さがじょうこう》が亡くなると，「承和《じょうわ》の変」で恒貞親王の皇太子の地位を奪い，道康親王を立太子《りったいし》します。即位して**文徳**《もんとく》**天皇**です。そして今度は，娘の明子《めいし》(「アキラケイコ」とも読む)と文徳の間に男の子が生まれると，赤ん坊なのに皇太子にします。

そうしたら文徳が10年もたたないでぽっくり死んでしまった。そこで，皇太子惟仁《これひと》親王は9歳で即位することになりました。ついに子供の天皇，幼帝が現れます。これが**清和《せいわ》天皇**です。**良房**の娘(明子)の子。良房は母方の祖父《そふ》，「外祖父《がいそふ》」ということになります。天皇の仕事は良房が務《つと》めるしかない。事実上の**摂政《せっしょう》**というわけですね。

良房には娘はいるけど男の子がいないので，兄長良《ながら》の息子**基経《もとつね》**を養子にします。そこで**北家**の主流は冬嗣，良房から養子の基経へといきます。

この基経は，義父である良房の地位を継《つ》ぎ，妹の高子《こうし》と清和天皇を結婚させておいて，生まれた子を2歳で立太子し，これまた子供のままで天皇とします。これが陽成《ようぜい》天皇です。

ところが陽成は少し成長してくると，叔父《おじ》の基経とうまくいかず，殺人事件を起こしたりしたために，基経によって位を奪われ，光孝《こうこう》天皇が55歳で即位することとなります。

もう一度，前ページの系図を見てみよう。

仁明《にんみょう》—文徳《もんとく》—清和《せいわ》—陽成《ようぜい》と，親父—子供—孫—ひ孫まで順番に世代が下がってきたのですが，それがポンと文徳の代に戻ってるよネ。普通だったら絶対に光孝に天皇の位はまわってこないでしょう。どう考えても過去の人。**光孝は，全然可能性がなかったのに，基経に天皇にしてもらった**ということです。

そこで，「政治は全部あなたがやってよ」と，光孝は基経に権限《けんげん》を与えた。いわゆる**関白《かんぱく》**という地位です。「私は天皇であるだけでいいからね」。

ところが光孝の息子の宇多《うだ》天皇はやる気もあるし，能力もある。そこで天皇が光孝から宇多になって，宇多と基経の間で火花がパチパチと散《ち》ります。

最初のうち，宇多は**藤原基経**の圧倒的な実力で押さえつけられていますが，やがて基経が死ぬと，宇多はバリバリと自分の力で政治を主導していくんです。

以上が，冬嗣から始まり，基経が**関白**という地位を得るに至るまでの藤原**北家台頭の歩み**です。冒頭でもやりましたよ。2回目。わかったかな。早すぎる？ ハイ，それではもう一度，ていねいにいこう。3回目ですよ。

藤原良房の策略

藤原良房の時代から，具体的に事件名を確認していきますよ。

Q 甥《おい》の道康《みちやす》親王（のちの文徳《もんとく》天皇）を皇太子にしようとして，842年に，良房が伴健岑《とものこわみね》，橘逸勢《たちばなのはやなり》を排斥《はいせき》した政変は？ ——**承和《じょうわ》の変**

良房は藤原氏と関係のない次の天皇候補の恒貞《つねさだ》親王を排斥して，甥の道康親王を立太子しようとした。道康は文徳天皇のことです。恒貞親王を担《かつ》いでいたのが**伴健岑**や**橘逸勢**です。「伴」は大伴《おおとも》の伴で，伴健岑は大伴氏です。**ヤマト政権**以来の名門中の名門。

伴健岑，橘逸勢を排斥して，こんな悪いやつの仲間の皇太子はけしからんという理由で，恒貞親王から皇太子の地位を奪う。廃太子《はいたいし》。

そこまでヤルか？ 権力のためには何でもやる？ まったく，「箸《はし》にも棒にもかからない」ようなアクドサ。ということにして，

「箸（**はし**）**に**も棒にもかからない承和の変」
（はし=8 4，に=2）

➡ 842年，承和《じょうわ》の変

そして甥っ子の道康親王をすんなりと立太子，皇太子にして，道康は850年に即位，文徳天皇になります。

良房は857年には**太政大臣**となり，文徳に自分の娘明子《めいし》をくっつけて，生まれた赤ん坊を皇太子にしたら，文徳が若死にしちゃって，**清和《せいわ》幼帝**

が誕生する。

清和は子どもで何もできないから，事実上，天皇の代わりを良房がやるしかない。**事実上，良房は摂政《せっしょう》**になってしまいます。

さらに**866年**，「**応天門《おうてんもん》の変**」という放火事件が起こる。応天門という宮城を守る門にだれかが火をつけた。良房は，この放火事件を利用して，反対派の**伴善男《とものよしお》**，**紀豊城《きのとよき》**といった古来の名門出身の有力者を排斥《はいせき》することに成功する。そのドサクサにまぎれて**正式に摂政**になってしまいます。

良房，摂政につく

良房摂政就任について記した史料を見ておきましょう。

史料 29　人臣摂政の初め / 『日本三代実録』

清和天皇《せいわてんのう》貞観《じょうがん》八年八月十九日辛卯《しんぼう》，**太政大臣《だいじょうだいじん》**に勅《ちょく》して，
清和天皇の866年8月19日，　太政大臣(藤原良房)に天皇から

天下《てんか》之《の》政《まつりごと》を摂行《せつぎょう》せしむ。
命令が出て，国政を代わりに行うようにということとなった。

「清和天皇《せいわてんのう》」の貞観《じょうがん》八年は**866年**です。太政大臣はもちろん良房《よしふさ》。「天下《てんか》之《の》政《まつりごと》を摂行《せつぎょう》せしむ」——良房に日本の国政を代わりに行え，という勅命《ちょくめい》が出た。

866年はもちろん「応天門の変」の年です。これを利用して良房は政治力を使って反対派を粛清《しゅくせい》し，自分の地位を万全《ばんぜん》なものにしたのです。短い史料なんだけど，かえってこれはヤバイ。

出典も覚えますよ。いいですか，**『日本三代実録《にほんさんだいじつろく》』**。**最後の六国史《りっこくし》**だ(p.332)。

858年	清和天皇	➡ 藤原良房	…(事実上の)摂政
866年	(応天門の変)	〃	…(正式に)摂政

基経，関白となる

次は養子で**良房**のあとを継いだ**基経**《もとつね》。妹の高子《こうし》と清和の間に生まれた陽成《ようぜい》天皇を立てた。ところが，基経は陽成とうまくいかなくなり，**陽成を廃《はい》して，光孝《こうこう》天皇を立てる**。光孝は基経にすべてを任《まか》せる。

884年	光孝天皇 ➡	藤原基経	…(事実上の)関白
887～888年	宇多天皇 ➡	〃	阿衡の紛議→関白(確立)

光孝の息子，宇多天皇もまた，お父さんを天皇にしてもらったわけだから，基経を大事にせざるを得ない。そこで，「あなたがすべて頑張って。お父さん同様，僕もよろしくね」と頼んだ。次は，そのへんのことを記した史料です(次ページ)。

「摂政太政大臣《せっしょうだいじょうだいじん》」——藤原基経に，「万機《ばんき》を関白《かんぱく》せしむる」。「関白《かんぱく》は「関《あずか》り白《もう》す」とも読みます。「万機」というのは「すべてのこと」ですから，「何でもかんでも，あらゆることを摂政太政大臣である基経に聞け。そしてその指示に従え」という宇多天皇の指示です。

「嗚呼《ああ》」というのは「ああ！」，要するに感嘆符《かんたんふ》“！”。「三代政《まつりごと》を摂《せっ》し，一心《いっしん》に忠《ちゅう》を輸《いた》す」——基経は3代にわたって国政を担《にな》い，一心に忠節を尽《つ》くしてきた。「先帝《せんてい》」というのはもちろん前の天皇，光孝天皇です。「**先帝はだれか**」というのが大事ですよ。私のお父さんである前の天皇は賢《かしこ》かったので，ちゃんと基経に指導を仰《あお》いでいた。

史料 30 関白の初め／『政事要略』

摂政太政大臣《せっしょうだいじょうだいじん》に万機《ばんき》を**関白**《かんぱく》せしむるの詔《しょう》を賜《たま》ふ
摂政太政大臣藤原基経にすべての政治を処理するようにとの天皇の命令が出た。

「…嗚呼《ああ》，三代政《さんだいのまつりごと》を摂《せっ》し，一心《いっしん》に忠《ちゅう》を輸《いた》す。　先帝聖明《せんていせいめい》にして，其摂録《そのせつろく》を仰《あお》ぐ。……皆太政大臣《みなだいじょうだいじん》に関白《かんぱく》し，然《しか》る後《のち》に奏下《そうげ》すること，一《いつ》に旧事《きゅうじ》の如《ごと》くせよ。…」と。
「ああ，（あなたは）三代の天皇の政治を代行し，天皇のために忠を尽くされた。先帝光孝天皇もあなたの補佐によって政治を行った。（これからも）すべて太政大臣基経に以前のように政治は任せる……」

仁和《にんな》三年十一月廿一日
887年

そこで，これからも「皆太政大臣《みなだいじょうだいじん》に関白《かんぱく》し」──私も，やっぱり全部，太政大臣に命令してもらおう。すべて太政大臣に任《まか》せようね。仁和《にんな》三年は**887年**です。

「**基経にすべてを任せるからよろしく**」ということです。いったん基経はこれを断わります。もっとも，これは形式です。当然，「そんなこと言わずにぜひお願いします」と，再度天皇が依頼《いらい》する形をとります。

「阿衡事件」のてんまつは？

ところが，その再度の依頼の文章に，「よろしく**阿衡**《あこう》の任」についてくれという語句があったんです。そこで，「阿衡」という語には，単に「補佐する」とか「助ける」という意味しかなく，具体的な権限《けんげん》はないのだという解釈があると言う学者が出てきて，ややこしくなった。これを「**阿**《あ》**衡**《こう》**の紛議**《ふんぎ》」，あるいは「阿衡事件」といいます。

これは宇多《うだ》天皇が基経に完全に押さえつけられるのを嫌《いや》がって，ちょっと嫌味な頼み方をしたともとれる。そこで「任務・職務がないなら出勤しなくてもいいんだろう」と基経がストライキを起こした。基経はよく臍《へそ》を曲げるのですが，大騒ぎになってしまいました。基経が怖《こわ》いから貴族たちも逃げ腰になってしまう。

宇多天皇は文章を起草《きそう》した文章博士 **橘《たちばなの》 広相《ひろみ》**のせいにして，基経と妥協《だきょう》せざるをえなかった。たいした事件ではありませんが，**基経が宇多天皇に対して示威《じい》，威力《いりょく》を見せつけた**出来事とも評価されます。

ちょうど887年から翌888年にかけての紛争です。阿衡事件はゾロ目で888年に決着がついた。そして，以後，基経は死ぬまで権力を持ち続けます。

「基経怒って**パ《8》ッパ《8》ッパ《8》ッ**」

➡ **888年，阿衡の紛議**

宇多天皇，親政へ──「寛平の治」

やがて基経が没《ぼっ》すると，宇多天皇は自ら政治の主導権を握《にぎ》ります。

Q 宇多天皇が藤原氏の力を抑《おさ》えようと登用《とうよう》，重用した人物は？

──**菅原道真《すがわらのみちざね》**

菅原道真が**蔵人頭《くろうどのとう》**になる。皮肉《ひにく》ですね。**北家**台頭の契機が，嵯峨《さが》天皇が冬嗣《ふゆつぐ》を蔵人頭にしたことです。その蔵人頭という天皇の側近《そっきん》として非常に権力を握りやすい地位に，宇多天皇は藤原氏に対抗する形で菅原道真をつけた。そして，いわゆる「**寛平《かんぴょう》の治《ち》**」と呼ばれる宇多天皇の政治が行われることとなります。

ハイ，だれもがイヤな**摂関家**の系図に慣《な》れること。これが今回の最大の課題です。ともかく何回も繰り返してチェックするかどうかです。がんばること。

第14回 古代(14)
平安時代の政治(2)
──延喜・天暦の治

藤原基経《もとつね》の没後，宇多《うだ》天皇は**菅原道真《すがわらのみちざね》**を登用《とうよう》し，関白など置かず，自ら政治を主導します。天皇自らの政治を「天皇親政《しんせい》」と言いますが，宇多天皇の親政期を，元号を使って「**寛平《かんぴょう》の治《ち》**」と呼びます。前回の最後のところです。今回は，もう一度，ここから始めて，続く醍醐天皇・村上天皇の親政の時代──「**延喜・天暦の治**」です。ただし，醍醐天皇の「延喜の治」と村上天皇の「天暦の治」の間には**承平《じょうへい》・天慶《てんぎょう》の乱**が起こっています。朱雀《すざく》天皇，藤原忠平《ただひら》の時代です。

寛平の治 ➡ 延喜の治 ➡ 承平・天慶の乱 ➡ 天暦の治 ➡ 摂関政治

そして村上天皇の子，冷泉《れいぜい》天皇のときに**安和《あんな》の変**が起こり，以後「摂関常置《せっかんじょうち》」──いわゆる摂関政治が確立します。

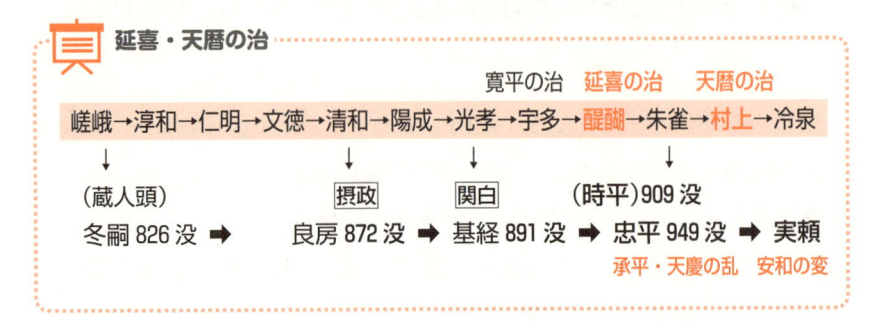

延喜・天暦の治

寛平の治（宇多）　延喜の治（醍醐）　天暦の治（村上）

嵯峨→淳和→仁明→文徳→清和→陽成→光孝→宇多→醍醐→朱雀→村上→冷泉

嵯峨 ↓ （蔵人頭）冬嗣 826 没 ➡
清和 ↓ 摂政 良房 872 没 ➡
光孝 ↓ 関白 基経 891 没 ➡
醍醐 ↓ （時平）909 没
忠平 949 没 ➡ 実頼

承平・天慶の乱　安和の変

今回の範囲は日本史にとって極めて重要な時期です。東アジアの王朝の交代，国内では**土地税制の大転換**の時期ですから，そのあたりを詳しく学習しなければならないのです。

1 延喜・天暦の治

講義ノート p.47 参照

さて，891年，**藤原基経《もとつね》**が死んで，宇多天皇の親政から。前回の続きです。ちょっと復習。

Q 宇多天皇即位の際に藤原基経が起こした示威《じい》行為をめぐるトラブルは？
——**阿衡《あこう》の紛議《ふんぎ》**

ハイ。基経はこれで**関白《かんぱく》**の地位を確立したんですね。それでは，

Q 宇多天皇から遣唐使に任命された菅原道真が派遣の中止を検討してほしいと願い出たのは，西暦何年？
——**894年**

「白紙に戻す」か「ゲロはくよ」ですね。このときには基経はもう死んでいますから，宇多親政の時期ですよ。

遣唐使停止の3年後，897年に宇多天皇は息子の**醍醐《だいご》**に位《くらい》を譲《ゆず》ります。息子に譲位するに際して，宇多天皇が醍醐天皇に与えた指示を「**寛《かん》平《びょう》の御遺誡《ごゆいかい》**」といいます。天皇としての心構え，藤原時平や**菅原道真《すがわらのみちざね》**についての評価などを交えた指示です。

「御遺誡」というのは遺言《ゆいごん》という意味ですが，死に際《ぎわ》の遺言ではありませんよ。でも，宇多は遺言のつもりで醍醐天皇にアドバイスを与えたということでしょう。宇多は間もなく**仁和寺《にんなじ》**に入ってしまいます。出家《しゅっけ》するわけです。世俗《せぞく》世間《せけん》から出て僧侶となった。ということは，「もう政治に口は出さないよ」「これからは自分1人でがんばれ」という意味で「御遺誡」，遺言を残したということでしょう。

仁和寺は天皇が自ら建立《こんりゅう》し，自分自身がそこで僧侶として過ごしたことから「**御室《おむろ》**」と呼ばれます。今でも，「御室の桜」といって，お花見で有名な寺です。

延喜の治

こうして**醍醐天皇**の親政《しんせい》が始まりました。こちらは，皆がよく知っているいわゆる「**延喜《えんぎ》の治《ち》**」と呼ばれる政治です。

菅原道真がどんどん出世して右大臣になる。一方，藤原氏は**藤原基経**の子，**時平《ときひら》**です。

時平は道真より若いが，超エリートの子ですから，若くして左大臣にまで昇進しています。左大臣は常置の官職のトップ，ナンバー１です。

しかし菅原道真が右大臣となって，ナンバー２となったわけです。

（左大臣）藤原時平　vs　菅原道真（右大臣）

この左大臣と右大臣の組み合わせが大事です。左大臣のほうがワンランク上。時平にとって，道真は警戒するべき人物です。大学者でもあり，年長者でもあり，天皇の信任もあつい人物です。

そこで，時平は，菅原道真が娘婿《むすめむこ》だった醍醐天皇の弟を天皇にしようとしているといった疑惑《ぎわく》をかけるなどして，とうとう「大宰権帥《だざいのごんのそち》」ということで道真を左遷《させん》してしまうのです。「権帥」といっても名目だけで，実際の権限を与えず，事実上，**大宰府《だざいふ》**に追い払うことに成功した。要するに，流罪《るざい》と言ってもいい処分だった。「大宰権帥」は正確に書けるように。

○大宰権帥（○は「大」「帥」の上）　×太宰権帥（×は「太」「帥」の上）

この事件は「**昌泰《しょうたい》の変《へん》**」と呼ばれることもあります。**10世紀の最初の年，901年**です。左遷された菅原道真はまもなく大宰府で死んでしまいます。

入試問題で言うと，「左大臣が右大臣を……」ときたら，901年の昌泰の変。これしかないと決めてしまう。上位の左大臣が下位の右大臣を排除するなどという事件は他にないんですから。実際，未見史料を使った問題もあります。

怨霊と御霊信仰

この**菅原道真**排斥《はいせき》に関連してよく出る問題に，「**怨霊**《おんりょう》」と**御霊**《ごりょう》**信仰**についてのものがあります。

桓武天皇《かんむ》が弟の早良親王《さわらしんのう》を死に追いやったあとに，桓武の母や皇后などが次々に死んでいきます。同じように，道真が死ぬと，909年には時平が，さらに時平の外孫にあたる皇太子も死んでしまいます。

怒り，怨《うら》みをもったままの霊《れい》の「祟《たた》り」だと人びとは考えた。怨みをもった霊を「怨霊」と言いますが，人びとはその祟りを恐れる。そこで「鎮魂《ちんこん》のために祈ろう」ということで，**御霊会**《ごりょうえ》を催《もよお》します。

もっとも古い御霊会とされるのは，863年，**平安京**にあった「神泉苑《しんせんえん》」という大きな池のある公園で早良親王・橘逸勢《たちばなのはやなり》など6人の怨霊を慰《なぐさ》めるために行われたものとされます。難関大では「神泉苑」を答えさせる問題もあるぐらいです。

ついでに，伝染病も「疫神《えきじん》」という神が流行《はや》らせていると考え，祭礼を行うようになります。今でも盛んな京都の祇園祭《ぎおんまつり》の最初は，この疫神を慰める祭礼です。文化史でもやりますが，ここで，「怨霊」「御霊会」といった語句を覚えておきましょう。

そして，菅原道真の場合は，御霊会をやっただけではすまないので，寺社を建立《こんりゅう》し，道真を神として祀《まつ》ります。これも覚えておきましょう。

菅原道真（菅家）を祀る ➡ （京都）北野天満宮・（九州）太宰府天満宮
└→「天神」信仰・学問の神

平安京の真北には**北野天満宮**《きたのてんまんぐう》が祀《まつ》られます。やがて中世・近世でも出てきます。

菅原道真を神として崇《あが》める「天神《てんじん》信仰」が広がり，学問の神様ということになって，現在でも有名です。東京だと湯島《ゆしま》天神の合格祈願のお札を持っている受験生もけっこういます。道真パワーはすごい！ といったところです。

10世紀の大転換

901年は，日本年号で昌泰《しょうたい》4年でしたが，改元《かいげん》，元号《げんごう》が変わって，延喜《えんぎ》元年になります。

その翌年，**902年**に，確認できる**最後の班田命令**が出ています。そして同じ年に「**延喜**《えんぎ》**の荘園整理令**《しょうえんせいりれい》」も出ていて，土地制度上，重要な年です。内容は後半でしっかりやりますが，ここで注意しておきたいのは，「**最初の～**」「**最後の～**」というところです。

東アジア大動乱の10世紀

この10世紀は，これだけではなく，「最後の～」とか，「最初の～」とかがいっぱい出てくるのです。いろいろなものが終わる時期ということは，一方で必ず何かが始まっているから，「最初の～」もいっぱい出てくる。

あらかじめまとめると，次ページのようになります。

ただ，今，覚える必要はありません。復習のときに確認すればOKですから，ザッと見ておいてください。

「最初」と「最後」のラッシュです。要するに，古代史の大転換と言ってもいい，大きな変化が起こってる。

そこで，ここでは，東アジアの大きな変化をしっかり把握《はあく》しておきましょう。

907年，**唐の滅亡**。ついに唐中心の東アジアが終わった。

10 世紀は「最初」と「最後」のアラシ

①最後の「六国史」(901) …………	『**日本三代実録**』	延喜の治(醍醐)
②最後の班田命令(902)		
③最初の荘園整理令(902) …………	『**延喜の荘園整理令**』	
④最初の勅撰和歌集(905) …………	『**古今和歌集**』	
⑤最後の「格」の編纂(907) …………	『**延喜格**』	
⑥**唐の滅亡**(**907**)		
⑦最後の渤海使(922)		
⑧**渤海滅亡**(**926**)		
⑨最後の法典編纂(927) …………	『**延喜式**』	
⑩最初の武士団の反乱(935〜) ……	「**承平・天慶の乱**」	朱雀天皇
⑪**新羅滅亡**(**935**)/**高麗，半島統一**(936)		
⑫皇朝十二銭の最後(958) …………	「**乾元大宝**」	天暦の治(村上)

922 年には最後の渤海使《ぼっかいし》が来ますが，**926 年**には**渤海も滅亡**。そして翌年 927 年は頻出の年号なので，暗記しておきます。**927 年**，『延喜《えんぎ》式《しき》』は最後の法典編纂です。年号暗記を苦にしないで，ということで覚えておきましょう。

9 2 7
「**苦にな**らない『延喜式』」

➡ **927 年，『延喜式』完成 ⟺ 前年は渤海滅亡**

さらに **935 年**には最初の**武士団**の反乱が始まる，「**承平**《じょうへい》**・天慶**《てんぎょう》**の乱**」。同年，**新羅**が滅亡。翌年，**936 年**に**高麗**《こうらい》が半島を統一します。そして村上《むらかみ》天皇の **958 年**には，皇朝《こうちょう》十二銭《せん》の最後「乾元大宝《けんげんたいほう》」が発行されている。

朱雀天皇

さて，**延喜《えんぎ》の治**の続きに戻ります。**醍醐《だいご》天皇**のあとが朱雀《すざく》天皇。このときが，ちょうど時平《ときひら》の弟，**藤原忠平《ただひら》**がトップとなっていた時期です。

藤原北家と天皇の関係(2)

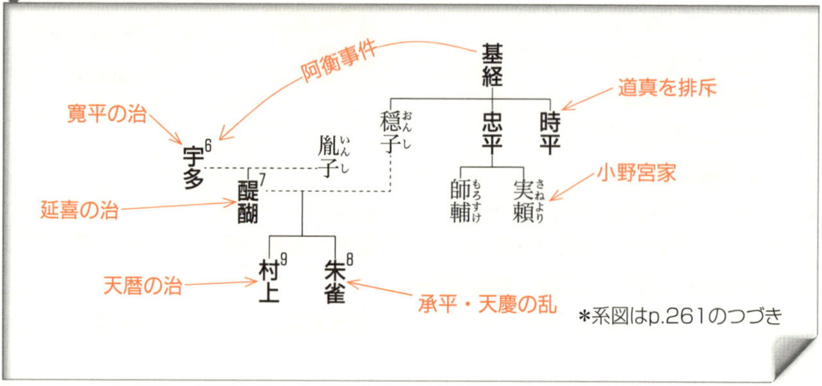

朱雀天皇は，忠平の妹の産んだ子供だったので，時平のときに中断した摂関《せっかん》が復活し，忠平は**摂政《せっしょう》**・**関白《かんぱく》**になれました。その忠平のときがちょうど「**承平・天慶の乱**」という大反乱が起こる時期。これについては，あとで説明します(p.315)。

天暦の治

さて，忠平以後，そのまま摂関の地位が確立するかというと，そうはいかない。朱雀の次の**村上《むらかみ》天皇**は，また**親政《しんせい》**です。これを当時の元号をとって「**天暦《てんりゃく》の治《ち》**」といい，醍醐天皇の治世と合わせて「**延喜・天暦の治**」と呼ぶわけだ。

ただし，**その間に朱雀朝がある**ことをしっかり意識しておくこと。そして，「天暦の治」ですが，出題される具体的な施策《しさく》は**乾元大宝《けんげんたいほう》**の発行，ほぼこれだけです。**和同開珎《わどうかいちん》**に始まる鋳銭《ちゅうせん》事業(皇朝《こうちょう》十二銭《せん》)の最後が，この村上天皇**958年**の乾元大宝《けんげんたいほう》だということ。**708年**の和同開珎から最後の乾元大宝まで，ちょうど250年です。これしか出ない。

和同開珎（708年）　⇨　乾元大宝（958年）

ピッタリ
250年後！

以上，**10世紀**に入っての国内外の動きを見てきたわけですが，中でも一番の大きな変化は何かというと，**唐が滅亡してしまった**ことでしょう。それまでの東アジアは，唐という大帝国を中心にずうっと歴史が動いてきたわけです。その唐が滅亡したんだ。

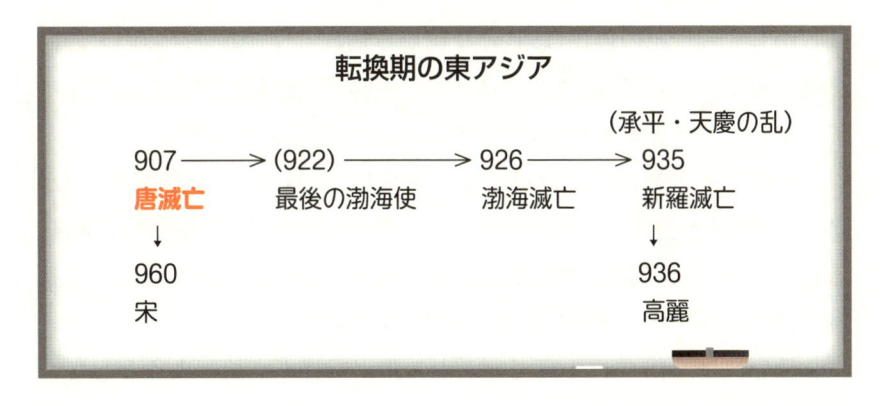

転換期の東アジア

（承平・天慶の乱）

907 ──→ (922) ──→ 926 ──→ 935

唐滅亡　最後の渤海使　渤海滅亡　新羅滅亡

↓　↓

960　936

宋　高麗

すなわち外交においても，この10世紀は大きな転換期です。**中国周辺の東アジアの王朝が，日本を除いて，全部交代する**。しかし，その日本も大きな転換期だったわけです。国家の根本的なシステムである土地制度や税制も変わってしまう。

2 土地制度・税制の変容

講義ノート p.49 参照

機能しない「班田制」

そこで，10 世紀の土地・税制について学習しておきましょう。

ちょっと，8 世紀まで戻って，復習。基本だけでいいから，確認しておこう。

令制では，6 年ごとに**戸籍《こせき》**を作って**口分田《くぶんでん》**を班給《はんきゅう》し，死んだ人の田は再び国家に戻させる，収公《しゅうこう》する。いわゆる「**班田収授法《はんでんしゅうじゅほう》**」ですネ。一定基準の土地を与えて生活を保障し，**租調庸《そちょうよう》**をはじめとする税を取ることで国家が運営される。

しかし，8 世紀の農民は過重《かじゅう》な税から逃れようとして，**浮浪《ふろう》**・**逃亡《とうぼう》**を繰り返す。さらに「**偽籍《ぎせき》**」，「私度《しど》」――勝手に僧侶，お坊さんになってしまう。さまざまな手段で，税を逃《のが》れようとするわけです。

そもそも 8 世紀前半には口分田は不足し，「百万町歩開墾計画《ひゃくまんちょうぶかいこんけいかく》」が出る，「**三世一身法《さんぜいっしんほう》**」が出る。しかし，効果がないので「**墾田永年私財《こんでんえいねんしざい》法《ほう》**」で何とか土地支配を強めることができた。しかし，この「墾田永年私財法」をきっかけに，**初期荘園《しょきしょうえん》**が発展した(p. 204)。

9 世紀には，12 年に 1 班でいいから班田収授を実施しようとしますが，うまくいかない。その後，約 50 年間，**半世紀にもわたって班田が行われない地域**も出てくる。

そんな中で，8 世紀の後半に発達した初期荘園は，9 世紀には衰退《すいたい》してバラバラになってしまった。農民がいなくなってしまう。労働力不足で倒産。じゃあ有力者は，お役所はどうやって食っていったか？ そこが問題です。税が徴収できなくなって，天皇や貴族はどうしたのか。初期荘園も労働者がいなくなって消滅してしまう。

「土地・税制」(9世紀)の出題ポイント

そこで，具体的に9世紀の土地・税制を見ていきましょう。入試で問われるポイントだけ確認しておきます。まず，

Q 823年，**大宰府**《だざいふ》管内に設営された直営田《ちょくえいでん》を何といったか？

――**公営田**《くえいでん》

公営田というのは，政府が直接土地経営をする田地《でんち》ですが，その代表的な例が，823年から**大宰府**が行ったものです。不作《ふさく》，飢饉《ききん》と疫病《えきびょう》で疲《ひ》弊《へい》した九州の経済を再建するために4年間行われたもの。中央政府ではなくて，大宰府だというところをしっかりチェックしておく。

西海道《さいかいどう》諸国は大宰府の管轄《かんかつ》ですね。そこで，九州，9カ国の良田を選び，農民を動員して耕作させた。実際には，地域の有力農民を「正長《しょうちょう》」というポストにつけて1町以上の耕作を委託《いたく》したものですが，その収穫で，動員された農民の生活を保障するとともに，大宰府の財源も捻出《ねんしゅつ》したのです。これが，かなり有効だった。

成果が上がったんでしょう，879年には中央政府も同じような方法で直接，農業経営を行うんです。政府直営の田地は「**官田**《かんでん》」と呼ばれますが，このときのものは元号をつけて「元慶《がんぎょう》官田」と呼ぶこともあります。畿《き》内《ない》の5カ国を対象としたもので，目的は財源の確保です。

戸籍《こせき》に基づいて班田し，**計帳**《けいちょう》をもとに**調**《ちょう》・**庸**《よう》を課《か》すなんて方法はもう通用しなくなっている。有力農民を使って直接経営するほうがいい。

これがうまくいった。「じゃ，うちもやっちゃお」みたいな話になり，やがて各役所も，役所ごとの直営田《ちょくえいでん》を持つようになっていきます。天皇の命令で，皇族・高級貴族も，直接，土地経営に乗り出していった。

彼らは「**院宮王臣家**《いんぐうおうしんけ》」と呼ばれます。経営のしかたは，公営田や官田と一緒で，有力農民を組織して経営を委託する。有力農民のほうも，宮様《みやさま》や公卿《くぎょう》と結びついて自分の地位を安定させることができる。

：８世紀には「浮浪」とか「逃亡」で「農民は没落《ぼつらく》していった」というのはウソになりませんか。

没落した農民がいたことは，その通りです。郡司層も没落，崩壊していったでしょう。でも，多くの没落農民が発生したということは，一方で，有力農民が誕生していったということでもある。例えば，**逃亡**によって放棄《ほうき》された田地を自分のものにしてしまう。没落した農民を雇《やと》って経営規模を拡大する。

８世紀以来，「富豪之輩《ふごうのともがら》」と呼ばれる有力農民が誕生しているのです。簡単に言ってしまえば，「院宮王臣家」と「富豪層」が結託《けったく》して利益を確保したということでしょう。

延喜の荘園整理令

さて，そこへ**醍醐《だいご》天皇**が現れた。天皇親政の「**延喜の治**」。まじめな（？）醍醐天皇からすると，こんなメチャメチャな状態は許せない。ちゃんと班田をしなさい。

902（延喜２）年，最後の班田命令が出され，直営田《ちょくえいでん》方式が禁止された。

史料　31　延喜の荘園整理令／『類聚三代格』

応《まさ》に**勅《ちょく》旨《し》開田《かいでん》**，並《なら》びに諸院諸宮及《しょいんしょぐうおよ》び五位以上《ごいいじょう》，百姓《ひゃくせい》の
天皇の命令による開発，皇族や貴族が農民の土地や家を買収したり，

田地舎宅《でんちしゃたく》を買《か》ひ取《と》り閑地荒田《かんちこうでん》を占請《せんせい》するを停止《ていし》すべき事《こと》。
空閑地を開発しようとして土地を占拠することを停止せよ。

右《みぎ》，案内《あない》を検《けみ》するに，頃年《このごろ》**勅《ちょく》旨《し》開田《かいでん》**は遍《あまね》く諸国《しょこく》に在《あ》り。
最近の事情を調べてみると，天皇の命令による開発が全国的に行われている。

空閑荒廃《くうかんこうはい》の地《ち》を占《し》むると雖《いえど》も，是《こ》れ黎元《れいげん》の産業《さんぎょう》の便《びん》を奪《うば》ふ
これは，たとえ空いた土地だとしても，農民たちの経済活動の障害となっている。

なり。……

延喜《えんぎ》二年三月十三日
902年３月13日

「勅旨開田《ちょくしかいでん》」というのは天皇の命令で田んぼを開くこと。「并《なら》びに諸《しょ》院諸宮《いんしょぐう》及び五位以上《ごいいじょう》」——天皇家の一族とか，あるいは貴族，「院宮王臣家」が，「百姓《ひゃくせい》」というのは一般農民で，「百姓《ひゃくせい》の田地舎宅《でんちしゃたく》を買ひ取り」，そして「閑地荒田《かんちこうでん》を占請《せんせい》するを停止《ていし》すべき事《こと》」。

要するに，天皇の名前を借りて田地を開いたり，一般の農民の土地や家を買い取って，どんどん占有《せんゆう》していったりすることはよくないよ。こんなことは「停止せよ」というのが，この法の基本的な指示です。

「右，案内《あない》を検《けみ》するに」というのは，なぜこのようなことになったかと考えると，このごろ，「勅旨開田《ちょくしかいでん》は遍《あまね》く諸国に在《あ》り」——天皇の名前を使って田地を開くことが，日本全国あちらこちらで行われ，「空閑荒《くうかんこう》廃《はい》の地《ち》を占むる」——有力者たちが，「ここは空《あ》き地だ，荒れた土地だ。天皇の許可を得て，土地を開くぞ」と言って，土地を占有してしまう。

そのようなことをすると，「是《こ》れ黎元《れいげん》の」の「黎元」は農民のことです。「産業《さんぎょう》の便《びん》を奪《うば》ふ」——ひとことで言うと，農民たちを困らせている。それだけわかればいいです。

要するに，違法な土地所有を禁止したということです。出典はいいですね。『類聚三代格《るいじゅうさんだいきゃく》』。「延喜二年」だから，**902年**です。

これがいわゆる**荘園整理令の最初**と言われています。一方で「**口分田《くぶんでん》**を班給《はんきゅう》せよ」という班田の命令が出たのも延喜二年，902年ですよ。

「人身賦課」方式の崩壊

さて，それでは，この命令で何とか日本の中央政府の税制は，もとの**租調庸制**に戻ったか？ **口分田《くぶんでん》**班給《はんきゅう》ができたのか？ もちろんそれは**残念ながら不可能**でしたという話になります。

戸籍をちゃんと作って，口分田を班給してという本来の方法を取るところまでいかない。基本的に戸籍制度が乱れてしまっていたのでどうにもならない。**10世紀には戸籍制度が完全にダメになっていた**ことを示すのが，次の史料です。

史料　32　三善清行「意見封事十二箇条」／『本朝文粋』

臣《しん》某《それがし》言《もう》す。……臣《しん》去《さんぬ》る寛平《かんぴょう》五年，備中介《びっちゅうのすけ》に任《にん》ず。
三善清行が申し上げます。 私が寛平 5 年に備中介になった時のことです。

彼《か》の国下道郡《くにしもみちぐん》に邇磨郷《にまごう》有《あ》り。爰《ここ》に彼《か》の国《くに》の風土記《ふどき》を見《み》るに，
備中国に邇磨郷というところがあって，風土記によれば，皇極天皇が，新羅征討のため

皇極天皇《こうぎょくてんのう》六年，……天皇筑紫《てんのうつくし》に行幸《ぎょうこう》して，将《まさ》に救兵《きゅうへい》を
九州へ向かわれる途中，この地を通られた時，

出《いだ》さんとす。……天皇詔《てんのうみことのり》を下《くだ》して試《こころ》みに此郷《このごう》の軍士《ぐんし》を徴《ちょう》す。
試しに兵を集めてみたら，強そうな兵が 2 万人も集まったと

即《すなわ》ち勝兵《しょうへい》，二万人を得《え》たり。……某《それがし》，任《にん》に到《いた》り又此《またこ》の郷《ごう》の
いうことでした。　そこで備中に赴任して邇磨郷の戸籍を

戸口《ここう》を閲《けみ》するに，老丁《ろうてい》二人・正丁《せいてい》四人・中男《ちゅうなん》三人有《あ》り。
調べてみたら，　老丁 2 人，正丁 4 人，中男 3 人でした。

去《さんぬ》る延喜《えんぎ》十一年，彼国《かのくに》の介藤原公利《すけふじわらのきんとし》，任満《にんみ》ちて都《みやこ》に帰《かえ》る。
延喜 11 年に藤原公利が備中介の任期が終わって都に帰って来たので，

清行《きよゆき》，邇磨《にま》の郷《ごう》の戸口《ここう》，当今幾何《どうこんいくばく》を問《と》ふに，公利答《きんとしこた》へて
邇磨郷の人口を尋ねてみたら，　公利が言うには

曰《いわ》く，「一人も有《あ》ること無《な》し」と。
「1 人もいない」，0 人だということでした。

まずタイトルは三善清行《みよしのきよゆき》の「意見封事十二箇条《いけんふうじじゅうにかじょう》」。914 年に**醍醐天皇**の求めに応じて意見を提出したもの。

「臣某言《しんそれがしもう》す」――「某」というのは自分のことです。三善清行が申す。「去《さんぬ》る寛平《かんぴょう》五年」という言葉で，**宇多朝《うだ》**ということがわからなくてはいけない。**寛平《かんぴょう》の治《ち》**です。

「備中介《びっちゅうのすけ》に任《にん》ず」――私は備中介になった。彼《か》の国の「下道郡《しもみちぐん》」に「邇磨郷《にまごう》」という地域があり，『**風土記《ふどき》**』によると，「皇極《こうぎょく》天皇」とあるから，ずいぶん古い話ですが，皇極(斉明)天皇 6 年(660 年)に天皇が筑紫《つくし》に行

った。**660 年**だから，例の**百済《くだら》救援のための軍事行動**に関するものということになります。ただし，重祚《ちょうそ》してますから，皇極のときではなく**斉明《さいめい》天皇**ですが。

さて，その途上で天皇がこのあたりを通った。そこで「天皇詔《みことのり》を下《くだ》して試《こころ》みに此郷《このごう》の軍士《ぐんし》を徴《ちょう》す」――兵隊を集めてみたら，なんと２万人もの強そうな兵隊が集まった。備中国《びっちゅうのくに》下道郡《しもみちぐん》邇磨郷《にまごう》という郷は，一声《ひとこえ》かければ２万人の兵隊が集まるような豊かな土地だったということです。

その後，**吉備真備《きびのまきび》**などの例がズーッと続いて，どんどん人口が減少していくという記述が続きます。この史料自体が，名文のサンプルのようなもので内容の正確さはほとんど無視されていますので，こだわることはありません。

そして，清和《せいわ》天皇のころには，課税対象となる男子は，戸籍上では70 人しかいないと続いて，「某《それがし》」すなわち三善清行《みよしのきよゆき》が「任《にん》に到《いた》り又此《またこ》の郷《ごう》の戸口《ここう》を閲《けみ》するに」――自分で実際に調べたら，年寄り２人に，まともな大人が４人に，青年が３人，全部足して９人しかいない。

さらに「延喜《えんぎ》十一年」だから 911 年に藤原公利《きんとし》という人が，彼《か》の国に行ったので，都に帰ってきた藤原公利に「邇磨郷《にまごう》の人口は何人ぐらいいたか」と三善清行が聞いてみたら，ゼロだという。２万人から課税対象者がゼロ人になってしまった。

もちろん強調してるんでしょうが，要するに戸籍制度が崩れてしまって，課税ができなくなってしまったという話です。中国地方がどんどん疲弊《ひへい》し，荒廃《こうはい》して，**人口が減少し続けたということではない**んですよ。そうではなくて，**戸籍がどんどん形骸化《けいがいか》していった**ということ。戸籍が実際の人間をちゃんと把握《はあく》して載《の》せるということができなくなっているということです。人はたくさんいても，帳簿上からは何もわからない。ここのところをよーくわかってよ。

律令中央集権は，ともかく**戸籍**によって政府が人間を1人ひとり把握《はあく》しなければ，すべてが始まらない。**口分田**《くぶんでん》の班給もできない，**租調庸**《そちょうよう》も取れない，何もできません。「**人身賦課**《じんしんふか》」――**人間単位に税を課する**というのが律令税制の大原則です。それが不可能になってしまう。

10世紀に入ると，戸籍制度が完全に乱《みだ》れてしまって，中央政府も地方政府も，戸籍によって人間を把握できなくなってしまっているということです。

「土地賦課」方式に転換

そこでどのようにしたのかというと，人身賦課をあきらめた。人間は嘘《うそ》をついたり逃げたりするけれども，土地は逃げないから，**土地に対して税金をかければいい**。水田があって稲《いね》が実《みの》っている。でも，そこを耕《たがや》している人間は，戸籍がないからわからない。人間に課すのは面倒なので，その土地へ行って，「おい，ここの土地を耕作《こうさく》してるのはだれだ？ 今後は土地に税金をかけるぞ。今年の税金を10万円払え。払わなかったら政府の土地にしてしまうぞ」と言って，土地に対して税をかけていく。

もちろん払《はら》うのは人間ですが，人間を把握してからその人間に税金をかけるのか，土地を把握して，その土地から生産された米などを，その土地を耕している者から税として取るのかという違《ちが》いです。しょせんは，土地があって，そこを耕す人間がいるんだから一緒ですが，**課税対象をどっちから把握していくか**で大きな違いが出ます。

人身賦課をあきらめて，土地賦課に変わった。――ここを覚えておくことです。では，

Q 「土地賦課方式」以後の田地の課税単位を何といったか？

――「**名**《みょう》」

受領《ずりょう》(国司)が課税する対象となった土地を「名」あるいは「名田」といいました。「その土地の税を払いますから，わたしの土地として認めてください」と，税を払うことを納得《なっとく》してその土地の経営を認められた農民が**田堵**《たと》です。

名には，そこの耕作を認められた田堵の名前がつけられるようになりますが，これを**負名**《ふみょう》といいます。

また，田堵のうち，規模《きぼ》が特に大きくなったものを「大名田堵《だいみょうたと》」と呼ぶようになります。こうなってくると，**租調庸**《そちょうよう》という名目はだんだん変わっていって，「**官物**《かんもつ》」――官に納《おさ》めるもの(租米《そまい》・年貢《ねんぐ》)，あるいはその他の付加税を「**臨時雑役**《りんじぞうやく》」などと呼ぶようになります。

人身賦課 ⇨ **土地賦課**
「租・調・庸」 ⇨ **「官物・臨時雑役」**
10 世紀の大転換

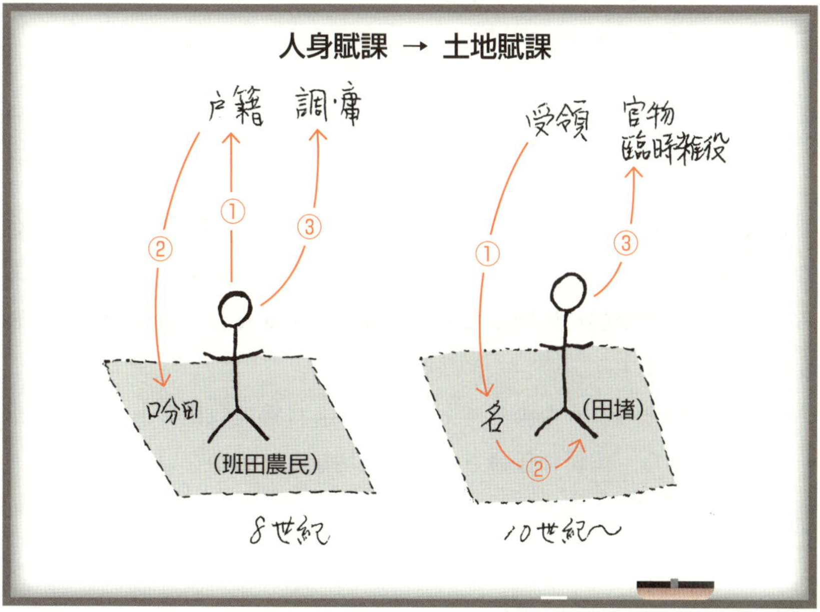

国司はどう変容していったか

国司制度もこれに伴《ともな》って変化していきます。

土地に対する課税を国単位で国司に任《まか》せるようになります。すると国司は必然的に**徴税請負人《ちょうぜいうけおいにん》**になっていく。要するに，その管轄《かんかつ》する国の土地に対して税をかけ，これを集めて都に送ることを義務づけられる。**税を請け負うことが国司の主《しゅ》たる任務《にんむ》**となっていきます。

天皇の代理として地方を栄《さか》えさせるための任務を負《お》った国司ではなくて，中央政府から，「おまえ，4年間，どこどこの国の守(武蔵《むさし》なら武蔵守)にするから，土地に対して課税をして，年間5億円，中央に送ってこい。もし，6億円集めたら1億円は自分のポケットに入れてもいい。その代わり，失敗しても政府は知らないゾ」——これが請負ということです。

そこで国司たちは徴税を請け負って，がんがん税を取ろうとします。おいしい国の国司になると，死ぬまで食えるくらいの財産が貯《た》まる。すると，今度は，政府はセコイから，豊かな国の国司などの**官職を希望者に売る**ようになります。

Q 平安中期から末期にかけての，このような官職を売る行為《こうい》を何というか？

——「**成功《じょうごう》**」

また，追加料金を払うと，「もう4年やってもイイよ」ということになり，「**重任《ちょうにん》**」といって，同じポストの任期をもう一度繰《く》り返すこともある。さらに成功は国司に限ったものではありません。そこで**官位制度も変質**していきます。

一方，**摂関家《せっかんけ》**のようなエリートの息子たちは都で政権のトップを目指していますから，国司に任命されても現地などへ行かない。

Q 国司に任命されても現地に行かないで都にとどまっていることを何といったか？ ──「**遙任《ようにん》**」

Q また，その代理人として現地に行った者は何と呼ばれたか？ ──「**目代《もくだい》**」

○ 遙任　× 遥

中央にいて，現地に行かない国司を「遙任国司」といい，自ら任地に赴《ふ》任《にん》して，実際に徴税の責任を負う国司の最上級者は**受領《ずりょう》**と呼ばれるようになります。受領は自分の子分，「郎等《ろうとう》」と呼ばれる私的な部下をつれて現地に行く。そして現地の実務は，現地の有力者に協力させる。やがてそのような連中が**在庁官人《ざいちょうかんじん》**と呼ばれるようになって，国衙《こくが》の一角に駐在して実務《じつむ》を担《にな》うようになるんです。一方で，**郡家《ぐうけ》**（郡衙《ぐんが》）の役割は衰《すい》退《たい》し，国衙に権力が集中していきます。

税制「史料問題」はワンパターン

ところが，**受領《ずりょう》**であれ，**目代**であれ，徴税を請け負っているものだから，土地からガンガン税を集めないと，請負額が払えない。農民だって限度を超えた税を課されれば抵抗する。次の史料は，尾張国《おわりのくに》郡司《ぐんじ》百《ひゃく》姓《しょう》等《ら》が**太政官《だいじょうかん》**に受領を訴《うった》え出たというものです。

史料 33 受領の暴政／「尾張国郡司百姓等解文」

尾張国《おわりのくに》郡司《ぐんじ》百姓《ひゃくしょう》等《ら》解《げ》し申《もう》す官裁《かんさい》を請《こ》ふの事
尾張国の郡司・百姓が太政官の裁決を願い出る件

裁断《さいだん》せられんことを請《こ》ふ，当国《とうこく》の守《かみ》**藤原《ふじわらの》**朝臣《あそん》**元命《もとなが》**，三箇年《さんかねん》の内《うち》に責《せ》め取《と》る非法《ひほう》の官物《かんもつ》并《なら》びに濫行横法《らんこうおうほう》卅《さんじゅう》一《いち》箇《か》条《じょう》の愁状《しゅうじょう》。……
太政官の裁決をお願いします。尾張国の守藤原元命が3年の間に，不法に責め取った官物と，非法な行動で，農民に害を与えた事例を31カ条にまとめて，太政官の救済を願い出ました。

永延《えいえん》二年十一月八日　郡司《ぐんじ》百《ひゃく》姓《しょう》等《ら》
988年11月8日

よく出題される史料ですが，問われる部分は簡単なので，要所だけ覚えておけば OK。

タイトルはいいですネ。ハイ，あとは，**訴え出ているのが「尾張国《おわりのくに》」の「郡司《ぐんじ》や百姓《ひゃくしょう》」**で，「官裁《かんさい》」，すなわち太政「官」に対してのものであることを確認し，**訴えられているのが受領である尾張守「藤原《ふじわらの》（朝臣《あそん》）元《もと》命《なが》」**だということです。「卅一箇条《さんじゅういちかじょう》」，31 カ条にわたってその過酷《かこく》な徴税などが告発されているわけです。そして，史料には出てきませんが，元命はクビになっています。

大事なのは，「永延《えいえん》二年」，**988 年**，10 世紀末だという点です。**10 世紀の末**ですよ。このころに，**同様の例が集中している**ことを覚えておいてください。

国司の徴税請負人化が進んでいって，**受領の横暴《おうぼう》**がしばしば現地と

土地・税制の変容

8世紀　9世紀　10世紀

戸籍・計帳　浮浪・逃亡・偽籍　→　×

班田収授法　公営田・官田・諸司田　勅旨開田　勅旨開田 → 田堵　負名

租・調・庸　→　×　官物・臨時雑役

墾田永年私財法・初期荘園　→　衰退　延喜の荘園整理令

人身賦課　⇒　土地賦課

院宮王臣家

国司・郡司　→　受領

「富豪之輩」　在庁官人

（遙任国司・目代・留守所）

902 延喜の荘園整理令

914 意見封事十二箇条

988 尾張国郡司百姓等解文

衝突《しょうとつ》を起こしたわけです。土地税制は，出題されても，求められる答えはワンパターンです。気楽に基本だけチェックしておいてください。細かくは聞いてこないから大丈夫です。

古代⒂

第15回 平安時代の政治(3)——摂関政治

今回は，おなじみの「摂関政治」です。天皇が幼少のときには摂政，成人すると関白として摂関家が実権を握った時代。その頂点が「御《み》堂関白《どうかんぱく》」と呼ばれる**藤原道長《みちなが》**と，その子「宇治《うじ》の関白」**頼通《よりみち》**ですね。

今回の範囲は，天暦《てんりゃく》の治《ち》，村上天皇の親政が終わり，967年，その子冷泉《れいぜい》天皇が即位したところから，藤原頼通が引退する1068年ごろまでの約100年です。

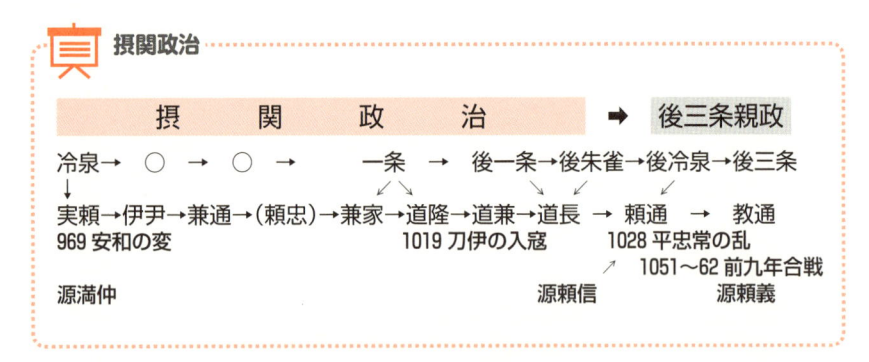

摂関政治

摂　関　政　治　➡　後三条親政

冷泉→　○　→　○　→　　一条　→　後一条→後朱雀→後冷泉→後三条
↓　　　　　　　　　　　　↙↘　　　↘↙　　　↙
実頼→伊尹→兼通→(頼忠)→兼家→道隆→道兼→道長　→　頼通　→　教通
969 安和の変　　　　　　1019 刀伊の入寇　　1028 平忠常の乱
　　　　　　　　　　　　　　　　　　　↗　1051～62 前九年合戦
源満仲　　　　　　　　　　　　　　源頼信　　　　源頼義

ストーリーは簡単です。969年の**安和《あんな》の変**で左大臣 源《みなもとの》 高明《たかあきら》が排斥されて，その後，摂政あるいは関白が天皇と一体化，外戚《がいせき》の地位を確保し，政権を保持する態勢が確立していく。その中で，藤原氏の頂点に立つ**氏長者《うじのちょうじゃ》**の地位をめぐる摂関家内部の争いが繰り広げられ，最終的に完全な地位を手に入れたのが藤原道長。その後継者が頼通です。

ただし，清和《せいわ》源氏も登場します。承平《じょうへい》・天慶《てんぎょう》の乱で活躍した源経基《つねもと》の子**源満仲《みつなか》**。そして，**源頼信《よりのぶ》**・**頼義《よりよし》**父子。鎌倉幕府成立の前史ですから，しっかり学習しておかなければならないところです。

1 摂関常置の体制

講義ノート p.50 参照

藤原氏の全盛

「**天暦《てんりゃく》の治《ち》**」が終わって，冷泉《れいぜい》天皇のときに**安和《あんな》の変**が起こります。999 のまん中の 9 だけひっくり返して **969 年**。数字の並び方で覚えてしまう。

時の左大臣 源 高明《みなもとのたかあきら》が，藤原氏の謀略《ぼうりゃく》によって失脚《しっきゃく》し，大宰権帥《だざいのごんのそち》に左遷《させん》された。高明の娘婿《むこ》の為平《ためひら》親王が有力な皇太子候補だったため，その可能性をなくそうとしたんだろうと言われてます。

このときの**関白**は忠平の子，藤原実頼《さねより》ですが，他に，師尹《もろただ》などの，藤原氏の有力者にとっての最大のライバルは，天皇家出身の高級官僚でした。特に**醍醐天皇**の息子で，「源《みなもと》」という姓をもらって左大臣まで昇進していた源高明が最大のライバルになった。

天皇が「姓」を与えることを「**賜姓《しせい》**」と言うんでしたね。「藤原」だって**天《てん》智《じ》天皇**から鎌足《かまたり》がもらったものだ。「源」をもらった連中を「賜姓源氏《しせいげんじ》」なんて言います。さらに醍醐天皇の子が賜姓で源氏になると「**醍醐源氏《だいごげんじ》**」，村上天皇の子孫だと「**村上源氏《むらかみげんじ》**」と呼ばれる。

この安和の変で藤原氏のために働いたのは**源満仲《みつなか》**ですが，満仲の父，源経基《つねもと》は清和天皇の孫ですから，彼らは「**清和源氏《せいわげんじ》**」です。

決まり文句「摂関は常置」

さて，安和の変によって中央政治はどうなったか？ 定番の表現で「**以後，摂関は常置《じょうち》**」。**摂政**または関白に藤原**北家《ほっけ》**のだれかがなるのが普通の状態になっていったということです。

すると，今度は，権力を握《にぎ》った**藤原氏**の内部での争いが激しくなる。かつては一族の長を氏上《うじのかみ》と呼んでいましたが，**平安時代**になると藤原氏のトップなどは**氏長者《うじのちょうじゃ》**と呼ぶようになります。

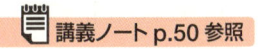

氏長者は摂関に就《つ》くとともに，氏寺《うじでら》や氏社《うじしゃ》，それに**大学別曹**《だいがくべっそう》(一族の子弟《してい》のための教育施設)の管理にもあたり，大きな力をもつ上，なによりも莫大《ばくだい》な財産がついてくる。

Q 藤原氏の(A)氏寺・(B)氏社・(C)大学別曹はどこか？

——(A) **興福寺**《こうふくじ》，(B) **春日神社**《かすがじんじゃ》，(C) **勧学院**《かんがくいん》

さて，代表的な**摂関家**内部の争いとしては，兼通《かねみち》・兼家《かねいえ》の兄弟，それから**道長**《みちなが》と伊周《これちか》の，叔父《おじ》・甥《おい》の争いです。

藤原氏の内部抗争
- **兼通**(兄)　vs　**兼家**(弟)
- **道長**(叔父)　vs　**伊周**(甥)

実頼《さねより》の系統は結局は主流となれず，**師輔《もろすけ》の系統が主流**となっていきます。実頼の系統は小野宮家《おののみやけ》と呼ばれ，その後継者は『小右記』を残した実資《さねすけ》です。このあとすぐに出てきます。そして最終的にチャンピオンとして絶大《ぜつだい》な権力を手中に治めたのが「御堂関白《みどうかんぱく》」道長です。

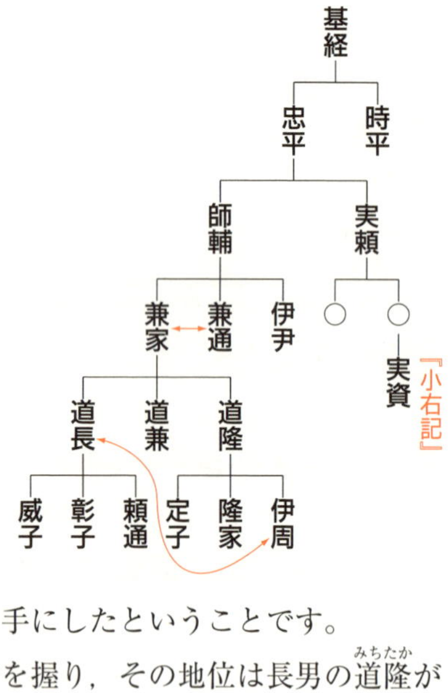

そこまでの過程《かてい》は複雑ですが，要するに，能力だけじゃなく，子供に恵《めぐ》まれ，**天皇と密接《みっせつ》な血縁《けつえん》関係**を保つことができた，幸運な人物が権力を手にしたということです。

一条天皇の外祖父《がいそふ》として兼家が権力を握り，その地位は長男の道隆《みちたか》が継ぎます。990年，道隆は一条天皇の**摂政**となるんです。

「望月」の心境の藤原道長

道隆の娘の定子《ていし》は一条《いちじょう》天皇の中宮《ちゅうぐう》。ところが995年，道隆がポックリ逝《い》っちゃった。病床で息子の伊周《これちか》を後継者にしようとしたんですが，間に合わなかった。そこで**関白**の地位は弟の**道兼**《みちかね》にまわる。ところが，この道兼も直後に急死。関白に就任して11日後に急死。「七日関白」などと呼ばれます。兄２人がバタバタと続いて死んで，**道長**に順番が回ってきた。

しかも道長は子供に恵まれた。娘の彰子《しょうし》を一条天皇の中宮《ちゅうぐう》にすることに成功し，道隆の娘定子は皇后《こうごう》ということになります。

ここで，みんなが知ってる『**枕草子**《まくらのそうし》』を書いた清少納言《せいしょうなごん》と『**源氏**《げんじ》**物語**』を書いた紫式部《むらさきしきぶ》について，

Q 皇后定子に仕《つか》えたのはどっち？　——**清少納言**

Q 中宮彰子に仕えたのは？　——**紫式部**

皇后定子に仕えたのが清少納言，彰子に仕えたのが紫式部。これは基本。ついでに，

Q 道長が建立した「御堂《みどう》」と呼ばれた寺院は？　——**法成寺**《ほうじょうじ》

道長の日記は『**御堂関白記**《みどうかんぱくき》』と呼びます。もっとも，このネーミングに惑《まど》わされて，ついつい，

「道長は摂政・関白を歴任し，……」（×）

なんていう誤文に惑わされないこと。**関白はやってません。**

その**道長が絶頂期**《ぜっちょうき》**を迎**《むか》**えた**のが，ちょうど**1018年ごろ**と考えておいてください。めちゃめちゃよく出る史料ですが，『小右記《しょうゆうき》』に道長の歌った「**望月**《もちづき》**の歌**」が出てくるのが1018年です。

この日記は「小野宮右府」――小野宮《おののみや》の右大臣と呼ばれた藤原実資《さねすけ》のものです。「小」と「右」をとって『**小右記**《しょうゆうき》』といいます。もう一度系図で実頼《さねより》の孫の実資を確認してください。さて，史料を読みましょう。

史料　34　藤原氏の栄華／『小右記』

（寛仁《かんにん》二年十月）十六日乙巳《いっし》，今日《きょう》，女御藤原《にょうごふじわらの》**威子**《いし》を以《もっ》て
（1018年10月）16日，今日は藤原威子の立后の日だった。

皇后《こうごう》に立《た》つるの日《ひ》なり……太閤《たいこう》，下官《げかん》を招《まね》き呼《よ》びて云《いわ》く「和歌《わか》を
（その祝宴で）道長が私（実資）を呼んでこう言われた。「和歌を

読《よ》まむと欲《ほっ》す。必《かなら》ず和《わ》すべし」者《てえ》り。答《こた》へて云《い》ふ，「何《なん》ぞ和《わ》し
詠もうと思う。その返しの歌を詠んでくれよ」と。　私は「もちろんです」と答えた。

奉《たてまつ》らざらんや」と。又云《またい》ふ，「誇《ほこ》りたる歌《うた》になむ有《あ》る。但《ただ》し
すると道長が「ちょっと自慢タラタラのように聞こえるか

宿構《しゅくこう》に非《あら》ず」者《てえ》り。　「**此《こ》の世《よ》をば我《わ》が世《よ》
もしれないが，即興の歌なので軽く聞いてくれよ」と言われた。「この世は全部私のもの

とぞ思《おも》ふ望月《もちづき》の虧《か》けたる事《こと》も無《な》しと思《おも》へば**」と。余申《よもう》して云《い》ふ，
のように思えてくる。満月のように，何も足りないものはない」と。私はこう答えた。

「御歌優美《おんうたゆうび》なり。酬答《しゅうとう》に方無《すべな》し。満座只此御歌《まんざただこのおんうた》を誦《じゅ》すべし。……」
「優美な御歌です。対応して詠むことなんかできません。皆でこの歌を合唱しましょう。……」と。

「（寛仁《かんにん》二年十月）十六日乙巳《いつし》，今日《きょう》，女御藤原《にょうごふじわらの》威子《いし》を以《もっ》て，皇后《こうごう》に立《た》つるの日なり」――**道長**の娘，威子《いし》が彰子につづいて立后《りゅうごう》された日だ。正確に言うと，威子が後一条《ごいちじょう》天皇の「中宮《ちゅうぐう》」となった日です。そこでお祝いの宴会が開かれた。

そこで「太閤《たいこう》」，すなわち道長が，「下官《げかん》を招《まね》」いてこう言った。「太閤」というのは前**関白**，前太政大臣などの中国風の異称《いしょう》です。**豊臣秀吉**《とよとみひでよし》も前関白で「太閤」と呼ばれますネ。それから，水戸の「中納言《ちゅうなごん》」を水戸《みと》「黄門《こうもん》」（**徳川光圀**《とくがわみつくに》）なんて言うのも同じ例です。「下官《げかん》」は自分自身を指すので，筆者の実資のこと。

ハイ，道長は実資に「和歌を詠《よ》もうと思う。おまえもそれに合わせて和歌を詠んでくれよ」と言った。実資はまさか断《ことわ》るわけにもいかないから，「もちろん詠みましょう」と答えた。

すると道長がまたこう言った。「誇《ほこ》りたる歌《うた》になむ有《あ》る」――まあ自《じ》慢《まん》たらたらの誇《ほこ》りに満《み》ちた，自画自賛《じがじさん》のような歌なんだけど，「宿構《しゅくこう》に非《あら》ず」――あらかじめ用意しておいたものではないよ。

そう言って詠《よ》んだのがいわゆる「望月《もちづき》の歌」です。「**此《こ》の世《よ》をば我《わ》が世《よ》とぞ思ふ**」――この世界は私のもの，私の思いのままになるような気がする。イヤー，一度でいいからこんな心境になってみたいものです。「**望月の**」――満月のように，「**虧《か》けたる事《こと》も無しと思へば**」――まったく欠《か》けたところはないというのです。

一昔前のオジサンの世界で言うと，カラオケで部長がイキナリ，マイクを握《にぎ》って，「まず，オレが歌うから皆も必ず歌えよ」。もちろん課長などは「歌います」と言うしかない。「誇りたる歌になむ有る」――「おれは歌はうまいよ。しかも中身はべたべたに自分のことを誉《ほ》めているよ」と言って，「マイウェイ」かなんかを，自分のことのように，しかも困ったことに結構プロっぽく歌い上げちゃった。何とも言えないムードになってしまうこと間違いナシ。課長は困った。

「余《よ》」，もちろん筆者の実資は「御歌優美《おんうたゆうび》なり」と言うしかない。「酬答《しゅうとう》に方無《すべな》し」――これに答えるような歌は詠めません。そんな方法はないので，「満座只此御歌《まんざただこのおんうた》を誦《じゅ》すべし」――皆でこの歌を声をあげて歌うことにしましょうということにした，というんです。だから多分，そのあと皆で，「此の世をば我が世とぞ思ふ」と歌ったんでしょうね。これがちょうど**1018年**のことです。

道長時代の重要年号

さて，この「望月の歌」前後の年号を暗記しましょう。

道長は**1016年**，後一条《ごいちじょう》天皇が即位すると**摂政**になりますが，翌年には摂政の地位を息子の**頼通**《よりみち》に譲っています。

でも，もちろん権力が息子に移ったわけではありません。摂関イコール権力者じゃない。あくまでも父であり，**氏長者**《うじのちょうじゃ》として**道長が絶対的な権力を握**《にぎ》**っている**。頼通を摂政にしておいて，道長自身は**太政大臣**《だいじょうだいじん》になっています。そしてその翌1018年が威子《いし》の立后《りゅうごう》,「望月の歌」を歌った年ですよ。

さあ，ここが大事なところ。道長の歌から，当時は**何の問題もない平和な時代だなんて思ってはいけない**。「この世に何の問題もない」というのは，都での道長の権力に関しては，という意味です。

「望月の歌」の翌年，**1019年**には，外国からの攻撃を受けているんです。それが「**刀伊**《とい》**の入寇**《にゅうこう》」です。沿海州《えんかいしゅう》地方に住んでいたツングース系の「**女真族**《じょしんぞく》」が朝鮮半島の東岸を荒らし，さらに九州北部にまで襲来《しゅうらい》してきたという事件です。50艘《そう》余りの船団で，対馬《つしま》・壱岐《いき》から北九州が被害に遭《あ》い，死者や捕虜《ほりょ》となったものが多数出ました。

Q この刀伊の賊を撃退したのはだれか？ ——**藤原隆家**《たかいえ》

大宰権帥《だざいのごんのそち》として現地に赴任《ふにん》していた藤原隆家に指揮《しき》された地元の**武士団**が撃退《げきたい》した。すなわち，都では宴会《えんかい》で道長の自慢たらたらの歌を高級貴族たちが合唱しているころ，威子立后の翌年には外国の侵略が起こっており，これを，地方で実力を蓄《たくわ》えていた武士団が撃退しているんです。

さあ，そこで，ゴロ合わせ。

10 1 9
「遠い国(**とおいく**に)から女真族」

➡ **1019年，刀伊の入寇**

「トーイクにから女真族」で1019年を暗記したら
1019
それからさかのぼる！

1016　後一条即位，道長摂政
1017　頼通摂政，道長は太政大臣に
1018　威子立后(後一条中宮)，「望月の歌」
1019　刀伊の入寇

●いっしょに書こう！
寇

さて，ここが大事。1019年だけではもったいない。遡《さかのぼ》っていきましょう。1019・1018・1017・1016です。それから，藤原隆家も系図で確認して「**1019年，大宰権帥，刀伊の入寇**」とメモを加えておくこと。

さて，**藤原道長**は**1027年**に没します。そこで，ようやく息子に権力が移った。**頼通**《よりみち》が権力の頂点に立つわけですが，翌**1028年**には「**平**《たいらの》**忠常**《ただつね》**の乱**」が起こっています。摂関最盛期だからといって平和な王《おう》朝《ちょう》文学の世界だけを想像してはいけません。頼通の時代にはさらに「**前**《ぜん》**九年合戦**《くねんかっせん》」が起こっています。このあたりは次回のテーマですが，年号だけはここで覚えておく。

頼通時代の重要年号

道長の「御堂関白《みどうかんぱく》」に対して，

Q 「宇治《うじ》の関白」と呼ばれたのはだれか？　――**藤原頼通**

これは藤原頼通が建てた宇治の**平等院鳳凰堂**《びょうどういんほうおうどう》からついた呼び名ですね。そこで，この「前九年合戦」，「平等院鳳凰堂の建立」も合わせて，頼通の絶頂期の年号も覚えてしまいます。

11世紀後半に入って！ ──→ 頼通の絶頂期（× 道）

- 1051　前九年合戦（～1062）
- 1052　（永承7）末法第一年
- 1053　平等院に鳳凰堂完成 ← 10円硬貨

いいか，「11世紀後半」は1051年から。そこで，

11世紀後半に入ったら「前九年合戦」

と覚えてしまう。

そして，当時の仏教的な時代の捉《とら》え方ですが，翌永承《えいしょう》7年，**1052年**から，いよいよこの世は仏教の教えも行《おこな》いも衰《おとろ》えていく，滅亡への最後の段階に入ると考えられていました。それが「**末法《まっぽう》第一年**」。仏教史，思想史では頻出の年号です(p.334)。

そんな，末法の世の不安から，死後の浄土《じょうど》への憧《あこが》れが強くなり，**浄《じょう》土《ど》教《きょう》**が広がっていく中で，**頼通**は**この世に浄土を再現しよう**として平等院を建立し，翌**1053年**には鳳凰堂《ほうおうどう》が完成するのです。

ここは，「11世紀後半に入って」というキッカケから1051・1052・1053年と一挙に暗記してしまう。このころが頼通の絶頂期と意識してください。ここも，**国風文化**のところでやりますが，ここでしっかり年号は覚えてしまおう。

<< 平等院鳳凰堂（京都府宇治市）
1053年，藤原頼通が建立した阿弥陀堂。まさにこの世に再現された貴族あこがれの浄土。

2 摂関政治の特徴

講義ノート p.51 参照

国政はどう運営されたか

さて，ここで，**摂関政治**の特徴《とくちょう》をまとめておきます。まず基本から。

Q 天皇が幼少のときに政務を代行するのは？ ──**摂政《せっしょう》**

Q 成人後の天皇の後見役となるのは？ ──**関白《かんぱく》**

基本的に**藤原氏**のそれらの地位独占を可能にしたのは，「**外戚《がいせき》**」という天皇との血縁関係です。外戚の「戚」を書けない人はいっぱいいますから，一度シッカリ書いてください。

戚

さて，実際の国政はどのようにして運営されたかというと，政治はあくまでも**太政官《だいじょうかん》**が中心です。もっとも，当時はかつてのような正式の役所を使ってやるのではなくて，近衛府《このえふ》の建物を使って最高会議が行われます。これを「**陣定《じんのさだめ》**」と呼びます。一般的な政務や儀式は，担当の公《く》
卿《ぎょう》が処理していきます。この担当の公卿を「上卿《しょうけい》」といいます。そして**宣旨《せんじ》**（天皇の命令を伝える文書）や**太政官符《だいじょうかんぷ》**（太政官から下される公文書）によって行政は行われていた。天皇と太政官をつなぐ役割を担っていたのが蔵人所《くろうどどころ》です。

摂関は天皇と一体化して役人の任免権《にんめんけん》を握《にぎ》り，要職，おいしいポストを独占していくわけです。もっとも，「刀伊《とい》の入寇《にゅうこう》」が現地の武士勢力によって解決されたことが象徴《しょうちょう》するように，中央政府の地方に対する責任感は希薄《きはく》です。もちろん，**日宋貿易《にっそう》**の利益などについては執着《しゅうちゃく》しますが。

そして通常の地方統治は国司，受領《ずりょう》に委任《いにん》し，税金を集めて中央に納めさせることに関心をもっているという状態です。

そして，「**年中行事《ねんじゅうぎょうじ》**」を重視するのが当時の貴族の在《あ》り方です。

学校でいうと，クラスのことは全部担任に任《まか》せ，ともかく昔からの形

式をあくまでも守って「卒業式」,「入学式」などの儀式《ぎしき》を維持《いじ》することだけに興味のある校長先生みたいなものです。「わが伝統ある○○高校は……」ばかりでは，もう改革はしないぞということになってしまうよね。

平安時代もこのころになってくると，ソロソロ疲れが出てくる。**奈良時代**を勉強していたころに比べて，復習も甘くなる。それが普通です。ということは，不得意な分野になっていく。つまり，このあたりから力を入れていくことが「受験勉強」ということです。

そこで，今回はもうこれ以上進まない。終わりです。その代わり徹底《てってい》的に，史料も，系図も，年号もガッチリ，すぐに暗記してしまうこと。そうすれば次につながります。

そのためにも，まずは声に出して藤原氏の系図を確かめよう。

冬嗣，良房，基経。時平・忠平兄弟，
　実頼，兼家，道隆，道兼，道長，頼通
「ふゆつぐ，よしふさ，もとつね。ときひら・ただひら兄弟，
　さねより，かねいえ，みちたか，みちかね，みちなが，よりみち」

古代⑯

第16回 荘園の発達・武士の成長

今回は古代史で一番やっかいな「荘園公領《しょうえんこうりょう》制」と「武士の成長」というテーマです。荘園公領制は，どうしても説明が難しくなりますが，イメージさえしっかりつかめば，実際の入試問題では，それほどの難問は出ません。

10世紀の大転換の中で，受領《ずりょう》が誕生し，徴収《ちょうしゅう》する税が「官物《かんもつ》・臨時雑役《りんじぞうやく》」と呼ばれるようになったことを思い出しておきましょう。

一方，「武士の成長」はしっかり，確実に暗記しておかなければならないテーマです。中世につながっていく大事な時期なので，ここで手を抜くと，中世の学習に響《ひび》きますから，覚悟を決めていきましょう。

源頼朝による武家政権の確立までのうち，今回は**前九年合戦**と**源義家**までです。

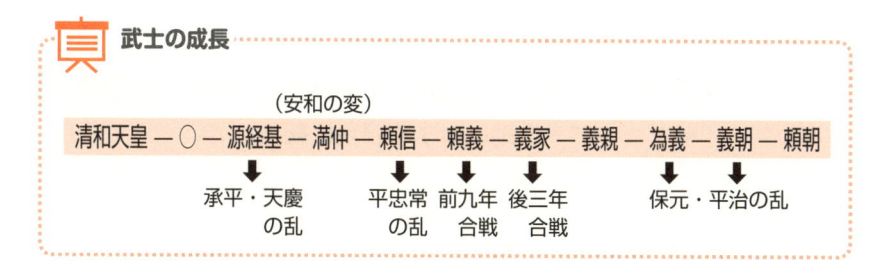

武士の成長

（安和の変）
清和天皇 ― ○ ― 源経基 ― 満仲 ― 頼信 ― 頼義 ― 義家 ― 義親 ― 為義 ― 義朝 ― 頼朝

源経基 ↓ 承平・天慶の乱
頼信 ↓ 平忠常の乱
頼義 ↓ 前九年合戦
義家 ↓ 後三年合戦
為義・義朝 ↓ 保元・平治の乱

もう一度，承平《じょうへい》・天慶《てんぎょう》の乱からやりますので，10世紀〜11世紀の年表を，ちょっと見ておいてください。

1 荘園の発達

講義ノート p.52 参照

10 世紀の土地・税制

さあ，まず 10 世紀の復習からいきますよ。黒板を見てください。

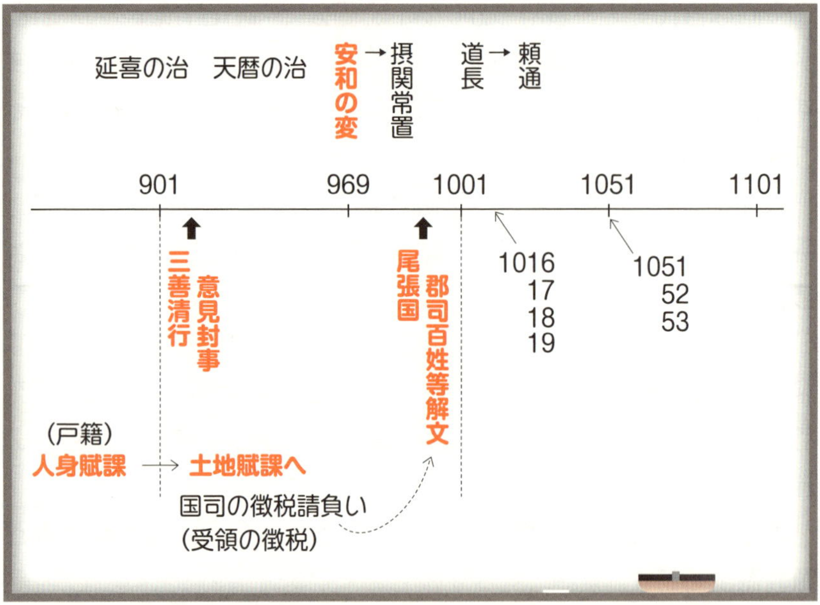

戸籍《こせき》制度がまったく形骸化《けいがいか》してしまったことを指摘しているのが三《み》善清行《よしのきよゆき》の「意見封事《いけんふうじ》十二箇条」(p.280，史料 32)。戸籍で人間を掌握《しょうあく》することが困難となって，**土地に対する課税に転換**していくんですね。そこで，復習。

Q 国司に税を払うことを約束した有力農民を何と呼んだ？

——**田堵《たと》**

Q その税の対象になった土地の呼び名は？ ——**名《みょう》**(**名田《みょうでん》**)

Q 名にその請負人の名前を付けたものは何と呼ばれたか？

——**負名《ふみょう》**

Q 国司制度も変質し，現地に赴任《ふにん》せず，都にいたまま目代《もくだい》などを派遣する国司を何と呼んだか？ ——**遙任《ようにん》国司**

Q 守《かみ》・介《すけ》などの国司のうち，現地に赴《おもむ》いた最上級者は何と呼ばれたか？ ——**受領《ずりょう》**

さて，**徴税請負人《ちょうぜいうけおいにん》化《か》していった受領**は，ともかく請け負った額の税を集めなければならない。いや，それだけじゃ食っていけない。そこでガンガン税を取りまくる。うまくやったら大儲《もう》け，都に倉が建つ。

実際に富裕化《ふゆうか》した受領の話やあくどい受領の逸話《いつわ》が，説話《せつわ》なんかに盛んに登場します。

寄進地系荘園の成立

さて，このような土地・税制の転換の中で，新しい動きが出てきます。すなわち，「**荘園《しょうえん》**」と呼ばれる**私的な土地の所有形態**がだんだん現れてくる。

そこで，例の「**田堵《たと》**」のような，10 世紀以降，土地経営をやっていた連中の中から，経営規模《きぼ》を拡大・強化した「**大名田堵《だいみょうたと》**」などが現れてきます。あるいは，受領として地方に赴任し，任期が終わったあとも都に帰らないで現地にとどまる。そして現地で農業経営を始める連中も出てくる。その子たちもどんどん土地経営を拡大していく。このように地元に定着して土地開発を進める動きを「**国司の土着**」といいます。

彼らの中から有力な地方**武士団**が現れてくる。

Q このような，土着した国司やその子孫などの大土地経営に成功した者を何と呼ぶか？ ——**開発領主《かいはつりょうしゅ》**

文字通り，大土地を開発していった**大農場経営者**です。

当然，都に税を集めて送らなければいけない受領たちと現地の開発領主の利害は対立します。開発領主はなるべく税金を取られたくない。受領のほうはたくさん取ってポケットに入れて，請け負った額を中央に納め，自分の取り分も確保しなきゃならない。

対立したときどうなるかはケース・バイ・ケースです。話がついて一定の税を国衙《こくが》，**受領**に払って，大土地経営を続ける者もいるし，**開発領主**の２代目，３代目なんかがちょっと気を抜いたり，能力がなかったりすると，受領につけこまれて土地を丸々取り上げられるようなことも当然起こってくるでしょう。何といっても，国司の権威《けんい》，権限は強い。政府も受領にさまざまな権限を与えていきます。すると，弱小な土地経営者だと，とても受領の徴税に堪《た》えられないということになる。

そんなときに，有力者にコネがあれば，これに頼《たよ》ってなんとかしてもらおうと思いますね。**権威のある人に寄付をしてでも，国司（受領）の徴税を抑《おさ》えてもらおう**ということです。破産するよりはマシだということだね。

そこで，開発した土地を**摂関家**，あるいは有力な寺や神社に「**寄進《きしん》**」する者が出てきます。

「寄進」するというのは，今風に言えば，「寄付」。権力者や有力な寺社に寄付し，その名義を借りて，現地での権利を確保しようとする行為《こうい》です。

ちょっと，これでは抽象的《ちゅうしょうてき》なので，その具体例を，頻出の史料で確認しておきます（次ページ）。

史料 35-(1) 荘園の寄進(1)／「東寺百合文書」

鹿子木《かのこぎ》の事《こと》
鹿子木について

一，当寺《とうじ》の相承《そうしょう》は，**開発領主**《かいはつりょうしゅ》沙弥《しゃみ》寿妙《じゅみょう》嫡々《ちゃくちゃく》の相伝《そうでん》なり。
この土地は開発領主である寿妙から代々受け継がれてきている。

一，寿妙《じゅみょう》の末流《まつりゅう》高方《たかかた》の時《とき》，権威《けんい》を借《か》らんがために，実政卿《さねまさきょう》を
寿妙の子孫の中原高方の時に，権威を頼り，藤原実政に領家になってもらい，

以《も》って領家《りょうけ》と号《ごう》し，年貢《ねんぐ》四百石《こく》を以《も》って割《さ》き分《わか》ち，高方《たかかた》は
年貢 400 石を寄付することとし，高方は

庄家《しょうけ》領掌《りょうしょう》進退《しんたい》の**預所職**《あずかっそしき》となる。
現地の支配を認めてもらって預所職に任命された。

開発領主の脱税

出典の「東寺百合文書《とうじひゃくごうもんじょ》」は，京都の**東寺**＝**教王護国寺**《きょうおうごこくじ》に伝わった古文書です。「百合《ひゃくごう》」というのは 100 箱という意味で，東寺の膨大《ぼうだい》な文書を整理して 100 の箱に納めたのは，江戸時代前期の学問好きの大名，加賀《かが》(金沢)藩主《はんしゅ》**前田綱紀**《つなのり》です。

さて，史料の内容にいきますよ。場所は「肥後《ひご》国」，現在の熊本県，「鹿子木《かのこぎ》」というところ。ここの「**開発領主**《かいはつりょうしゅ》」が「沙弥《しゃみ》寿妙《じゅみょう》」という人。「沙弥《しゃみ》」というのは僧侶《そうりょ》の称号です。この人は出家《しゅっけ》したあとの名前で出てきています。

「当寺《とうじ》の相承《そうしょう》は」の「当寺」は東寺を指します。開発領主の権利が，東寺にどのように伝わってきたかということです。「嫡々《ちゃくちゃく》」というのだから，寿妙から息子，孫へと「相伝《そうでん》」，相続《そうぞく》されてきた。

ところが，「寿妙《じゅみょう》の末流《まつりゅう》高方《たかかた》の時」，問題が発生した。高方は中原《なかはら》高方《たかかた》という人物ですが，高方は寿妙の孫と推定されています。国司(**受**《ず》**領**《りょう》)がやってきて多額の税を払えと言ったんでしょう。そのあたりは，史料は当たり前のこととして書いていません。いきなり「権威《けんい》を借《か》らん

がため」とくる。では，

Q 高方はなぜ「権威を借りる」必要があったのか？

――「国司（受領）の徴税から逃れるため」です。

めちゃめちゃな税金を取られそうになってヤバイ。そこで税金を取りに来た国司，受領よりもうんと偉《えら》い人，その偉い人の「権威を借り」て，要するにトラの威《い》を借りて，脱税しようとした。

「実政卿《さねまさきょう》を以《も》って領《りょう》家《け》と号《ごう》し」――大宰大弐《だざいだいに》だった藤原実政に「**領《りょう》家《け》**」になってもらった。国司の「守《かみ》」より位の高い「大宰大弐」で従二位《じゅうにい》の実政なら圧力をかけてくれる。九州の国々，西海道《さいかいどう》諸国は**大宰府《だざいふ》**の支配下にあるので，守も遠慮《えんりょ》する。そこで，「中原高方は藤原実政に**荘園を寄進した**」わけです。

その寄進の年は **1086 年**。**白河《しらかわ》上皇が「院政《いんせい》」を開始した年**です。

藤原実政は「領家」という職《しき》を引き受ける代わりに，当然，名義料，名前を貸したお礼を取ります。高方は寄付をしなきゃならない。それが「**年貢《ねんぐ》**四百石」です。1回限りではありませんよ，「年貢」――「年ごとの貢物《みつぎもの》」ですから，毎年，米400石《こく》を現地から送るわけです。すなわち，それまで自分が得ていた現地の農民などから徴収していた税のうちから「割《さ》き分《わか》ち」―― 一部分を年貢の分に割いたということです。

収入は減るわけですが，国司（受領）から要求される税に比べれば，まだ負担《ふたん》は軽かったんでしょう。もっとも，藤原実政は権威のある都の貴族です。この人物がアクドイ人物だったりすると，現地そのものを今度は取られてしまうかもしれない。

そこで，高方は「庄家領掌進退《しょうけりょうしょうしんたい》」――現地の支配権を認めてもらい，「**預所職《あずかっそしき》**」ということにしてもらいました。「預所」は「アズカッソ」と読むのですが，「アズカリドコロシキ」でもかまいません。荘園現地の管理者を一般的に**荘官《しょうかん》**と呼びますが，具体的には「預所《あずかりどころ》」「公文《くもん》」

「下司《げし》」あるいは「**地頭《じとう》**」など，さまざまな名称があります。ここでは「預所」。

そこで，一定の寄付を受けて国司の課税を防いでくれる実政が「**領《りょう》家《け》**」職。高方は実政に**年貢《ねんぐ》**を納入する義務を果たす代わりに，現地の支配権を認められて，「預所」職という「**職《しき》**」(土地からの収益権)につきます。この鹿子木《かのこぎ》という土地に「職」という権利が設定されたわけです。

このように，土地の上に**「職」という名目の権利が重なり合って存在するような土地支配**が「**荘園公領制**」と呼ばれる中世の土地・税制の基本となっていきます。ところで，

Q 国衙《こくが》，受領《ずりょう》が徴収しようとした税のことを当時何といったか？

：官物《かんもつ》・臨時雑役《りんじぞうやく》。

ハイ，よく覚えてた。それじゃ，続き。

35-(2)　荘園の寄進(2)／「東寺百合文書」

一，実政《さねまさ》の末流《まつりゅう》願西《がんさい》微力《びりょく》の間《あいだ》，**国衙《こくが》**の乱妨《らんぼう》を防《ふせ》がず，
藤原実政の子孫の願西は権威がなく，国衙からの徴税を抑えられなかった。

この故《ゆえ》に願西《がんさい》，**領家得分《りょうけとくぶん》**二百石《こく》を以《も》って，高陽院内親王《かやのいんのないしんのう》に
そこで，願西は領家としての収入のうち 200 石を高陽院内親王に寄進することにした。

寄進《きしん》す。件《くだん》の宮薨去《みやこうきょ》の後《のち》，御菩提《おんぼだい》の為《ため》に，勝功徳院《しょうくどくいん》を立《た》てら
内親王が死んだ後は，その冥福を祈るために建てられた勝功徳院の運営

れ，かの二百石《こく》を寄《よ》せらる。其《そ》の後《ご》，美福門院《びふくもんいん》の御計《おんはからい》として
のためにその 200 石分があてられたが，その後，美福門院の指示で(その 200 石分は)

御室《おむろ》に進付《しんぷ》せらる。これ則《すなわ》ち**本家《ほんけ》**の始《はじ》めなり。……
仁和寺に寄付されたのである。これが本家の成立した経緯である。

寄進地系荘園の構造

今度は，「領家《りょうけ》」職《しき》の相伝《そうでん》についての部分です。「実政《さねまさ》の末流《まつりゅう》願西《がんさい》」——実政から「願西」（藤原隆通《たかみち》）に400石の**年貢**の権利が譲《ゆず》られていったということですよ。

ところが，この願西は「微力《びりょく》」だった。ということは，国司を抑《おさ》えるだけの力，権威がなかったということ。

「えっ！ 実政が国司に圧力をかけてくれたから税はとられないんじゃないの？」と，疑問に思うでしょう。実政が国司の課税を抑えてくれたからといって，この鹿子木が，国家が正式に認めた無税の土地になったわけではないんです。

そこで「国衙《こくが》の乱妨《らんぼう》を防《ふせ》がず」——「国衙」は国司，**受領《ずりょう》**が執務《しつむ》する**今の県庁のようなもの**ですから，要するに，国司からの徴税を抑えることができない。それじゃあ何のために荘官である「預所」は400石の年貢を「領家」の願西に払っているのかわからないだろう。年貢が来なくなるに決まってる。願西は困った。

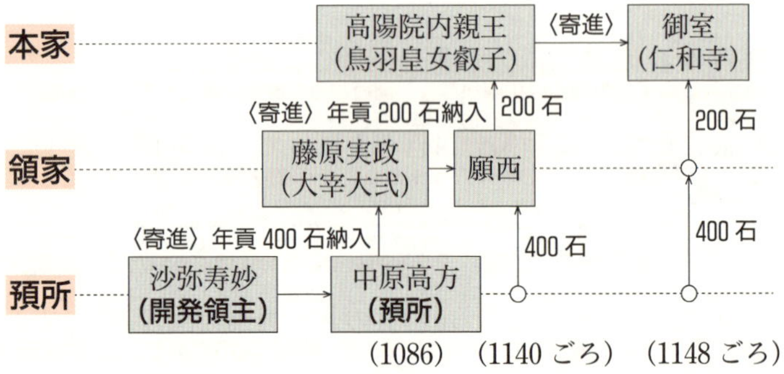

そこで願西は年貢400石の半分，200石をあきらめたんです。「領家《りょうけ》得分《とくぶん》二百石《こく》を以《も》って」——要するに半分の200石を「高陽院内親王《かやのいんのないしんのう》に寄進《きしん》」することにした。何らかのコネがあったんでしょう，皇室に寄付

した。

「**得分**《とくぶん》」というのは「**職**《しき》」**にともなう経済的な収益**のことです。**領**《りょう》**家**《け》職《しき》にともなう**年貢**400石の得分の半分を鳥羽《とば》天皇の娘に寄進した。高陽《かやの》院内親王《いんのないしんのう》ということは，事実上，天皇家です。これ以上の権威はありません。

高陽院内親王の母は，鳥羽法皇が寵愛《ちょうあい》した「美福門院《びふくもんいん》」。法皇の寵《ちょう》を得て，権勢を振るった女性です。

その天皇家の家長《かちょう》が院政の主である鳥羽院ということになります。このような**皇室の経済基盤となった荘園**を「**皇室御領**《こうしつごりょう》」といいます。国衙が徴税《ちょうぜい》できるわけがないよね。

さて，「件《くだん》の宮薨去《みやこうきょ》」——高陽院内親王が死んでしまった。そこで，「御菩提《おんぼだい》の為《ため》に，勝功徳院《しょうくどくいん》を立《た》てられ」——高陽院内親王の冥福《めいふく》を祈るために，勝功徳院が建てられた。そして，願西《がんさい》から寄進された200石は勝功徳院に寄付された。

さらにその後，この200石は美福門院の指示で「**御室**《おむろ》」に与えられた。「御室」は宇多《うだ》天皇に縁の深い**仁和寺**《にんなじ》のことです。結局，願西が寄進した200石は，めぐりめぐって仁和寺に行きつく。

高陽院内親王 → 勝功徳院 → 御室(仁和寺)

と，その納入対象は代わっていきますが，皇室，具体的には美福門院が支配していったわけです。「これ則《すなわ》ち本家《ほんけ》の始《はじ》めなり」——これが「**本**《ほん》**家**《け》」**職**《しき》が設定された経緯《けいい》だということ。

このような構造をもつ荘園が**寄進地系荘園**です。

現地の支配権を認められたのが「**荘官**《しょうかん》」。この場合は預所《あずかっそ》「**職**《しき》」です。他に下司《げし》職・公文《くもん》職・地頭《じとう》職など。彼ら荘官は現地の最高の経営者で，「**在地領主**《ざいちりょうしゅ》」と呼びます。その上に**領家**「職」，さらにその上に**本家**「職」が乗っかる。**1つの土地の上に「職」という名目で経済的な収益をともなう権利が，重なり合って存在する**という支配形態が形成されます。「職」

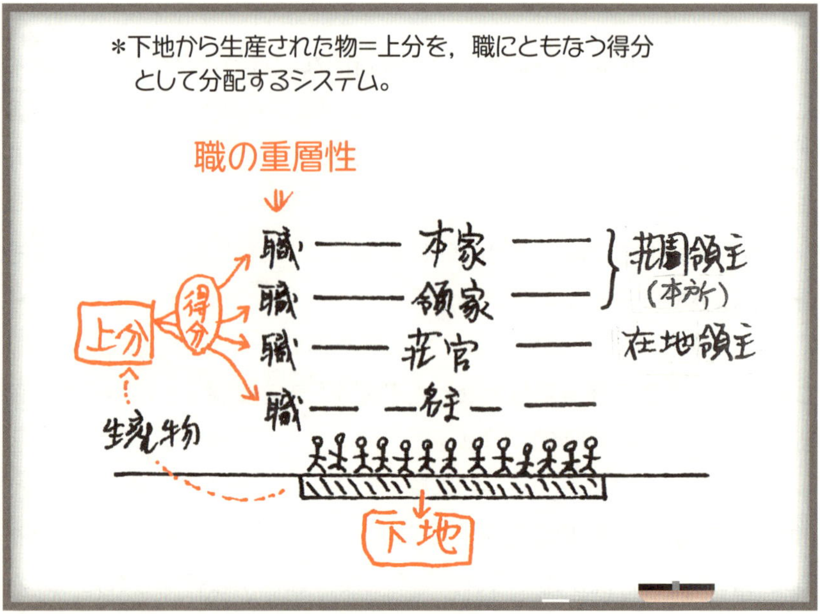

が重なり合った状態を「**職の重層性**」などと表現します。

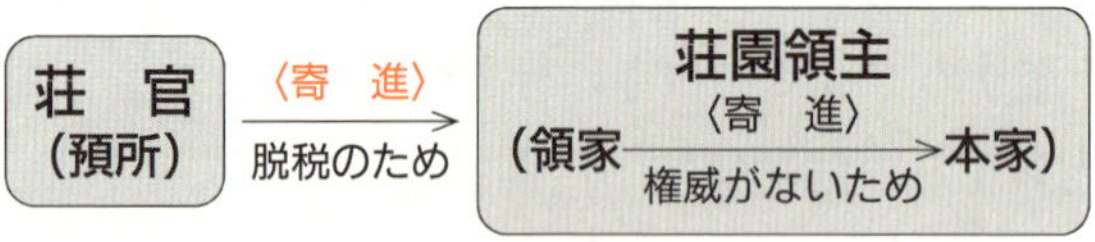

また，「領家」「本家」などを「**荘園領主**《しょうえんりょうしゅ》」と呼び，そのうち，実際に現地の荘官などを支配する，実質的なトップの役目を果たしているほうが「**本所**《ほんじょ》」と呼ばれます。

不輸・不入の権

さて，寄進によって「職」が設定されたからといって，これで完全というわけではありません。皇室などに寄進したものは潰《つぶ》されることはないでしょうが，そうじゃない場合，鹿子木荘《かのこぎしょう》のような場合，仮に願西《がんさい》にコネもなく，おろおろしているうちに国司に課税されてしまうことだってありえたでしょう。

現在わかるのは，コネがあるなりして，なんとか生き残った土地だからで，多くの土地はその後，**受領《ずりょう》**の徴税の対象となっていったでしょう。あるいは，荒廃《こうはい》して消滅した荘園も多いはずです。

国司の徴税を完全にシャットアウトするためには，無税の土地として中央政府に認めてもらえばいい。

Q　荘園が国家から認められた**租税免除の権利**を何と呼ぶか？

——**不《ふ》輸《ゆ》の権《けん》**

「不輸」の「輸」というのは「物を運ぶ」という意味ですが，この場合は租税を国衙《こくが》に「運ぶ」ということなので，それが「不」要。「運ばなくてもいい」ということで，「不輸」というのは**無税の特権**ということになります。鹿子木荘の場合は，本家が成立した鳥羽院政期に不輸の権を与えられたんでしょう。

不輸の権は，具体的には，太政官《だいじょうかん》・民部省《みんぶしょう》が，太政官符《だいじょうかんぷ》・民部《みんぶ》省符《しょうふ》という正式の文書を与えて確立します。そしてこれを得た荘園を**官省符荘《かんしょうふしょう》**と呼びます。

Q　官省符荘の「官」・「省」とは具体的に何を指すか？

——（官）**太政官**，（省）**民部省**

税だから「大蔵《おおくら》」省なんて間《ま》の抜《ぬ》けたことを言ったら，第8回の二官八省一台五衛府《えふ》に逆戻りだよ。**戸籍**・租税，民政は「民部省」。

さらに，官省符を得たからといって，それで終わりというわけにはいきません。開発が進んで耕地が広がっていくと，その**新しい田畑に対しては税がかかります**。

国衙から検田使《けんでんし》などと呼ばれる税務調査官がやってくる。このような国衙の干渉《かんしょう》を排除するためには，さらに別の権利を得ないといけない。

Q 国衙の検田使が**荘園に立ち入ることを拒否できる権利**を何と呼ぶか？
——**不入《ふにゅう》の権《けん》**

もちろん，一部の荘園がそこまでいったということです。すべての荘園が「不輸」あるいは「不輸・不入の権」を獲得したわけではありません。

また，その国の国司（**受領**）から同じような不輸の権利を認めてもらう場合もあります。もっとも，その国司が任期がきて交替《こうたい》してしまい，次の新しい国司は認めてくれないという場合も多いので，しっかりした権利ではありません。

Q 国司が与える免税の証明書によって**不輸の権を得た荘園**を何というか？
——**国免荘《こくめんのしょう》**

そのような行為を「国司免判《こくしめんぱん》」と呼びます。

似たものどうしの荘園と公領

さて，ここで注意しなければならないのは，当時の日本の耕地の大部分がこのような**不輸の権**を得たわけではないということ。

正確な統計など残っているわけはないので，推定ですが，ちゃんと税を納めている土地も多かった。ひょっとしたら大規模な土地，現地でも，特に有力な連中は，しっかり受領なんかと提携《ていけい》して，一定の税を払い，安定した経営をしていた可能性も高い。受領だって，現地の有力者を完全に敵にまわしてはやっていけないからね。

このように，ちゃんと税を「国衙」に納めている土地を**国衙領《こくがりょう》**と呼ぶ。あるいは，荘園を「**私領《しりょう》**」と呼ぶのに対応して，国衙領は「**公領《こうりょう》**」とも呼びます。

荘園・国衙領の構造

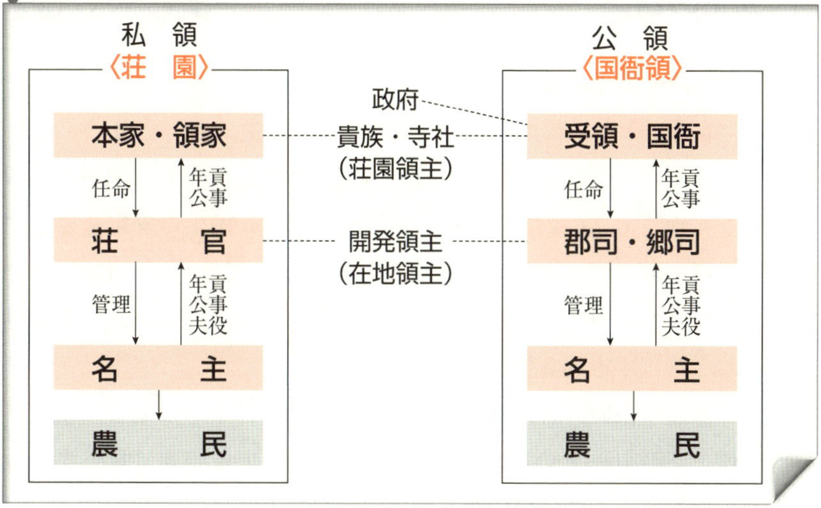

しかし，国衙領(公領)でも荘園(私領)でも，現地の一番の責任者として，国衙領(公領)なら郡司《ぐんじ》とか郷司《ごうじ》，荘園(私領)なら預所《あずかりどころ》・公文《くもん》・下司《げし》などの名称の**荘官**《しょうかん》がおり，その下は**名主**《みょうしゅ》などと呼ばれる現場の責任者がおり，その下に農民がいるという点では何の変わりもありません。

最終的に**税が国衙に行くか，特定の荘園領主に行くかが違うだけ**だということです。その意味で，荘園と公領の現場には大差《たいさ》はない。抽象《ちゅうしょう》的《てき》に言えば，「**荘園と公領は同質化していった**」ということです。

2 武士の台頭

講義ノートp.53参照

「自力」が一番！の時代

さて，**開発領主**《かいはつりょうしゅ》，郡司・郷司，あるいは**名主**《みょうしゅ》でも，自分のことは自分で守らなければならない。そういう時代がやってきた。国司は一国の治安なんかより徴税《ちょうぜい》に必死です。朝廷も国司に民生《みんせい》の安定を要求するより，税を請《う》け負《お》わせ，ちゃんと都に税を送ってくればそれでいい。そこで，だれもが自分のことは自分で守ろうとする。**「自力」だけが頼《たよ》り**という，これは**中世的な世界**に近づいてきます。

地方で海賊や山賊のような武力集団が暴れまくるような場合，朝廷は「**押領使**《おうりょうし》」「**追捕使**《ついぶし》」といった**令外官**《りょうげのかん》を任命して広域犯罪に対処するのですが，やがて，国ごとに設置されるようになります。具体的には，国司(**受領**《ずりょう》)が国内の武士から候補者を選んで中央政府に推薦し，任命された。要するに，地方の反乱を地方の武士を使って鎮圧《ちんあつ》したということです。押領使と追捕使は内容的には違いはありません。

地方行政

平安末期の地方行政制度については，第14回で一部やりましたが(p.284)，いろんな言葉が出てきたので，あらためてまとめておきましょう。国衙《こくが》を拠点《きょてん》に徴税《ちょうぜい》のために赴任《ふにん》してきたのが受領ですね。

まず，この受領の地位が**成功**《じょうごう》の対象となります。政府の指定する土木事業や儀式などの費用負担に応じて「守《かみ》」などの地位を得るのが成功です。種々の官職を献金で得る。国司の場合は，その利権を得ることが目的です。

また，任期が終わったところでもう1期，受領の地位を繰り返すことを**重任**《ちょうにん》といいます。そして，彼らの多くが，最初だけ現地に行くが，都に帰り，その後はほとんど現地には行かないようになります。

正式の国司がいない国衙のことを「**留守所**《るすどころ》」と呼びます。京にいる，**遙任**《ようにん》の受領は自分の部下などを現地に送ります。それが**目代**《もくだい》です。

それでは，国衙の徴税や治安維持といった実務はどうしたか？ ということになりますね。その実務を担ったのが**在庁官人**《ざいちょうかんじん》です。国衙に，「税所《さいしょ》」「田所《たどころ》」などなど，「〜所」という部署が置かれて在庁官人が執務《しつむ》したのです。国衙軍も構成されます。「押領使」あるいは「追捕使」も置かれます。もともと，強盗団の鎮圧などのために中央から派遣された押領使などの中・下級貴族で，現地に残り，「**兵**《つわもの》」となった武士も有力な在庁官人となることが多かったのです。

受領と地方行政

① 成功・重任が多くなる。
② 交替のときのみ任国に下向《げこう》，通常は遙任。
③ （受領は遙任）留守所に目代を派遣。
④ 留守所の実務は在庁官人が分担。

現地で土地支配を進める地方のボス，**受領**などを助けて地方行政の一部を任されている**在庁官人**などは，自分たちの生活や地域を守るためにも武装しています。組織化も進む。「**国衙軍制**《こくがぐんせい》」などと呼ばれる国衙を中心とする地方の軍事組織が整備されていく。受領が率いる「**館侍**《たちざむらい》」や，地方の武士を組織した「**国侍**《くにざむらい》」などが現れます。**家子**《いえのこ》と呼ばれたのは，有力武士に従う一族の者，**郎党**《ろうとう》というのは一般的な従者《じゅうしゃ》のことです。**小武士団が形成されていく**わけです。

特に，中央から下《くだ》ってきて，そのままもう都に帰らず大開発などを始めた「土着《どちゃく》」した国司の一族なども，かなり大きな武士団を形成していきました。

そして，これらの地方の武士団を中央の名門の武士が統括《とうかつ》していく。「**武家《ぶけ》の棟梁《とうりょう》**」などと呼ばれる武士です。

中央でも，権力者もボディーガード，親衛隊をもっていないと安心できない。天皇家だって，集めた荘園《しょうえん》からの利益，財産を自分で守らなきゃならない。

Q　宇多天皇のころ，9世紀末に御所《ごしょ》のガードマンとして組織された武士は何と呼ばれたか？　――**滝口《たきぐち》の武者**です。

単に「滝口」でもイイですよ。

摂関家などの高級貴族も，「**侍《さむらい》**」と呼ばれる武装した従者《じゅうしゃ》を組織して財産，生命を守る必要がある。摂関家に土地を寄進した**荘官《しょうかん》**が一種の奉仕《ほうし》として，都へ行って摂関家の門番やガードマンをやる。

摂関家にはそうした専門の武士が配備されていて，その代表が源満仲《みつなか》などの**清和源氏《せいわげんじ》**でした。では，**院《いん》**が権力《けんりょく》を握《にぎ》ってから，

Q　白河《しらかわ》上皇のとき，院を警護するために組織された専属の部隊は何と呼ばれたか？　――**北面《ほくめん》の武士**

院《いん》の御所《ごしょ》の北面に置かれたので，その名がつきました。

3 武士団の反乱

講義ノート p.53 参照

承平・天慶の乱

さて，地方で勢力を蓄《たくわ》えたこのような**武士団**の抗争《こうそう》が，大規模なものとなって放置できないレベルに達し，現地で解決できなくなると，中央貴族層から台頭《たいとう》した名門の武士がその鎮定《ちんてい》に向かうこととなります。時代を追ってこれをチェックしていきましょう。

Q 10 世紀前半，朱雀《すざく》天皇のときに起こった日本で最初の大規模な武士団の反乱とは？

――**承平《じょうへい》・天慶《てんぎょう》の乱**(**平将門《たいらのまさかど》の乱**・**藤原純友《ふじわらのすみとも》の乱**)

年号，関係する人名，そして場所を確認していきます。

▶平将門の乱(935 ～ 940 年)

935 年，**下総《しもうさ》**の**猿島《さしま》**を根拠地とする**平将門**が，内紛《ないふん》から伯父《おじ》の平国《くに》香《か》を殺害し，やがて常陸《ひたち》，下野《しもつけ》，上野《こうずけ》の国府《こくふ》を襲撃《しゅうげき》し，自ら新しい天皇だ，「**新皇《しんのう》**」と称して，公然と国家に対する反乱の様相《ようそう》を呈《てい》したのが，「**平将門の乱**」です。

キーワードは「新皇」です。難関大だと「**常陸→下野→上野**」という襲撃した国府(国衙)の順番を聞いたり，順番を変えて「誤文」として選ばせるものもあります。そして，鎮圧したのが国香の子の平貞盛《さだもり》と藤原秀郷《ひでさと》です。

平　貞盛
藤原秀郷
――鎮圧→ **平将門**

将門，国香，貞盛などは同族です。**桓武《かんむ》天皇**の子孫で，「**平**」姓を名乗り，東国に土着して土地を開発し，**武士団**を形成していった典型的な**桓《かん》武平氏《むへいし》**です。

藤原秀郷は下野国《しもつけのくに》の地方武士で，経歴はハッキリしませんが，多くの東国武士の祖《そ》となる武士です。平将門の乱のときには**下野押領使**に任命されています。その子孫は小山氏・結城《ゆうき》氏など代表的な東国武士となっていきます。後世，「俵藤太《たわらとうた》」と呼ばれ，伝説化される武士の代表でもあります。

▶藤原純友の乱(935～941年)

一方，西の方で起こったのが**藤原純友《すみとも》の乱**。純友は，藤原氏といっても中・下流の貴族出身で，伊予掾《いよのじょう》だったらしい。その後，瀬戸内海の海賊《かいぞく》を率《ひき》いて反乱を起こします。根拠地は「**伊予の日振島《ひぶりしま》**」とされています。豊後水道《ぶんごすいどう》にある小さな島です。

大宰府《だざいふ》を焼き払ったり，瀬戸内海沿岸から淀《よど》川まで荒らし回ったりした。このために，西国からの**年貢《ねんぐ》**，官物《かんもつ》，要するに荘園からの年貢や国《こく》衙領《がりょう》からの税が京都に入ってこなくなり，経済的にも中央政府は放置できない状態が続きます。最後には，**源経基《つねもと》**と**小野好古《おののよしふる》**によって鎮圧されます。

源　経基
小野好古
──鎮圧──▶ **藤原純友**

やがて，村上《むらかみ》天皇の「**天暦《てんりゃく》の治《ち》**」，そして「**安和《あんな》の変《へん》**」。

Q 「安和の変」で摂関家に協力した武士は？ ──**源満仲《みつなか》**

源平両氏の系図

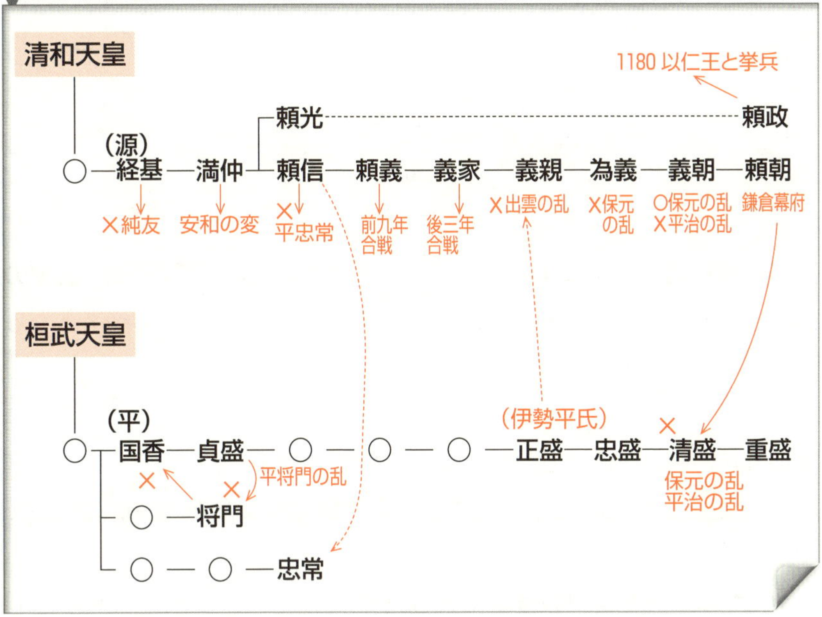

源満仲は経基の子ですよ。満仲は摂津《せっつ》国の多田荘《ただのしょう》の経営で富を築《きず》き，**摂関家**と結びついて台頭《たいとう》していきます。

そして，摂関最盛期，**藤原道長**の絶頂期に起こったのが **1019 年**，「**刀伊《とい》の入寇《にゅうこう》**」です。これは国内の**武士**の反乱ではありませんが，九州，**大宰府**周辺の武士が活躍《かつやく》したんでしたね。

▶平忠常の乱（1028 ～ 31 年）

道長が死んで，**藤原頼通《よりみち》**が政権のトップに立ってすぐに起こったのが「**平忠常《ただつね》の乱**」。関東地方でまた大反乱です。平忠常も**平将門《まさかど》**らと同族ですよ。もちろん系図に載《の》っていますから確認してください。「**前上総《さきのかずさの》介《すけ》**」です。

反乱の中心は安房《あわ》・上総《かずさ》・下総《しもうさ》——**房総《ぼうそう》**地方です。そして，これを鎮《ちん》定《てい》したのは満仲《みつなか》の子の**源頼信《よりのぶ》**です。朝廷の命を受けた源頼信に平忠常は鎮定されてしまいます。

源頼信 —鎮圧→ **平忠常**

この源頼信の活躍によって，経基《つねもと》・満仲の系統の**清和源氏《せいわげんじ》**が「**武家《ぶけ》の棟梁《とうりょう》**」として東国の武士たちに恐れられるようになり，その従者となるものが多くなっていくわけです。

▶前九年合戦(1051〜62年)・後三年合戦(1083〜87年)

11世紀後半に入った年に起こった東北地方の反乱が「**前九年《ぜんくねん》合戦**」です。

1051年，“11世紀の後半に入った年”ときたら，これがピーンときてほしい。翌年は「末法《まっぽう》第一年」，さらにその翌年には1053年，宇治《うじ》の平等院《びょうどういん》に鳳凰堂《ほうおうどう》が完成(p.296)。いいですね。**中央と地方を一緒に整理していく**ことですよ。バラバラに，中央の政治と**武士団**の反乱を分けないように。さて，次は文化史がらみの定番の問題。

Q 「前九年合戦」を描いた軍記(物)は？ ——『**陸奥話記《むつわき》**』

「前九年合戦」は陸奥《むつ》の豪族安倍頼時《あべのよりとき》の反乱で，これを鎮定したのは頼信の子，源頼義《よりよし》です。陸奥の安倍氏の反乱なので『陸奥話記』。1051〜62年。長い戦いです。

源頼義・義家
清原武則 —鎮圧→ **安倍頼時・貞任**(前九年合戦)

「源頼義，義家《よしいえ》**父子**」というのが定番のヒントになります。長男の義家も協力して戦った。源頼義を助けたのは**出羽**《でわ》の豪族**清原武則**《きよはらのたけのり》です。安倍氏のほうは頼時が死んで，その子，貞任《さだとう》が戦死します。こちらも父子が戦った。

その清原氏が乱後，陸奥・出羽で勢力を強め，やがて内紛を起こします。清原氏という東北地方最大の勢力，その内部分裂に義家が介入《かいにゅう》，これを滅《ほろ》ぼしたのが「**後三年**《ごさんねん》**合戦**」です。この義家と協力して清原氏をやっつけたのが，藤原（清原）清衡《きよひら》です。

源　義家
藤原清衡
―平定→ **清原氏（後三年合戦）**

「奥州藤原氏《おうしゅうふじわらし》」と言って，以後，基衡《もとひら》，秀衡《ひでひら》と，いわゆる**奥州藤原三代**が築いていったのが**中尊寺金色堂**《ちゅうそんじこんじきどう》で有名な「**平泉**《ひらいずみ》**文化**」です。

【奥州藤原氏（藤原三代）の繁栄】　清衡・基衡・秀衡

四代目の泰衡《やすひら》は**源頼朝**に攻められて1189年に滅亡しますので，泰衡も加え，計4人の名前，**キ**ヨヒラ・**モ**トヒラ・**ヒ**デヒラ・**ヤ**スヒラの頭の文字をつなげて，

キ・モ・ヒ・ヤ(ス) …清衡《キ》・基衡《モ》・秀衡《ヒ》・泰衡《ヤス》

「肝(を)を冷やす」（びっくりする）と覚える。

こうして，現地の有力者の対立を利用しつつ東北まで遠征して，義家は父祖《ふそ》以来の源氏の「**武家の棟梁**」としての地位を固めていったわけです。

武士の時代の到来

ハイ，この段階までの源氏の系図を確認して練習。空欄の①〜⑤は？

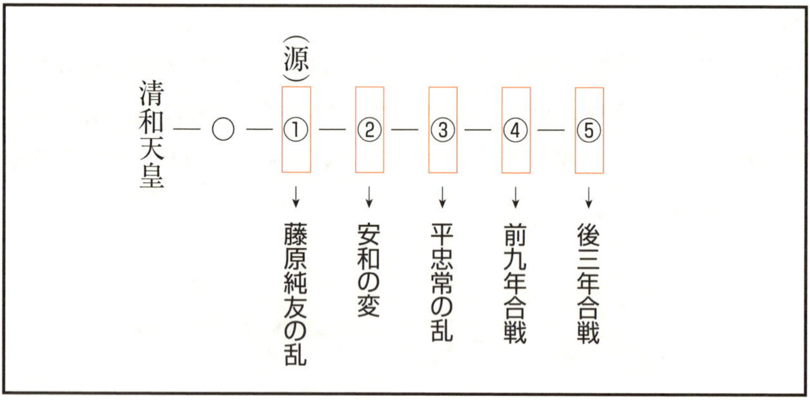

〈答〉①（源）経基　②満仲　③頼信　④頼義　⑤義家

経基，満仲，頼信，頼義，義家
「つねもと，みつなか，よりのぶ，よりよし，よしいえ」

私は甘いものが好きなんで，「ケーキ」を食べてから「饅頭《まんじゅう》」も食べられます。そこで，「ケイ（経）キ（基）を食ってマンチュウ（満仲）も食う」と出だしを覚えました。実際に，ケーキと饅頭を食べながら「ケーキ」，「饅頭」とつぶやくのが一番効果的。ただし，逆に食べないこと。

それでは，今回はここまで。

第17回 古代(17)

平安時代の文化

平安時代の文化は，大きく分けると９世紀の「**弘仁《こうにん》・貞観《じょうがん》文化**」と10世紀以降の「**国風《こくふう》文化**」となります。ただし，「弘仁・貞観文化から国風文化に代わった」というのではなく，弘仁・貞観文化を前提に，日本的な要素が加わっていったのが国風文化だと考えましょう。

もちろん，国風文化の時期に登場するさまざまな要素がありますから，両者の違いにも気をつけなければなりません。

まず，キーワード，キーフレーズを確認しておきます。さまざまな文化財を学習していくときの前提となるキーワード，キーフレーズです。「**唐文化を消化吸収**」ときたら，弘仁・貞観文化。「**日本の風土や嗜《し》好《こう》が加わった**」「**日本的**」ときたら，国風文化。そして各分野について，目を通しておいてください。

平安時代の文化

弘仁・貞観文化	国風文化
唐文化の消化吸収　(907 唐滅亡)	日本的(固有の風土・嗜好)
密教・神秘的	浄土教・阿弥陀仏の救済
一木造	寄木造
曼荼羅	来迎図
勅撰漢詩集	勅撰和歌集
「文章経国」	平がな・片かな ➡ 物語・随筆
三筆	三跡(蹟)

1 弘仁・貞観文化

講義ノート p.55 参照

弘仁・貞観文化のキーワード

今回は，古代の締めくくり。平安の文化です。

キーワードは，「**唐文化を消化吸収**」。こうきたら，**弘仁・貞観文化**ですよ。嵯峨《さが》天皇のときの元号「弘仁」，清和《せいわ》天皇の「貞観」の時期で，ほぼ9世紀の文化。**平安京**の成立とともに起こった文化ということです。

▶密　教

新しい**仏教**，**天台宗《てんだいしゅう》**・**真言宗《しんごんしゅう》**が起こり，**密教《みっきょう》**が盛《さか》んになってくる。そこで美術は**密教美術**ということになりますから，そのキーワードは「**神秘的**」。

「密教」というのは，奈良時代の「顕教《けんきょう》」に対する言葉です。奈良時代の仏教の基本は，教理研究を通して悟《さと》りを開こうとする仏教。これに対し，秘密の呪法《じゅほう》の伝授，要するに普通の人には理解できない呪文《じゅもん》や儀式《ぎしき》を習得した人にだけ可能な仏教，秘密のベールに包まれた仏教が密教です。

> **弘仁・貞観文化（桓武～嵯峨朝中心）**
>
> 唐文化を消化，吸収
>
> 密教 ➡ 神 秘 的 ➡ 加持祈禱

天台宗・真言宗

804年，**遣唐使《けんとうし》**で中国に行った**最澄《さいちょう》**によって**天台宗《てんだいしゅう》**が，**空海《くうかい》**によって**真言宗《しんごんしゅう》**が成立します。

ここは最澄と空海の区別が焦点《しょうてん》となります。最澄と空海の共通点をまず確認し，それから違いをチェックしてください。

両者とも奈良の大寺院とは縁《えん》を切って，山岳《さんがく》に修行の場を求め，新しい仏教を確立していきます。比叡山《ひえいざん》の**延暦寺《えんりゃくじ》**，高野山《こうやさん》の**金剛峰寺《こんごうぶじ》**。これは知ってるね。

２人とも804年の**遣唐使**で入唐《にっとう》。ただし，**桓武天皇**の期待の僧侶，**最澄**は長期滞在は許されず，翌年には帰ってきます。しかし最澄がもたらした仏教哲学(天台教学《てんだいきょうがく》)はその後の仏教研究の中心となり，やがて，比叡山延暦寺は**平安京**を護《まも》る「王城鎮護《おうじょうちんご》」の寺院とされます。

また，最澄は東大寺の戒壇《かいだん》などとは別に，独自の戒壇の設立を目指します。いわゆる天下の三戒壇とは別に，**大乗《だいじょう》戒壇**の設立を願い出るのですが，当然ながら東大寺・興福寺などの南都(奈良)の寺院は反発します。

最澄からすれば，自分の弟子《でし》を奈良の戒壇で受戒《じゅかい》させるわけにはいかない。そこで，『山家学生式《さんげがくしょうしき》』で天台宗独自の修行と受戒の必要性を説明し，これに対する南都の批判に対して『顕戒論《けんかいろん》』で反論します。そして，ようやく大乗戒壇設立の勅許《ちょっきょ》が嵯峨《さが》天皇から与えられたのは，その死の直後になってしまいます。

一方，若い**空海**はしっかり**密教**を学んで806年に帰ってきます。嵯峨天皇から京中の東寺《とうじ》を与えられ，いち早く，朝廷に密教を持ち込みます。**東密**と呼ばれる真言宗の密教です。

最澄のもたらした天台宗が密教を取り入れるのは，**円仁《えんにん》**・**円珍《えんちん》**のときです。円仁は838年の遣唐使，最後に行った遣唐使でしたね(p.216)。

Q 円仁が唐での体験などをまとめた著作は？

——『**入唐求法巡礼行記《にっとうぐほうじゅんれいこうき》**』

円珍は**藤原良房《よしふさ》**などの支援を受け，851年に唐の商人の船に乗って入唐，帰りも唐商人の船で帰ってきます。この両者によって確立した天台宗系の密教を「**台密《たいみつ》**」と呼びますが，台密はやがて円仁の弟子の系統と円珍の弟子の系統に分かれ，円珍の系統は園城《おんじょう》寺《じ》に拠点を移します。円仁の系統を**山門派**《さんもんは》，円珍の系統を**寺門派**《じもんは》と呼び，両方とも僧兵《そうへい》を擁《よう》して対立するようになります。

密　教

真言宗・空海　➡　東密（嵯峨天皇から平安京の東寺を与えられる）
　高野山金剛峰寺
天台宗・最澄　円仁・円珍　➡　台密　円仁系 → 山門派（延暦寺）
　比叡山延暦寺　　　　　　　　　　　円珍系 → 寺門派（園城寺）

さて，密教では，**加持祈禱**《かじきとう》と言われる，呪文を唱《とな》えて仏の加護《かご》を求める行法《ぎょうほう》が流行します。経典の研究や法会《ほうえ》によって国家の平和を願う奈良仏教に対し，密教はその神秘的な力を加持祈禱によって表すことで国家を護ろうとしたのです。もっとも，やがて，貴族などは，自分自身の利益のために加持祈禱を求めるようになります。

▶空海の著作・作品

最澄の大乗戒壇設立運動に関する『山家学生式』と『顕戒論』をしっかり覚えてしまうこと。そして，それから空海です。

仏教，**儒教**《じゅきょう》，道教《どうきょう》からなぜ仏教を選んだかという理由を書いた本『三教指帰《さんごうしいき》』，あるいは『十住心論《じゅうじゅうしんろん》』のような理論書が中心ですが，漢詩文の評論，一種の文学書『文鏡秘府論《ぶんきょうひふろん》』，詩文集『性霊集《しょうりょうしゅう》』。そして書道の名人，**三筆**《さんぴつ》の１人で，作品としての『**風信帖**《ふうしんじょう》』もしっかり覚えてください。

最澄 vs 空海

	天台宗	真言宗
開祖	**最澄**(**伝教大師**《でんぎょうだいし》):767 ~ 822	**空海**(**弘法大師**《こうぼうだいし》):774 ~ 835
経歴	※ 近江《おうみ》出身 804 年入唐《にっとう》→ 805 年…帰朝 806 年…桓武没 822 年…大乗戒壇《だいじょうかいだん》勅許《ちょっきょ》(嵯峨)	※ 讃岐《さぬき》出身 804 年入唐→ 806 年…帰朝 816 年…高野山《こうやさん》開創 823 年…東寺《とうじ》を賜《たまわ》る(嵯峨)
著書	『**山家学生式**《さんげがくしょうしき》』…天台宗独自の大乗戒壇の設立と修行を主張。 『**顕戒論**《けんかいろん》』…上の書物に対する南都の批判に反論。	『**三教指帰**《さんごうしいき》』…儒《じゅ》教・仏教・道《どう》教を戯曲風《ぎきょくふう》に対比。 『**(秘密曼荼羅《まんだら》)十住心論**《じゅうじゅうしんろん》』…真言密教,大日如来《だいにちにょらい》について説《と》く。 『**文鏡秘府論**《ぶんきょうひふろん》』…空海編集の漢詩文の評論。 『**性霊集**《しょうりょうしゅう》』…空海の詩文を集めたもの。 『**風信帖**《ふうしんじょう》』…最澄に送った書状。 ※空海は三筆《さんぴつ》の1人。
寺院	比叡山延暦寺《ひえいざんえんりゃくじ》	高野山金剛峰寺《こんごうぶじ》・東寺(教王護国寺《きょうおうごこくじ》)
経典	法華経《ほっけきょう》	大日経《だいにちきょう》
密教	台《たい》 密《みつ》(円仁・円珍)	東 密

▶神仏習合

山岳《さんがく》に仏教が入っていきますと，日本固有の山岳信仰《しんこう》との間で，いわゆる「**神仏習合《しんぶつしゅうごう》**」が進みます。

奈良時代の神宮寺《じんぐうじ》や神前読経《しんぜんどきょう》は覚えてますね。平安中期になると，仏教の立場から，「神は仏が形を変えてこの世に現れたものだ」とする「**本地垂迹説《ほんじすいじゃくせつ》**」が出てきます。大日如来《だいにちにょらい》は，日本では天照大神《あまてらすおおみかみ》という神の姿で現れたといった考え方です。仏は「**本地仏《ほんじぶつ》**」で，仮の姿をとって天照大神という名で日本に現れた「**垂迹神《すいじゃくしん》**」だというのです。仮の姿で現れることを「権現《ごんげん》」と言います。「権」は「仮の」という意味です。

また，彫刻では，僧侶の姿をした神像が現れます。さらに，仏教か神道か区別がつかないような**修験道《しゅげんどう》**という信仰も生まれてきます(p.338)。

学問・教育・文学

続いて学問・教育・文学。学問では**明経道《みょうぎょうどう》**に加えて，歴史や漢文学を学ぶ**紀伝道《きでんどう》**が重視されるようになります。後には文章道《もんじょうどう》とも呼ばれるようになる。

貴族は，出世するためには，漢文学，文章ができないといけない。文章力こそが国を支《ささ》えるんだという「**文章経国《もんじょうけいこく》**」の思想です。そこで，

Q 有力な貴族たちが一族の子弟《してい》の勉学の便宜《べんぎ》のために大学のそばに建てた寄宿舎《きしゅくしゃ》を何というか？ ——**大学別曹《べっそう》**

その中で最大のものが藤原氏の**勧学院《かんがくいん》**です。代表的な氏《うじ》ごとの大学別曹の名称も必須の暗記モノ。

橘《たちばな》氏の学館院《がくかんいん》は嵯峨天皇の皇后，「檀林《だんりん》皇后」と呼ばれた橘嘉智子《たちばなのかちこ》が創立したものです。橘嘉智子は橘奈良麻呂の孫にあたる。仁明《にんみょう》天皇の母ですし，娘は淳和《じゅんな》天皇の皇后になっています。

式部省・大学寮

↕

大学別曹
- **勧学院**…藤原氏
- **弘文院《こうぶんいん》**…和気《わけ》氏
- **学館院**…橘《たちばな》氏(橘嘉智子)
- **奨学院《しょうがくいん》**…在原《ありわら》氏

さあそこで，そのような貴族中心の大学別曹に対して，

Q 空海《くうかい》が平安京の中につくった，だれでも入れる民間の教育機関は？
――**綜芸種智院《しゅげいしゅちいん》**です。

残念ながら，これは空海の没後，衰《おとろ》えてしまいます。

勅撰漢詩集の編纂

文学でいちばん注目すべきは，国家の正式の事業としての勅撰《ちょくせん》漢詩集――『凌雲集《りょううんしゅう》』・『文華秀麗集《ぶんかしゅうれいしゅう》』・『経国集《けいこくしゅう》』の編纂《へんさん》です。

漢詩集

現存最古：751 懐風藻

		814		818		827
勅撰漢詩集：		**凌雲集**	➡	**文華秀麗集**	➡	**経国集**
	〈天皇〉	嵯峨天皇		嵯峨天皇		淳和天皇
	〈撰者〉	小野岑守		藤原冬嗣		良岑(峰)安世 (833 令義解)

私家集：　性霊集(空海)　菅家文草(菅原道真)

現存最古の漢詩集といえば『懐風藻《かいふうそう》』ですが，これは勅撰ではありませんよ。時期も**天平《てんぴょう》文化**，**奈良時代**。また，平安文化ですが，空海の『性霊集《しょうりょうしゅう》』，**菅原道真《すがわらのみちざね》**の『菅家文草《かんけぶんそう》』は私撰《しせん》。勅撰ではありませんよ。

そして，勅撰漢詩集は，ともかく順番が大事。はい，3回繰り返して，順番がしっかり出てくるように。

「りょううんしゅう・ぶんかしゅうれいしゅう・
けいこくしゅう」

あまり勧《すす》められるものではありませんが，とりあえず，アタマの音から関連づけて……。

「理系文系」→ り系　ぶん・けい

↓　↓　↓

凌　文　経

× 淩

そして，『凌雲集』の「凌」。「冫」（ニスイ）ですよ。

『凌雲集』の撰者の小野岑守《おののみねもり》は大宰大弐《だざいだいに》のときに**公営田《くえいでん》**（p.277）の建議を行い，これを実施した人物ですよ。良岑安世《よしみねのやすよ》は**桓武天皇**の皇子で，「良岑」は賜姓《しせい》です。父親は違いますが，母親が藤原冬嗣と同じです。

注意するのは，嵯峨が淳和に譲位した後だから，『経国集』は淳和天皇の勅撰となることです。

他に文学では，説話《せつわ》文学の源流《げんりゅう》となった薬師寺《やくしじ》の僧，景戒《きょうかい》の『**日本《にほん》霊異記《りょういき》**』などが現れてきます。説話集は院政期から鎌倉文化でいっぱい出てきますので，平安初期の『日本霊異記』はズーッと古いことに注意しなければならない。

さて，次は**密教美術**，建築・彫刻など。

建　築

▶**室生寺金堂・五重塔(密教建築)**　山に仏教が入っていく山岳《さんがく》仏教ですから，山の中腹《ちゅうふく》に建《た》てられた室生寺《むろうじ》，これが弘仁《こうにん》・貞観《じょうがん》期を代表する建築物で，**室生寺金堂《こんどう》・五重塔《ごじゅうのとう》**を覚えておけば，ほとんど入試はOKです。

山腹《さんぷく》の傾斜地《けいしゃち》のちょっとした空間を使って建てられますので，この金堂および五重塔は平野部や盆地の平地に建てられたものに比べると，非常に「**小ぶり**」です。小規模《しょうきぼ》です。

室生寺金堂
山の斜面を利用しているため，張り出した部分が舞台のようになっているので，一度見たら忘れない。

法隆寺《ほうりゅうじ》の五重塔は「**重厚《じゅうこう》，どっしり**」，薬師寺《やくしじ》の東塔《とうとう》は「**構成《こうせい》の美《び》**」でした。で，「**小型の，小規模**ながら」とくると，もう室生寺の五重塔ということになる。

彫　刻

次は密教関係の仏像ですが，密教彫刻の特徴をひとことで言うと，「**一木造《いちぼくづくり》**」という制作技法です。

はい，思い出しましょう。金銅《こんどう》像，木像が古い形ですが，やがて**天《てん》平《びょう》文化**で**乾漆《かんしつ》像**，**塑《そ》像**，そして，弘仁《こうにん》・貞観《じょうがん》期になると一木造。一木造というのは，主要な部分を１本の木からほぼ完全に彫《ほ》り出してしまう技法です。

ついでに，次の**国風文化**で**寄木造《よせぎづくり》**が登場します。

		（天平）		（弘仁・貞観）		（国風）
金銅像 木　像	➡	乾漆像 塑　像	➡	一木造	➡	寄木造

この一木造の仏像は有名なものがたくさんあり，受験生の悩みのタネです。神護寺薬師如来像《じんごじやくしにょらいぞう》，室生寺《むろうじ》の金堂《こんどう》釈迦如来像・弥勒堂《みろくどう》釈迦如来像，河内《かわち》の観心寺如意輪観音像《かんしんじにょいりんかんのんぞう》，元興寺薬師如来像《がんごうじやくしにょらいぞう》，法華寺《ほっけじ》十一面観音像《じゅういちめんかんのんぞう》などです。

これはおのおのお寺の名前で区別がつけば，だいたいいけます。室生寺なら両方とも弘仁・貞観文化の密教仏。「**河内の〜**」と言ったら，もう**観心寺《かんしんじ》**です。あるいは元興寺《がんごうじ》の場合は「もともと法興寺《ほうこうじ》が平城京に移って元興寺」というようなキーワードでいけます。

また，法華寺《ほっけじ》はもともとは**平城京**遷都《せんと》のころに，**藤原不比等《ふひと》**の邸宅《ていたく》があったあたりですから，お寺の名前で何とかなるでしょう。法華寺は総《そう》国分尼寺《こくぶんにじ》としても出てきますよ。しかし，十一面観音は弘仁・貞観期。

もう１つ。間違えやすいのは**薬師寺**の**僧形八幡神像《そうぎょうはちまんしんぞう》**・神功皇后像《じんぐうこうごうぞう》。例によって「薬師寺だからって**白鳳《はくほう》**じゃないよ」というやつです。僧形，すなわちお坊《ぼう》さんの姿をした八幡神，神様の像ですからまさに**神仏習《しんぶつしゅう》合《ごう》**，神と仏が一体化した結果，現れてきた彫刻作品ということになります。

絵　画

▶**曼荼羅 / 不動明王像**　続いて絵画ですが，これも**密教《みっきょう》**絵画ということになります。

Q 仏の世界を特有の構図で表現し，悟《さと》りや仏の教えを示した密教の絵は何と呼ばれるか？ ——**曼荼羅《まんだら》**

くれぐれも曼茶羅と書かないように。天寿国曼荼羅のところでも言いましたよ(p.137)。

○ 曼荼羅　× 茶

曼荼羅は，入試に出るのは**神護寺《じんごじ》両界《りょうかい》曼荼羅**と**教王護国寺《きょうおうごこくじ》(東寺《とうじ》)両界曼荼羅**です。「両界」というのは「金剛《こんごう》界」と「胎《たい》蔵《ぞう》界」で，大日如来《だいにちにょらい》の智恵《ちえ》と慈悲《じひ》をそれぞれ表現したものだそうです。

それから密教で重んぜられた不動明王《ふどうみょうおう》の絵画としては，俗に，園城《おんじょう》寺《じ》の黄不動《きふどう》と呼ばれる不動明王像なんかがあります。園城寺は三井寺《みいでら》とも呼ばれる寺ですが，「寺門派《じもんは》」の拠点《きょてん》ですよ。

画家としては百済河成《くだらのかわなり》という人物が活躍したとされています。

書　道

唐《とう》文化を消化吸収したということは，イコール唐の書道の名人と同じような書道の名人が現れます。これが「**三筆《さんぴつ》**」。

Q 「三筆」と言われた名人とは？ ——**嵯峨《さが》天皇**・**空海《くうかい》**・**橘逸勢《たちばなのはやなり》**

空海は，もちろん先ほどから何度も言っていますし，橘逸勢はもう100パーセント，**遣唐使《けんとうし》**や**承和《じょうわ》の変《へん》**とのからみで出てきます。

唐風のいわゆる楷書《かいしょ》，きっちりした字ですよ。三筆と次にやる**国風文化**の「**三跡《さんせき》(蹟)**」と混乱しないこと。空海については，その書道の作品の『**風信帖《ふうしんじょう》**』，この1つを覚えておけば，ほぼいけます。

史　書

続いて，歴史学の分野。**六国史《りっこくし》**の2番目，『**続日本紀《しょくにほんぎ》**』は最もレベルの

高い良質の正史として有名です。また，

Q 菅原道真が六国史の内容を部門別に分類し，編纂《へんさん》した史書は？

――『類聚国史《るいじゅうこくし》』

六国史

① 『日本書紀《にほんしょき》』 ② 『続日本紀《しょくにほんぎ》』 ③ 『日本後紀《にほんこうき》』
④ 『続日本後紀《しょくにほんこうき》』 ⑤ 『日本文徳《もんとく》天皇実録《じつろく》』 ⑥ 『日本三代実録』

道真はちょうど弘仁《こうにん》・貞観《じょうがん》文化から国風《こくふう》文化へ移る10世紀初頭，901年に大宰府《だざいふ》に左遷《させん》されるので，時期的にはちょっとややこしいですが，橘逸勢《たちばなのはやなり》とともに外交史・政治史がらみで頻出の人物ですから，絶対に失点してはいけないところです。

Q 『日本三代実録』の「三代」とはだれを指すか？

：……？

ハイ，⑤は文徳天皇ですね。ということは，それに続く３代だから，……？

：清和(天皇)，陽成，光孝。

そのとおり。そして，これが最後で，宇多天皇以降の正史は途絶《とだ》えてしまったままということです。

2 国風文化

講義ノート p.59 参照

国風文化の特徴

では，いよいよ古代文化も最後，**国風文化**です。

摂関《せっかん》政治が本格化し，11 世紀に入ると**藤原道長《みちなが》**・**頼通《よりみち》**の絶頂期を迎《むか》え，**浄土教《じょうどきょう》**の思想が発達してきます。特徴は簡単。

国風文化(10 世紀以降，摂関政治)

日本的な文化…平がな・片かな・和歌・物語・随筆
寝殿造

浄土教の発達…阿弥陀堂建築・阿弥陀仏

もちろん貴族の仏教の中心は**密教《みっきょう》**です。**現世利益《げんぜりやく》**，この世での現実の利益を願う。国家の安定など，**鎮護国家《ちんごこっか》**の思想を背景に「現世利益」を求める密教。それがだんだん，個人の要求にこたえる現世利益，「娘が安産で男の子を産《う》みますように」とか，「出世できますように」とか，「おいしいポストが回ってくるように」といった，今で言うと合格祈願みたいな現実的な利益が中心になってくる。

現世利益を求める密教に対して，やがて「この世はもうだめだ。この世は汚《きたな》らしい。穢土《えど》だ。清《きよ》らかなハスの花の咲く平和な浄土に行きたい」という来世に対するあこがれが人々をひきつけるようになる。浄土へのあこがれが強くなってきます。

また，**唐**文化の消化，吸収が進む段階を経《へ》て，今度は日本的な，日本らしい要素が加わってくる。いわゆる「国風化」。日本人の趣味《しゅみ》，嗜好《しこう》，あるいは風土，季節に合ったように，文化のあり方が変えられていったんだということです。

平安仏教

そこで，いちばん大事なのは，浄土教《じょうどきょう》の思想とか浄土教美術というふうに，やっぱり仏教がキーポイントになりますので，飛鳥文化《あすか》からの仏教と文化のポイントをここで確認しておきましょう。

古代仏教の変遷

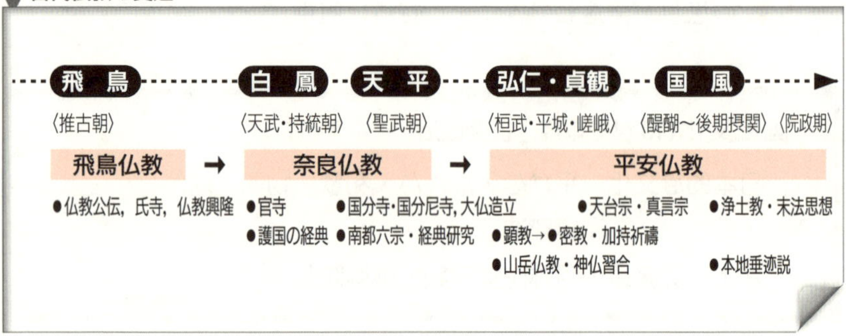

浄土教と末法思想

10世紀以降の浄土教の隆盛《りゅうせい》の背景には政変あるいは天災などの社会不安に加えて，「末法思想《まっぽうしそう》」が関わってきます。

末法思想とは正法《しょうぼう》から像法《ぞうほう》という世を経て，やがて仏法が衰《おとろ》えて末法の世になるという仏教の思想です。お釈迦様《しゃかさま》が死んでから，だんだん世の中は段階を追って悪くなっていくという下降《かこう》史観，簡単に言えば「昔はよかったね」という思想，歴史観の１つでして，日本では永承７年，**1052年**から末法の世に入ると言われた。

実際に武士団が台頭《たいとう》して戦乱が起こる。そのような中で，今，自分が生きている現世ではなく，死後，来世ではせめて清らかな，平和な浄土にいきたいというあこがれが高まる。

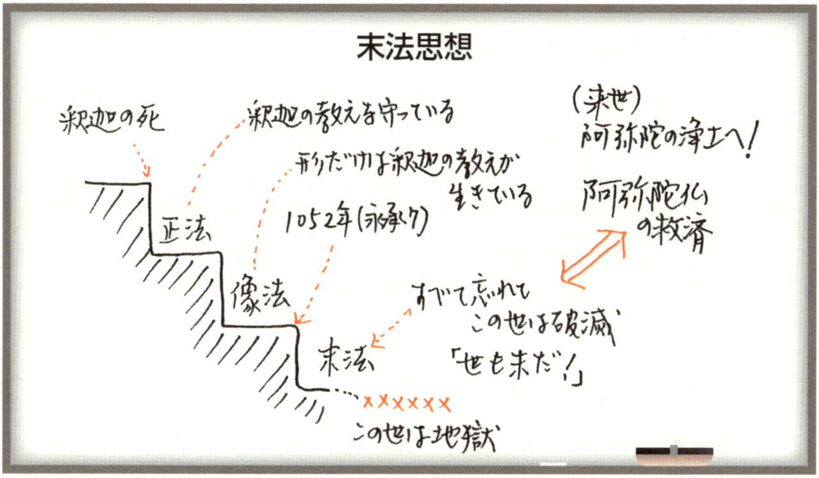

Q 浄土教《じょうどきょう》の教えを説き，「市聖《いちのひじり》」と呼ばれた僧は？

——**空也**《くうや》《こうや》(上人《しょうにん》)です。

空也が都で**浄土教**を説《と》いたのは，末法《まっぽう》に入るかなり前，つまり10世紀の前半から半《なか》ばにかけてでした。

源信『往生要集』

浄土教を理論化したのは**源信**《げんしん》で，恵心僧都《えしんそうず》あるいは横川《よかわ》僧都とも呼ばれた，比叡山《ひえいざん》で学んだお坊さんです。源信が書いた『往生要集《おうじょうようしゅう》』という本は，10世紀後半，985年ぐらいに成立したと言われていますが，特に貴族層がこの思想に深く心を奪われていきました。

はい，史料，『往生要集』の序文《じょぶん》です(次ページ)。出だしのところだけは超丸暗記！——「夫《そ》れ**往生極楽**《おうじょうごくらく》の教行《きょうぎょう》は，濁世末代《じょくせまつだい》の目足《もくそく》なり」。あとはサラーッと1回，意訳《いやく》を読んどきゃOKです。

史料　36　浄土教の流行 / 『往生要集』序文

夫《そ》れ**往生極楽**《おうじょうごくらく》の教行《きょうぎょう》は，濁世末代《じょくせまつだい》の目足《もくそく》なり。……是《こ》の故《ゆえ》
往生極楽を願うための信仰こそ，この汚れた末法の救いである。　そこで阿弥
に念仏《ねんぶつ》の一門《もん》に依《よ》りて，聊《いささ》か経論《きょうろん》の要文《ようもん》を集《あつ》む。
陀仏を念ずることで救われるという方法を明らかにするために必要な経典を選んでみた。
之《これ》を抜《ひら》きて之《これ》を修《しゅう》すれば，覚《さと》り易《やす》く，行《おこな》ひ易《やす》からむ。
これを参考にすれば，容易に，簡単な方法で極楽往生が可能となるであろう。

『往生要集《おうじょうようしゅう》』は10世紀後半ですよ。

そうすると，阿弥陀様《あみださま》を信じて現世で教えを守った人が来世で極楽往《ごくらくおう》生《じょう》したというような，予備校で言う合格体験記のような本が出てきます。こういうのを「**往生伝**《おうじょうでん》」と言います。「A君は～大学にこうやって合格した」と同じです。「Bさんはこうして死後，極楽浄土に行った」というわけです。

最初のいわゆる往生伝とされるのは慶滋保胤《よししげのやすたね》の『**日本往生極楽記**《にほんおうじょうごくらくき》』。それと，三善為康《みよしのためやす》の『拾遺《しゅうい》往生伝』など。

慶滋保胤は**源信**とも交流のあった貴族で，随筆『池亭記《ずいひつちていき》』でも有名です。10世紀末には**平安京**，特に右京が荒《あ》れ果《は》ててしまったことがリアルに書かれているところが入試で問われるところでもあります。保胤は浄土教に熱心で，早く出家しています。

天台宗の分裂と世俗化

一方，**天台宗**のほうは例の『入唐求法巡礼行記《にっとうぐほうじゅんれいこうき》』で有名な**円仁**《えんにん》の系統《けいとう》の山門派《さんもんは》・**延暦寺**《えんりゃくじ》のグループと，山を下りた**円珍**《えんちん》の系統《けいとう》の寺門派《じもんは》・園《おん》城寺《じょうじ》(三井寺《みいてら》)を拠点《きょてん》としたグループが争ったりしますが，彼らはやがて院政期にかけて**僧兵**《そうへい》を擁《よう》し，世俗《せぞく》権力としても力を持つようになります。

- 東密
- 台密
  - **円仁**…山門派・延暦寺
  - **円珍**…寺門派・園城寺(三井寺)

延暦寺，あるいは**摂関家**《せっかんけ》・藤原氏の氏寺《うじでら》，興福寺《こうふくじ》なども多くの荘園《しょうえん》を保有し，神人《じにん》・僧兵などの武力を蓄《たくわ》えるようになってくる。そのような世俗化《せぞくか》が進んでいくのが，仏教のもう１つの流れです。

経　塚

貴族たちの信仰も盛んです。法華経《ほけきょう》などの経典《きょうてん》を金銅《こんどう》製の筒《つつ》に入れて，地中に埋納《まいのう》すること(**経塚**《きょうづか》)が盛んになります。お茶の缶《かん》のような容器に経典を入れたもので「経筒《きょうづつ》」と呼びますが，その最古の例が，1007 年に**藤原道長**が金峰山《きんぷせん》に埋納したものです。金峰山は，先ほど出てきた修験道の中心，吉野山に続く山です。

『**御堂関白記**《みどうかんぱくき》』にも，道長自身が山に登り経筒を埋めたことが記されているのですが，その現物が江戸時代に発見されています。「大日本国左大臣藤原朝臣道長」という銘文《めいぶん》のあるもので，教科書などに写真で紹介されています。道長と言えば「御堂」，法成寺《ほうじょうじ》ですが，こちらも忘れないようにしましょう。

御霊信仰

もう１点。さまざまな政変で不遇《ふぐう》の死を遂《と》げた人の**怨霊**《おんりょう》がこの世にたたりをなすという信仰があります。そこで，この世に災《わざわ》いをなす人々のウラミをなんとか慰《なぐさ》めようという**御霊信仰**《ごりょうしんこう》も盛《さか》んになります。いわゆる「たたりじゃ！」というやつですね。ここは第 14 回(p.271)でくわしくやりましたので，必ず，もう一度，確認しておいてください。

奝然・成尋の渡宋

あと，仏教関係では10世紀末の奝然《ちょうねん》や11世紀半ばの成尋《じょうじん》など，商人の船などを利用して宋に渡り，新しい文物をもたらしたことも注意しておきましょう。正式な国交のない中で，中国の仏教の聖地を訪れることはめったに許されなかった当時としては珍しい例です。

奝然は983年に渡宋《とそう》を許可されて皇帝に拝謁《はいえつ》し，経典を与えられただけでなく，大きな仏像，釈迦如来像《しゃかにょらいぞう》を造らせて，これを日本に持って帰ってきます。経典は**摂関家**に献上《けんじょう》されますが，釈迦如来像は，その没後，嵯峨にこれを安置《あんち》する清涼寺《せいりょうじ》が建立《こんりゅう》され，貴族などの厚い信仰を集めました。

修験道

仏教と固有の信仰がいっしょになって，現在でも「山伏《やまぶし》」と呼ばれる人々によって行われている**修験道**《しゅげんどう》も盛《さか》んになってきます。

熊野《くまの》・吉野《よしの》・白山《はくさん》・出羽三山《でわさんざん》などの霊山《れいざん》で，厳しい修行《しゅぎょう》により呪術《じゅじゅつ》力《りょく》を獲得し，独自の儀礼によって治病《ちびょう》や各種の祈禱《きとう》に従事した修験道は，現在でも盛んです。

修験道で呪術的な超能力を身につけた山伏は，長い髪の毛で笈《おい》を背負い，杖《つえ》をもって諸国を廻《めぐ》り，庶民の依頼に応えて祈禱を行うのです。現在でも山伏のさまざまな修行の様子がニュースなどでよく取り上げられますし，世界文化遺産の吉野，熊野も有名でしょう。平安中期以降，修《しゅ》験者《げんじゃ》・山伏の活動が活発化します。

文　学

国風化のトピックスとして一番にあげられるのは，**平《ひら》がな・片《かた》かな**の使用が一般化したことです。漢文，漢字ばかりではなくて，表音《ひょうおん》文字，音《おん》を表す平がなが盛んに使われるようになった。そして，それが豊かな文学を生み出していきます。

漢詩文は貴族の教養として相変わらず大事ですが，プラス和歌が重んぜられるようになる。勅撰漢詩集に代わって勅撰和歌集が編纂《へんさん》されるようになります。これが皆さん知っている**905年**の『**古今和歌集《こきんわかしゅう》**』に始まる勅撰和歌集ですね。そして，ちょうどその300年後の**1205年**にできたのが『**新古今和歌集**』。これは**鎌倉時代**ですよね。

平がなによって人間の細《こま》やかな感情が表現できるようになる。要するに本格的な小説や随筆《ずいひつ》が日本に登場します。**物語**文学が生まれる。いわゆる王朝文学の登場です。

重要な作品がいつごろ成立したか。具体的に，〜年とわかるものなどありませんから，大まかな時期，順番を見ておいてください。

	9世紀	10世紀	11世紀
日記文学：		土佐日記　蜻蛉日記	更級日記
物　語：	竹取物語	伊勢物語	**源氏物語**
随　筆：			**枕草子**

作品の説明は古文の先生などに任《まか》せて，ここでは日本史の試験でのキーフレーズを覚えていきましょう。

▶日記文学　まず，日記文学は文字通り日記の形をとった文学作品ですが，「その最初」とくれば，**紀貫之《きのつらゆき》『土佐《とさ》日記』**です。土佐守《とさのかみ》の任期が終わり，京に帰る旅の日記です。当時，「**平がな**」は女性が使うものだったので，男性である紀貫之が旅をする女性の日記ということにして，女性に仮託《かたく》して書いたもの。

『蜻蛉《かげろう》日記』は藤原道綱母《ふじわらのみちつなのはは》の作。『更級《さらしな》日記』は菅原孝標女《すがわらのたかすえのむすめ》の作。実際には作者を暗記していればOKですが，ちょっとやっかいなところがあります。この2人は叔母《おば》と姪《めい》の関係にあるんです。道綱母の姪にあたるのが菅原孝標女なんです。ここはこれ以上突っ込むのはやめておきましょう。

姪にあたる菅原孝標女の『更級日記』のほうは，物語が大好きな少女の自伝のような作品です。

▶物　語　次は物語。仮名の散文で書かれたお話です。**『竹取《たけとり》物語』**と**『伊勢《いせ》物語』**をしっかり区別します。

竹取物語…最古の物語　伝奇物語　「物語の出来はじめの祖」
伊勢物語…歌物語　和歌を核とする物語　在原業平に擬《ぎ》せられる男の一代記

竹取物語は「かぐや姫」のお話です。非現実的な，伝奇《でんき》物語ですが，源《げん》氏《じ》物語の中で「物語」の始まりとされている作品です。やがて，物語は写実性を高め，**『源氏物語』**が現れて物語文学は完成，というか頂点に達するわけです。

一方，和歌を核とする物語を「歌物語」と呼びます。『伊勢物語』は，後世，日本史の美男子の代名詞となる在原業平《ありわらのなりひら》を想定して書かれた，和歌を核とする物語です。内容は，もちろん恋愛ものです。

さて，そこで次に紫式部《むらさきしきぶ》，清少納言《せいしょうなごん》。物語文学や随筆のチャンピオン。これはみんな知ってるよね(p.291)。念のため，もう一度，藤原氏との関係を見ておいてください。

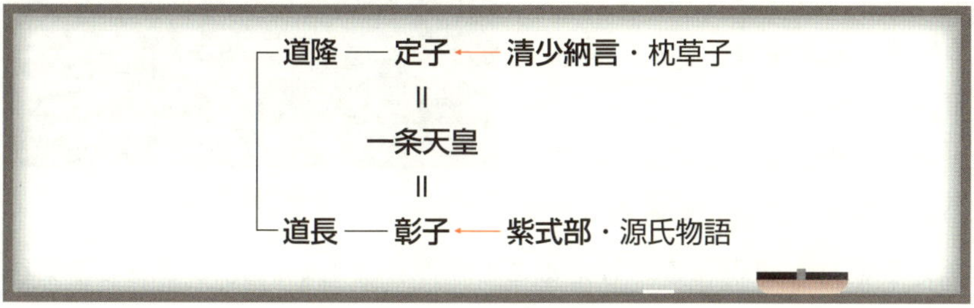

このあたりになると日本史の教師は大変悩みが深い。「これは文学史でやってくれ」と言いたくなる。しかし難関私大は結構《けっこう》この王朝文学が好きなので，日本史でもやらなきゃいけません。

あと，藤原公任《きんとう》の『和漢朗詠集《わかんろうえいしゅう》』。これは日本と中国の代表的な歌謡の名作を集めた，今で言うとカラオケのヒット曲集，演歌もあればポップスもシャンソンもあるみたいなやつです。

ほかに辞書の類《たぐい》として源順《みなもとのしたごう》の『倭名類聚抄《わみょうるいじゅしょう》』，さらに**藤原明衡《あきひら》**が名文を集めた漢詩文集『**本朝文粋《ほんちょうもんずい》**』。「三善清行《みよしのきよゆき》意見封事《いけんふうじ》十二箇条《かじょう》」や慶滋保胤《よししげのやすたね》の『池亭記《ちていき》』も，この『本朝文粋』に収められています。藤原明衡には，他にも当時の風俗を描いた『**新猿楽記《しんさるがくき》**』もあり，難関大の好きな学者です。

建　築

建築は**寝殿造《しんでんづくり》**と呼ばれる貴族の住宅の建築様式，そして，阿弥陀堂建築の代表，宇治《うじ》の**平等院鳳凰堂《びょうどういんほうおうどう》**。

寝殿造は瓦《かわら》の屋根ではなく，檜皮葺《ひわだぶき》，柱なども色をつけない白木造《しらきづくり》の開放的な建物です。貴族は，そこで畳《たたみ》や円座《えんざ》を置いて座ります。注意するのは床全体に畳を敷《し》いたわけではないというところです。畳を敷きつめるのは室町時代です。

平等院鳳凰堂

浄土《じょうど》思想が盛んになると，この世に浄土を再現しちゃおうと考える金持ちが現れる。考えることが厚かましい。死んでから極楽往《ごくらくおう》生《じょう》するのはわかっているが，それを確信するために，生きてるうちに目で見たいからつくっちゃえと。

それが**藤原頼通《よりみち》**，「宇治の関白《かんぱく》」のつくった平等院鳳凰堂です。これは十円玉でもおなじみのやつですよね。宇治の関白頼通の絶頂期。でも，**前九年合戦**が始まっている。

このあたりの年号と事項を確認しておきましょう。

- **1051** 年…前《ぜん》九年合戦始まる(『陸奥話記』)
- **1052** 年…末法《まっぽう》第１年(永承７年)
- **1053** 年…宇治《うじ》平等院鳳凰堂《びょうどういんほうおうどう》，完成

建築はほとんどこれだけです。念のためにもう１つ，**日野の法界寺阿《ほうかいじあ》弥陀堂《みだどう》**。これもときおり出題されます。

彫　刻

それから彫刻はもうほぼ一発。

Q 仏師**定朝《じょうちょう》**が完成した仏教彫刻の技術は？　――**寄木造《よせぎづくり》**

Q 定朝の代表作は？ ——**平等院鳳凰堂阿弥陀如来《にょらい》像**

日本人が見ていちばん，「あー，仏だな」という感じのする仏像がこれだということになります。

絵画・書道・工芸

次に絵画，書道，そして工芸品。

絵画はまさに国風化。巨勢金岡《こせのかなおか》などに代表される**大和絵《やまとえ》**が確立。

また，浄土の主《あるじ》である阿弥陀様が救いに来てくださる，お迎《むか》えに来てくれるさまを描いた**来迎図《らいごうず》**が現れます。はい，もう一度。**密教**は**曼荼羅《まんだら》**ですが，**浄土教**美術では来迎図。

高野《こうや》山《さん》聖衆《しょうじゅ》来迎図《らいごうず》は阿弥陀様が救いの手を差し伸べに来てくださる図です。

書道は楷書《かいしょ》のいわゆる「**三筆《さんぴつ》**」に代わって**和様《わよう》**の書道，すなわち草書《そうしょ》，やわらかい，優美な文字が重んぜられるようになって，「**三跡《さんせき》(蹟)**」が現れてきます。

Q 「三跡」と呼ばれた名人とは？
——**小野道風《みちかぜ》《とうふう》**・**藤原佐理《すけまさ》《さり》**・**藤原行成《ゆきなり》《こうぜい》**

Q 藤原佐理の遺《のこ》した代表的な書状は？ ——『**離洛帖《りらくじょう》**』

これは絶対外せません。ほかに小野道風の作品として『屏風土代《びょうぶどだい》』，藤原行成の『白氏詩巻《はくししかん》』。

- **密　教**…曼荼羅
- **浄土教**…来迎図

- **三筆**…嵯峨《さが》天皇・空海・橘逸勢《たちばなのはやなり》
  - 『風信帖』
- **三跡**…小野道風・藤原佐理・藤原行成
  - 『屏風土代』『離洛帖』『白氏詩巻』

さて，美術の最後，**蒔絵《まきえ》**・**螺鈿《らでん》**です。

寝殿造《しんでんづくり》などの建築にともなって高度な技法が発達し，見事な調度品《ちょうどひん》が現れます。その代表的な技法が蒔絵と螺鈿です。区別をしっかりつけておきましょう。

蒔絵は漆《うるし》で文様《もんよう》を描き，乾く前に金や銀の粉などを蒔《ま》き付けたもの。螺鈿というのは，貝殻の内側の真珠のような光沢《こうたく》のある部分を切り取り，それを漆器《しっき》の表面に嵌《は》め込んだものです。貝は，奄美大島《あまみおおしま》などの南島で採取される，肉の厚いものが使われました。

漆が共通の素材ですが，それをさらに装飾する素材が違うのです。

インターネットで検索すれば教科書などに掲載されている「片輪車《かたわぐるま》螺《ら》鈿《でん》蒔絵《まきえ》手箱《てばこ》」の写真がいっぱい出てきます。表面が蒔絵の技法と螺鈿の技法で装飾されています。

第②巻で触れますが，このような美術工芸品は日宋貿易の主要な輸出品となったことも，この際，覚えておきましょう。

貴族の生活（衣食住）

よし，あと一歩。教科書だと１ページ分。貴族の生活。まず男子の**衣《い》冠《かん》**・**束帯《そくたい》**といった正装《せいそう》，それから女子の正装は**女房装束《にょうぼうしょうぞく》**，いわゆる十二単《じゅうにひとえ》というやつですね。略装《りゃくそう》は**小袿《こうちき》**と**袴《はかま》**。庶民《しょみん》のほうの**水干《すいかん》**・**直《ひた》垂《たれ》**，これらは必ず次ページのイラストを見て覚えておいてください。

当時の食事はまだ朝夕２回です。それも簡素な食生活だったようです。また，**仏教**の基本的な思想である生命の尊重，生物を殺すことを避けようという考えから，「獣肉《じゅうにく》」は食べないようにしていました。日本人が１日に３回，三食，食べるようになるのは，**織田信長《おだのぶなが》**とか**豊臣秀吉《とよとみひでよし》**のころ，近世からです。

住環境はもちろん上級貴族は**寝殿造《しんでんづくり》**ですよ。寝殿造の「対屋《たいのや》」とか「釣《つり》殿《どの》」とかいったような教科書にのっている復元図に書いてある言葉も覚

束　帯

女房装束

水　干

えておく。いいですね。

はい，あとは儀式《ぎしき》が重んぜられた時代ですから，今で言ったら成人式にあたる男の子の**元服《げんぷく》**，女子の場合の**裳着《もぎ》**なども覚えておきましょう。

彼らは**年中行事《ねんじゅうぎょうじ》**を大事にするだけでなく，今で言えば迷信《めいしん》ということになるんでしょうが，占《うらな》いも好きだった。特定のものを避《さ》けたり遠ざけたりする**物忌《ものいみ》**。それから特定の方角に進むことを嫌《きら》う**方違《かたたがえ》**。そこで**陰陽道《おんみょうどう》**が重んぜられるなど，さまざまな信仰《しんこう》と儀式に縛《しば》られた生活を平安貴族たちは送ったのだということになります。

お疲れさまでした。ここで一休み。……といきたいところですが，あまり休んでいると，これまでの努力が無駄になってしまいます。年表・CDでザーッと復習し，講義ノートで基本的な用語を確認しましょう。

そして，なるべく間を空けないで，第②巻，中世にとりかかってください。

（第②巻につづく）

索　引

【あ】

【い】

【か】

【け】

【こ】

【さ】

【し】

【す】

【ち】

【な】

【に】

【ぬ】

【ね】

【の】

【は】

【ひ】

【ふ】

【や】

【ゆ】

【よ】

【ら】

【り】

石川 晶康　*Akiyasu ISHIKAWA*

河合塾講師

人に頼まれると否と言えない親分気質で，現役高校生クラスから東大・早慶大クラスまで担当する，河合塾日本史科の中心的存在。学生に超人気の秘密は，歴史を捉えるいろいろな視点からのアプローチで，生徒の頭に上手に汗をかかせる手腕に隠されているようだ。

河合塾サテライト講座などの映像事業のパイオニアでもある著者は，日本はもちろん，アジア各地まで足を伸ばし，「歴史の現場に立つ」ことを重視する。その成果は，本書にも歴史の現場の史料として活かされている。

本人も自認する「毒舌」と，疲れたときのヨコ道は，教室を笑いの渦に巻き込む。まさに硬軟，甘辛のピカ一講師だ。

*　*　*

主な著書：『トークで攻略する日本史Ｂノート①・②』（語学春秋社），『マーク式基礎問題集・日本史Ｂ(正誤問題)』『誤字で泣かない日本史』『ウソで固めた日本史』（河合出版），『結論！日本史１・2』『結論！日本史史料』（学研），『日本史Ｂ標準問題精講』『みんなのセンター教科書日本史Ｂ』『一問一答日本史Ｂターゲット 4000』（旺文社），〈共著〉『教科書よりやさしい日本史』（旺文社），『早慶大・日本史』『“考える”日本史論述』（河合出版），『日本史の考え方』（講談社現代新書）ほか。

〈写真提供〉（学）河合塾メディア教育事業本部，国立科学博物館，
奈良文化財研究所

BI08DA/B-DI/Si

実況中継シリーズ

英語

大矢復

図解英語構文講義の実況中継

定価：本体1,200円+税

高校生になったとたんに英文が読めなくなった人におすすめ。英文の仕組みをヴィジュアルに解説するので，文構造がスッキリわかって，一番大事な部分がハッキリつかめるようになります。

センター試験 石井雅勇

CD2枚付

リスニング講義の実況中継<改訂第2版>

定価：本体1,600円+税

センター試験を分析し，その特徴と対策を凝縮した1冊。予想問題で本番と同じ雰囲気も味わえます。日本人とネイティヴの音の違いをまとめた「速効耳トレ!」パートも分かりやすいと評判です。「新傾向問題」対策も収録。

国語

出口汪

現代文講義の実況中継①～③ <改訂版>

定価：本体(各) 1,200円+税

従来，「センス・感覚」で解くものとされた現代文に，「論理的読解法」という一貫した解き方を提示し，革命を起こした現代文参考書のパイオニア。だれもが高得点を取ることが可能になった手法を一挙公開。

センター試験 出口汪

現代文[センター国語]講義の実況中継<改訂第4版>

定価：本体1,400円+税

本書によって，論理的な読解法を身につければ，センターで満点を取ることが可能です。あまり現代文に時間を割くことができない理系の受験生には，ぜひ活用して欲しい一冊です。

望月光

古典文法講義の実況中継①/②<改訂第3版>

定価：本体(各) 1,300円+税

初心者にもわかりやすい文法の参考書がここにある!文法は何をどう覚え，覚えたことがどう役に立ち，何が必要で何がいらないかを明らかにした本書で，受験文法をスイスイ攻略しよう!

実況中継シリーズ

公民

センター試験 川本和彦
政治・経済講義の実況中継

定価：本体1,500円+税

政治や経済の根本的なメカニズムを「そもそも」のレベルからとことんわかりやすく解説！ 過去問から厳選した超頻出の〈誤り選択肢〉を随所に挿入し，出題者の“ワナ”に引っかからないための対策をバッチリ提供します。

理科

浜島清利
物理講義の実況中継[物理基礎+物理]

定価：本体 2,100円+税

力学・熱・波動・電磁気・原子の5ジャンルをまとめて収録。物理で大切な「着眼力」を身につけ，精選された良問で応用力まで爆発的に飛躍します。1問ごとにパワーアップを実感できる1冊です。

小川仁志
化学[理論・無機・有機]講義の実況中継[化学基礎+化学]

定価：本体 2,300円+税

理論・無機・有機の3ジャンルを1冊にまとめた完全版。高校化学の学習はもちろん，難関大学の入試対策を考慮した『より実戦的な参考書』となっています。受験生の苦手な論述問題対策もカバーした充実の内容です。

センター試験 安藤雅彦
地学基礎講義の実況中継 <改訂第2版>

定価：本体1,700円+税

教科書に完全準拠し，地学基礎の全範囲を講義した，決定版参考書。覚えるべき重要事項から，考察問題・計算問題の解法まで，わかりやすく示してあります。センターで高得点をとりたい人，独学者にオススメ！

実況中継シリーズは順次刊行予定！ 詳しくはホームページで！

http://goshun.com 語学春秋 検索

2018年6月現在

聞けば「わかる!」「おぼえる!」「力になる!」

スーパー指導でスピード学習!!

実況中継CD-ROMブックス

※CD-ROMのご利用にはMP3データを再生できるパソコン環境が必要です。

科目別シリーズ

山口俊治のトークで攻略 英文法 フル解説エクササイズ ●定価(本体2,700円+税)

練習問題(大学入試過去問)&CD-ROM(音声収録 1200分)

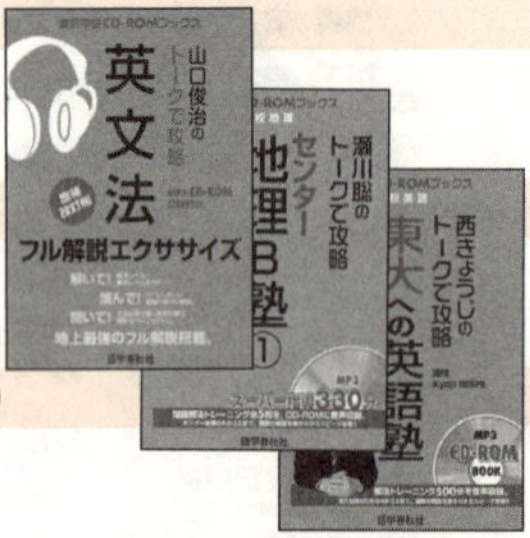

出口汪のトークで攻略 現代文 Vol. 1・Vol. 2

練習問題(大学入試過去問)&CD-ROM(音声収録 各500分)

望月光のトークで攻略 古典文法 Vol. 1・Vol. 2

練習問題(基本問題+入試実戦問題)&CD-ROM(音声収録 各600分)

青木裕司のトークで攻略 世界史B Vol. 1・Vol. 2

空欄補充型サブノート&CD-ROM(音声収録 各720分) 以上, ●定価/各冊(本体1,500円+税)

トークで攻略する 日本史Bノート ①・②

空欄補充型サブノート&CD-ROM(音声収録 各800分)
石川晶康 著 ●定価/各冊(本体1,700円+税)

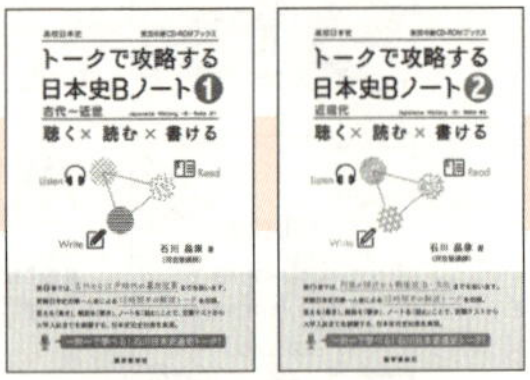

センター攻略

瀬川聡のトークで攻略 センター地理B塾 ①〈系統地理編〉②〈地誌編〉

練習問題(センター試験過去問)&CD-ROM(音声収録330分) ●定価/各冊(本体1,300円+税)

大学別英語塾

西きょうじのトークで攻略 東大への英語塾

練習問題(東大入試過去問)&CD-ROM(音声収録550分) ●定価(本体1,800円+税)

竹岡広信のトークで攻略 京大への英語塾 改訂第2版

練習問題(京大入試過去問)&CD-ROM(音声収録600分) ●定価(本体1,800円+税)

二本柳啓文のトークで攻略 早大への英語塾

練習問題(早大入試過去問)&CD-ROM(音声収録600分) ●定価(本体1,600円+税)

西川彰一のトークで攻略 慶大への英語塾

練習問題(慶大入試過去問)&CD-ROM(音声収録630分) ●定価(本体1,800円+税)

実況中継CD-ROMブックスは順次刊行いたします。 2018年6月現在

既刊各冊の音声を聞くことができます。 http://goshun.com 語学春秋 検索

石川晶康

日本史B

講義ノート①

日本史年表トーク付き

GOGAKU SHUNJUSHA

<とりはずしてお使いください>

石川晶康

日本史B

講義ノート①

日本史年表トーク付き

語 学 春 秋 社

目次

日本史年表トーク

天皇	時代	年	政治・社会・経済
	旧石器時代	650万年前	猿　人
			原　人
			旧　人
			新　人 → 港川人・山下町洞人・浜北人
	縄文時代	1万年前	草創期
			早　期
			前　期
			中　期
			後　期
			晩　期
	弥生時代	BC4世紀	前　期
		AD1世紀	中　期
			小国の分立　史料1『漢書』地理志
			後　期
		57	奴国王の遣使　史料2『後漢書』東夷伝
		107	帥升らの遣使　史料2『後漢書』東夷伝
	古墳時代	239	卑弥呼の遣使　史料3「魏志」倭人伝
		266	倭女王(台与？)西晋に朝貢
			(出現期)
			(前　期)
		369?	百済王,七支刀を倭国王に贈る　**ヤマト政権の成立**
		391	倭,朝鮮半島に出兵
			史料4「高句麗好太王碑文」
			(中　期)
讃 珍		404	倭軍,もとの帯方郡に侵入(高句麗好太王碑)

文化・史料・ゴロ覚えなど	中国	朝鮮

CD 1

《更新世》＝氷河時代

打製石器

細石器　（1946，群馬県 岩宿遺跡）

《完新世》＝温暖化，日本列島の形成

土器

磨製石器　骨角器　竪穴住居

（1877，東京都 大森貝塚）

三内丸山遺跡

菜畑遺跡　板付遺跡　亀ヶ岡遺跡

水稲農耕　弥生土器

青銅器・鉄器

貝塚文化　続縄文文化

CD 2

“夫れ楽浪海中に倭人有り，分れて百余国と為る”

ゴ《5》かんじょにナ《7》こくの遣使

“建武中元二年，倭の奴国，奉貢朝賀す”

“倭国王帥升等，生口百六十人を献じ…”

卑弥呼にフ《2》ミ《3》ク《9》る　**“倭人は帯方の東南大海の中に在り”**

古墳文化

箸墓古墳

CD 3

サ《3》ク《9》イ《1》はなかった好太王碑文　**“倭，辛卯の年を以て，来りて…”**

大仙陵古墳　誉田御廟山古墳

中国：BC221 秦 ／ BC206 前漢 ／ AD25 後漢 ／ 220 三国 ／ 265 西晋 ／ 316 五胡十六国・東晋 ／ 420 宋 ／ 439 北魏

朝鮮：高句麗・三韓 ／ 高句麗・新羅・百済

天皇	時代	年	政治・社会・経済
済(允恭)			
興(安康)			
		471	史料7 稲荷山古墳出土鉄剣銘
武(雄略)		478	武の上表　史料5『宋書』倭国伝
			(後　期)
継体		507	大伴金村ら継体天皇擁立
		512	大伴金村, 任那4県を百済に割譲
		513	
	古墳時代	522	
		527	筑紫国造磐井の乱
(安閑・宣化)			
		538	仏教公伝「戊午説」　史料8『上宮聖徳法王帝説』
欽明		540	大連大伴金村失脚
		552	仏教公伝「壬申説」　史料9『日本書紀』
		562	新羅, 加羅(任那)を滅ぼす
用明		587	蘇我馬子, 物部守屋を滅ぼす
		589	**隋の中国統一**
崇峻		592	蘇我馬子, 東漢直駒に崇峻天皇を殺させる　推古即位
		593	厩戸皇子(聖徳太子)摂政となる
		594	
		600	隋に使者を派遣　史料11『隋書』倭国伝
		603	冠位十二階
		604	憲法十七条　史料10『日本書紀』
推古		607	遣隋使・小野妹子　史料11『隋書』倭国伝
	飛鳥時代	608	妹子, 隋使裴世清とともに帰国　史料12『日本書紀』
			遣隋使／高向玄理・僧旻・南淵請安ら留学
		614	遣隋使／犬上御田鍬
		618	**唐**(～907)
		622	厩戸王(聖徳太子)没　(626馬子没)
舒明		630	第1次遣唐使／犬上御田鍬
皇極		643	蘇我入鹿, 山背大兄王を襲う

文 化・史 料・ゴロ覚えなど	中国	朝鮮

シナイ《471》じゃないよ，鉄剣だよ　**“辛亥の年…獲加多支鹵大王…”**

“興死して弟武立ち，自ら使持節都督倭…”

群集墳

CD 4

百済から五経博士

司馬達等来朝(仏教私伝)

石人はイツ《5》ニ《2》ナ《7》っても石のまま

ゴミハゴゴニ《538552》捨てること　“志癸嶋天皇の御世の戊午の年…”

ゴミハゴゴニ《538552》捨てること　“(欽明天皇十三年)冬十月”

馬子は天皇殺したゴ《5》ク《9》悪人《2》

仏教興隆の詔

“開皇二十年，…多利思比孤…使を遣して闕に詣る”

ムレヨ《604》る民に 17 条　“篤く三宝を敬へ”

煬帝怒ったブレーナ《607》国書　“日出づる処の天子…”

“唐客裴世清罷り帰る。則ち復た小野妹子臣を…”

(終末期古墳)

飛鳥文化

CD 5

ムサレ《630》る夜にげろハクヨ《894》

中国: 479 斉 — 502 梁 — 535 東魏／西魏 — 557 陳 — 581 — 589 — 隋 — 618 唐

朝鮮: 高句麗　新羅　百済

天皇	時代	年	政治・社会・経済
孝徳	飛鳥時代	645	乙巳の変／中大兄・中臣鎌足ら入鹿を殺す
			難波長柄豊碕宮に遷都
		646	改新の詔　史料13『日本書紀』
		647	渟足柵
		648	磐舟柵
斉明		655	斉明（皇極重祚）即位
		658	阿倍比羅夫の東北遠征（～660）
		660	**百済の滅亡**
			百済の将鬼室福信，救援と人質の王子余豊璋の返還要請
（天智）		661	斉明，百済救援に進発　筑紫朝倉宮で没
			→中大兄皇子（天智）称制
		663	**白村江の戦い**
		667	近江大津宮遷都
天智		668	天智即位　近江令制定　**高句麗の滅亡**
		669	中臣鎌足に大織冠と藤原の姓を与える　→鎌足没
		670	庚午年籍
		671	近江令施行　天智天皇没
（弘文）		672	**壬申の乱**（大海人皇子，大友皇子を破る）
天武		673	大海人皇子，飛鳥浄御原宮で即位（天武天皇）
		675	部曲を全廃
		676	**新羅の半島統一**
		684	八色の姓
（持統）		686	天武没→皇后称制（690 即位）
		689	飛鳥浄御原令施行
持統		690	庚寅年籍
		694	**藤原京**遷都
文武		697	文武即位
		701	大宝改元　**大宝律令**
		702	遣唐使／粟田真人　山上憶良
元明		708	和銅改元　和同開珎（銀銭・銅銭）を発行

文化・史料・ゴロ覚えなど	中国	朝鮮
大化改新ム《6》シ《4》ゴ《5》はん	唐	高句麗　新羅　百済
“初めて戸籍・計帳・班田収授の法を造れ”		
（八角墳）		
		660
ロ《6》クロ《6》クミ《3》ないで大敗北		
		668
法隆寺全焼（『日本書紀』）		
（甥をつぶして）ロ《6》クナ《7》ニ《2》んげんじゃない		
白鳳文化		
		676
		新羅（半島統一）
北を背に南をム《6》ク《9》ヨ《4》藤原京		
★8世紀とともに		
250年後（958年）　➡　本朝（皇朝）十二銭の最後，乾元大宝		

CD 6

天皇	時代	年	政治・社会・経済
元明	奈良時代	710	**平城京**遷都
		711	蓄銭叙位令　史料 18『続日本紀』
		712	出羽国
		713	大隅国
元正		717	遣唐使／阿倍仲麻呂・吉備真備・玄昉ら留学
		718	養老律令
		720	隼人の反乱　藤原不比等没
		721	長屋王を右大臣とする
		722	良田百万町歩開墾計画
		723	三世一身法　史料 21『続日本紀』
聖武		724	聖武即位／長屋王を左大臣とする　多賀城設置
		727	渤海使初めて来朝
		729	長屋王の変　光明子立后
		737	天然痘流行，藤原四子没 （翌年，橘諸兄，右大臣となる）
		740	藤原広嗣の乱　恭仁京へ遷都
		741	国分寺・国分尼寺建立の詔
		743	**墾田永年私財法**を施行　史料 22『続日本紀』 （近江紫香楽宮）**盧舎那大仏造立の詔**
		744	難波宮に遷都
		745	平城京に還都　玄昉を筑紫に左遷
孝謙		749	孝謙即位　紫微中台の長官に藤原仲麻呂
		752	大仏開眼供養
		754	
		756	聖武太上天皇没
		757	橘諸兄没（前年，左大臣辞任） 藤原仲麻呂を紫微内相に任ずる　養老律令施行 橘奈良麻呂の乱
淳仁		758	淳仁即位／藤原仲麻呂を大保（右大臣）に任じ，恵美押勝の名を与える
		761	

文化・史料・ゴロ覚えなど	中国	朝鮮
ナ《7》ント《10》見事な平城京	唐	新羅
セ《7》ブンイ《1》レブ《1》ンへ行って位階をもらおう　“其多少に随ひて…位を授けん”		
『古事記』		
「風土記」撰進の命		
(大宝律令と)大差はナ《7》イ《1》ヤ《8》養老律令		
『日本書紀』　天平文化		
ナ《7》ニ《2》サ《3》, どうせ国のもの　“…三世に伝へしめん。…其の一身に給はむ”		
(四子)はナ《7》ニ《2》ク《9》わぬ顔で光明子立后		
ナ《7》ミ《3》だ，ナ《7》みだで四子没		
“任に私財と為し, 三世一身を論ずることなく, 咸悉に永年取ること莫れ”		
ナ《7》ジ《4》ミ《3》の年号天平 15 年		
唐僧鑑真来朝, 東大寺に戒壇		
下野薬師寺・筑紫観世音寺に戒壇		

CD 7

天皇	時代	年	政治・社会・経済
称徳	奈良時代	764	恵美押勝の乱　称徳天皇(孝謙上皇重祚)
		765	道鏡を太政大臣禅師とする(翌年,法王)
		769	宇佐八幡宮神託(道鏡皇位)事件／和気清麻呂,大隅に配流
		770	称徳没／道鏡,下野薬師寺に配流
光仁			光仁即位
		780	伊治呰麻呂の乱
桓武		781	桓武即位／早良親王立太子
		784	長岡京遷都
		785	藤原種継暗殺事件　早良親王廃太子　安殿親王立太子
		788	征東大使紀古佐美
		792	健児の制　史料28『類聚三代格』
	平安時代	794	**平安京**遷都
		795	雑徭半減
		797	坂上田村麻呂を征夷大将軍とする
			(この頃)勘解由使を設置
		801	畿内の班田を12年1班とする
		802	胆沢城・鎮守府
		803	志波城
		804	最澄・空海・橘逸勢ら遣唐使に同行
		805	平安京造営中止　「徳政相論」　史料27『日本後紀』
平城		806	桓武没／平城即位
嵯峨		809	平城譲位／嵯峨即位
		810	藤原冬嗣・巨勢野足を蔵人頭とする
			平城太上天皇の変(薬子の変)
		814	
		816	(この頃)検非違使を設置
		819	
		822	
		823	大宰府管内に公営田設置
淳和		833	清原夏野ら『令義解』を撰上(翌年施行)

CD 8

文化・史料・ゴロ覚えなど	中国	朝鮮
ナ《7》かまロ《6》シ《4》す	唐	新羅
ナ《7》ク《9》ニ《2》泣けない郡司の子　“健児を差して以て守衛に充つべし”		
ナ《7》ク《9》ヨ《4》鶯平安京，10 年前は長岡京，100 年前は藤原京		
田村ナ《7》ク《9》ナ《7》，行ってこい		
「続日本紀」撰上(797)		
★9世紀とともに		
“方今天下の苦しむ所，軍事と造作なり”		
最澄帰国，天台宗を開く		
空海帰国，真言宗を開く		
弘仁・貞観文化		
ハ《8》ット《10》おどろく薬子の変		
『凌雲集』成る		
空海，金剛峰寺創建(816)		
最澄，比叡山に戒壇設立を請う		
最澄没／のち比叡山に大乗戒壇設立許可		

天皇	時代	年	政治・社会・経済
仁明	平安時代	833	仁明即位／恒貞親王立太子
		838	最後の遣唐使　円仁同行
		842	嵯峨上皇没　承和の変／恒貞親王廃太子，道康親王立太子
文徳		857	藤原良房を太政大臣とする
清和		858	文徳没／清和即位　良房，摂政の実をとる
		866	良房摂政　応天門の変
		872	良房没　藤原基経を摂政とする
陽成		879	畿内に官田設置
光孝		884	光孝即位／基経，事実上の関白となる
宇多		887	宇多即位／藤原基経を関白とする　史料30『政事要略』
		888	阿衡の紛議（阿衡事件）
		891	基経没　菅原道真を蔵人頭とする
		894	遣唐使の派遣を停止
		897	寛平の御遺誡
醍醐		899	藤原時平を左大臣に，道真を右大臣とする
		901	昌泰の変
		902	延喜の荘園整理令　／12年1班（最後の班田）　史料31『類聚三代格』
		905	
		907	「延喜格」完成（翌年施行）　**唐の滅亡**
		914	「意見封事十二箇条」：三善清行　史料32『本朝文粋』
		922	最後の渤海使（919年説もある）
		926	**渤海の滅亡**
		927	「**延喜式**」完成（967施行）
朱雀		930	朱雀即位／藤原忠平摂政
		935	**新羅の滅亡**　**承平・天慶の乱**始まる
		936	**高麗の半島統一**
		940	藤原秀郷・平貞盛，平将門を討つ
		941	小野好古ら，藤原純友を討つ
村上		947	村上即位
		958	乾元大宝鋳造（皇朝十二銭の最後）
		960	**宋（北宋）の建国**

文化・史料・ゴロ覚えなど	中国	朝鮮
	唐	新羅
ハ《8》シ《4》ニ《2》も棒にもかからない承和の変		
		CD 9
“摂政太政大臣に万機を関白せしむるの詔を賜ふ”		
基経怒ってパ《8》ッパ《8》ッパ《8》		
ム《6》サ《3》レ《0》る夜にげろハ《8》ク《9》ヨ《4》（菅原道真げろハ《8》ク《9》ヨ《4》）		
★10世紀に入って		
『日本三代実録』		CD 10
“応に勅旨開田…閑地荒田を占請するを停止すべき事”		
『古今和歌集』（300 年後には ➡「新」古今）		
	907 五代十国	
“邇磨の郷の戸口…一人も有ること無し”		
ク《9》ニ《2》ナ《7》らない延喜式		
国風文化		
		935 936 高麗
⬅ 250 年前は和同開珎		
	960 北宋	

天皇	時代	年	政治・社会・経済
冷泉	平安時代	969	**安和の変**／左大臣源高明を大宰権帥に左遷
円融		977	藤原兼通・兼家兄弟の抗争
花山		985	
一条		988	「尾張国郡司百姓等解文」 史料33
		995	藤原道長を内覧とする
後一条		1016	後一条即位／道長を摂政とする
		1017	藤原頼通を摂政とする　藤原道長を太政大臣とする
		1018	威子立后「望月の歌」 史料34『小右記』
		1019	刀伊の入寇
		1027	道長没
		1028	平忠常の乱(1031年, 源頼信平定)
後冷泉		1045	寛徳の荘園整理令
		1051	前九年合戦(～62)
		1052	末法第1年
		1053	平等院鳳凰堂成る
		1062	源頼義, 安倍貞任を討つ(前九年合戦終わる)

CD 14 は「古代の文化のまとめ」です。

文化・史料・ゴロ覚えなど	中国	朝鮮
← 999 真ん中を引っ繰り返して 源信『往生要集』を著す “当国の守藤原朝臣元命”	北宋	高麗
“此の世をば我が世とぞ思ふ望月の虧けたる事も無しと思へば” トオイク《1019》にから女真族　400 年後は　➡「応永の外寇」		
★11世紀後半に入って		

CD 11

CD 12

CD 13

第1回 旧石器時代・縄文時代・弥生時代

1 旧石器時代

➡ 本編解説 p.2～5

●猿人《えんじん》→原人《げんじん》→旧人《きゅうじん》→新人《しんじん》→現代人

① **更新世《こうしんせい》**…**氷河《ひょうが》**時代(氷期《ひょうき》と間氷期《かんぴょうき》),

　　└→ 大陸と陸つづき(陸橋)

② **大型動物**

　　ナウマンゾウ・**トウヨウゾウ**・**マンモス**・オオツノジカ・ヘラジカ

③ **人類の渡来**…化石人骨 ➡「**新人**」の段階

- 兵庫県…明石人《あかしじん》(？)，静岡県…浜北人《はまきた》
- 沖縄県…**港川人《みなとがわ》**(ほぼ完全な形で)，山下町洞人《やましたちょうどうじん》

} すべて「新人」の段階

●旧石器文化(先土器文化)

① **群馬県岩宿遺跡の発見**(相沢忠洋《あいざわただひろ》 1946 ➡ 1949 確認)

　　➡関東ローム層(赤土の地層)から**打製石器**を発見。

② **打製石器の使用**

- 楕円《だえん》形石器(握槌《にぎりつち》) ➡ナイフ形石器 ➡**尖頭器《せんとうき》**
　　└→ 石槍《いしやり》
- **細石器《さいせっき》**…組合せ式の石器

③ **狩猟・漁撈《ぎょろう》の採集生活**…テント式の小屋・洞穴

2 縄文時代

➡ 本編解説 p.6～15

●時代区分…6 期に区分(土器) ➡**草創期**・早期・前期・中期・後期・**晩期**

① **大森貝塚**(東京都)の発見…1877(明治 10)年，モース(米人，生物学者)

② **完新世《かんしんせい》**(沖積世《ちゅうせきせい》)の日本。

③ **自然環境の変化**

- 気候の温暖化(海進《かいしん》) ➡**日本列島**の形成…入江の発達
- 中小型動物(シカ・イノシシなど)の増加…**弓矢**の発達
- 落葉広葉《らくようこうよう》樹林・照葉《しょうよう》樹林の形成…木の実

●縄文文化

A 生　活…狩猟・漁撈技術の発達

① **磨製《ませい》石器**(打製石器と併用)…石斧《せきふ》・石槍《いしやり》・石錘《せきすい》・石匙《せきひ》・石皿《いしざら》など

- ●**弓矢**の使用……**石鏃《せきぞく》**
- ●**骨角器《こっかくき》**の使用…釣針《つりばり》・銛《もり》

② **縄文土器**の使用…貯蔵・煮炊《にた》き

③ **竪穴《たてあな》住居**…半地下式，中央に**炉**

④ **貝塚の形成**…環状《かんじょう》貝塚・馬蹄形《ばていけい》貝塚

⑤ **原始的な農耕**…コメ・ムギ・アワ・ヒエ

⑥ **縄文農耕**…佐賀県**菜畑《なばたけ》**遺跡・福岡県**板付《いたづけ》**遺跡から縄文**晩期**の水田発見。
　　└→打製石斧

B 社　会…統率者を中心とする集団生活

① **貧富・階級の差なし**(共同墓地・副葬品なし) ➡集落の発達，環状集落
　　↓
　　青森県**三内丸山《さんないまるやま》**遺跡

② **交易の存在**

- ●**黒曜石《こくようせき》**…北海道十勝《とかち》・長野県和田峠など
- ●**ひすい**(**硬玉《こうぎょく》**)…新潟県姫川《ひめかわ》(半径 500km 以上に分布)

③ **信　仰**…**アニミズム**

- ●呪術《じゅじゅつ》的風習…**土偶《どぐう》**
  石棒《せきぼう》
  抜歯《ばっし》(成人式・通過儀礼)
  屈葬《くっそう》(葬法)

化石人骨と旧石器・縄文文化遺跡

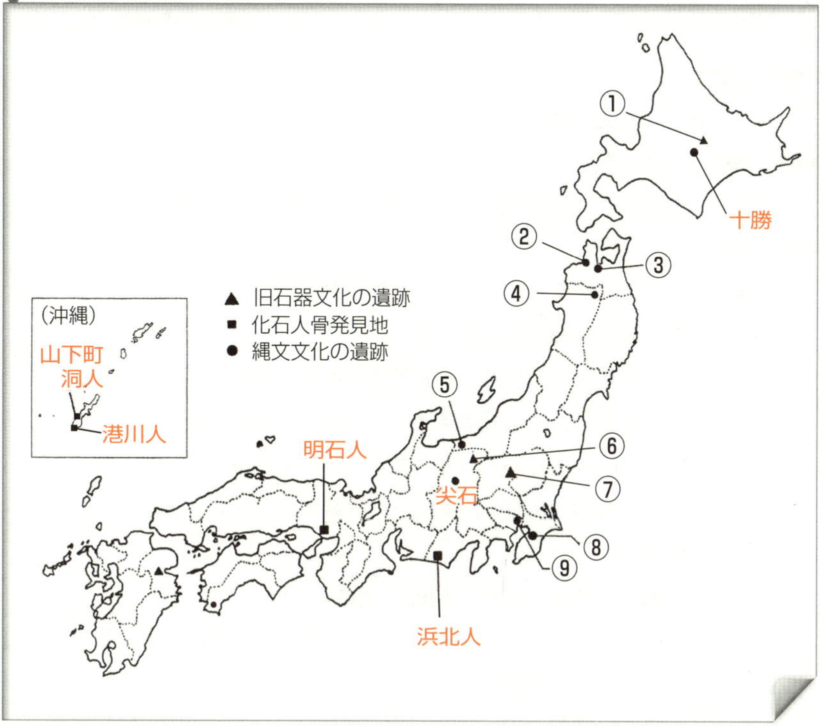

①北海道・**白滝遺跡**…細石器が多数出土した。黒曜石の産出地でもある。
②青森県・**亀ヶ岡遺跡**…縄文晩期に発達した土器，遮光器土偶などで有名。
③青森県・**三内丸山遺跡**…縄文前期～中期の大型住居や栗の林など。
④秋田県・**大湯環状列石**…環状列石（配石遺構）。
⑤新潟県・**姫川**…ひすい（硬玉）の産出地。
⑥長野県・**野尻湖（底）遺跡**…ナウマン象や石器が同一地層から出土。
⑦群馬県・**岩宿遺跡**…1946 年に相沢忠洋が発見，1949 年に確認。
⑧千葉県・**加曽利貝塚**…馬蹄形貝塚・環状貝塚で有名。
⑨東京都・**大森貝塚**…1877 年，モース（米人・生物学者）が発見。

3 弥生時代

➡本編解説 p.16～26

●時代区分

前期(B.C.300～100) ➡中期(B.C.100～A.D.100) ➡後期(A.D.100～300)

●地　域…九州北部から東方へ伝播《でんぱ》(東北地方～薩南《さつなん》諸島)

(北海道では続《ぞく》縄文文化，沖縄～南西諸島では貝塚文化)

●特　色

① **水稲農耕**…前期の終わりには青森県まで(**砂沢《すなざわ》**遺跡)

- **初期農耕**…湿田《しつでん》 ➡**直播《じきまき》**・**田植え**
  - 木製農具の使用 ➡**田下駄**・木臼《きうす》・竪杵《たてぎね》
  - 石包丁《いしぼうちょう》による**穂《ほ》首《くび》刈《か》り**，貯蔵穴《けつ》・高床《たかゆか》倉庫
- **後期農耕**…乾田《かんでん》(灌漑《かんがい》施設，西日本の一部) ➡農業生産性の向上。
  - 鉄製農具の使用 ➡鉄鎌《てつかま》，鉄製刃《は》先鍬《さきくわ》・鋤《すき》など

② **金属器の使用**

- 青銅器…**銅矛《どうほこ》**・**銅《どう》戈《か》**・**銅剣**，**銅鐸《どうたく》**，**銅鏡《どうきょう》**
  - ➡権威を示す宝器・祭器として使用，大陸伝来品と国産品(大型化)，青銅器文化圏
- 鉄　器…鉄斧《てつおの》・鉄製工具・鉄鎌など，実用具として使用。

青銅製祭器の分布(弥生中期ごろ)

③ **弥生土器の使用**…機能による分化(壺《つぼ》・甕《かめ》・高杯《たかつき》・甑《こしき》など)

④ **低地に定住**…竪穴住居

⑤ **機　織**…紡錘車《ぼうすいしゃ》・木製織機《しょっき》

⑥ **階級社会の形成**…貧富・身分差の発生，首長の出現，地位強化

集落の対立・抗争

➡集落の形成

┌**環濠《かんごう》集落**…板付《いたつけ》遺跡(福岡)・唐古《からこ》・鍵《かぎ》遺跡(奈良)・

吉野《よしの》ヶ里《り》遺跡(佐賀)

└**高地性集落**…紫雲出山《しうでやま》遺跡(香川)

⑦ **墓　制**…伸展葬《しんてんそう》

- **甕棺墓《かめかんぼ》**・箱式石棺墓《はこしきせきかんぼ》・**支石墓《しせきぼ》**…九州北部に多く分布。
- **墳丘墓《ふんきゅうぼ》**…西日本に多く分布。
- **方形周溝墓《ほうけいしゅうこうぼ》**…畿内《きない》～東国《とうごく》に広く分布。
- **四隅突出型《よすみとっしゅつがた》墳丘墓**…山陰～北陸地方に分布。

縄文晩期〜弥生文化の遺跡

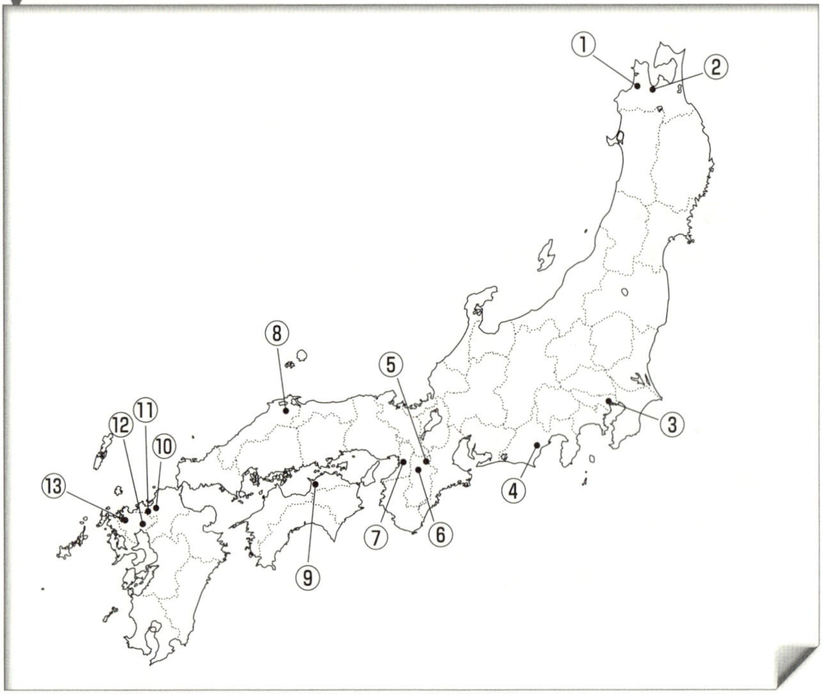

①青森県・**砂沢遺跡**…弥生前期には水稲耕作が行われていたことがわかった。

②青森県・**垂柳遺跡**…弥生中期の大規模な水田跡が注目されている。

③東京都・**弥生町遺跡**…1884 年発見の土器がこの時期の土器研究の契機となった。

④静岡県・**登呂遺跡**…第二次大戦中に発見され，戦後の学際的な調査で水田と竪穴住居・高床倉庫などが確認された。

⑤奈良県・**纒向遺跡**…三輪山の西麓，大型建物と水路，東海地方や中国地方など各地の土器も出土。箸墓古墳もその地域内にあり，初期ヤマト政権の根拠地の可能性が高い。

⑥奈良県・**唐古・鍵遺跡**…この時期の畿内を代表する大集落で大規模な環濠を伴う。

⑦大阪府・**池上・曽根遺跡**…この時期の大環濠集落。年輪年代法で BC52 の柱が確認された。

⑧島根県・**荒神谷遺跡**…1984 年，整然と埋納された 358 本の銅剣，さらに銅鐸・銅矛も発見された。また，1996 年には，同県の「加茂岩倉遺跡」から 39 個の銅鐸が発見されている。

⑨香川県・**紫雲出山遺跡**…代表的な高地性集落。

⑩福岡県・**板付遺跡**…縄文晩期の水稲耕作が確認され，弥生時代には環濠集落となる。

⑪福岡県・**須玖遺跡**…魏志倭人伝の「奴国」の中心と推定されている。

⑫佐賀県・**吉野ヶ里遺跡**…現在知られている最大規模の環濠集落。

⑬佐賀県・**菜畑遺跡**…縄文晩期の水稲耕作が確認された。

第2回 小国の誕生と邪馬台国

1 小国の分立

➡ 本編解説 p.28～33

● 小国分立～倭国大乱

① B.C. 1世紀…『**漢書**《かんじょ》』**地理志**《ちりし》(班固《はんこ》) 史料1

- 百余国に分立，**楽浪**(現在の平壌《ピョンヤン》)**郡**へ遣使。

② A.D. 1世紀～2世紀…『**後漢書**《ごかんじょ》』**東夷伝**《とういでん》(范曄《はんよう》) 史料2

- 奴《な》国王，後漢の洛陽へ遣使・朝貢。
  └→**光武帝**《こうぶてい》より印綬を受《う》く(57)…印文：「**漢委奴国王**《かんのわのなのこくおう》」
  (福岡県志賀島《しかのしま》出土)
- 倭国王，**帥升**《すいしょう》等，**生口**《せいこう》160人献上…安帝《あんてい》107年
- **倭国大乱**(2世紀後半)…桓帝《かんてい》・霊帝《れいてい》

2 邪馬台国(地域連合国家)

➡ 本編解説 p.34～49

● 大陸の情勢

① **中国**…**後漢**の滅亡(220) ➡三国時代(**魏**《ぎ》・**呉**《ご》・**蜀**《しょく》)

② **朝鮮**…**馬韓**《ばかん》・**弁韓**《べんかん》・**辰韓**《しんかん》

● A.D. 3世紀…「**魏志**《ぎし》」**倭人伝**《わじんでん》(陳寿) 史料3

① **倭**…**邪馬台国**《やまたいこく》を盟主とする**30**余の小国連合。

- 女王**卑弥呼**《ひみこ》…呪術《じゅじゅつ》的権威をもつ首長，「**鬼道**《きどう》」。
- 「伊都国《いとこく》」に「**一大率**《いちだいそつ》」が常駐。
- **帯方**(現在の漢城《ソウル》)**郡**を通じて魏に遣使(239)。
  ➡「**親魏倭王**《しんぎわおう》」の称号，金印紫綬《しじゅ》。
- 身分の差，階級の区別(王―「大人《たいじん》」―「下戸《げこ》」―奴婢《ぬひ》)
- 租税・刑罰の制度，諸国に市・交易 ⬅「**大倭**《だいわ》」が監理。

● 狗奴国《くなこく》との戦争。

● 太占《ふとまに》などの占い…「骨を灼《や》きて卜《ぼく》し」

② **卑弥呼の死後**…再び争乱状態となる。

➡宗女《そうじょ》壱与《いよ》の擁立《ようりつ》，西晋《せいしん》へ遣使(266) ➡以後，約 150 年間，史料欠落。

③ **邪馬台国論争**(九州説・近畿説)

● 注目の遺跡…奈良県・纒向《まきむく》遺跡と箸墓《はしはか》古墳

●倭の女王の遣使

壱与《いよ》(台与か)，266 年に晋(西晋)に遣使(『晋書』)。

第3回 ヤマト政権の成立と古墳

1 ヤマト政権の成立

➡ 本編解説 p.51～53

●前方後円墳の出現

３世紀後半…**箸墓《はしはか》古墳**(奈良県桜井市・纏向《まきむく》遺跡)，定型化した前方後円墳。

- 相似形の前方後円墳の分布 ➡**ヤマト政権の成立**
- 纏向遺跡の大集落…都市的な集落

2 古　墳

➡ 本編解説 p.54～63

古墳の時期区分

	３世紀	４世紀	５世紀	６世紀	７世紀
	(出現期)	前期　→	中期　→	後期	(終末期)
墳　形：		前方後円墳	(大型化)前方後円墳	前方後円墳	方墳→八角墳
		円墳・方墳・前方後方墳		円墳　群集墳	↓
埋葬施設：		竪穴式石室	竪穴式石室	横穴式石室	↓
副葬品：		銅鏡・剣・玉	馬具・鉄製武器	↓	↓
被葬者：		司祭者的性格	武人的性格	家族墓	大王(天皇)?
埴　輪：		円筒埴輪			
		形象埴輪(家形・器財)	形象埴輪(人物・動物)		
その他：			葺石・濠	石人・石馬	装飾古墳

- **時期区分**…(出現期) ➡前期 ➡中期 ➡後期 ➡(終末期)
- **形態と構造**

① 形　態

- 前方後円墳…埋葬部分＝**竪穴式**石室 ➡個人

●円《えん》　墳《ぷん》………埋葬部分＝**横穴**式石室 ➡家族墓＝玄室《げんしつ》に追葬が可能

＊群集墳…一定地域に円墳などが多数営まれた。

●方　墳

●横穴墓

●**八角墳**《はっかくふん》………7 世紀中期以降の大王(天皇)の墳墓。

② **表　面**

●葺《ふき》　石《いし》

●埴《はに》　輪《わ》…
- **円筒**《えんとう》埴輪
- **形象**《けいしょう》埴輪
  - 家形埴輪・器財埴輪
  - 動物埴輪・人物埴輪

③ **副葬品**

●前期…銅鏡・剣・玉 ➡被葬者：宗教的(司祭者的)な支配者

＊近畿地方を中心に多数の「**三角縁神獣鏡**《さんかくぶちしんじゅうきょう》」➡ヤマト政権の支配領域

●中期…**馬具**・鉄製武器 ➡被葬者：世俗的(軍事的)な権力者

＊高句麗との戦闘などから騎馬の習慣が伝わる ➡**馬具**《ばぐ》が副葬される。

●後期(小規模な円墳など)…須恵器《すえき》・日常生活品

➡被葬者：有力農民など

●中期の巨大前方後円墳

大阪府…
- 堺　市 ……百舌鳥《もず》古墳群：大仙陵《だいせんりょう》古墳(伝 仁徳《にんとく》天皇陵)【No.1】
- 羽曳野《はびきの》市…古市《ふるいち》古墳群：誉田御廟山《こんだごびょうやま》古墳(伝 応神《おうじん》天皇陵)【No.2】

＊岡山県・造山《つくりやま》古墳【No.4】

●後期…竪穴式石室 ➡横穴式石室・横穴墓

●有力農民も古墳を営む

奈良県・新沢千塚古墳群，和歌山県・岩橋千塚古墳群，埼玉県・吉見百穴

●石人・石馬…九州北部の古墳

岩戸山《いわどやま》古墳＝筑紫国造《くにのみやつこ》磐井《いわい》の墓，石人《せきじん》・石馬《せきば》

●装飾古墳…九州各地・茨城県・福島県，石室内部に線刻《せんこく》や彩色《さいしき》の壁画。

●終末期の特徴

● 7 世紀以降…東国の首長層 ➡大型の方墳・円墳

千葉県・龍角寺《りゅうかくじ》岩屋《いわや》古墳(方墳)，栃木県・壬生《みぶ》車塚《くるまづか》古墳(円墳)

● 7 世紀中頃…**大王**の墓として**八角墳**。

覚えておく主な古墳

①栃木県・**壬生車塚古墳**…終末期の円墳。

②千葉県・**龍角寺岩屋古墳**…終末期最大の古墳，方墳。

③京都府・**椿井大塚山古墳**…前期の前方後円墳。32 面の三角縁神獣鏡《さんかくぶちしんじゅうきょう》が出土。

④奈良県・**箸墓古墳**…出現期最大級の前方後円墳。

⑤奈良県・**石舞台古墳**…露出した巨大な横穴式石室。蘇我馬子の墓とする伝えがある。

⑥大阪府・**誉田御廟山古墳**…第 2 位の巨大前方後円墳。羽曳野市にある古市古墳群の中心。伝 応神天皇陵。

⑦大阪府・**大仙(山)陵古墳**…第 1 位の巨大前方後円墳。堺市にある百舌鳥古墳群の中心。伝 仁徳天皇陵。

⑧岡山県・**造山古墳**…全国第 4 位の規模をもつ前方後円墳。

⑨福岡県・**岩戸山古墳**…筑紫国造磐井の墳墓とされる前方後円墳。石人・石馬にこの地域の特色が認められる。

第4回 ヤマト政権と古墳文化

1 ヤマト政権

➡ 本編解説 p.65 ～ 75

● **ヤマト政権の成立**（４世紀）＝謎の４世紀

A 東アジア情勢

① **中　国**…分裂によって統一王朝が現れない ➡周辺地域に統一国家形成。

② **朝　鮮**

- ●**高句麗**《こうくり》の強大化，南下…楽浪郡《らくろうぐん》・帯方郡《たいほうぐん》を併合。
- ●馬韓《ばかん》→**百済**《くだら》…統一国家の形成。　●辰韓《しんかん》→**新羅**《しらぎ》…統一国家の形成。

B ヤマト政権の成立…弁韓《べんかん》→加耶《かや》（加羅《から》）＝任那《みまな》（『日本書紀』）

① **ヤマト政権**…**大王**《おおきみ》を中心とする畿内《きない》有力豪族の連合政権。

- ●４世紀半ばまでに**九州北部**～**中部地方**を統一。
- ●**前方後円墳**の出現とその分布からヤマト政権の確立が推定される。

② **朝鮮半島への進出**

- ●生産技術の導入，**鉄資源**の確保が目的。
- ●**伽耶諸国**（加羅，任那）を拠点。
- ●朝鮮半島に渡り，高句麗と交戦（391 ～）。「**高句麗好太王碑文**《こうたいおうひぶん》」 史料4

● **ヤマト政権の発展**（５世紀）

① **倭の五王**

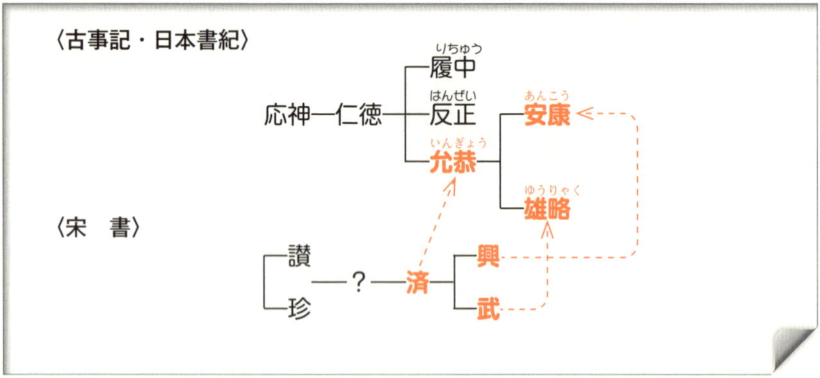

- 讃《さん》・珍《ちん》・済《せい》(＝允恭《いんぎょう》)・興《こう》(＝安康《あんこう》)・**武**《ぶ》(＝**雄略**《ゆうりゃく》)
- 中国南朝への遣使…朝鮮諸国に対する政治的立場の強化が目的。
  - ➡倭王武の上表文(478)…『**宋書**』**倭国伝**　史料5

② 支配領域の拡大

- 倭王武＝雄略天皇＝**ワカタケル大王**
  - 熊本県・江田《えだ》船山《ふなやま》古墳鉄**刀**銘…銀象眼《ぞうがん》：獲□□□鹵大王　史料6
  - 埼玉県・稲荷山《いなりやま》古墳鉄**剣**銘……金象眼：獲加多支鹵大王　史料7

2 氏姓制度

➡ 本編解説 p.76 ～ 79

氏姓制度

- **氏**…氏上《うじのかみ》と氏人《うじびと》で構成される同族集団
- **姓**…大王を中心とする政治的身分秩序
- **中央**
  - **臣**《おみ》…**ヤマト**の有力豪族：葛城《かずらぎ》・平群《へぐり》・蘇我《そが》など(地名)
  - **連**《むらじ》…特定の**職務**で朝廷に仕える豪族：大伴《おおとも》・物部《もののべ》・忌部《いんべ》・中臣《なかとみ》など(職掌)
- **地方**
  - **君**《きみ》…**地方**の有力豪族，筑紫《つくし》・毛野《けぬ》など
  - **直**《あたえ》…一般の**地方**豪族

支配機構

- **中央**
  - (地名)葛城・平群・蘇我…**臣**　⇒(代表)**大臣**
  - (職掌)大伴・物部・中臣…**連**　⇒(代表)**大連**
- **地方**
  - (有力)**君**
  - (一般)**直**

- **伴造**・品部
  - **韓鍛冶部…鉄**
  - 陶作部……須恵器
  - **錦織部……絹織物**

経済基盤

- **大王(ヤマト政権)**
  - **屯倉**(土地)
  - **名代・子代**(人)
- **有力豪族**
  - **田荘**(土地)
  - **部曲**(人)

国 造

① 地方支配(自己の支配地)をヤマト政権から認められる。

② 屯倉や名代・子代の管理。

③ (大王のもとに)舎人・采女を出仕させる。

④ 地方の特産物を「貢進《こうしん》」する。

⑤ (大王の)軍事活動に参加。

3 古墳文化

➡ 本編解説 p.80 ~ 88

● 渡来人と文字の受容

① **渡来伝説**

● 東西史部《ふひとべ》
- **王仁《わに》**………西文氏《かわちのふみうじ》の祖:論語・千字文を伝える。百済人
- **阿知使主《あちのおみ》**…東漢氏《やまとのあやうじ》の祖:応神朝に来朝。

● **弓月君《ゆづきのきみ》**…秦氏の祖:応神朝に来朝,養蚕《ようさん》・機織《はたおり》を伝える。

② **漢字・漢文の伝来**

● 奈良県・**石上神宮七支刀《いそのかみじんぐうしちしとう》**…369 年,百済王から倭王へ。百済で作成された漢文。

● 熊本県・**江田船山《えだふなやま》古墳鉄刀銘《てっとうめい》**

● 埼玉県・**稲荷山《いなりやま》古墳鉄剣《てっけん》銘**…オワケ臣《おみ》・辛亥《しんがい》年(471)・杖刀人《じゅとうにん》

● 和歌山県・隅田八幡神社人物画像鏡《すだはちまんじんじゃじんぶつがぞうきょう》銘

● 仏教・儒教の伝来

① **仏教の伝来**

● 私伝…司馬達等《しばたつと》

● 公伝…百済の**聖明王《せいめいおう》** ➡欽明《きんめい》天皇

- 538 年(**戊午《ぼご》**)**説**…『上宮聖徳法王帝説《じょうぐうしょうとくほうおうていせつ》』・『元興寺縁起《がんごうじえんぎ》』 史料8
- 552 年(**壬申《じんしん》**)**説**…『日本書紀』 史料9

② **儒教の伝来**…五経博士《ごきょうはかせ》来朝 ⬅百済

③ **学術の伝来**…医・易・暦など

④ 『**帝紀**』・『**旧辞**』 成立

●土器…土師器・須恵器

●生活と信仰

①住　居

- 豪族の居館…一般の集落から分離。
- 一般的な集落…「環濠《かんごう》」は伴わない：竪穴《たてあな》住居・平地住居，高床《たかゆか》倉庫

　＊**カマド**(竈)

②衣　服

- 男性［衣《ころも》・袴《はかま》］
- 女性［衣・裳《も》］

③信　仰

- 農耕儀礼
  - 春…祈年《きねん》《としごい》(の)祭
  - 秋…新嘗《しんじょう》《にいなめ》(の)祭
- 穢《けが》れの除去
  - 禊(みそぎ)
  - 祓(はらえ)
- 占い…太占《ふとまに》の法
- 神判…**盟神探湯《くかたち》**

主な神社

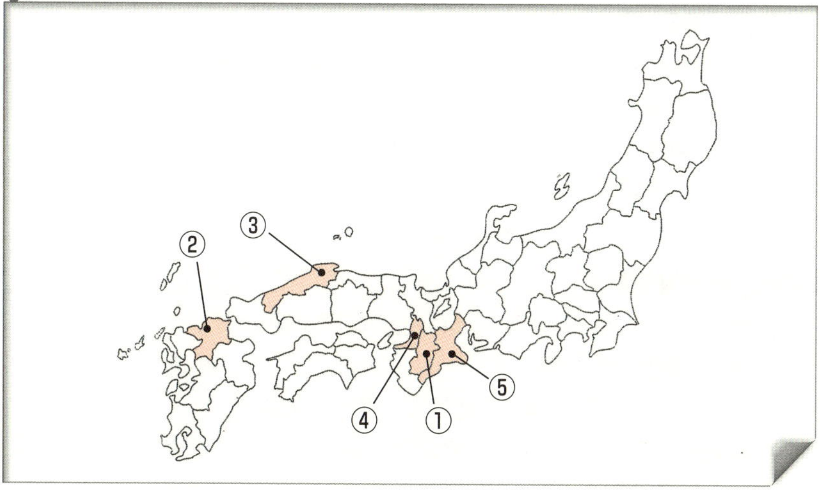

①大神神社（奈良県桜井市）　②宗像大社（福岡県宗像市）　③出雲大社（島根県出雲市）
④住吉大社（大阪府大阪市）　⑤伊勢神宮（三重県伊勢市）

第5回 飛鳥の朝廷と蘇我氏

1 ヤマト政権の発展

➡本編解説 p.90～95

●応神王朝から継体王朝へ

●武烈《ぶれつ》天皇没，後継者なし ➡大伴金村《おおとものかなむら》ら**継体《けいたい》**天皇擁立。

●東アジア情勢の変化

① **中国**…南北朝 ➡隋《ずい》による統一(589)

② **朝鮮**

●高句麗《こうくり》…勢力拡大 ➡百済《くだら》圧迫

●新羅《しらぎ》…勢力拡大 ➡百済圧迫，**加羅《から》**(**任那《みまな》**)を併合(562)

●百済《くだら》…日本との関係強化。大伴金村，任那四県を割譲《かつじょう》(512)

③ **日本**…朝鮮半島における勢力の後退。百済から五経博士《ごきょうはかせ》，仏教。

●地方支配の進展

① **地方豪族の反乱**

●**磐井《いわい》の乱**(527)…筑紫国造**磐井**が**新羅**と結び反乱 ⬅物部麁鹿火《もののべのあらかび》が鎮圧。

●磐井の墳墓…福岡県・岩戸山《いわどやま》古墳(石人・石馬)

② **有力農民層の台頭**…鉄製農具・乾田《かんでん》経営の普及 ➡群集墳《ぐんしゅうふん》の発生。

③ **大王による地方支配の強化**

屯倉《みやけ》の設置…磐井の子は大王に屯倉を献上。

●中央豪族の抗争

① **大伴金村**(大連)**失脚** ⬅百済による任那四県支配を承認。

② **物部氏と蘇我氏の台頭**

┌ **物部氏**(大連《おおむらじ》)…軍事担当：麁鹿火・尾輿《おこし》・守屋《もりや》

└ **蘇我氏**(大臣《おおおみ》)…財政担当(三蔵《さんぞう》管理)：稲目《いなめ》・馬子《うまこ》

③ **蘇我氏の政権掌握**

●蘇我稲目(崇仏《すうぶつ》派)と物部**尾輿**(排仏《はいぶつ》派)の対立…崇仏論争

●**蘇我馬子**，物部**守屋**を討滅《とうめつ》。**崇峻《すしゅん》**天皇を擁立(587)

●馬子，**崇峻**天皇を暗殺(592) ➡**推古《すいこ》**天皇を擁立

2 推古朝

➡本編解説 p.96 ～ 104

●推古朝の政治

① **摂政**…**厩戸王《うまやとおう》**(聖徳太子)

大臣…**蘇我馬子**　＊石舞台《いしぶたい》古墳

② **天皇を中心とする中央集権国家体制を志向**

●**冠位十二階の制**(603)…徳《とく》・仁《じん》・礼《れい》・信《しん》・義《ぎ》・智《ち》(各大小)

氏ではなく個人をランクづけする。官人の身分秩序・世襲制打破

➡位階制へ

●**憲法十七条**(604)…儒教・仏教・法家思想　**史料10**

政治方針，官人への訓戒，天皇の尊厳

＊ 17 × 3 ＝ 51(御成敗式目)

●歴史書の編纂(620)…『**天皇記**』，『**国記**』など

●遣隋使

① **隋の中国統一**…589 年 ➡隋と高句麗の戦争

② **遣隋使の派遣**…対等外交を目指す。

● 600 年…遣使(『隋書』倭国伝)，『日本書紀』には記載なし。　**史料11**

● 607 年…**小野妹子《おののいもこ》**派遣，国書を奉呈(隋：煬帝)，対等の姿勢　**史料11**

● 608 年…答礼使**裴世清《はいせいせい》**来日

小野妹子(中国名：蘇因高)再渡航

高向玄理《たかむこのげんり》(留学生)，僧旻《そうみん》(学問僧)，南淵請安《みなぶちのしょうあん》(学問僧)ら渡隋。

「天皇」 ➡「皇帝」(日本書紀)　**史料12**

● 614 年…**犬上御田鍬《いぬかみのみたすき》**の派遣

└→ 630　第１回遣唐使

● 618 年…隋の滅亡

第6回 律令体制の成立

1 大化改新と天智朝

➡ 本編解説 p.106～119

●大化改新

A 背　景

① **東アジア情勢**

- **隋**の滅亡(618) ➡**唐**の建国
- **唐**の隆盛…律令制による中央集権体制(7世紀前半：貞観《じょうがん》の治《ち》)
- 朝鮮三国…中央集権化への動き

② **国内情勢**

- **厩戸王**《うまやとおう》(聖徳太子)没(622) ➡蘇我氏の専横《せんおう》(蘇我蝦夷《えみし》—入鹿《いるか》)
  ➡**山背大兄王**《やましろのおおえのおう》の自殺(643)
- 蘇我蝦夷，舒明《じょめい》天皇を擁立(629)
- 第1回遣唐使(630)：犬上御田鍬
- 舒明没 ➡皇后が即位：皇極《こうぎょく》天皇(642)
- 留学生・学問僧の帰国と新知識の流入
  ➡**旧体制(氏姓制度・部民制)の矛盾克服**

B **乙巳《いっし》の変**…645年のクーデター

① **中大兄皇子**《なかのおおえのみこ》・**中臣鎌足**《なかとみのかまたり》らによるクーデター

② 蘇我**入鹿**を殺害，父**蝦夷**自殺 ➡蘇我本宗家《ほんそうけ》の滅亡

C 大化改新

① **新人事**…孝徳《こうとく》天皇の即位

- 皇太子：中大兄皇子
- 左大臣：阿倍内麻呂《あべのうちまろ》　　右大臣：蘇我倉山田石川麻呂《そがくらやまだのいしかわまろ》
- 内《うちつ》　臣《おみ》：中臣鎌足　　国博士：高向玄理《たかむこのげんり》・僧旻《そうみん》

② **年　号**…大化

③ **遷　都**…**難波長柄豊碕宮《なにわながらとよさきのみや》**

④ **改新の詔**(646)　史料13

- 公地公民制への移行
- 行政組織・軍事制度の整備，国・郡《ぐん》(評《こおり》)制，駅制の整備
- **戸籍《こせき》**・**計帳《けいちょう》**の作成と**班田収授法《はんでんしゅうじゅのほう》**の施行
- 新税制への移行

⑤ **東北経営**…**蝦夷《えみし》**征討《せいとう》

- 渟足柵《ぬたりのさく》(647)・磐舟柵《いわふねのさく》(648)の設置：孝徳朝

●白村江の戦い

① **斉明天皇重祚《ちょうそ》**…難波《なにわ》から飛鳥《あすか》へ遷都

- **阿倍比羅夫《あべのひらふ》**の遠征(658～660：斉明《さいめい》朝)
  - 660 → 百済滅亡

② **白村江の戦い**

- 唐・新羅連合軍によって**百済**滅亡(660)
- **白村江《はくそんこう》の戦い**(663)…日本敗北
  ➡国防強化：防人《さきもり》・烽《とぶひ》・**水城《みずき》**・朝鮮式山城《やまじろ》(大野城《おおのじょう》・基肄城《きいじょう》など)
- 唐・新羅連合軍によって**高句麗**滅亡(668)
- **新羅による朝鮮半島統一**(676)

③ **天智朝の政治**

- 近江《おうみ》**大津宮《おおつのみや》**遷都(667)，天智《てんじ》天皇即位(668)
- **近江令《おうみりょう》**の制定(668)
- **庚午年籍《こうごねんじゃく》**の作成(670)…初の全国的戸籍
  氏姓《しせい》を正《ただ》す根本台帳として永久保存(ただし，現存せず)

2 天武・持統朝の政治

➡ 本編解説 p.120 ～ 125

● 壬申《じんしん》の乱(672)

① 天智天皇没後の皇位継承争い

● 大海人皇子《おおあまのみこ》(吉野軍)と大友皇子《おおとものみこ》(近江朝廷軍)の対立

● 大海人皇子の勝利 ➡飛鳥浄御原宮《あすかきよみはらのみや》で即位(天武天皇)

② 近江朝《おうみちょう》方の畿内《きない》有力豪族の勢力衰退

③ 天皇の政治権力強化 史料14

④ 皇親《こうしん》政治の推進

● 天武朝の政治

① 部曲《かきべ》の全廃(675)

② 律令の編纂《へんさん》事業開始(681)

③ 歴史書の編纂事業開始(681)

④ 八色《やくさ》の姓《かばね》制定(684) …豪族を天皇中心の新しい身分秩序に再編成

➡真人《まひと》・朝臣《あそみ》・宿禰《すくね》・忌寸《いみき》・道師《みちのし》・臣《おみ》・連《むらじ》・稲置《いなぎ》

⑤ 国家仏教の成立…大官大寺《だいかんだいじ》・薬師寺《やくしじ》

⑥ 富本銭《ふほんせん》の発行

● 持統朝の政治…称制 ➡即位

① 飛鳥浄御原令《あすかきよみはらりょう》の施行(689)

② 庚寅年籍《こういんねんじゃく》の作成(690)

③ 藤原京の造営《ぞうえい》…日本最初の都城《とじょう》 ➡遷都(694)

● 文武天皇

● 701(大宝元)年…大宝律令

第7回 飛鳥文化・白鳳文化

1 飛鳥文化

➡ 本編解説 p.127～138

●特　徴

① 最初の仏教文化。

② 飛鳥・斑鳩《いかるが》(法隆寺)が中心。

③ **中国南北朝文化**を**朝鮮半島経由**で受容。　➡(北)厳しい　(南)柔和

④ 世界性(西アジア・インド・ギリシアなどの影響)

●仏　教

① **渡来僧**

- 高句麗・**恵慈《えじ》**…厩戸王《うまやとおう》(聖徳太子)に**仏教**を教えた。
- 高句麗・**曇徴《どんちょう》**…**紙・墨・彩色(絵の具)**などの技術を伝えた。
- 百　済・**観勒《かんろく》**…**暦法《れきほう》**を伝えた。

② **仏教の伝来**

- 公伝…538年(戊午説)，552年(壬申説)
- 私伝…**司馬達等《しばたつと》**

史料15

③ **蘇我馬子・厩戸王(聖徳太子)の庇護《ひご》**

● **仏教興隆《こうりゅう》の詔《みことのり》**(594)

● 氏寺建立

蘇我氏…法興寺《ほうこうじ》(**飛鳥寺《あすかでら》**)　　聖徳太子…四天王寺・**法隆寺**

舒明《じょめい》天皇…百済大寺《くだらおおでら》　　秦《はた》(河勝《かわかつ》)氏…広隆寺《こうりゅうじ》

(和気《わけ》氏…神護寺《じんごじ》，藤原氏…興福寺《こうふくじ》)

● 『三経義疏《さんぎょうのぎしょ》』…伝 聖徳太子著：**法華経《ほっけきょう》・勝鬘経《しょうまんきょう》・維摩経《ゆいまきょう》**の注釈書

●歴史書…『天皇記』，『国記』

飛鳥文化の主要寺院

蘇我氏(馬子)	➡ 飛鳥寺(法興寺)	596 最初の本格的寺院，礎石《そせき》・瓦葺《かわらぶき》
厩戸王(聖徳太子)	➡ 四天王寺(大阪府)	
	➡ 法隆寺(斑鳩寺)	＊法隆寺再建・非再建論争 ➡ 再建説
	➡ 中宮寺	
	➡ 広隆寺(京都府)	
舒明天皇	➡ 639 百済大寺	

飛鳥文化の主な美術作品

【建　築】

○法隆寺《ほうりゅうじ》金堂《こんどう》・五重塔など…世界最古の木造建築。重厚，どっしりとした安定感。670 年，焼失(『日本書紀』)。その後再建。

【彫　刻】

①法隆寺金堂釈迦三尊像《しゃかさんぞんぞう》…【金銅《こんどう》像・北魏《ほくぎ》様式】鞍作鳥《くらつくりのとり》(＝止利仏師《とりぶっし》)の作。キビシイ表情。正面観を重視。左右対称。古拙《こせつ》の美。

②法隆寺夢殿《ゆめどの》救世《くぜ》観音像《かんのんぞう》…【木像・北魏《ほくぎ》様式】スラッとした立像。両手を前に，タマ(宝珠)を持っている。

③法隆寺百済《くだら》観音像…【木像・南梁《なんりょう》様式】スラッとした立像。片方の手でビン(水瓶《すいびょう》)を持っている。

④中宮寺《ちゅうぐうじ》半跏思惟像《はんかしゆいぞう》…【木像・南梁様式】足を組み，頬《ほお》に指を当てて考えている。頭にはタマ(宝珠)２つ。

⑤広隆寺《こうりゅうじ》半跏思惟像…【木像・南梁様式】足を組み，頬に指を当てて考えている。頭には帽子(宝冠《ほうかん》)。

⑥飛鳥寺《あすかでら》釈迦如来像《しゃかにょらいぞう》…【金銅《こんどう》像】飛鳥大仏。現存最古の仏像とされる。

【絵画・工芸】

①法隆寺玉虫厨子須弥座絵《たまむしのずししゅみざえ》…仏像を安置する「厨子《ずし》」を載せる台(須弥座)に描かれた絵。「捨身飼虎図《しゃしんしこず》」が有名。

②中宮寺天寿国繡帳《てんじゅこくしゅうちょう》(曼荼羅)…現存最古の刺繡《ししゅう》。

2 白鳳文化

➡ 本編解説 p.139～145

●特　徴

① 国家による仏教事業。

② **初唐**文化の影響 ➡「**清新**」な(生気のある若々しい)文化。

③ インド・西域・朝鮮半島の影響。

④ 構成の美。

●国家仏教の成立

① 天武天皇　➡**大官大《だいかんだい》寺《じ》**・**薬師寺**

② **護国の経典**…金光明経《こんこうみょうきょう》・仁王《にんのう》経

●学問・文芸

① 歴史書編纂に着手…国家成立の由来，天皇の支配の歴史的説明。

② 漢詩文…大津《おおつの》皇《み》子《こ》ほか

③ 和　歌…**柿本人《かきのもとのひと》麻《ま》呂《ろ》・額田王《ぬかたのおおきみ》**ほか　史料16

白鳳文化の主な美術作品

【建　築】

○**薬師寺東塔**…「凍《こお》れる音楽」と形容される。構成の美。六層に見えるが実際は三重の塔。**裳階《もこし》**がついている。

【彫　刻】

①**興福寺仏頭《ぶっとう》**…興福寺に現存するが，もとは山《やま》田《だ》寺《でら》のもの。頭部だけが残存。「清新」さが最もよく表れている。(蘇《そ》我《が》倉山田石川《くらやまだのいしかわ》麻《ま》呂《ろ》：山田寺)

②**薬師寺金堂薬師三尊像**…薬師寺金堂の本尊《ほんぞん》。構成の美。

③**薬師寺東院堂聖観音像《とういんどうしょうかんのんぞう》**…薬師寺の東院堂。白鳳期の特徴を示すバランスの美しい立像《りつぞう》。

④**法隆寺夢違観音像《ゆめたがいかんのんぞう》**…小像(立像，約 87cm)。悪夢を見てもこの像を拝《おが》むと現実では逆になるとの伝えがある。

【絵　画】

①**法隆寺金堂壁画**…初唐の仏教壁画の影響。1949 年焼損。

②**高松塚古墳壁画**…奈良県明日香《あすか》村の終末期の古墳の壁画。青竜《せいりゅう》・白虎《びゃっこ》・朱雀《すざく》・玄武《げんぶ》の四神《しじん》，星宿《せいしゅく》，人物像。

③**キトラ古墳壁画**…奈良県明日香村。②の南約 1 km のところにある。四神がそろっている。

第8回 律令制度(1)

律令法

➡ 本編解説 p.147 ～ 160

●律令法典──律令格式

- **律**《りつ》…刑法にあたる。律の**五刑** ➡笞《ち》・杖《じょう》・徒《ず》・流《る》・死《し》
  有位者への減刑（贖銅《しょくどう》など） ➡**八虐**《はちぎゃく》には適用されず。
- **令**《りょう》…行政法，民法など
- **格**《きゃく》…律令の修正や補足
- **式**《しき》…施行細則

① **近江令**《おうみりょう》…天智《てんじ》天皇　② **飛鳥浄御原令**《あすかきよみはらりょう》…天武天皇 ➡持統天皇

③ **大宝律令**…文武《もんむ》天皇：701年制定（刑部親王《おさかべしんのう》・藤原不比等《ふひと》ら），702年施行。

④ **養老律令**…元正《げんしょう》天皇：718年制定（藤原不比等ら）
　孝謙《こうけん》天皇：**757**年施行（藤原仲麻呂政権）

天智・668	天武～持統天皇	文武天皇	元正天皇	孝謙天皇
近江令 ➡	689 **飛鳥浄御原令** ➡	701（大宝元年）**大宝律令** ➡	718 **養老律令**→	757 **施行**
		刑部親王・藤原不比等	藤原不比等	

●律令統治機構

① **中央官制**…**二官・八省・一台・五衛府**《ごえふ》

律令官制表

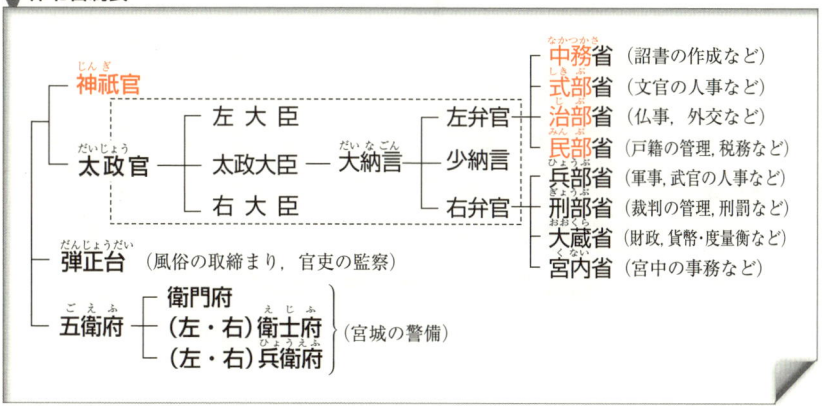

- **神祇官**《じんぎ》
- **太政官**《だいじょう》
  - 左大臣
  - 太政大臣 ― 大納言《だいなごん》
    - 左弁官
      - 中務《なかつかさ》省（詔書の作成など）
      - 式部《しきぶ》省（文官の人事など）
      - 治部《じぶ》省（仏事，外交など）
      - 民部《みんぶ》省（戸籍の管理，税務など）
    - 少納言
    - 右弁官
      - 兵部《ひょうぶ》省（軍事，武官の人事など）
      - 刑部《ぎょうぶ》省（裁判の管理，刑罰など）
      - 大蔵《おおくら》省（財政，貨幣・度量衡など）
      - 宮内《くない》省（宮中の事務など）
  - 右大臣
- **弾正台**《だんじょうだい》（風俗の取締まり，官吏の監察）
- **五衛府**《ごえふ》（宮城の警備）
  - 衛門府
  - （左・右）衛士府《えじふ》
  - （左・右）兵衛府《ひょうえふ》

- 非常置の最高官…**太政大臣**＝則闕《そっけつ》(の)官
- 常置の最高官…**左大臣**

- 文官を統括…式部省 ➡大学寮
- 武官を統括…兵部省

●戸籍・租税…**民部**省　●外交・仏事…**治部**省

② **都城制**

● 710年(元明天皇)，平城京に遷都。

●唐の長安城を模倣。都城制…都を羅城《らじょう》で囲む(日本では発達せず)。

●条坊制…朱雀大路

- **左**京…東市《ひがしのいち》
- **右**京…西市《にしのいち》

平城京

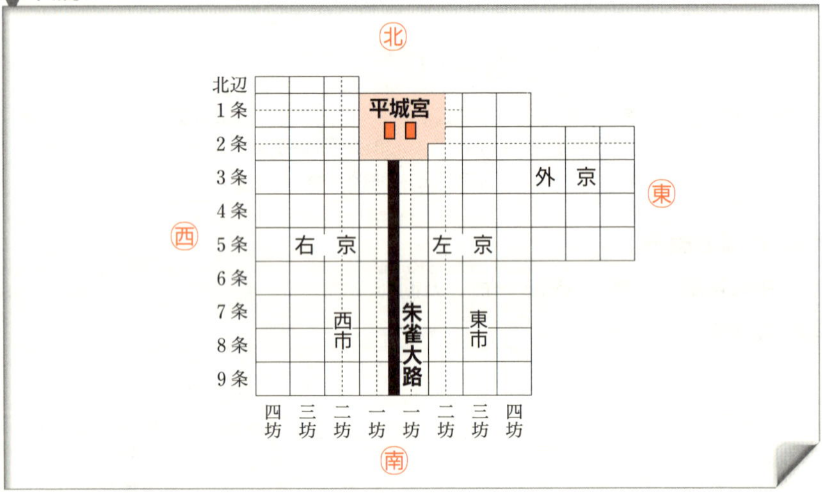

③ **地方制度**

●行政区分…**畿内《きない》・七道《しちどう》**

- 畿内…**大和・山城(山背)・摂津・河内・和泉**
- 七道…東海・東山・北陸・山陰・山陽・南海・西海(道)

畿内・七道

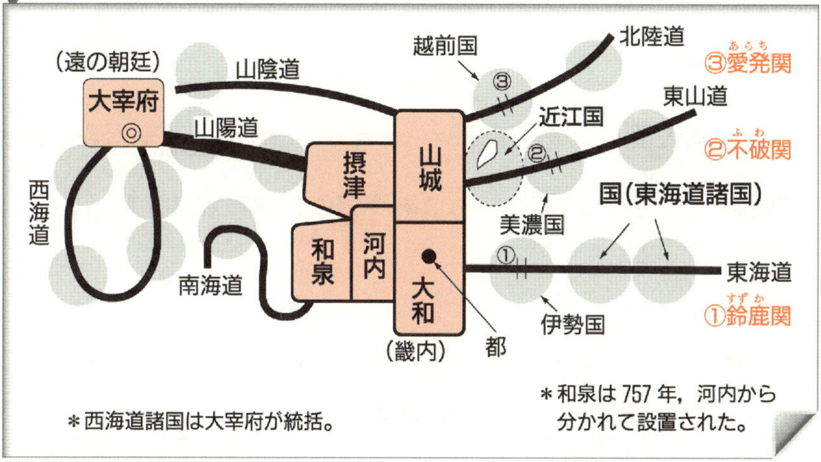

＊**西海道**は**大宰府《だざいふ》**が支配する。

＊近江《おうみ》国…東山道諸国に属する。

＊三関《さんげん》
- **東海**道・伊勢国…**鈴鹿関《すずかのせき》**
- **東山**道・美濃国…**不破関《ふわのせき》**
- **北陸**道・越前国…**愛発関《あらちのせき》**

●地方官
- **国司**…中央貴族を交代で派遣(任期６年，のち４年)。
- **郡司**…旧国造などの在地豪族から任命(終身官・世襲)。
- **里長**…里内の有力農民を任命。

国・評《こおり》・里 ➡(701)国・郡・里…藤原京跡からの木簡によって確認された。

(717)国・郡・**郷《ごう》**

●特別地域
- (左・右)京職《きょうしき》
- 摂津職《せっつしき》
- **大宰府**…**西海道**諸国を統括。外交と防衛。
  「遠《とお》の朝廷《みかど》」：長官は**帥《そち》**。

第9回 律令制度(2)

1 律令官人制

➡ 本編解説 p.162 ～ 167

● **位階制**…正一位《しょういちい》から少初位《しょうそい》まで **30** 階（⬅冠位十二階：603 年）

- 貴族…**五**位以上
- 公卿…**三**位以上

● **官位相当の制**…位階に応じた官職に任命される。

《官位相当表》

官＼位	正一位 従一位	正二位 従二位	正三位	従三位	正四位		従四位		正五位		従五位		正六位		従六位		正七位		従七位		正八位		従八位		大初位		少初位	
					上	下	上	下	上	下	上	下	上	下	上	下	上	下	上	下	上	下	上	下	上	下	上	下
神祇官								伯				大副	少副		大祐	少祐						大史	少史					
太政官	太政大臣	左大臣 右大臣 内大臣	大納言	中納言		参議	大弁		中弁	少弁		少納言	大史				大外記 少史		少外史									
中務省					卿				大輔		少輔		大丞		少丞		大録				少録							
式部省 治部省 民部省 兵部省 刑部省 大蔵省 宮内省						卿				大輔		少輔		大丞	少丞		大録				少録							
大宰府				帥					大弐			少弐		大監	少監		大典				少典							
国司 大国											守			介				大掾	少掾				大目	少目				
国司 上国												守			介				掾					目				
国司 中国														守							掾					目		
国司 下国																守								掾			目	

《表の見方》 神祇官の長官なら，一番上の横の行の神祇官の欄を横に見ていって，最初の「伯」が長官。「伯」の上を見ると「従四位」の「下」なので，神祇伯の官位相当は従四位下となる。

● **貴族の特権**…豪族が大化改新後，特権を与えられ，貴族に成長。

① 経済収入…位田《いでん》・位封《いふう》・位禄《いろく》・季禄《きろく》・資人《しじん》・職田《しきでん》・職封《しきふう》

② 調《ちょう》・庸《よう》・雑徭《ぞうよう》の免除

③ 刑法上の特典…八虐《はちぎゃく》は除く。

④ **蔭位《おんい》の制**…三位以上の貴族の子と孫，四・五位の貴族の子は 21 歳で位階を与えられる。

● **四等官制**…**長官《かみ》**・**次官《すけ》**・**判官《じょう》**・**主典《さかん》**

《四等官制》

四等官＼官庁	神祇官	太政官	省	衛府	大宰府	国	郡
長官《かみ》	伯	太政大臣 左大臣 右大臣	卿	督	帥	守	大領
次官《すけ》	大 少 副	大納言	大 少 輔	佐	大 少 弐	介	少領
判官《じょう》	大 少 祐	少納言 左弁官 右弁官	大 少 丞	大 少 尉	大 少 監	大 少 掾	主政
主典《さかん》	大 少 史	大 少 外記 大 少 史	大 少 録	大 少 志	大 少 典	大 少 目	主帳

2 律令税制と農民

➡ 本編解説 p.168～174

● **身分制度**

- **良民**…貴族・下級官人・公民(一般農民)・品部《しなべ》・雑戸《ざっこ》
- **賤民**…五色《ごしき》の賤《せん》(陵戸《りょうこ》・官戸《かんこ》・公奴婢《くぬひ》・家人《けにん》・私奴婢《しぬひ》)

● **戸籍・班田収授**

- **戸籍**…班田のための台帳，6 年ごとに作成。
  「五比《ごひ》」＝ 30 年間保存，「庚午年籍《こうごねんじゃく》」は永久保存。　史料17
- **計帳**…調・庸徴収のための台帳，**毎年**作成。

戸籍の変遷

（天智）	（持統）	（文武）
670 年	690 年	701 年
庚午年籍 →	**庚寅年籍** →	**戸令** … 6年1造，「五比」＝30年間保存

＊現存最古の戸籍　…　702（大宝 2）年

● **班田収授**…唐の均田法を参考

① **目的**…土地・農民を国家の支配下におくことによって徴税の対象を確保する。

② **内容**…**6** 歳以上の男女に**口分田**《くぶんでん》を班給《はんきゅう》。死者の口分田は次の班田の年に収公《しゅうこう》。

③ **班給額**

┌良民男子…**2** 段
└良民女子…男子の**3分の2**＝1段 120 歩

┌官有賤民男女…良民と同じ。
└私有賤民男女…良民男女の各**3分の1**

＊公田《こうでん》（乗田《じょうでん》）は**賃租**《ちんそ》。

④ **土地区画**…**条里制**

● **田地の種類**…口分田，位田《いでん》・職田《しきでん》・功田《こうでん》・賜田《しでん》・寺田《じでん》・神田《しんでん》，乗田《じょうでん》など

3 律令税制

➡本編解説 p.175～177

●土地税

租	田1段につき2束2把 ＊収穫の約3%，土地税 ＊**地方の財源**	

●人頭税

	正丁(21～60歳)	次丁(老丁)(61～65歳)	中男(少丁)(17～20歳)	備考
庸	布2丈6尺 ＊年10日の歳役の代わり ＊中央の財源	正丁の2分の1	なし	京・畿内は免除
調	絹・絁8尺5寸 美濃絁6尺5寸 糸8両・綿1斤 布2丈6尺 その他郷土の産物 （のうち一種） ＊中央の財源	正丁の2分の1	正丁の4分の1	京・畿内は各々の2分の1
雑徭	年60日以内の労役 ＊国司の権限で使役 ＊地方税	正丁の2分の1	正丁の4分の1	
義倉	備荒貯蓄のため，毎年**粟**などを納める。 ＊上々戸2石～下々戸1斗			
出挙	稲の強制貸付け。5割の利子。租税化する。 ＊地方の財源			
仕丁	50戸から2人の割合で徴発し，3年間中央官庁の雑役に服する。			
運脚	調・庸を各地方より運搬する。			
兵役	正丁3人に1人の割合で徴発し，各地の**軍団**に配属。 ＊**衛士**（1年）・**防人**（3年）			

＊租以外は，皇親/8位以上/男子16歳以下と66歳以上/蔭子孫(五位以上の官人の子/三位以上の官人の子および孫)/女子/廃疾/家人/奴婢は不課。

第10回 8世紀の政治

1 国域の拡大と経済の発展

➡本編解説 p.179～185

●国域の拡大

① **東　北**…蝦夷《えみし》征討

- 出羽柵《でわのさく》(708) ➡出羽国設置(712)
- **多賀城**設置(724) ➡陸奥国府《むつこくふ》・鎮守府《ちんじゅふ》を置く。
  - 　└→ 802 胆沢《いさわ》城に移る(→第13回)

② **南九州**…隼人《はやと》征討

- (日向《ひゅうが》国から分立)702年薩摩《さつま》国 ➡ 713年大隅《おおすみ》国設置
- 種子島《たねがしま》・屋久島《やくしま》・奄美《あまみ》諸島も服属《ふくぞく》。

●経済の発展

- 金(陸奥《むつ》)・銀(対馬《つしま》)・銅(周防《すおう》，武蔵《むさし》)
- 武蔵国秩父《ちちぶ》郡から銅(708) ➡改元，**和銅《わどう》**元年

① **和同開珎《わどうかいちん》**(708)…皇朝《こうちょう》(本朝《ほんちょう》)十二銭の最初。
　ただし，天武朝に富本銭《ふほんせん》が発行されている。

- **蓄銭叙位令《ちくせんじょいれい》**(711)　史料18

② **農　業**…鉄製農具普及，灌漑技術進歩，開墾事業推進

③ **手工業**

- 大陸技術の伝来
- 朝廷や貴族の工房(品部・雑戸)，国衙の工房
- 農民の副業 ➡調・庸

④ **商業・流通**

- **市**
  - 官設市…東市《ひがしのいち》・西市《にしのいち》 ➡市司《いちのつかさ》
  - 既存の市…海石榴市《つばきのいち》・軽市《かるのいち》など

⑤ **交　通**

- 駅制…**駅家《うまや》**設置(約16kmごと) ➡駅鈴《えきれい》
- 運脚《うんきゃく》の労苦 ➡布施屋《ふせや》の設置(行基《ぎょうき》)

2 奈良時代の政治(8世紀の政局)

➡本編解説 p.186～197

天皇家と藤原氏の関係系図

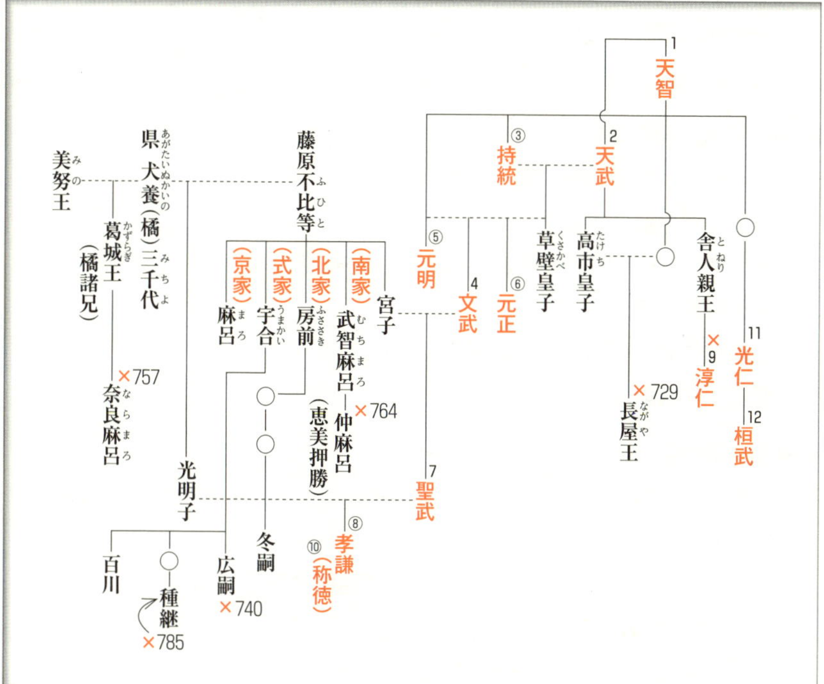

〈注〉数字はこの系図内の天皇の即位順を示す。○つきは女帝。×は政変，反乱などにより死亡。

● **藤原不比等**…文武《もんむ》・元明《げんめい》・元正《げんしょう》朝

① 天皇と外戚《がいせき》関係を結ぶ(宮子《きゅうし》・光明子《こうみょうし》)。

② **大宝律令**制定(701)…刑部親王《おさかべしんのう》とともに。

➡**養老律令**制定(718)…施行は757年。

③ **平城京**遷都(710)

● **長屋王《ながやおう》**…元正・聖武《しょうむ》朝

① **皇親《こうしん》**勢力(天武《てんむ》天皇の子・孫)

② 百万町歩開墾《ひゃくまんちょうぶかいこん》計画(722)，**三世一身法《さんぜいっしんほう》**(723)

③ 聖武天皇即位 ➡藤原四子が光明子の立后《りゅうごう》を計画…**長屋王の変**(729)

● **藤原四子**…聖武朝

〈南家〉武智麻呂《むちまろ》，〈北家〉房前《ふささき》，〈式家〉宇合《うまかい》，〈京家〉麻呂《まろ》

① **光明皇后《こうみょうこうごう》**立后(729) ←

② 天然痘《てんねんとう》で四子病死(737)

● **橘《たちばなの》 諸兄《もろえ》**…聖武朝

① 皇親勢力…**吉備真備《きびのまきび》**・**玄防《げんぼう》**の重用

② **藤原広嗣《ひろつぐ》の乱**(740)

③ 遷　都…恭仁《くに》(山背)・難波《なにわ》(摂津)・紫香楽《しがらき》(近江)

④ **国分寺建立《こんりゅう》の 詔《みことのり》**(741)

盧舎那仏造立《るしゃなぶつぞうりゅう》(大仏造立)の詔(743)…(近江《おうみ》)紫香楽宮で。

⑤ **墾田永年私財法《こんでんえいねんしざいほう》**(743)

● **藤原仲麻呂**…孝謙・淳仁朝

＊孝謙天皇即位(749) ⬅光明皇太后の信任。紫微中台《しびちゅうだい》(長官・藤原仲麻呂)

① 大仏開眼会《だいぶつかいげんえ》(752)

聖武太上天皇没(756)，橘 諸兄《たちばなのもろえ》没・**養老律令施行**(757)

② **橘《たちばなの》 奈良麻呂《ならまろ》の乱**(757)…反仲麻呂勢力を弾圧。

③ **淳仁《じゅんにん》**天皇擁立 ➡天皇から**恵美押勝《えみのおしかつ》**の名を賜《たまわ》る。

④ 孝謙上皇・道鏡《どうきょう》との対立表面化 ➡**恵美押勝の乱**(764)

● **道鏡**…称徳《しょうとく》朝

① **称徳**天皇(孝謙天皇の**重祚《ちょうそ》**)の信任。

② 太政大臣禅師《だいじょうだいじんぜんじ》 ➡法王

③ **宇佐八幡宮託宣《うさはちまんぐうたくせん》事件**(道鏡皇位《こうい》事件)…和気清麻呂《わけのきよまろ》の活躍。

④ 称徳天皇没(770) ➡光仁天皇…道鏡を下野《しもつけ》薬師寺に左遷《させん》。

8 世紀の政治

707 没　707 即位　715 即位　724 即位　749 即位　758 即位　764 孝謙重祚　770 没

文武➡元明➡元正 ➡ 聖武 ➡ 孝謙 ➡ 淳仁 ➡ 称徳 ➡ 光仁

藤原不比等 → 長屋王→藤原四子 → 橘諸兄 → 藤原仲麻呂→道鏡 → 藤原百川

720 没　729 没　737 没　(56 失脚)757 没　764 没

第11回 初期荘園・遣唐使

1 初期荘園の形成

➡ 本編解説 p.199～207

●農民の生活

① **口分田《くぶんでん》**を耕作，公田(**乗田《じょうでん》**)を賃租《ちんそ》。

② 重い税負担…農民の疲弊(山上憶良《やまのうえのおくら》「**貧窮問答歌《ひんきゅうもんどうか》**」) 史料19

●浮浪・逃亡

① 浮浪《ふろう》，逃亡，偽籍《ぎせき》(女子の多い戸籍)・私度《しど》 史料20

② 口分田荒廃

●政府の開墾奨励

① **百万町歩開墾《ひゃくまんちょうぶかいこん》計画**(722)

② **三世一身法《さんぜいっしんほう》**(723) 史料21

- 三世保有…新たな溝池による開墾
- 一身保有…旧溝池を利用した開墾

③ **墾田永年私財法《こんでんえいねんしざいほう》**(743) 史料22

- 位階別に開墾面積限定…一位の500町～庶民10町
- 国司の許可，3年以内に開墾終了。
- **加墾禁止令《かこんきんしれい》**で一時停止(765，**道鏡**政権) ➡復活(772，**光仁**朝)，制限なし。 史料23

●初期荘園(8～9世紀)

① **成　立**…中央の貴族や寺院がみずから開墾，農民の開墾地を買得。

② **特　徴**…荘園領主(貴族・寺院)の直接経営。

- 班田農民や浮浪人《ふろうにん》の使用…**賃租**による経営。
- 律令制に依拠《いきょ》 ➡国司・郡司の協力…**輸租田《ゆそでん》**

③ 9世紀以降，律令制の衰え，労働力の不足に伴い，衰退。

2 遣唐使

➡ 本編解説 p.208～218

●遣唐使の派遣

① **開　始**…**犬上御田鍬**《いぬかみのみたすき》の派遣(630，舒明《じょめい》朝)

② **停　止**…**菅原道真**《すがわらのみちざね》の建議(894，宇多《うだ》朝)　史料24

③ **航　路**…北路《ほくろ》 ➡(新羅との関係悪化)南路《なんろ》・南島《なんとう》路

④ **渡航者**…高向玄理《たかむこのげんり》・藤原宇合《うまかい》・山上憶良・阿倍仲麻呂(朝衡《ちょうこう》)・吉備真備《きびのまきび》・玄防《げんぼう》・藤原清河・橘逸勢《たちばなのはやなり》・最澄《さいちょう》・空海《くうかい》・円仁《えんにん》など

〈注意〉(1) 天武・持統朝には派遣されず。

(2) 8世紀以降，南路。「**四つの船**」と呼ばれた。

(3) 客死…**高向玄理**・**阿倍仲麻呂**・藤原清河

(4) 9世紀の遣唐使は平安仏教をもたらす(→第17回)。

《遣唐使一覧》

	年代	使節	備考		年代	使節	備考
1	630(舒明2)　出 632(舒明4)　帰	**犬上御田鍬** 薬師恵日	(帰)**僧旻**	11	746(天平18)		中　止
2	653(白雉4)　出 654(白雉5)　帰		**道昭**入唐	12	752(天平勝宝4)　出 753(天平勝宝5) 754(天平勝宝6)　帰	**藤原清河** **吉備真備**	**鑑真**来朝
3	654(白雉5)　出 655(斉明1)　帰	**高向玄理** 薬師恵日	玄理，客死	13	759(天平宝字3)　出 761(天平宝字5)　帰	(迎入唐大使の派遣)	
4	659(斉明5)　出 661(斉明7)　帰			14	761(天平宝字5)	**石上宅嗣**	中　止
5	665(天智4)　出 667(天智6)　帰			15	762(天平宝字6)		中　止
6	667(天智6)　出 668(天智7)　帰			16	777(宝亀8)　出 778(宝亀9)　帰		
7	669(天智8)　出 ?　帰			17	779(宝亀10)　出 781(天応1)　帰		
8	702(大宝2)　出 704(慶雲1)　帰	**粟田真人**	**山上憶良** 入唐	18	804(延暦23)　出 805(延暦24)　帰		(往) **橘逸勢**・**最澄**・**空海**
9	717(養老1)　出 718(養老2)　帰	**藤原馬養** (宇合)	(往)**阿倍仲麻呂**・**真備**・**玄防**	19	838(承和5)　出 839(承和6)　帰	藤原常嗣 **小野篁**	(往) **円仁** 小野篁の不服
10	733(天平5)　出 735(天平7) 737(天平9)　帰		(帰)真備・玄防	20	894(寛平6)	**菅原道真**	停　止

3 新羅・渤海との外交関係

➡ 本編解説 p.219～221

● **新羅との交渉**（6世紀末～779）

① 奈良時代に17回新羅使の来朝…最後の新羅使：779年

② しだいに関係悪化 ➡遣唐使の航路変更。

● **渤海との交渉**（727～922）

① 唐・新羅との対立から日本へ接近 ➡貿易が目的となる。

② 遣唐使廃止以後の唯一の通交国…最後の渤海使:922年（919年説もあり）

③ 能登《のと》客院《きゃくいん》・松原《まつばら》客院…迎賓《げいひん》施設

新羅・渤海との外交

	6世紀末	7世紀	8世紀	9世紀	10世紀
		唐618　630第1回		894停止	唐907滅亡
新羅使		(663～中断)　668再開	779最後		935滅亡
渤海使		698建国	最初727		922最後　926滅亡
			729遣渤海使　～811		
			(外交→貿易)		

遣唐使航路図

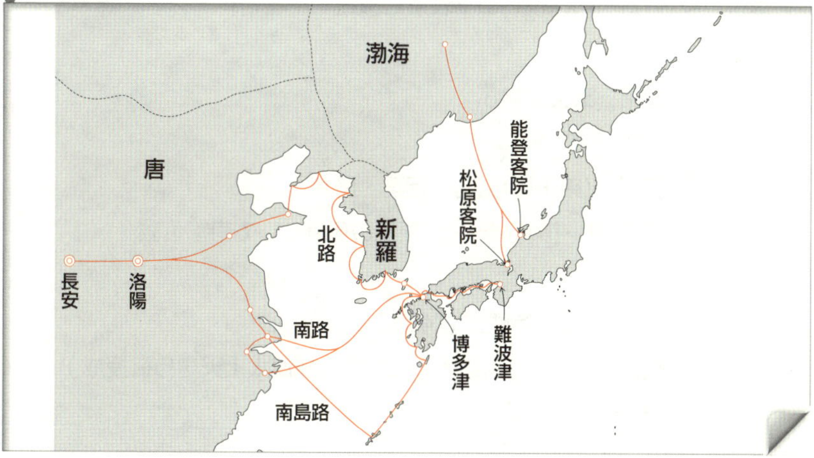

第12回 国家仏教と天平文化

1 国家仏教の展開

➡ 本編解説 p.223 ~ 229

国家仏教

飛鳥文化		白鳳文化	天平文化
仏教公伝 ➡ 欽明朝 百済・聖明王	憲法十七条 「篤く三宝を敬え」	➡ 大官大寺・薬師寺 ➡ 天武天皇	**東大寺・国分寺** **聖武・光明皇后**

●国家仏教の発展

① **鎮護**《ちんご》**国家**の法会。

② **国分寺**・**国分尼寺** 史料25

　➡**盧舎那仏**《るしゃなぶつ》**(大仏)**造立 史料26

③ **南都六宗**《なんとろくしゅう》(三論《さんろん》・成実《じょうじつ》・**法相**《ほっそう》・倶舎《くしゃ》・**華厳**《けごん》・**律**《りつ》)…教理研究中心。

④ 僧尼令…僧尼の統制。

南都六宗・僧侶・寺院

三論宗 ➡ 道慈… 大安寺 の平城京に移転

成実宗

法相宗 ➡ 道昭…玄奘に学ぶ

　玄昉

　義淵…(弟子に)玄昉・行基・良弁

　元興寺 ・ 興福寺 …藤原氏の氏寺として南都仏教

倶舎宗

華厳宗 ➡ 良弁… 東大寺 建立(748ごろ)の中心

律　宗 ➡ 鑑真(754入京，東大寺に戒壇，聖武太上天皇らに授戒)

　唐招提寺

●鑑真の来朝

① 東大寺に**戒壇**《かいだん》設立。

●天下の(本朝)三戒壇…東大寺・筑紫観世音寺《つくしかんぜおんじ》・下野《しもつけ》薬師寺

② **唐招提寺**《とうしょうだいじ》建立。

●社会事業

① **行基**…民間布教と社会事業(布施屋《ふせや》)

② 光明《こうみょう》皇后…**悲田院**《ひでんいん》・**施薬院**《せやくいん》

●神仏習合…神宮寺《じんぐうじ》・神前読経《しんぜんどきょう》

2 天平文化

➡ 本編解説 p.230～240

●特　徴

① 律令国家成立期の文化。

② **盛唐**《せいとう》文化の影響…国際色豊か。

③ 聖武《しょうむ》天皇，**平城京**を中心とする貴族文化。

④ **国家仏教**の発展。

●学問・教育

┌**大学**…**式部省**《しきぶしょう》の管轄，中央の官吏養成機関，五位以上の貴族の子弟

└**国学**…地方，郡司の子弟

●**芸亭**《うんてい》…石上宅嗣《いそのかみのやかつぐ》，私設公開図書館

●文　学

① **『万葉集』**《まんようしゅう》…20巻，約4500首，**万葉がな**，**東歌**《あずまうた》・**防人歌**《さきもりうた》

「万葉集」の歌人

第１期	第２期	第３期	第４期
額田王 有間皇子	柿本人麻呂	山上憶良 大伴旅人 山部赤人	大伴家持

② **『懐風藻《かいふうそう》』**…751 成立，最古の漢詩集，淡海三船《おうみのみふね》・石上宅嗣ら

●史書・地誌

① **『古事記』**…712 成立，（暗誦）**稗田阿礼《ひえだのあれ》**・（筆録）**太安万侶《おおのやすまろ》**

② **『日本書紀』**…720 成立，**舎人親王《とねりしんのう》**ら，六国史《りっこくし》の最初。

712 古事記……	（暗誦）稗田阿礼 （筆録）太安万侶	日本語	編年体（物語風）	神代～推古
720 日本書紀…	（総裁）舎人親王	漢文	編年体	神代～持統

③ **『風土記《ふどき》』**…713 撰上《せんじょう》の詔《みことのり》。

現存の**五風土記**（常陸《ひたち》・播磨《はりま》・**出雲《いずも》**・肥前《ひぜん》・豊後《ぶんご》）

●美　術

① **建築**…**東大寺**（法華堂《ほっけどう》・正倉院），**唐招提寺《とうしょうだいじ》**（金堂《こんどう》・講堂），法隆寺伝法堂《でんぼうどう》

② **彫刻**…**塑《そ》像**・**乾漆《かんしつ》像中心**

- 塑　像…東大寺法華堂日光・月光菩薩《がっこうぼさつ》像，執金剛神《しつこんごうしん》像など
- 乾漆像…東大寺法華堂不空羂索観音《ふくうけんじゃくかんのん》像，興福寺八部衆《こうふくじはちぶしゅう》像（阿修羅《あしゅら》像など）
  興福寺釈迦《しゃか》十大弟子像，唐招提寺鑑真《がんじん》像，唐招提寺金堂盧舎那仏像など

③ **絵画**…正倉院鳥毛立女屛風《とりげだちおんなびょうぶ》，**薬師寺吉祥天《きちじょうてん》像**

④ **工芸品**…正倉院宝物《ほうもつ》（螺鈿紫檀五絃琵琶《らでんしたんごげんびわ》・漆胡瓶《しっこへい》など）

天平文化の主な美術作品

【建　築】

①**東大寺法華堂**…三月堂《さんがつどう》と呼ばれる。正堂は天平期，礼堂《らいどう》は鎌倉時代に付け加えられたもの。

②**正倉院宝庫**…校倉《あぜくら》造りの代表。

③**唐招提寺金堂**…天平期の金堂としてはほとんど唯一《ゆいいつ》のもの。

④**唐招提寺講堂**…平城京の建物の「朝集殿」を移築《いちく》。平城京の建物で残っている唯一のもの。

⑤**法隆寺夢殿《ゆめどの》**…八角形の建物。

⑥**法隆寺伝法堂《でんぼうどう》**…貴族の邸宅だった建築物。

【彫　刻】

①**興福寺阿修羅像**（乾漆像《かんしつぞう》）…三面六臂《さんめんろっぴ》。八部衆像の１。名称はコワイが初々しい，ふっくらした優しい表情。

②**東大寺法華堂不空羂索《ふくうけんじゃく》観音像**（乾漆像）…三眼《さんがん》(目《もく》)八臂《はっぴ》。

③**東大寺法華堂日光・月光《がっこう》菩薩像**（塑像《そぞう》）…法華堂の代表的な塑像。②の両脇に配置。

④**東大寺戒壇院《かいだんいん》四《し》天王《てんのう》像**（塑像）…戒壇院の塑像。

⑤**唐招提寺鑑真《がんじん》(和上《わじょう》)像**（乾漆像）…盲目《もうもく》の高僧の肖像。乾漆像。

⑥**唐招提寺金堂盧舎那仏像**（乾漆像）

【絵画など】

①**正倉院鳥毛立女屏風**…中国（盛唐《せいとう》）風の豊満優美な美人画。唐の典型《てんけい》的《てき》な世俗画《せぞくが》（宗教画ではない）の模倣《もほう》。

②**薬師寺吉祥天《きちじょうてん》像**…典型的な唐の美人画。金光明経《こんこうみょうきょう》に関わる仏画。

③**過去現在絵因果経《かこげんざいえいんがきょう》**…絵巻物《えまきもの》の源流と位置づけられることがある。

④**百万塔陀羅尼《ひゃくまんとうだらに》**…称徳《しょうとく》天皇が恵美押勝《えみのおしかつ》（藤原仲麻呂《なかまろ》）の乱後，百万個作成した木製の小塔の中に込められた世界最古級の印刷物。

【工　芸】

①**正倉院螺鈿紫檀五絃琵琶《らでんしたんごげんびわ》**
②**正倉院漆胡瓶《しつこへい》**
③**正倉院白瑠璃碗《はくるりのわん》**
} 正倉院御物。唐，西アジア，南アジアとの交流を象徴する代表的な工芸品。

④**法隆寺金銀鍍龍首水瓶《きんぎんとりゅうしゅすいびん》**…①～③と同じく盛唐文化を象徴する工芸品。明治時代に皇室に献納された。

3 伽藍配置の変遷

➡ 本編解説 p.241 ～ 245

飛鳥文化

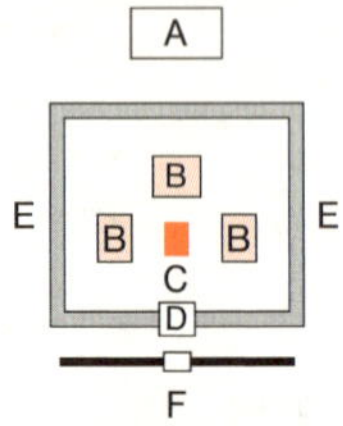

〈飛鳥寺《あすかでら》式〉

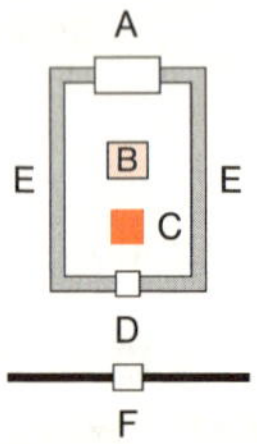

〈四天王寺《してんのうじ》式〉

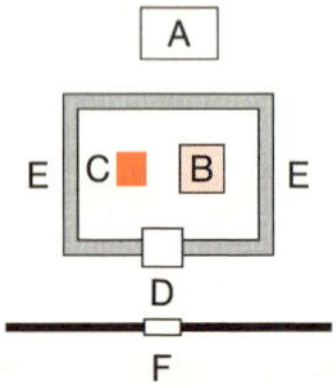

〈法隆寺《ほうりゅうじ》式〉

白鳳文化

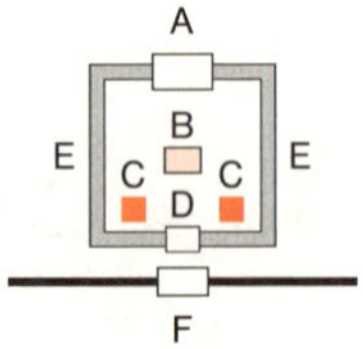

〈薬師寺《やくしじ》式〉

A：講堂《こうどう》　B：■金堂《こんどう》
C：■塔《とう》　D：中門《ちゅうもん》
E：歩廊《ほろう》　F：南大門《なんだいもん》

天平文化

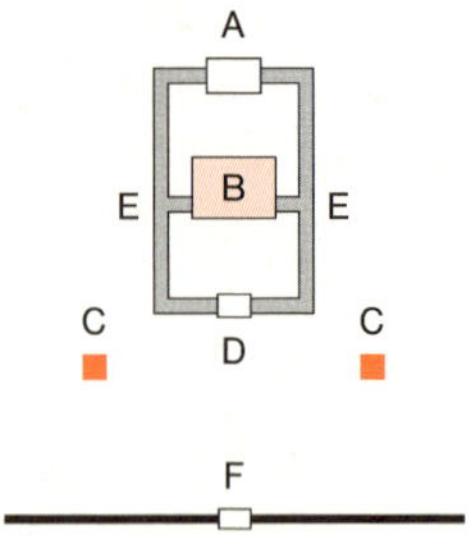

〈東大寺《とうだいじ》式〉

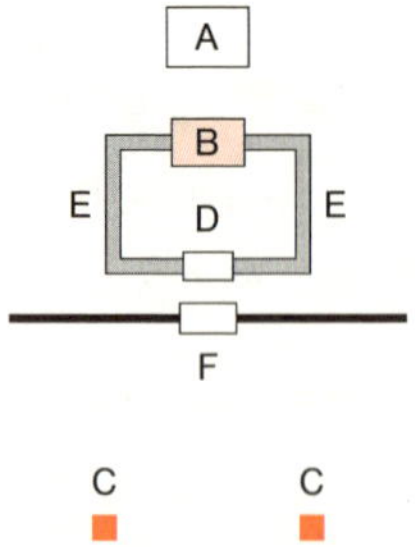

〈大安寺《だいあんじ》式〉

第13回 平安時代の政治(1)

1 律令制の再出発

➡本編解説 p.247 ～ 260

●光仁天皇

① **天智系**の天皇…藤原百川《ももかわ》らが擁立。

② 官吏《かんり》整理，事務簡素化，財政節約など。

┌**天智**―○―**光仁**―**桓武**―平城
└**天武**―○―文武―聖武

●桓武天皇

① 平安京遷都

- **長岡京**遷都(784)
  藤原種継《たねつぐ》暗殺(785) ➡早良親王《さわらしんのう》廃太子：安殿《あて》親王立太子(平城《へいぜい》天皇)
- **平安京**遷都(794)

② **蝦夷**征討

- 征東大使紀古佐美《きのこさみ》，阿弖流為《あてるい》に敗北。
- **坂上田村麻呂**《さかのうえのたむらまろ》を征夷大将軍《せいいたいしょうぐん》に任命(797)。阿弖流為，降伏。
- 胆沢《いさわ》城(802，鎮守府《ちんじゅふ》)…陸奥《むつ》国国府は多賀《たが》城のまま。　●志波《しわ》城(803)

東北経営図

①**渟足柵**《ぬたりのさく》
②**磐舟柵**《いわふねのさく》
③**出羽柵**《でわのさく》
④**多賀城**《たがじょう》

③ **徳政相論**《とくせいそうろん》(805)…**藤原緒嗣**《おつぐ》：「軍事」「造作《ぞうさく》」の中止。 **史料27**

④ 律令制度の見直し

- 農民負担軽減…
  - **雑徭**《ぞうよう》半減：60 日 ➡ 30 日
  - 公出挙《くすいこ》利息引下げ：5 割 ➡ 3 割
- 班田の励行《れいこう》…6 年 1 班 ➡ 12 年 1 班
- 地方政治強化…**勘解由使**《かげゆし》設置。
- 兵制の改革…軍団の廃止：**健児**《こんでい》の制(792) **史料28**

平安初期天皇家系図

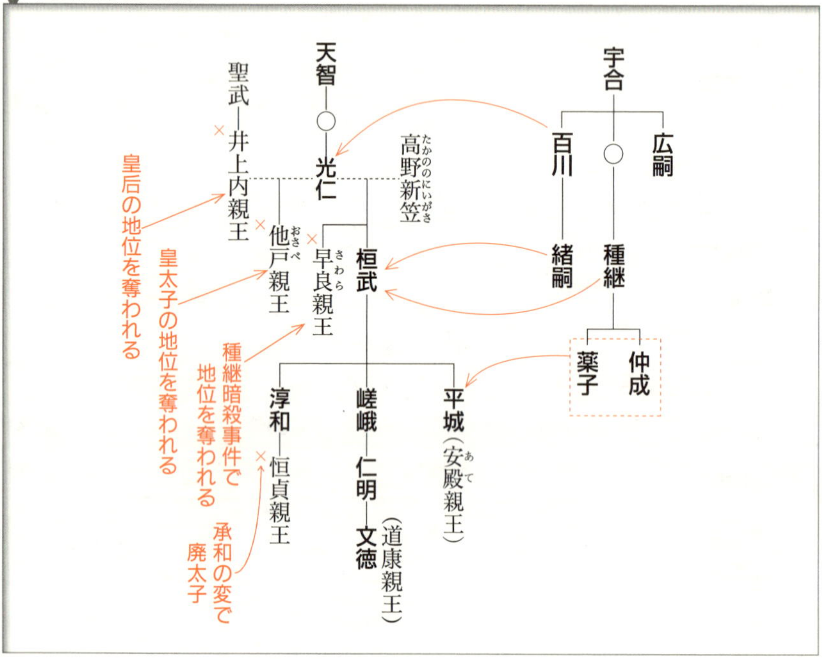

● 嵯峨天皇

① **平城太上**《へいぜいだいじょう》**天皇の変**(薬子《くすこ》の変)：810 年

- 藤原薬子・仲成《なかなり》が平城上皇の重祚《ちょうそ》を画策。
- 平城上皇は平城京へ…「**二所**《にしょ》**朝廷**」

② 令外官《りょうげのかん》の設置

- 蔵人所《くろうどどころ》(810)…天皇の機密に参与。藤原冬嗣《ふゆつぐ》・巨勢野足《こせののたり》を蔵人頭《くろうどのとう》に任命。
  薬子・仲成を排除。
- 検非違使《けびいし》………京中の治安維持。

③ 法制の整備

- 格式《きゃくしき》の編纂…弘仁《こうにん》格式(820)
- 令《りょう》の解釈統一…823, 弟の淳和《じゅんな》天皇に譲位。833,『令義解《りょうのぎげ》』成立。

養老令の注釈書

- 『令義解』(833年)………清原夏野《きよはらのなつの》ら(官撰)
- 『令集解』(9世紀後半)…惟宗直本《これむねのなおもと》(私撰)

《令外官》

官職名	設置年		主な職務内容
	天皇	年代	
中納言	文武	705（慶雲2）	大納言の補佐役。奏上《そうじょう》・宣下《せんげ》のことをつかさどり，機密に参与
参議	聖武	731（天平3）	八省・左右弁官の長官で，勅《ちょく》により朝政《ちょうせい》に参じ，その議にあずかる
内大臣	光仁	771（宝亀2）	左右大臣の下で太政官の政務をつかさどる
征夷大将軍	桓武	794（延暦13）	蝦夷《えみし》征討の最高指揮者。大伴弟麻呂が最初
勘解由使《かげゆし》	桓武	（不詳，延暦年間）	国司交替の際発せられる解由状を調べる
蔵人頭《くろうどのとう》	嵯峨	810（弘仁1）	天皇の詔勅《しょうちょく》・宣旨《せんじ》をつかさどり，天皇の機密に参与する
検非違使《けびいし》	嵯峨	（不詳，弘仁年間）	姦民《かんみん》盗賊の検挙逮捕，風俗の取締り，内外の非法の糾弾《きゅうだん》にあたる
押領使《おうりょうし》	陽成	878（元慶2）	諸国の兵を率いて暴徒を鎮圧する
関白	宇多	888（仁和4）	一切の奏文《そうぶん》を天覧《てんらん》以前に確認する

2 藤原北家の台頭

➡ 本編解説 p.261 〜 267

藤原北家と天皇の関係(1)

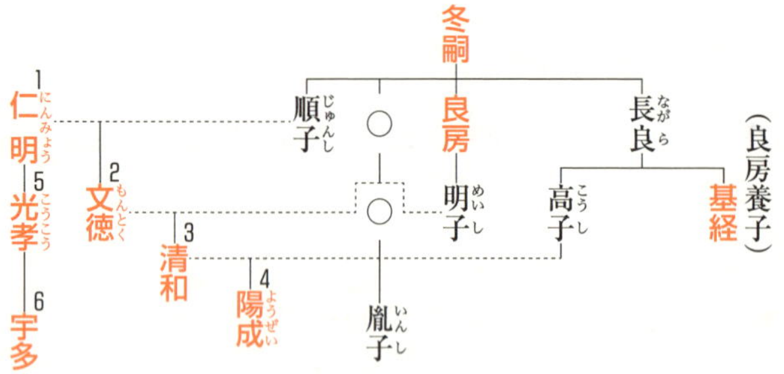

〈注〉天皇につけた数字は，この系図内の即位の順序。

●藤原冬嗣

●平城太上天皇の変(810)に際して**蔵人頭**《くろうどのとう》に就任…**北家**《ほっけ》台頭

●藤原良房

① **承和の変**(842)…伴健岑《とものこわみね》・橘 逸勢《たちばなのはやなり》の排斥，道康《みちやす》親王立太子。

●橘逸勢は 804 年の遣唐使。三筆の 1 人。

② **文徳**《もんとく》**天皇**即位(850)…太政大臣に就任(857)。

③ **清和**《せいわ》**天皇**即位(858)…事実上の**摂政**《せっしょう》就任。

④ **応天門**《おうてんもん》**の変**(866)…大納言《だいなごん》伴善男《とものよしお》・紀豊城《きのとよき》の排斥。

良房，正式に**摂政**就任。 史料29

＊絵巻物「伴大納言絵巻《ばんだいなごんえまき》」は院政期の作品。

●藤原基経

① 陽成《ようぜい》天皇を廃して光孝《こうこう》天皇擁立(884)…事実上の**関白**《かんぱく》就任。

② **宇多**《うだ》**天皇**即位(887)…正式に**関白**就任。 史料30

阿衡《あこう》**事件**(887 〜 888)

基経死去(891)…宇多天皇親政：「寛平《かんぴょう》の治」。

●**菅原道真**《すがわらのみちざね》を重用(蔵人頭)。

第14回 平安時代の政治(2)

1 延喜・天暦の治

➡本編解説 p.269～275

＊後世，天皇政治の理想とされる。

●宇多天皇（寛平の治）

① 基経《もとつね》死後，**菅原道真**を登用（蔵人頭《くろうどのとう》）

② **遣唐使の停止**（894）…宇多天皇 ⬅**菅原道真**

③ 寛平《かんぴょう》の御《ご》遺誡《ゆいかい》（897）

藤原北家と天皇の関係(2)

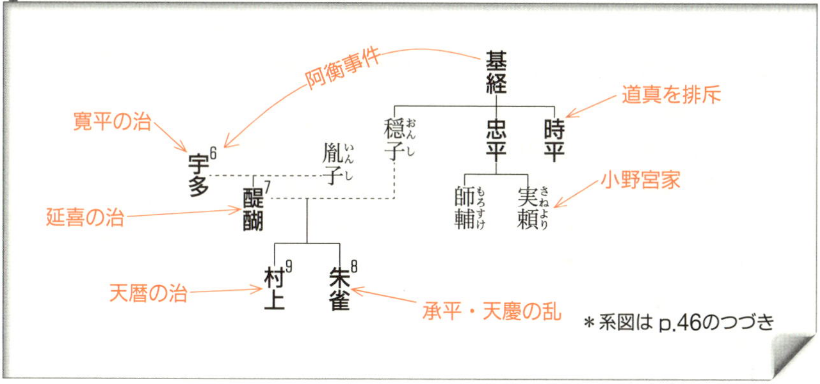

●醍醐天皇（延喜の治）

① **昌泰《しょうたい》の変**

● 左大臣藤原**時平《ときひら》**の策謀。

● 右大臣菅原道真を左遷（901）➡大宰権帥《だざいごんのそち》

● 菅原道真を祀る神社…┌（京都）北野天満宮《きたのてんまんぐう》
　　　　　　　　　　　└（九州）太宰府天満宮

＊道真は学問の神となる…天神《てんじん》信仰

② **最後の班田**（902）

③ **延喜の荘園整理令**(902) 史料31

- 勅旨《ちょくし》開田《かいでん》の停止。
- 「院宮王臣家《いんぐうおうしんけ》」の土地占有を禁止。

④ **延喜格・延喜式**編纂

⑤『**日本三代実録**』編纂…「六国史《りっこくし》」の最後：三代＝清和《せいわ》・陽成《ようぜい》・光孝《こうこう》天皇

⑥『**古今和歌集**』編纂…初の勅撰和歌集(紀貫之ら)

●朱雀天皇

- 藤原忠平《ただひら》：承平《じょうへい》・天慶《てんぎょう》の乱

●村上天皇(天暦の治)

- **乾元大宝《けんげんたいほう》**鋳造(958)…「皇朝《こうちょう》十二銭」の最後

10世紀は「最初」と「最後」のアラシ

①最後の「六国史」(901) ………	『**日本三代実録**』	897 ↑
②最後の班田命令(902)		
③最初の荘園整理令(902) ……	『**延喜の荘園整理令**』	
④最初の勅撰和歌集(905) ……	『**古今和歌集**』	延喜の治
⑤最後の「格」の編纂(907) ……	『**延喜格**』	(醍醐)
唐の滅亡(907)		
⑥最後の渤海使(922)		
渤海滅亡(926)		
⑦最後の法典編纂(927) ………	『**延喜式**』	↓ 930
⑧最初の武士団の反乱(935) …	「**承平・天慶の乱**」	朱雀天皇
新羅滅亡(935)，高麗，半島統一(936)		
⑨皇朝十二銭の最後(958) ……	「**乾元大宝**」	天暦の治(村上)

2 土地制度・税制の変容

➡ 本編解説 p.276 ～ 287

●班田制の後退

① **農民**の**浮浪《ふろう》**・**逃亡《とうぼう》**・**偽籍《ぎせき》**の増加。

② **班田の不励行。**

③ 政府の対応…**公営田《くえいでん》**(823年，**大宰府管内**)・官田《かんでん》などの直営田。

④ 天皇家・有力貴族の対応…勅旨田《ちょくしでん》・賜田《しでん》 ➡**院宮王臣家《いんぐうおうしんけ》**の勢力拡大。

●徴税方法の転換

① **班田の実施不能**…延喜の荘園整理令も効果上がらず。

② **有力農民の台頭**

③ **課丁《かてい》減少**…三善清行《みよしのきよゆき》の「**意見封事十二箇条《いけんふうじかじょう》**」(914)　史料32

④ **徴税方法の転換**

- **人身賦課《じんしんふか》**(租・調・庸) ➡戸籍制度の崩壊 ➡**土地賦課**(官物《かんもつ》・臨時雑役《りんじぞうやく》)
- 課税単位の土地…**名《みょう》**(**名田《みょうでん》**)
- 耕作を請負う有力農民(**田堵《たと》**・負名《ふみょう》)が**官物**・**臨時雑役**を徴収。

●国司制度の変容

① 10世紀前半，地方政治を国司に委任 ➡国司の**徴税請負人化《ちょうぜいうけおいにん》**

② **「国司」職の利権化** ➡売位・売官の風潮(**成功《じょうごう》**・**重任《ちょうにん》**)

③ **遙任国司と受領**

- **遙任《ようにん》**…俸禄の取得のみをめざし，**国衙《こくが》**(**留守所《るすどころ》**)に目代を派遣。
　➡**目代《もくだい》**と**在庁官人《ざいちょうかんじん》**が実務を行う。
- **受領《ずりょう》**…任国に赴いた国司の最上級者。徴税を強化し，私利を追求。
　➡暴政の例：藤原元命《ふじわらもとなが》「**尾張国郡司百姓等解文《おわりのくにぐんじひゃくしょうらのげぶみ》**」(988)　史料33

第15回 平安時代の政治(3)

1 摂関常置の体制

➡本編解説 p.289～296

●藤原氏の全盛

① **安和の変**(969)

関白藤原**実頼**《さねより》らが **源**《みなもとの》 **満仲**《みつなか》の密告により左大臣 **源**《みなもとの》 **高明**《たかあきら》(醍醐《だいご》天皇の皇子)を大宰権帥《だざいごんのそち》として左遷 ➡他氏排斥《はいせき》完了。以後，摂関常置。

② **氏長者**《うじのちょうじゃ》の地位をめぐる争い

┌兼通《かねみち》(兄)　vs　兼家《かねいえ》(弟)

└道長(叔父《おじ》)　vs　伊周《これちか》(甥《おい》)

藤原家系図

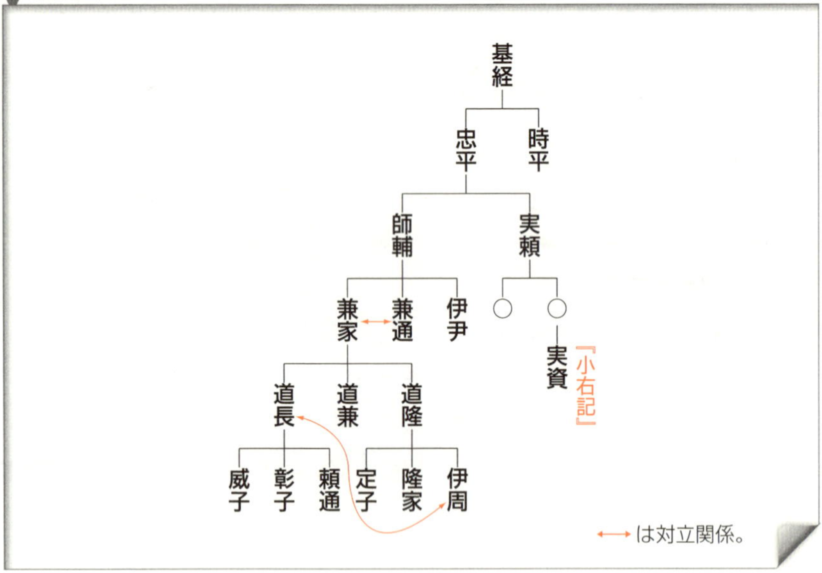

●摂関政治全盛

① **藤原道長**…**御堂《みどう》関白**(内覧《ないらん》・摂政・太政大臣《だいじょうだいじん》)

● ４人の娘(彰子《しょうし》・威子《いし》など)入内《じゅだい》。 史料34

● **法成寺《ほうじょうじ》**(御堂)建立，金峰山《きんぷせん》に経筒《きょうづつ》を埋納《まいのう》(→第 17 回)。**『御堂関白記』**

┌ 1016…摂政
├ 17…(頼通《よりみち》に摂政を譲り)太政大臣
├ 18…威子中宮《ちゅうぐう》 ➡「望月《もちづき》の歌」(小右記《しょうゆうき》)
└ 19…刀伊《とい》の入寇《にゅうこう》(大宰権帥藤原隆家《たかいえ》らが撃退)

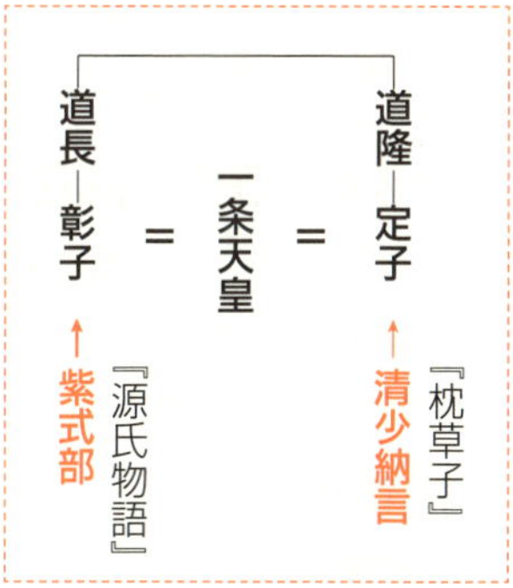

② **藤原頼通**…**宇治《うじ》関白**，摂関在任期間は最長(1017 ～ 68)

● 宇治平等院《びょうどういん》建立

┌ 1051…前九年合戦《ぜんくねんかっせん》(～ 62)
├ 52…(永承 7)末法《まっぽう》第一年
└ 53…平等院阿弥陀堂《あみだどう》(鳳凰《ほうおう》堂)完成

2 摂関政治の特徴

➡ 本編解説 p.297 ～ 298

┌ **摂政**…幼少の天皇の政務を代行。
└ **関白**…成人後の天皇の後見役。

① **摂関の地位**の条件…天皇の**外戚《がいせき》**。

② **太政官政治**…**陣定《じんのさだめ》**，上卿《じょうきょう》，宣旨《せんじ》・太政官符《だいじょうかんぷ》による国政。

③ 一族で太政官の要職独占…官吏任免権の掌握。

④ **年中行事《ねんじゅうぎょうじ》**の重視。

⑤ 地方政治…国司に委任。

⑥ 摂関家の経済基盤…律令官人としての収入。
摂関家領…氏長者《うじのちょうじゃ》の殿下渡領《でんかのわたりりょう》など。

第16回 荘園の発達・武士の成長

1 荘園の発達

➡ 本編解説 p.300～311

- 土着した国司や地方豪族が未開地を開発。

開発《かいはつ》領主…┬国衙に納税(公領)
　　　　　　　　　└皇族・貴族に寄進(私領)

●寄進地系荘園の成立

① 国司(受領《ずりょう》)の徴税攻勢に対抗。

② 開発領主は土地を中央の貴族や寺社に**寄進《きしん》**。

③ 開発領主は**荘官《しょうかん》**として実質的な土地支配権を確保。 史料35

●荘園の構造

本家・領家 (本所《ほんじょ》)…………………………… 皇族・有力貴族・大寺社

↑ 〈年貢《ねんぐ》・公事《くじ》の一部〉

荘　官 (預所《あずかりどころ》・公文《くもん》・下司《げし》など)……開発領主

↑ 〈年貢・公事・夫役〉

荘　民 (名主《みょうしゅ》・作人《さくにん》)………………… 一般農民

下人

●荘園・公領制の成立

●荘園の成立

┌**不輸《ふゆ》**の権…免租《めんそ》の特権 ➡**官省符荘《かんしょうふしょう》**
│　　　　　　　　　　　　　　　↑
│　　　　　　　　　　　　　　　└「官」＝太政官(府)，「省」＝民部省(符)
│　　　　　＊国免荘《こくめんのしょう》…国司による免税。
└**不入《ふにゅう》**の権…国衙の検田使《けんでんし》などの立入を拒否 ➡司法・警察権の不介入。

●国衙領の形成

① 開発領主が公領としての支配を認められる。

② 国司は開発領主の領域支配を承認。

- 開発領主の支配領域を**郡《ぐん》**・**郷《ごう》**・**保《ほ》**などに再編。
- 開発領主は**郡司《ぐんじ》・郷司《ごうじ》・保司《ほし》**などに任命され，徴税に応じる。

●荘園・公領の同質化

荘園・国衙領の構造

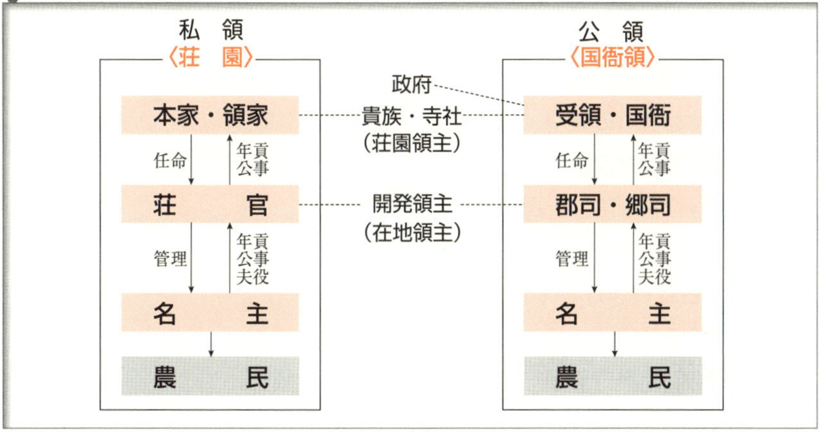

2 武士の台頭

➡本編解説 p.312～314

●武士団の形成

① 地方における治安の悪化…地方行政の弛緩《しかん》。

② 在地領主(荘官・在庁官人《ざいちょうかんじん》など)の武装化。

➡武士団(家子《いえのこ》・郎党《ろうとう》)の形成。

③ **武家《ぶけ》の棟梁《とうりょう》**(元国司，**源氏《げんじ》**・**平氏《へいし》**など)のもとに統合。

●地方武士団と中央の関係

① 朝廷の警護…**滝口《たきぐち》の武者**(9世紀末，宇多天皇)

② 貴族の警護…家人《けにん》(侍《さむらい》)

③ 諸国の反乱鎮圧…**押領使《おうりょうし》**・**追捕使《ついぶし》**

④ 院の警護…**北面《ほくめん》の武士**(11世紀末，**白河上皇**)

3 武士団の反乱

➡本編解説 p.315～320

① **承平《じょうへい》・天慶《てんぎょう》の乱**(935～41)

● **平将門《たいらのまさかど》の乱**…根拠地：**下総《しもうさ》**の猿島《さしま》

一族の内紛 ➡**常陸《ひたち》**・**下野《しもつけ》**・**上野《こうずけ》**の国府襲撃，「**新皇《しんのう》**」。

平貞盛《たいらのさだもり》・藤原秀郷《ひでさと》(下野押領使)により鎮圧。

- **藤原純友《すみとも》の乱**…根拠地：伊予《いよ》の日振島《ひぶりしま》

  海賊集団を組織 ➡伊予の国府・大宰府《だざいふ》襲撃。

  源 経基《みなもとのつねもと》・小野好古《おののよしふる》(追捕使)により鎮圧。

② **刀伊《とい》の入寇《にゅうこう》**(1019)

- 刀伊(女真《じょしん》族)の襲撃…藤原隆家《たかいえ》(大宰権帥《だざいのごんのそち》)により撃退。

③ **平忠常《たいらのただつね》の乱**(1028～31)

- 前上総介《さきのかずさのすけ》平忠常，**安房《あわ》**・**上総《かずさ》**・**下総《しもうさ》**で反乱。
- **源 頼信《みなもとのよりのぶ》**(甲斐守《かいのかみ》)により鎮圧 ➡源氏の東国進出。

④ **前九年合戦《ぜんくねんかっせん》**(1051～62)

- 陸奥《むつ》の安倍頼時《あべのよりとき》・貞任《さだとう》の反乱…『**陸奥話記《むつわき》**』
- **源 頼義《みなもとのよりよし》**(陸奥守兼鎮守府《ちんじゅふ》将軍)・義家《よしいえ》により鎮圧。

  ⬅**出羽**の豪族清原武則《きよはらのたけのり》の援助。

⑤ **後三年《ごさんねん》合戦**(1083～87)

- 奥州の清原氏の内紛。
- **源義家**(陸奥守兼鎮守府将軍)が**藤原清衡《きよひら》**と協力して平定。

  ➡**奥州《おうしゅう》藤原氏**の繁栄(清衡・基衡《もとひら》・秀衡《ひでひら》)

源平両氏の系図

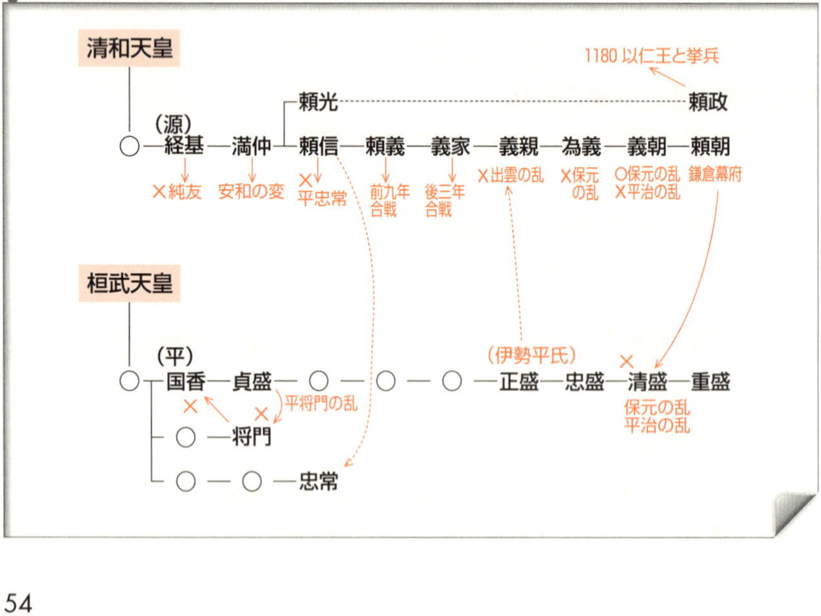

第17回 平安時代の文化

1 弘仁・貞観文化

➡ 本編解説 p.322 ~ 332

●弘仁文化…嵯峨朝　●貞観文化…清和朝

●特　徴

① **唐文化の消化吸収**

② **密教**《みっきょう》の流行…神秘的，一木造《いちぼくづくり》

③ 漢文学の隆盛

●仏教の新展開

① 桓武《かんむ》・嵯峨《さが》天皇の仏教統制…南都の寺院は平安京に移動せず。

② **密教**の隆盛…**加持祈禱**《かじきとう》による現世利益《げんぜりやく》。

③ **最澄**《さいちょう》(桓武の庇護《ひご》)…**天台宗**《てんだいしゅう》 比叡山《ひえいざん》**延暦寺**《えんりゃくじ》

- **大乗戒壇**《だいじょうかいだん》設立運動…著書：『山家学生式《さんげがくしょうしき》』，『顕戒論《けんかいろん》』
- 円仁《えんにん》(『入唐求法巡礼行記《にっとうぐほうじゅんれいこうき》』)・円珍《えんちん》により密教化 ➡**台密**《たいみつ》

④ **空海**《くうかい》(嵯峨の庇護)…**真言宗**《しんごんしゅう》 高野山《こうやさん》**金剛峰寺**《こんごうぶじ》

- 教王護国寺《きょうおうごこくじ》(東寺《とうじ》)を賜う ➡**東密**《とうみつ》
- 著書：『三教指帰《さんごうしいき》』，『十住心論《じゅうじゅうしんろん》』，『文鏡秘府論《ぶんきょうひふろん》』，『性霊集《しょうりょうしゅう》』
- 書：三筆の一人『風信帖《ふうしんじょう》』

⑤ **神仏習合**《しんぶつしゅうごう》の進展…仏教と在来信仰の融合。

- 神宮寺《じんぐうじ》，神前読経《しんぜんどきょう》，八幡神《はちまんしん》信仰(僧形八幡神像)
- **修験道**《しゅげんどう》の成立…密教と山岳《さんがく》信仰の結びつき。

最澄 vs 空海

	天台宗	真言宗
開祖	**最澄**(伝教大師《でんぎょうだいし》)：767 ～ 822	**空海**(弘法大師《こうぼうだいし》)：774 ～ 835
経歴	※ 近江《おうみ》出身 804 年入唐《にっとう》→ 805 年…帰朝 806 年…桓武没 822 年…大乗戒壇勅《だいじょうかいだんちょっ》 許《きょ》(嵯峨)	※ 讃岐《さぬき》出身 804 年入唐→ 806 年…帰朝 816 年…高野山《こうやさん》開創 823 年…東寺《とうじ》を賜《たまわ》る(嵯峨)
著書	『**山家学生式**《さんげがくしょうしき》』…天台宗独自の大乗戒壇の設立と修行を主張。 『**顕戒論**《けんかいろん》』…上の書物に対する南都の批判に反論。	『**三教指帰**《さんごうしいき》』…儒《じゅ》教・仏教・道《どう》教を戯曲風《ぎきょくふう》に対比。 『**(秘密曼荼羅《まんだら》)十住心論**《じゅうじゅうしんろん》』…真言密教，大日如来《だいにちにょらい》について説《と》く。 『**文鏡秘府論**《ぶんきょうひふろん》』…空海編集の漢詩文の評論。 『**性霊集**《しょうりょうしゅう》』…空海の詩文を集めたもの。 『**風信帖**《ふうしんじょう》』…最澄に送った書状。 ※空海は三筆《さんぴつ》の１人。
寺院	比叡山延暦寺《ひえいざんえんりゃくじ》	高野山金剛峰寺《こんごうぶじ》·東寺(教王護国寺《きょうおうごこくじ》)
経典	法華経《ほっけきょう》	大日経《だいにちきょう》
密教	台《たい》　密《みつ》(円仁・円珍)	東　密

●学問・教育・文学

① **紀伝道《きでんどう》(文章道《もんじょうどう》)**の流行。

② **大学別曹《べっそう》**…和気《わけ》氏の弘文院《こうぶんいん》，藤原氏の**勧学院《かんがくいん》**，橘氏の学館院《がくかんいん》，在原《ありわら》氏の奨学院《しょうがくいん》

③ **綜芸種智院《しゅげいしゅちいん》**…空海の設立，民間教育機関

大学別曹

式部省・大学寮

↕

大学別曹
- **勧学院**…藤原氏
- **弘文院《こうぶんいん》**…和気《わけ》氏
- **学館院**…橘《たちばな》氏（橘嘉智子）
- **奨学院《しょうがくいん》**…在原《ありわら》氏

④ **勅撰漢詩集**…『凌雲集《りょううんしゅう》』，『文華秀麗集《ぶんかしゅうれいしゅう》』，『経国集《けいこくしゅう》』

漢詩集

現存最古：751 懐風藻

		814	818	827
勅撰漢詩集：		**凌雲集** ➡	**文華秀麗集** ➡	**経国集**
	〈天皇〉	嵯峨天皇	嵯峨天皇	淳和天皇
	〈撰者〉	小野岑守	藤原冬嗣	良岑(峰)安世
				(833 令義解)

私家集：	性霊集(空海)	菅原道真(菅家文草)

⑤『性霊集《しょうりょうしゅう》』，『文鏡秘府論《ぶんきょうひふろん》』…空海

⑥『日本霊異記《にほんりょういき》』…景《きょう》戒

●建　築

●寺院…密教寺院(室生寺《むろうじ》：山の斜面に金堂・五重塔)

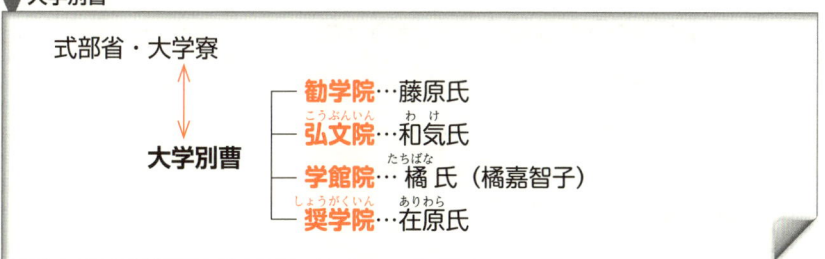

●彫　刻

●仏像…一木造《いちぼくづくり》，翻波式

●絵　画

●曼荼羅《まんだら》　　●不動明王像《ふどうみょうおうぞう》

●書　道…三筆《さんぴつ》：嵯峨天皇，空海（『風信帖』），橘逸勢《たちばなのはやなり》

弘仁・貞観文化の主な著作物・美術作品

【漢詩文集】凌雲集《りょううんしゅう》（小野岑守《おののみねもり》ら編）/ 文華秀麗集《ぶんかしゅうれいしゅう》（藤原冬嗣《ふゆつぐ》ら編）
経国集《けいこくしゅう》（良岑安世《よしみねのやすよ》ら編）
性霊集《しょうりょうしゅう》（空海）/ 菅家文草《かんけぶんそう》（菅原道真《みちざね》）

【詩　論】文鏡秘府論《ぶんきょうひふろん》（空海）

【説話集】日本霊異記《にほんりょういき》（景戒《きょうかい》）…最古の説話集。

【史　書】類聚国史《るいじゅうこくし》（菅原道真）…六国史《りっこくし》を分類し，編纂。

*　　　　*　　　　*

【建　築】〈密教建築〉

① 室生寺金堂《むろうじこんどう》…山の傾斜地に建てられた金堂。

② 室生寺五重塔…山の傾斜地に建つ五層の小塔。

【彫　刻】

① 神護寺薬師如来像《じんごじやくしにょらいぞう》（一木造《いちぼくづくり》）…檜《ひのき》の一木造りの木像。寺の前身は和気《わけ》氏の氏寺《うじでら》。空海の活動の拠点となり，平安仏教の中心的寺院となった。

② 観心寺如意輪観音像《かんしんじにょいりんかんのんぞう》…河内《かわち》。空海が再興（金堂は後醍醐《ごだいご》天皇が再興）。密教彫刻の代表。

③ 元興寺薬師如来像《がんごうじやくしにょらいぞう》（一木造）…平安初期の代表的な一木造の仏像。蘇我《そがの》馬子《うまこ》の飛鳥寺《あすかでら》が平城京に移った。

④ 室生寺金堂釈迦如来像《しゃかにょらいぞう》

⑤ 室生寺弥勒堂《みろくどう》釈迦如来像

⑥ 法華寺十一面観音像《ほっけじじゅういちめんかんのんぞう》（一木造）…藤原不比等《ふひと》の邸宅跡が寺となる。総国分尼寺。平安初期壇像《だんぞう》彫刻の代表。頭部に 10 面の仏頭《ぶっとう》。

⑦ 薬師寺僧形八幡神像《やくしじそうぎょうはちまんしんぞう》・神功皇后像《じんぐうこうごうぞう》…神仏習合《しんぶつしゅうごう》を象徴する彫刻。神功皇后像は応神《おうじん》天皇像とも言う。

【絵　画】

① 神護寺両界曼荼羅《じんごじりょうかいまんだら》…神護寺(京都)にある密教絵画の代表。

② 教王護国寺《きょうおうごこくじ》(東寺《とうじ》)両界曼荼羅…平安京内に建立《こんりゅう》された。嵯峨天皇から空海に与えられた寺にある密教絵画の代表。

③ 園城寺不動明王像《おんじょうじふどうみょうおうぞう》…三井寺《みいでら》とも呼ばれる園城寺(円珍《えんちん》が再興)に伝来，俗に「**黄不動《きふどう》**」と呼ばれる。

④ 青蓮院不動明王二童子像《しょうれんいんふどうみょうおうにどうじぞう》…京都の天台宗三門跡《もんぜき》の１つ，青蓮院にある。

【書　道】 風信帖《ふうしんじょう》(空海)

2 国風文化

➡ 本編解説 p.333 ～ 345

●特　徴

① **日本的な文化**…平がな・片かな ➡和歌・物語・随筆
寝殿造

② **浄土教**の発達…阿弥陀堂建築，阿弥陀仏

●仏　教

① **天台《てんだい》**・**真言《しんごん》**両宗の隆盛…**加持祈禱《かじきとう》**の流行。

② **神仏習合《しんぶつしゅうごう》**の進展…本地《ほんじ》垂迹説：本地仏 ➡垂迹神

③ **浄土教《じょうどきょう》**の流行

●背　景…政変・災厄《さいやく》などの社会不安。
末法思想《まっぽう》…**1052 年**＝永承《えいしょう》７年？末法第１年

●僧　侶…空也《くうや》の布教(10 世紀半ば，市聖《いちのひじり》)
源信《げんしん》(恵心僧都《えしんそうず》・横川《よかわ》僧都) ➡『**往生要集《おうじょうようしゅう》**』(985)　史料36

●往生伝《おうじょうでん》…慶滋保胤《よししげのやすたね》『日本往生極楽記《にほんおうじょうごくらくき》』
三善為康《みよしのためやす》『拾遺往生伝《しゅういおうじょうでん》』

④ **天台宗の分裂**…
┌円仁《えんにん》の門流(**山門《さんもん》**派・延暦寺《えんりゃくじ》)
└円珍《えんちん》の門流(**寺門《じもん》**派・園城寺《おんじょうじ》＝三井寺《みいでら》)

＊僧兵

⑤ **御霊《ごりょう》信仰**

- 最初の**御霊会**…863年，平安京の神泉苑《しんせんえん》
- 菅原道真…太宰府天満宮・北野天満宮 ➡学問の神
- **疫神《えきじん》**を祀る(京都)**祇園祭《ぎおんまつり》**

⑥ **経塚《きょうづか》**…藤原道長，金峰山《きんぷせん》に経筒《きょうづつ》を埋納。

●文　学

① **平がな**・**片かな**の使用

② **勅撰和歌集**(905)の撰集《せんしゅう》

③ 和歌・物語・日記・随筆

日記文学・物語・随筆

	9世紀	10世紀		11世紀
日記文学：		土佐日記	蜻蛉日記	更級日記
物　語：	竹取物語	伊勢物語		源氏物語
随　筆：				枕草子

●国風芸術

- **和様《わよう》書道**…三跡《さんせき》(蹟《せき》)：小野道風《おののみちかぜ》・藤原佐理《すけまさ》・藤原行成《ゆきなり》(世尊寺流《せそんじりゅう》の祖)

●貴族の生活

① **衣**…
- 男性：束帯《そくたい》・衣冠《いかん》，直衣《のうし》・狩衣《かりぎぬ》
- 女性：女房装束《にょうぼうしょうぞく》，小袿《こうちき》と袴《はかま》

＊庶民：水干《すいかん》・直垂《ひたたれ》

② **食**…朝夕2回，**住**…寝殿造《しんでんづくり》

③ 生活

- 儀式…
  - 男性：元服《げんぷく》
  - 女性：裳着《もぎ》
- **物忌《ものいみ》**・**方違《かたたがえ》**，陰陽道《おんみょうどう》

国風文化の主な著作物・美術作品

【詩　歌】古今和歌集《こきんわかしゅう》(紀貫之《きのつらゆき》ら)/和漢朗詠集《わかんろうえいしゅう》(藤原公任《きんとう》)

【物　語】竹取《たけとり》物語(未詳)/伊勢《いせ》物語(未詳)

宇津保《うつぼ》物語(未詳)/落窪《おちくぼ》物語(未詳)

源氏《げんじ》物語(紫式部《むらさきしきぶ》)/栄華《えいが》(花)物語(赤染衛門《あかぞめえもん》?)

【日記・随筆】土佐日記(紀貫之)/蜻蛉《かげろう》日記(藤原道綱の母)

枕草子《まくらのそうし》(清少納言《せいしょうなごん》)/和泉式部《いずみしきぶ》日記(和泉式部)

紫式部日記(紫式部)/更級《さらしな》日記(菅原孝標《すがわらのたかすえ》の女《むすめ》)

【その他】倭名類聚抄《わみょうるいじゅうしょう》(源 順《みなもとのしたごう》)

本朝文粋《ほんちょうもんずい》・新猿楽記《しんさるがくき》・明衡往来《めいごうおうらい》(藤原明衡《あきひら》)

＊　＊　＊

【建　築】

① 平等院鳳凰堂《びょうどういんほうおうどう》…藤原道長の別荘を子の頼通《よりみち》が仏寺とする。その中心の阿弥陀堂《あみだどう》。

② 法界寺《ほうかいじ》阿弥陀堂…京都郊外「日野」にある。

③ 醍醐寺《だいごじ》五重塔

【彫　刻】

① 平等院鳳凰堂阿弥陀如来像《あみだにょらいぞう》…定朝《じょうちょう》の代表作。「寄木造《よせぎづくり》」の完成。

② 法界寺阿弥陀如来像

【絵画・書道】

① 高野山聖衆来迎図《こうやさんしょうじゅらいごうず》…金剛峰寺《こんごうぶじ》所蔵。阿弥陀如来の来迎を絵画化。

② 平等院鳳凰堂扉絵《とびらえ》

③ 屏風土代《びょうぶどだい》…小野道風《みちかぜ》

④ 離洛帖《りらくじょう》…藤原佐理《すけまさ》

⑤ 白氏詩巻《はくししかん》…藤原行成《ゆきなり》